suhrkamp nova

Ein Sommer zwischen Berlin, Chicago und Jerusalem. Wie jedes Jahr verbringt die fünfzehnjährige Margarita ihre Ferien bei den Großeltern in den USA. Viel lieber will sie aber zurück nach Deutschland, zu ihren Freunden und ihrem Vater, der in einer Synagoge die Gebete leitet. Die Mutter hat die beiden verlassen, als Margarita noch in den Kindergarten ging. Höchste Zeit, beschließt der Familienrat, dass sie einander besser kennenlernen. Und so wird Margarita in ein Flugzeug nach Israel gesetzt, wo ihr Vater aufgewachsen ist und ihre Mutter seit Kurzem lebt. Gleich nach der Ankunft geht alles schief, die gemeinsame Reise von Mutter und Tochter durchs Heilige Land reißt alte und neue Wunden auf, Konflikte eskalieren, während der Vater in Berlin seine Rolle überdenkt. Da müssen sie schon wieder die Koffer packen und zurück nach Chicago, wo sich alle um das Krankenbett der Großmutter versammeln und Margarita eine folgenreiche Entscheidung treffen muss.

Dana Vowinckel
Gewässer im Ziplock

Roman

Suhrkamp

Klimaneutral
Druckprodukt
ClimatePartner.com/14438-2110-1001

4. Auflage 2024

Erste Auflage 2023
suhrkamp taschenbuch 5360

Umschlaggestaltung: Anzinger und Rasp, München
Umschlagabbildung: Wolfgang Tillmans, Tag/Nacht, 2009,
Courtesy Galerie Buchholz
Satz: Dörlemann Satz, Lemförde
Druck und Bindung: CPI books GmbH, Leck
Printed in Germany
ISBN 978-3-518-47360-3

www.suhrkamp.de

Gewässer im Ziplock

Norman Golb sel. A.

Einmal war er noch für Kiddusch geblieben, ein großes Abendessen nach dem Gebet am Freitagabend. Sie hatten ihn überreden müssen. Er hatte am Kopfende gesessen, der Raum war völlig überfüllt, kaum genug Stühle für alle. Er hatte gesagt, dann wäre es wohl besser, gleich zu gehen, aber sie wollten, dass er blieb und am Kopfende saß, bei den Gabbaim. Sie hatten ihn beobachtet, dabei, wie er beim ersten angebotenen Wodka nickte, danach aber dankend ablehnte, wie er sorgfältig mit dem Plastikmesser und der Plastikgabel das Essen zerschnitt. Er sah ein bisschen zu groß aus für den Stuhl, auf dem er saß.

Es hatte drei Gänge gegeben: Hummus und Salat, dann etwas mit Curry, dann Kuchen, alles vom koscheren Catering. Das Gemüse schien ihm besonders gut zu schmecken, er nahm sich zweimal.

Er hatte höflich gelacht, wenn jemand etwas Lustiges sagte, und Fragen nicht ein-, aber auch nicht vielsilbig beantwortet. Sie wussten nun, er wohnte in Prenzlauer Berg, schon lange in derselben Wohnung, deswegen war sie weiterhin günstig, ja, es war schlimm mit den Mietpreisen in Berlin, er hatte Glück gehabt. Sie fragten ihn, wo er vorher gewohnt habe, und er antwortete Hannover, dabei wussten sie doch um seinen Akzent.

Sie hatten versucht, mit ihm über den Zentralrat zu lästern, aber er hatte anscheinend keine Probleme mit dem Zentralrat.

Von Nahem sah er müde aus.

Er ging noch vor dem Tischgebet, verabschiedete, bedankte sich, nickte nochmal allen zu, wünschte einen friedlichen Schabbes.

Danach waren sie sich einig, dass er spannend war, der Kantor, freundlich, und die schönste Stimme von allen hatte er.

Sie fragten sich, ob er einsam war, dort, wohin er zurückging.

Ob dort jemand wartete. Er trug keinen Ring, aber was bedeutete das schon, es trugen weniger Leute Ringe, als es Leute gab, die einsam waren.

*

Am lautesten war es immer direkt vor dem Gebet. Um 19:03 Uhr begann es im Sommer, 18:03 Uhr im Winter, manchmal 19:07 Uhr, 18:07 Uhr. Auf die Minute genau fünf Minuten vor der vollen Stunde trat er durch die Sicherheitsschleuse, die Kerzen mussten noch gezündet werden, das machte eine Frau, die nicht auf die Uhr schauen musste, ob es Zeit war, sie wusste es, sobald er hereinkam. Er nickte dann höflich und trat an die Bima, lauschte den Nachrichten von Kindern, die geboren wurden, von Partnern, die mitgebracht wurden, von Belanglosem und Belangvollem, von Rezepten, von Tod und von Leben. Das Gerede wurde immer lauter, je später nach der vollen Stunde, desto lauter wurden die Leute, als gelte es, das Gebet, für das sie gekommen waren, zu verhindern. In Ausnahmefällen musste gewartet werden, dass es genug Männer gab. Zehn brauchte man, um ein Gebet zu halten. Während der Pandemie kamen wenige, aus Angst, aus Respekt, die, die kamen, mussten Masken tragen und sich in Listen einschreiben. Es wurde viel gestritten, ob man nicht auch die Frauen zählen sollte, besonders in diesen Zeiten, aber bis heute setzten sich ein paar der Alten durch, der Männer, die wollten, dass die Dinge blieben, wie sie waren, und so machte er es mit und mischte sich nicht ein. Er wurde bezahlt für seine Stimme, für das Aufbrechen des Geschnatters, für das Leiten des Gesangs, nicht für seine Meinung zu kleinpolitischen Fragen. Vielleicht auch zu großpolitischen.

Wenn er das erste Mal an diesem Schabbat tief Luft holte, dann würde es noch keiner hören können, auch er selbst nicht.

Die ersten Worte des ersten Liedes würden noch untergehen, und dann, stellte er sich vor, würden hinter seinem Rücken ein paar Besucher langsamer atmen und denken: Jetzt ist Ruhe, jetzt ist Pause. Die erste Strophe sang er noch allein, ab der zweiten gemeinsam mit den Sopranen in den Frauenreihen, die sich Mühe gaben. Wenn er sich zu ihnen umdrehte, könnte er ein schüchternes Lächeln sehen, und jemand würde schief miteinstimmen, weil es so schön war. »Jedid Nefesch«, sang er, »Geliebter meiner Seele, barmherziger Vater, ziehe Deinen Diener zu Deinem Willen, dass er zu Dir hinlaufe wie die Gazelle, niederfallend angesichts Deiner Pracht, Deine Freundschaft sei ihm angenehmer als Honig und alle Köstlichkeiten.« Sein Verhältnis zu Gott war nie so friedlich wie dann, wenn er an ihn dachte als Freund, als Begleiter seiner Stimme, ruhig und sanft. Während er sang, tröpfelten weiter die Beter herein, suchten sich ihre Reihen aus, neben ihren Freunden, ihren Eltern und Geliebten, nickten und blinzelten, signalisierten so: Es ist Schabbat. Er sang ihnen die Ruhe herbei. Es war sein liebster Moment, wenn auch nicht die schönste Melodie oder die poetischste Pijut. Man stellte die Schuhe ab nach einem langen Spaziergang und hielt die Hände an ein Glas warme Milch mit Honig. Am Ende des Liedes waren alle ganz still. Das Gebet konnte beginnen.

*

Im Joghurt schwammen kleine Stückchen von etwas, das mal eine Kirsche gewesen sein sollte. Sie hasste das. Zuhause musste sie nie essen, was ihr nicht schmeckte. Fast alles schmeckte ihr, aber die Stückchen im Joghurt hasste sie. Ihre Wangen wurden wieder heiß vor Heimweh, vor Sehnsucht nach einem Ort, an dem ihr so etwas nie aufgetischt würde, an dem es morgens mal Pfeffermakrele gab, mal den besten, cremigsten Feta vom Markt, mal Müsli mit vielen Nüssen. Rohe Zwiebeln auf Lachs und Frischkäse am Wochenende.

Erwartungsvoll schauten sie ein Paar Augen an. Sie zwang ihr Gesicht zu einem Lächeln. »Thank you«, hörte sie sich sagen, »yummy.« »Yummy« war ein Wort für Kinder, aber ihre Großmutter dachte schließlich, Margarita wäre eins. Sie trug bereits ihre Uniform: eine weiße, gestärkte Bluse mit Perlenknöpfen und eine Leggins, die am Hintern herunterhing, die *Haushose*, in der sie auch zum Bäcker und zum Fleischer ging, nicht aber zum Supermarkt und ins Restaurant, dafür war die *Draußenhose* da, eine schwarze Stoffhose.

»Rita«, sagte ihre Großmutter, »why haven't you gotten dressed yet?«

Ihr Kopf wurde noch heißer. Die Großeltern lebten in einem Haus im Universitätsviertel auf der South Side von Chicago, das dreimal so groß war wie die Wohnung in Berlin und mindestens dreimal so still. Grandma biss jedes Mal, wenn sie Joghurt zum Mund führte, auf den Löffel. Man hörte nur das Surren des Deckenventilators und das Krachen von Zähnen auf dem Silber. Dass sie sich noch keine Ecke abgeschlagen hatte, in all den Jahren. Margarita fragte sich, ob sich auch ihre Mutter davor geekelt hatte, als sie als Fünfzehnjährige am selben Tisch und vom selben Besteck gegessen hatte. Oder ob sie es nicht wahrgenommen hatte, ob sie womöglich auch auf den Löffel biss, wenn sie Joghurt aß. Vielleicht hatte auch ihre Mutter das Eis, das es manchmal zum Nachtisch gab, gekaut, anstatt es zu schlecken, vielleicht konnte man, wenn sie ein Sandwich aß, das Innere ihres Mundes sehen. Sehen, wie sich der Salat mit dem Käse, dem Weißbrot, den sauren Gurken zu einem Brei vermischte.

Margarita löffelte schneller. Kratzte sorgfältig das Glasschälchen aus und sagte: »I need to go to the bathroom.« Das Bad war ihr Zufluchtsort in diesen Wochen. Meist duschte sie abends, gegenüber, liebevoll befüllt von ihm und seinen wenigen Freunden, die Margarita, als sie klein war, zu jeder Gelegenheit Bücher gebracht hatten. Sie alle wussten, wie stolz er darauf war, dass sie früh begonnen hatte mit dem Lesen. Bitterernst entzifferte sie Wort für Wort. Margarita, die kleine Erwachsene, hatte er sie immer genannt, wenn sie mit wichtigem Blick ganze Sätze las, weit bevor andere Kinder in ihrem Umfeld ihren Namen schreiben konnten. Er musste lächeln, wenn er daran dachte. Tage, an denen er sie nicht beschäftigen konnte, wenn nichts Interessantes passierte, hatte Margarita kaum ertragen. Einmal hatte er sie mit seinem Schlüsselbund und seinem Portemonnaie in der Hand, die kleinen Gummistiefel schon an den Füßen, im Flur gefunden. Sie hatte gesagt, sie würde sich einen Apfelsaft kaufen gehen, sie hätten keinen mehr. Den Supermarkt würde sie schon finden. Er hatte geantwortet, es sei aber Schabbat. Das leuchtete ihr ein.

Manchmal nahm er eines seiner liebsten Vorlesebücher heraus, mal die Geschichte von Findus und Pettersson und dem Feuerwerk, die ihr so gefallen hatte, mal das über den einsamen Bären auf dem Spielplatz, mit der didaktischen Botschaft, niemanden auszugrenzen. Die brauchte Margarita nie, lange war sie eher selbst ausgegrenzt worden, schulterte das schüchtern und las weiter, bis sie, nach dem Wechsel von der Grundschule um die Ecke auf das Jüdische Gymnasium, eine kleine Gruppe enger Freundinnen fand, die sie selten mit nach Hause brachte. Er wusste, dass es das Alter war, in dem man sich für alles schämte, aber trotzdem, manchmal wünschte er sich, sie würde sie öfter einladen. Er könnte ihnen Pizza zum selber Belegen hinstellen und sie vor den Fernseher setzen, sie kichern hören, er wäre Margarita peinlich, aber das wäre in Ordnung, weil sie trotzdem glücklich war.

Es beruhigte ihn, dass sie ihn so furchtbar vermisste. Die Wochen, die sie in Chicago war, verbrachte er in einem Zwiespalt, ob er sie beim Wort nehmen und ihr den nächsten Flug heimwärts buchen oder ob er sich selbst sagen sollte: Sie meint es nicht so, es geht vorbei.

In diesem Sommer war Berlin kalt, ein Juli voller diesiger Tage. Auf dem Weg zur Synagoge dachte er an die Hitze von Jerusalem, an die vielen Schuhe, deren Sohlen er dort durchgelaufen hatte. Die Strecke kam ihm kurz vor, wenn er an Israel dachte. Diese Woche war er für das Abendgebet eingeteilt, und an Tagen, an denen er Zeit hatte, ging er gern zu Fuß. Früher hatte er in den Minuten, bevor er aufbrach, alles auf die Warmhalteplatte gestellt, die den ganzen Schabbat lief, den Wasserkocher angemacht, hatte manchmal sogar Challah gebacken, damit alles bereitstand, wenn er nach Hause kam. Seit einigen Jahren konnte Margarita allein bleiben, während er singen ging. Nach seiner Rückkehr sang er noch einmal, diesmal für sie beide. Sobald sie es konnte, zündete Margarita mit einem Streichholz die Kerzen und sagte das Gebet. Nach dem Essen spielten sie Monopoly. Er verlor, weil er sein Geld zu schnell ausgab und alles verpfänden musste, während Margarita still Miete von ihm einnahm. Sie war meist so müde von der Schulwoche, dass sie abends beinahe über dem Spielbrett einschlief.

An den langen Sommertagen, an denen sie nicht da war, kehrte eine ungewohnte, aber angenehme Ruhe ein. Abseits der Ferien gab er einmal wöchentlich Bar-Mizwa-Unterricht, der in der Regel vor allem daraus bestand, die jungen Menschen auf das Lesen ihres Tora-Abschnitts und der Haftara vorzubereiten. Die angehenden Rabbiner und Rabbinerinnen, Kantoren und Kantorinnen, die er zusätzlich unterrichtete, waren jetzt alle auf Jeschiwot verteilt in Israel, um die Tora zu studieren. Also konnte er ausschlafen und weniger einkaufen, morgens die Zeitung lesen und lange Spaziergänge durch Berlin machen. Gleichzeitig waren diese Tage herb, wie eine Vorbereitung darauf, dass Margarita in ein paar Jahren überhaupt nicht mehr da wäre, dass sie, wenn es nach ihr ging, irgendwo in Süddeutschland Medizin studieren und ihn nur in den Semesterferien besuchen würde. Ihre Freundin Anna hatte sie im Frühling zu ihren Großeltern am Bodensee mitgenommen, und nun schien sie zu denken, es gäbe Orte, die im Winter nicht traurig waren. Das Tuch würde dann das ganze Jahr auf dem Bett liegen.

Auch er hatte Jeschiwa-Aufenthalte hinter sich. Der letzte war zwei Jahre vor Margaritas Geburt gewesen. Als Gemeindekantor sang er zudem bei Hochzeiten, Beerdigungen und Gedenktagen, doch die Menschen starben meistens im Winter, und auch die Gedenktage lagen im Dunkeln. Dazu musste man sich in jedem Berliner Straßenzug das Böse vorstellen können. Im Frühling und Sommer wurde niemandem aufgebürdet, das schöne Wetter an Traurigkeit zu verschwenden. Am 27. Mai wollte man lieber die ersten Bahnen im Prinzenbad ziehen, als Stolpersteine zu putzen. Und Hochzeiten hatte es in diesem Sommer keine gegeben. Nur Scheidungen, aber da wurde nicht gesungen.

Der von der Gemeinde beauftragte Sicherheitsmann, der jede Woche vor der Synagoge stand, neben den Polizisten, denen man seit Jom Kippur vor einigen Jahren nicht mehr traute, nickte ihm bereits von Weitem zu. Er gab seine Aktentasche im kleinen Sicherheitsraum ab. Darin befanden sich sein Organspendeausweis, sein Pass, eine Notfall-Kreditkarte, die er noch nie gebraucht hatte, sein Telefon und ein Foto von Margarita.

Es begann. Kerzenzünden, Jedid Nefesch, ein paar Psalmen. Während der Psalmen, die er leise, fast lautlos betete, gingen die Gespräche wieder los. Manchmal waren sie so wenige, dass kaum geflüstert wurde, sondern gelauscht, mitgebetet. Wenn es zu laut war, wenn das Kindergeschrei ihn doch ablenkte, dann hob er die Arme zu einer beschwichtigenden Geste. Aus irgendeinem Grund schienen ihn auch die Kinder zu respektieren, die durch die Reihen der Synagoge wackelten. Sie konnten es nicht sehen, denn er stand mit dem Rücken zu ihnen, doch er lächelte, wenn sie krakeelten. Es lenkte ihn zwar ab, aber es störte ihn nicht. Er mochte Kinder, und er wusste, dass es sie nicht ohne Lärm geben konnte.

Nach den Psalmen kam Lecha Dodi. Es gab sicherlich so viele Melodien wie Strophen des Lieds. Seine, die er am liebsten mochte, war schwungvoll und ein bisschen melancholisch. Sie klang am besten, wenn ein paar hohe Stimmen im Kanon mitmachten, wenn sie das *lechah* zogen, so lange sie konnten. »Auf, mein Freund, der Braut entgegen«, sangen sie, »auf, auf. Das Angesicht des Schabbats wollen wir empfangen. Auf, mein Freund, der Braut entgegen, die Königin des Schabbats wollen wir empfangen. Lechah Dodi, likrat kalah, pnei schabbat, nekabelah.«

Es gefiel ihm, dass der Schabbat zur Braut wurde, in deren Arme man floh, und dass das Lied erst durch Frauenstimmen besonders schön werden konnte.

Die Synagoge war voll für einen normalen Sommerabend. Durch das bunte Glas in den Fenstern fiel Sonnenlicht auf die Bima, und ein paar hellblaue Flecken tanzten auf den Seiten seines aufgeschlagenen Gebetbuches. Es roch nach Holzlack und klebrigen Kinderhänden.

Es waren viele Beter da, deren Stimmen er erkannte. In der letzten Strophe wurde er besonders laut, und sie fielen ein. Er fragte sich, ob man sie auf dem Bürgersteig hören konnte und was die Passanten sich dabei dachten.

*

Grandma schob einen Hackbraten in den Ofen. Sie war hässlich geworden, dachte Margarita, kaum Haare auf dem Kopf, nicht nur faltig, sondern fahl. Margarita war sich sicher, da war keine

Liebe, sie liebte diese Frau nicht, sie mochte sie nicht, sie musste hier sein, weil sie fünfzehn war und sich nicht wehren konnte und man hoffte, sie wäre irgendwann dankbar »für die Zeit mit den Großeltern und für die Sprache«, wie Papa sagte. Heute würde sie Grandma zum Einkaufen begleiten müssen. Früher war sie gern mitgekommen. Jetzt fragte sie sich manchmal, ob sie mit Absicht alles hasste; ob die gemeinsamen Autofahrten zum *Hyde Park Produce*, wo es die besten Kirschen und Melonen gab, frischen Spinat und grünen Spargel aus Kalifornien, ihr in Wahrheit Spaß machten, ob sie es, wenn sie ehrlich mit sich wäre, vermissen würde. Im Moment wusste sie nicht, wie das ging, das Ehrlichsein. Sie hoffte, es würde sich irgendwann wieder leichter anfühlen.

Um Margarita die Zeit zu vertreiben, bezahlten die Großeltern ihr teure Ferienkurse an der High School der University of Chicago. Letzten Sommer hatte sie drei Wochen lang einen Kochkurs besucht, was äußerst praktisch gewesen war: Sie hatte dort immer so viel gegessen, dass sie beim Abendessen um 18 Uhr noch satt war. Meistens schlich sie dann später wieder in die Küche, um sich ein Brot zu schmieren oder ein Müsli zu holen. Natürlich hörte die Großmutter sie jedes Mal, sobald sie die Treppe hinunterging, und lief ihr, so schnell es das operierte Knie zuließ, hinterher. »Sweetheart, du hättest etwas sagen sollen! Ich hätte dir doch etwas Feines hingestellt! Ich kann dir Hühnchen aufwärmen oder etwas vom Kugel, den hab ich doch nur für dich gemacht.« Kugel, das waren Nudeln, in Milch im Ofen gekocht wie ein süßer Auflauf. Angeblich etwas ganz Jüdisches. Was genau daran so jüdisch sein sollte, begriff Margarita nicht. Ihr Vater hatte es auch nicht gewusst.

Dieses Jahr gab es den Kochkurs zwar wieder, aber ihre Großeltern fanden, dass einmal gereicht hatte, und so lernte Margarita mit den Töchtern reicher Eltern aus dem Universitätsquartier,

Gedichte zu schreiben oder es zumindest zu versuchen. Sie hatte bis jetzt nur Kurzgeschichten hinbekommen und anschließend Zeilenumbrüche eingefügt, damit sie aussahen wie wahnsinnig lange Gedichte. Die anderen Mädchen fanden es »so interesting«, dass ihr Englisch fehlerhaft war.

Von der Haustür der Großeltern in der Blackstone Avenue bis zum Schulgelände waren es etwa zehn Minuten zu Fuß. Meistens aber ging sie einen Umweg über die 57th Street, in der sich eine Bäckerei befand, wo man eiskalte, köstliche Limonade kaufen konnte und Schokoladencroissants, groß wie ein halbes Baguette. Ihr Vater gab Margarita meist genügend Geld mit, dass sie sich jeden Tag eine Limonade oder ein Croissant leisten konnte. Und Bücher. Wenn sie es gut einteilte, sogar viele, bei *57th Street Books*, wo es Neuerscheinungen gab, die aber teuer waren, oder bei *Powell's*, einem Antiquariat am Ende der Straße, gleich beim gruseligen Bahnhof, der Hyde Park mit dem Rest der Stadt verknüpfte. Dort roch es nach einer Mischung aus fauligem Keller, frischer Wäsche und alten Bänden voll rauer Seiten, so rau, dass man das Gefühl hatte, sie würden sich in Staub verwandeln, wenn man sie zwischen den Fingerspitzen rieb. Hier war sie häufig mit ihrem Vater hingegangen, als sie noch nicht alleine fliegen durfte.

Sobald sie in die Blackstone Avenue einbog, verlangsamten sich ihre Schritte. Manchmal musste sie sich am Geländer der kleinen Treppe vor der Haustür hochziehen wie ihre Großmutter, eine Minute auf die Klingel starren, ehe sie es schaffte, ihre Rufe zu ertragen: »I'm coming, I'm coming«, Sekunden, nachdem die Klingel schrillte, »just a minute now, I'm coming!«

Wenn es gewitterte, nach tagelanger drückender Hitze, lief sie zuerst in den Garten und ließ sich begießen, bis sie bis auf die Unterhose nass war, manchmal bis der Regen endete, der Geruch des Rasens und des breiten Pflasters auf den Bürgersteigen unersetzlich: nach Erde, frisch gewaschenem Stein, sorgsam gepflegten Vorgärten voller duftender Blumen. Ihr Vater hatte einmal gesagt: Es war der Geruch von Reichtum.

Doch heute war Sonntag, Margarita konnte nicht alleine herumlaufen wie nach der Summer School, und die Großmutter wollte am Nachmittag einkaufen gehen. In Chicago ging das nämlich, sonntags einkaufen. Samstags gingen die Großeltern meistens in die Synagoge, und Margarita musste mitkommen und sich in die Wangen kneifen lassen. Also wurde sonntags eingekauft, und Margarita half der Großmutter, Tüten zu tragen. Seit diesem Jahr musste sie ihr auch aus dem Auto heraushelfen.

Die Abläufe im Haus waren strikt: Es gab Frühstück um neun, eine Stunde später als unter der Woche. Dann las der Großvater stundenlang Zeitung, und die Großmutter bereitete das Abendessen vor. Währenddessen lag Margarita bäuchlings auf dem Bett und starrte auf ihr Handy, las ein Buch oder masturbierte, häufig der Reihe nach im 30-Minuten-Takt. Um halb zwei gab es Mittagessen. Nach dem Mittagessen wurde eingekauft: Erst ging es zum *Hyde Park Produce*, und dann zu *Treasure Island.* Alles, was sie besorgten, wurde in den folgenden Tagen verkocht: nicht nur verarbeitet, sondern zu weich gekocht. Die Großmutter schaffte es, die Pfannkuchen außen verbrennen zu lassen, und innen waren sie noch flüssig. Die Lasagneblätter fielen schon auseinander, bevor sie überhaupt in den Ofen kamen. Margaritas Prosagedicht über zu weiche Lasagne hatte im Kurs alle zum Lachen gebracht. Sie hatte sich vor allem für ihren deutschen Akzent geschämt. Dann, auf dem Fußweg nach Hause, hatte sie sich dafür geschämt, dass sie sich kaum für ihre Gemeinheit schämte.

Nun lag sie auf dem Bett und wartete darauf, dass es Mittagessen gab, damit eine weitere Mahlzeit vergehen konnte und ein weiterer Tag ein bisschen näher vor seinem Ende stand. Sie starrte auf eine leere Seite im Notizbuch, dann auf das schwarze

Handydisplay, dann wieder auf die Seite, immer hin und her. Irgendwann schrieb sie Anna, ob sie noch wach war. Ihre beste Freundin konnte den ganzen Sommer mit Feiern verbringen, damit, sich zu betrinken, am Ufer des Landwehrkanals und im Weinbergspark. Ihr Vater sagte, es sei kalt in Berlin, aber Margarita stellte sich Anna trotzdem vor, wie sie mit nackten Beinen in hoch sitzenden Levi's-Shorts rauchend auf dem Fahrrad durch die Nacht fuhr.

Anna war so hübsch, dass sie automatisch die beliebteste Person in ihrer Clique war. Sie waren sich im Bat-Mizwa-Kurs begegnet, in dem Anna die Einzige gewesen war, die niemanden kannte, die nicht das jüdische Gymnasium besuchte. Margarita war, auch in der Schule, immer die, die sich um die Neuen kümmerte. Um Anna hatte man sich allerdings nicht kümmern müssen. Sie hatte mühelos gelernt, wie man die Melodiepunkte deutete, und war schnell zur Favoritin der Lehrerin geworden, weil sie ihre Hausaufgaben immer machte.

Erst Monate später, auf einem ihrer langen Winterspaziergänge durch den Prenzlauer Berg, hatte Margarita verstanden, warum. Mit leiser Stimme erzählte Anna von ihrer Mutter, die nicht jüdisch war, und ihrem Vater, dessen Großeltern den Holocaust überlebt hatten. Sie erzählte davon, dass sie ihre Mutter überreden musste, sie übertreten zu lassen. Ihre Mutter hatte Angst, dass Anna sich zum Opfer machen lassen würde. Margarita hatte lachen müssen, als Anna das sagte, Anna, die nie zögerte, fremde Leute nach einem Feuerzeug zu fragen, Anna, schmerzhaft schön, mit ihren riesigen blauen Augen, den vollen Lippen und goldblonden Haaren. Wer so schön war, dem könnte niemand etwas antun wollen, dachte Margarita. Anna konnte sich aussuchen, mit wem sie knutschte. Auf der jüdischen Oberschule kannten sich alle schon ewig, es gab klare Fronten. Die Eltern sprachen sich ab. Anna hingegen durfte machen, was sie wollte, solange die Noten gut waren. In die Gebete am Samstag, die sie während der Vorbereitungszeit auf die Bat Mizwa besuchen mussten, kam sie allein, so wie Margarita. Das hatte sie verbunden. Alle anderen waren immer mit ihren Familien dort, aber Margaritas Vater sang woanders, und Annas Eltern hätte man, so sagte sie, nicht für Geld in die Synagoge bekommen.

Und so hatte Anna begonnen, Margarita samstags abzuholen, und sie liefen gemeinsam in die Oranienburger Straße, unterwegs über die Ereignisse der letzten zwei Tage redend, die seit dem Mittwoch, an dem sie Unterricht hatten, vergangen waren. Anna ging auch an Freitagabenden aus. Margarita musste zuhause sein. Der Schabbat war bei ihnen heilig, und sie akzeptierte es, aus Angst, dass ihr sonst die Samstagabend-Freiheit gestrichen würde, aber irgendwie auch, weil es für sie so stimmte.

Nach ihren Bat-Mizwa-Feiern hatten sie aufgehört, samstags in die Synagoge zu gehen, und saßen stattdessen quatschend auf dem Sofa oder kauften sich Falafel-Sandwiches und setzten sich damit in den Park. Oder sie halfen Annas Eltern beim Kochen. Im Gegensatz zu Margaritas Vater hatten die nämlich ständig Besuch, jedes Wochenende gingen sie in das schicke Delikatessengeschäft in der Rykestraße und kauften guten Wein, verschiedene Käsesorten, es gab Kürbissuppe und Lachs im Blätterteig im Winter, im Sommer Salat und Flammkuchen. Das ganze letzte Jahr hatte Margarita nach dem Abendessen, bei dem auch sie ein kleines Glas sprudelnden Sekt trinken durfte, bei Anna übernachtet. In den letzten Monaten hatten sie später noch Annas Freunde getroffen, im Park Bierball gespielt oder Partys in den Wohnungen fremder Eltern besucht. Kurz bevor Margarita in die USA fliegen musste, hatten auch ihre Freundinnen vom Jüdischen Gymnasium angefangen, sie zu begleiten. Sie waren schüchtern, und Margarita fand sie zu Beginn noch lästig. Sie fühlte sich seltsam erfahren, seitdem sie sich bei H&M Tangas kaufte und bei den Partys Tequila-Shots trank, aber sie hatte den Eindruck, sie schuldete es ihnen, sie mitzunehmen. Auch ein paar Jungs aus ihrer Klasse hatten so davon Wind bekommen, dass Margarita Leute außerhalb der eigenen Schule kannte. Ein paar von ihnen war sie einmal im Park begegnet, als sie mit Anna und Annas Freunden unterwegs gewesen war.

Gestern hatten sie in der Summer School die Aufgabe bekommen, sich ein Thema zu überlegen, an dem sie die ganze nächste Woche arbeiten sollten. Bis jetzt hatte sie sich nicht getraut, über ihr Leben in Berlin zu schreiben, aus Angst vor Heimweh und davor, nicht die richtigen Worte zu finden. Heute wollte sie es versuchen, doch in dem Moment, als sie das Notizbuch hervorgekramt hatte, brüllte die Großmutter »Rita! Lunch!« durchs Haus. Sie lief nach unten. Mittagessen gab es am runden Küchentisch, nicht an der langen Tafel im Esszimmer. Dort wurde nur Freitag-, Samstag- und Sonntagabend eingedeckt, und an Feiertagen. Am Küchentisch saßen sie näher beieinander, und so waren die Essgeräusche noch lauter.

Der Hackbraten, den Grandma vorher in den Ofen geschoben hatte, war für abends. Zum Mittagessen gab es Gazpacho aus der Flasche, weil es so heiß war und ihre Großmutter das schick fand. In der Gazpacho schwammen glibbrige Nudeln. »Wir haben das mal in Spanien gegessen, in diesem wunderbaren Hotel, remember, darling?«, schrie sie über den Tisch. Grandpa war schwerhörig. Margarita vermutete, dass er seine Hörgeräte absichtlich ausstellte. Jetzt nickte er freundlich und schlürfte seine Suppe weiter. »Und ich dachte«, brüllte Grandma, »das war so lecker, und wir haben uns totgeschwitzt, weißt du noch, diese Spaniards, die wissen wahrscheinlich immer noch nichts von der Existenz von Klimaanlagen.« An dieser Stelle lachte sie lauthals und etwas zu lang. Margarita wand sich vor Abscheu auf ihrem Stuhl. »Anyways, sweetheart, ich dachte, ich kaufe mal etwas Besonderes für unser Sonntagsessen. Aber weißt du, ich sehe ja immer, wie du dir diese kleinen Sandwiches machst, und dann dachte ich, du brauchst sicher noch ein paar Kohlenhydrate, also hab ich noch Volkornnudeln reingeworfen. Schmeckt es dir, apple of my eye?« Margarita wollte antworten, doch ihre Großmutter sprach bereits weiter. »Na ja, hun, wir gehen dann nach meinem Mittagsschlaf einkaufen.«

Hun war Grandpa. Rita war *Sweetheart*. *We* waren sie und Grandma. Die Großmutter lächelte sie an. An ihren Zähnen klebten Lippenstift und Gazpacho. Margarita hatte das Gefühl, vor Ekel und Einsamkeit ginge ein bodenloses Loch in ihr auf.

»Sure«, sagte sie, »ich mach mich während deinem Mittagsschlaf bereit.« Sie stand auf und ging nach oben, ohne ihre Schüssel in die Spülmaschine zu räumen. Die Tränen kamen, sobald sie ihre Tür geschlossen hatte. Sie weinte, bis ihre Großmutter nach ihr rief. Auf dem Weg nach unten starrte sie wütend das Kindheitsfoto ihrer Mutter, das im Flur hing, an und dachte: Du hast mir das eingebrockt. Du, und niemand anders.

*

Auf Lecha Dodi folgten erneut ein paar Psalmen, von denen er immer nur die ersten Worte sang, um der Gemeinde zu signalisieren, wo er sich befand. Dann war es still in der Synagoge. Es erheben Flüsse, betete er, Ewiger, es erheben Flüsse ihre Stimme, erheben Flüsse ihr Getöse. Mehr als die Stimmen großer Gewässer, mächtiger als die Meeresbrandung ist der Ewige mächtig in der Höhe. Er liebte seinen Beruf nicht nur, weil er anleiten konnte, das Heiligste in Worte fassen und jedem Einzelnen etwas mitgeben, sondern auch wegen der literarischen Fülle der Gebete. Etwas, was die Deutschen nie verstehen würden, egal wie oft sie sich durch die Synagogen des Landes führen ließen, die noch standen, die ihre Großeltern nicht abgebrannt hatten. Die Bedeutung, die es für ihn hatte, wenn er dreimal von den Strömen las, wie sie tosten, weil es so sein sollte, weil es so bestimmt war, dass sie schlugen und stürmten und Haschem sie übertrumpfte. Dass Haschem, der Große, größer sein musste als alles, kleiner sein als die Atome, aus denen das Wasser bestand, das rauschte, weil er alles war und in allem: in ihm, in den Betenden, in den Polizisten, die sie schützten, im Landwehrkanal und im grünen Jordan, im Lake Michigan.

Ausschließlich in der Literatur spürte er, manchmal, eine Nähe zum Gebet, die ihn verstummen ließ. Als würden die Sätze ihn ausfüllen, aus der Welt nehmen.

Es ging weiter mit dem Kaddisch der Trauernden, das er nicht mitsprach, da er nicht mehr trauerte. Seine Eltern waren vor acht Jahren kurz nacheinander gestorben, er und seine Schwester hatten ihre Wohnung auf der Allenby geerbt, die sie sofort verkauften, weil der Immobilienmarkt in Tel Aviv boomte. Das Geld hatte er beiseitegelegt, damit Margarita einmal studieren könnte. Hierhin drifteten seine Gedanken: zu dem Geruch der Wohnung, als sein Vater inkontinent geworden war. Ein Echo der Trauer der Ekel vor den eigenen Eltern, den er beinah vergessen hatte. Ein Echo auch der 93. Psalm: Verzweifelt, laut hatte er ihn gesprochen, immer wieder, nachdem beide gestorben waren. Das Kaddisch konnte man nicht allein sprechen, und so griff er zum Psalm, der ihm am nächsten kam.

Das war die einzige Zeit gewesen, in der er sich in der Synagoge nicht ganz im Griff hatte. Seine Stimme war beim Kaddisch gebrochen, und eine der jungen Frauen, die immer da war und Veranstaltungen organisierte, hatte ihn abgefangen und ihn gefragt, ob alles in Ordnung sei. Auf seine Antwort, dass sein Vater gestorben war, hatte sie ihm angeboten, mal spazieren zu gehen. Er hatte sich über das Angebot gefreut und war monatelang kurz davor gewesen, darauf zurückzukommen. Immer wieder hatte er sich selbst daran gehindert, weil er die Frau nicht langweilen wollte oder unprofessionell wirken. Margarita hatte ihn getröstet, wie immer. Als seine Schwester ihn anrief, um ihm zu sagen, dass auch die Mutter gestorben war, waren dicke Tränen auf das grüne Telefon getropft. Er hatte nicht gemerkt, dass es seine waren, bis Margarita mit einer Rolle Toilettenpapier auf seinen Schoß gekrochen war. Er hatte für die Bestattungen die Babysitterin für jeweils 48 Stunden kommen lassen und war nach Israel geflogen, hatte Margarita nicht mitnehmen wollen, er fand, sie sei zu klein für Beerdigungen. Die Zeit hatte gereicht, um die Begräbnisse zu besuchen, bürokratische Fragen zu klären und Bücher für Margarita zu kaufen.

Die Tefillin hatte er im Flugzeug anlegen müssen. Er hatte Israel nie vermisst, aber auf dieser Reise packte ihn das Heimweh und drehte ihn im Kreis, bis er sich nachts im Hotel auf dem Rothschild Boulevard die Seele aus dem Leib kotzte. Danach flüsterte er, die Wange auf dem kühlen Boden des Bads, Psalm 93. Immer wieder, sagte er sich, würden die Flüsse ihr Getöse erheben und Gott würde sie übertrumpfen, so viele Söhne hatten ihre Mutter verloren, so laut war das Getöse doch schon, und der Große konnte lauter sein.

Er hörte das Getöse, während die Trauernden das Kaddisch sagten. Danach erst kam der richtige Gottesdienst, das Abendgebet für Schabbat, alles andere war Vorbereitung.

Während der Amida konzentrierte er sich darauf, bei der Sprache zu bleiben, bei der Sprache und beim stillen Gebet. Seine Beziehung zu den Worten schien sich umzukehren. War es sonst er, der das Gebet der Gemeinde bestimmte, bestimmten nun die Worte auf Papier das seine: Die starken Verben nahmen ihn übers Knie und beugten ihn, die schwachen schauten zu. Die Leute wünschten sich und ihm einen friedlichen Schabbat.

Manchmal schaute er in ihre Gesichter und sah eine Angst, die er aus der Zeit im Militär kannte und aus den Blicken seiner Eltern, wenn die Sirenen heulten.

*

Das Wochenende war vorbeigegangen, obwohl Margarita irgendwann daran gezweifelt hatte. Nach ihrem Mittagsschlaf hatte die Großmutter die Draußenhose angezogen und Margarita ihre Tasche in die Hand gedrückt. Dann liefen sie langsam durch die Gänge des Supermarkts. Sie hatte Grandma geholfen, die Einkäufe zu tragen, hatte geholfen, sie einzuräumen, hatte mit ihr Kuchen gebacken, den man als Nachtisch zum Hackbraten essen konnte, ohne Butter oder Milch, hatte die Schüssel auslecken dürfen und es lecker gefunden, aber nichts gesagt, hatte nur wenig vom trockenen Fleisch und den verkochten grünen Bohnen herunterbekommen, aber die Freude über den Schokoladenkuchen mit ihrem Großvater geteilt. Seine Augen funkelten sie über den Tisch hinweg an, als er erst ihr, dann sich ein zweites Stück auf den Teller legte.

Margarita erinnerte sich gut an die Zeit, als der Großvater mit ihr Zehen nachgezählt hatte oder einen ganzen Sommer lang hebräische Buchstaben zeichnete, immer wieder ihre Hand über das Papier führte. Sie hatte gern auf seinem Schoß gesessen, als Siebenjährige, und die Kringel gemalt. Damals hatte sie auch ihre Großmutter noch verehrt, die mit ihr zu *Bloomingdale's* ging, um ihr teure Kleider zu kaufen und Grilled-Cheese-Sandwiches und Schokoladen-Minze-Eis zu essen. Sie hatte sich dagegen gewehrt, an jeder Ampel ihre Hand halten zu müssen, und sich davor geekelt, ihr einen Kuss auf den Mund zu geben, um sich zu bedanken. Aber die tiefe Abscheu, die sie nun verspürte, die kannte sie nicht.

Einmal war sie über Pessach da gewesen, und die Großeltern hatten sie mit zu Freunden genommen, wo sie am Tisch eingeschlafen war, wegen des Jetlags und des riesigen Hungers, den man während der Erzählung vom Auszug aus Ägypten bekam. Man hatte sie in das Gästebett gelegt, bis ihr Großvater sie ins Auto trug. Sie hatte sich tragen lassen, wie sie es sonst nur bei ihrem Vater geduldet hätte. Wie seltsam, dass das derselbe Mensch gewesen sein sollte wie der, der nun jeden Abend beim Fernsehen einnickte, bis ihm die Spucke aufs Hemd lief. War ihm das damals schon passiert? Manchmal versuchte sie, ihre Großeltern freundlicher zu betrachten, doch es gelang ihr nicht.

*

Der Rückweg ging schneller als der Hinweg. Sein Telefon klingelte: Margaritas Mutter. Er antwortete nicht, denn es war Schabbat, und an Schabbat nutzte er das Telefon nur in Notfällen. Also wenn seine Tochter ihn anrief.

*

»Rita, dear, come and sit with me«, rief die Großmutter aus ihrem Schlafzimmer. Margarita ging hinüber und setzte sich auf die Bank am Ende des Bettes, das immer perfekt gemacht war. Grandma lächelte sie an. Sie lächelte zurück. Es fiel ihr heute nicht schwer, denn Anna hatte morgens erzählt, dass Nico nach ihr gefragt hatte. Bis sie ihre Großmutter sagen hörte: »Ich werde nun das Treffen mit deiner Mutter organisieren.«

Margaritas Herz sank. »Ich dachte, sie will mich nicht sehen.«

»Aber ich will, dass sie dich sieht. Wir sind so stolz auf diese junge Frau, zu der du wirst. Wir werden ja wohl etwas mit dir angeben dürfen!« Den letzten Satz schien sie unfassbar lustig zu finden und brach in ihr Schrei-Lachen aus.

Margarita fragte sich, ob es Sarkasmus war, ob sogar ihre Großmutter die Möglichkeit, mit ihr zu prahlen, absurd fand, und versuchte, mitzulachen.

»Anyways, Bubbale, da du ja nur noch zwei Wochen hier bist, dachte ich, ich versuche nochmal, sie zu erreichen. Wir haben sie erst vor einem Monat gesehen, sie hat einen Vortrag an der Uni gehalten, kaum zu glauben, oder?«

»No way«, sagte Margarita, regungslos. Sie hatte das Gefühl, Durchfall zu bekommen. Ihr Mund wurde trocken, so wie vor den Abenden, an denen sie wusste, dass Nico auch dabei sein würde, an denen sie sich ausmalte, wie sie später bei ihm im Bett liegen würden, sein Kopf in ihrem Schoß. Sie musste ein paarmal blinzeln, um sich zurück in das Schlafzimmer der Großeltern zu holen. Durch die Holzblenden fiel Sonnenlicht, in dem man den herumwirbelnden Staub sehen konnte.

»Rita?«, fragte ihre Großmutter. »Hast du zugehört?«

Margarita starrte sie an. »Sorry«, sagte sie, »ich bin weggedriftet.«

»Ich habe gesagt, ich rufe jetzt mal deine Mutter an und arrangiere etwas. Dein Grandpa und ich haben den Eindruck, es könnte dein letzter Sommer hier sein. Du scheinst dich nicht wirklich wohlzufühlen.« Das laute Lachen kam zurück.

Margarita sank das Herz noch tiefer. »Nein, Grandma, das wollte ich nicht – das ist nicht – das stimmt nicht«, sagte sie in ihrem strauchelnden Englisch. Es kam ihr vor, als wirbelte der Staub noch schneller im Licht herum.

Ihre Großmutter stand auf. »It's fine, Rita«, sagte sie, »wir sind alte Leute. Wir haben schon Schlimmeres gesehen. We raised a daughter, remember?« Diesmal lachte sie nicht. »Now, go to your room and do whatever you do in there. Ich rufe sie jetzt an.«

Zurück in ihrem Zimmer hörte Margarita, wie ihre Großmutter die Tür zum Flur schloss. Hatte ihre Mutter sich früher auch so gefühlt, wenn sie sich hier versteckt hatte? Die Tür der Großmutter blieb lange geschlossen. Irgendwann hörte ihr Herz auf, so wahnsinnig schnell zu schlagen, und sie klappte das Buch auf, das sie gerade las.

Sie flohen voreinander, wie es nur ging, ihre Mutter und sie.

»Rita«, rief die Großmutter kurz darauf, »dein Vater möchte dich sprechen.« Ihre Stimme klang fröhlich. Das konnte nichts Gutes bedeuten.

»Mein Vater?«, fragte Margarita, als hätte sie nicht genau verstanden, und setzte sich erneut neben sie. Ihre Großmutter nickte und lächelte sie an.

»Margarita«, sagte ihr Vater auf Hebräisch, »wie geht es dir? Besser als gestern?«

Natürlich hatte sie am Abend davor wieder am Telefon geweint. Sobald es wieder hell war, wollte sie die Nächte gern vergessen. Sie redete sich ein, dass es so war, das Erwachsenwerden: Man übte es tagsüber, nachts wurde man zum Kind. Noch immer schlief sie auf dem Sofa ein, wenn es im Bett nicht klappen sollte, während ihr Vater ihr leise vorsang. Noch immer rief sie ihn nachts an, wenn sie traurig war. Sie antwortete nicht auf seine Frage.

»Motek«, sagte er, »wir haben einen Vorschlag für dich.«

»Wer ist wir.« Sie wollte es nicht klingen lassen wie eine Frage, sondern wie eine Feststellung: Ich merke, dass ihr gegen mich spielt.

»Deine Mutter, deine Großmutter und ich.«

Ihre Mutter spielte das Spiel also auch mit. Ihr Vater machte lange Pausen zwischen den Sätzen. Immer schon hatte seine Langsamkeit sie genervt, aber jetzt machte sie sie rasend. Ihre Großmutter saß neben ihr und schaute sie mit einem verrückten

Grinsen an, als würden ihr gerade die besten Neuigkeiten ihres Lebens mitgeteilt. Sie wandte sich von ihr ab.

Ihr Vater begann wieder zu reden. »Also, Margarita«, sagte er, »du weißt, wie selten ich mit deiner Mutter spreche. Sie hat mich gestern angerufen und mich um einen Gefallen gebeten. Ich finde, das ist eine gute Idee. Und ich denke, dass es wichtig wäre, dass du sie besser kennenlernst. Für eure Beziehung zueinander.«

»Dein Monolog bringt gar nichts, wenn du mir nicht sagst, worum es geht.«

»Ich komme schon dazu, Motek. Also, deine Mutter hat mich angerufen –«

»Sie hätte auch mich anrufen können, wenn es schon um mich geht.«

»Margarita, lass mich ausreden.«

Sie war bereits jetzt so wütend, dass sie kaum wusste, wohin mit sich.

»Deine Mutter hat gefragt, ob du nicht zu ihr nach Jerusalem kommen möchtest.«

Bevor sie überhaupt nachdenken konnte, ob sie das vielleicht mochte, fing sie schon an, Gegenargumente zu formulieren. »Ich wusste nicht mal, dass sie da wohnt. Und warum sollte ich plötzlich zu ihr fliegen wollen, wenn ich nicht mal weiß, wo sie wohnt. Wenn ich nicht mal weiß, auf welchem Kontinent sich meine Mutter nicht um mich kümmern kann, warum sollte ich dann dahin fliegen? Warum?«

Die Großmutter legte ihr eine Hand aufs Knie, die sie wegschlug, und sagte: »Rita, dear, warum gibst du ihm nicht wenigstens eine Chance?«, während ihr Vater am Telefon seufzte.

»Rita, Rita, Rita«, äffte Margarita sie nach. »Du verstehst nicht einmal, was ich sage.«

Ihre Großmutter schaute sie verletzt an. Es stimmte, dass sie kein Hebräisch konnte, aber vermutlich, dachte Margarita, hatte sie das jetzt trotzdem verstanden, zog sich am Fenstersims hoch und verließ den Raum. Ihr Vater versuchte, sie milde zu stimmen, doch nichts half: Sie wollte von hier, diesem muffigen Haus, das sie bis vor wenigen Sekunden noch so verabscheut hatte, nicht weg. Sie hatte sich damit abgefunden, alles zu hassen, und sie wollte ihre Sommerpläne nicht mehr ändern müssen. Besonders nicht für eine Frau, die sie geboren hatte und kurz darauf weggelaufen war.

»Wie stellt sie sich das überhaupt vor?«, sagte sie. »Was soll ich denn da überhaupt machen?«

»Willst du ehrliche Antworten oder willst du mich anschreien?«, fragte ihr Vater ruhig.

Sie schwieg und merkte, dass ihre Unterlippe sich wie in einem schlechten Cartoon über die Oberlippe schob, und sie ärgerte sich über sich selbst, über das Kleinkind, das sie war. Dann hörte sie zu.

»Also. Deine Mutter hat ein Fellowship an der Hebrew University bekommen. Sie dachte ursprünglich, es würde erst im Oktober beginnen, aber nun kann sie jetzt schon ihr Büro beziehen. Auf jeden Fall hat sie bis Herbst noch viel Freizeit und hat vorgeschlagen, dass du sie besuchst. Du hättest ein eigenes Zimmer. Und du könntest Hebräisch üben.«

»Ich kann Hebräisch.«

»Du weißt, was ich meine. Bitte, Margarita, denk darüber nach. Du warst noch nie dort. Und ich weiß, es ist nicht einfach mit ihr, aber sie sagt, sie würde sich sehr freuen. Sie sagt, ihr könntet gemeinsam ans Tote Meer fahren.«

Margarita schnaubte. Sie versuchte sich auszumalen, wie sie am Flughafen ankäme und ihre Mutter winkend bereitstünde. Nicht mal ihr Gesicht konnte sie sich vorstellen, so lange hatten sie sich nicht mehr gesehen. Hatte sie Falten? Sie musste Falten haben. Wie alt war sie eigentlich? »Wie alt ist sie eigentlich?«, fragte Margarita, weil ihr nichts anderes einfiel.

»Achtundvierzig«, antwortete ihr Vater.

»Ein bisschen alt, um noch um die ganze Welt zu tingeln, denkst du nicht?«

Das brachte ihn nun doch dazu, wütend zu werden. »Margarita, so nicht. Deine Mutter hat ihre Gründe. Ich habe nie so über sie geredet, und du sollst es auch nicht tun.«

»Dann hätte sie sich um mich kümmern sollen«, schluchzte Margarita ins Telefon. »Vergiss es. Ich fahre da nicht hin. Ich bin in drei Wochen zurück in Berlin, und du musst mich nicht vom Flughafen abholen. Ich nehme den Bus.«

»Motek –«, sagte ihr Vater noch, bevor sie auflegte.

Ihre Großmutter lehnte in der Tür und fasste sich ans Herz. Margarita stand auf und ging auf sie zu. Sie war so viel größer als ihre Großmutter, dass sie ihren Scheitel sehen konnte.

»Sweetheart«, sagte Grandma, »es ist schon gut, kein Grund, sich so aufzuregen!«

»You have no idea«, sagte Margarita und drückte sich an ihr vorbei, um zu ihrem Zimmer zu gelangen. Sie wollte es trocken klingen lassen, abgebrüht und kalt, doch sie hörte nur ihren deutschen Akzent. Sie schlug die Tür zu ihrem Zimmer so fest zu, dass sie wieder aufsprang. Nichts wollte klappen.

*

Er versuchte es mit Beten, aber er fühlte sich dumm dabei. Als könne man alles wegbeten, dachte er, wie ein Esel ohne Gefühle. Und doch legte er die Tefillin an und betete, sie möge sich beruhigen, vielleicht sogar der Reise zustimmen. Betete, sie würde es ihm nicht in ein paar Jahren zum Vorwurf machen, ob sie nun fuhr oder nicht. Betete, sie möge die richtige Entscheidung treffen. Sogar das Getöse des 93. Psalms, den er jedes Mal zusätzlich sprach, kam nicht an gegen das Schweigen seiner Tochter. Noch nie hatte sie so lang nicht mit ihm geredet. Drei Tage waren es nun. Ihre Großmutter rief ihn an und erzählte ihm, was Margarita tat, aber es klang, als würde sie von einem Zootier sprechen, das man nur dadurch erreichen konnte, dass man an die Scheibe klopfte, und nicht von seiner Tochter. Seine Tochter könnte gerade schon im Flugzeug nach Berlin sitzen, und ihre Großmutter würde es nicht merken. Es sähe Margarita ähnlich, einfach eine Hülle von sich in Amerika zu lassen, die alle halbe Stunde die Klospülung betätigte, und sich selbst irgendwie in einen Flieger zu manövrieren.

*

Im Taxi fragte sie sich, ob das wirklich der letzte Sommer bei ihren Großeltern gewesen war. Sie versuchte, sich den Geruch des Backsteinhauses zu merken, aber sie konnte ihn schon jetzt nicht mehr abrufen. Sie schnüffelte am nass geweinten Ärmel, der noch nach dem Wäschekeller roch, als könnte das etwas ändern. Nie wieder, beschloss sie, würde sie den Pullover waschen, den sie gerade trug, weil die Klimaanlage im Auto so kalt war, dass ihr die Zähne klapperten. Das Weinen half nicht, mit dem Klappern aufzuhören. Sie wusste nicht, dass noch Tränen in ihr drin waren, dachte, die wären alle weggeweint, aber sie flossen immer weiter. Mittlerweile war es anstrengender, nicht zu weinen, als einfach weiterzuweinen. Es war ihr nicht mal peinlich, obwohl der Taxifahrer sie schon gefragt hatte, ob er umkehren sollte. Alle Vorkehrungen waren in Windeseile getroffen worden. Die sonst monatelangen Planungen der Flugreisen nach Amerika schienen plötzlich lächerlich. Jetzt ging es in drei Tagen, sie ans andere Ende der Welt zu schicken. In ihrem Koffer war noch

Dreckwäsche zwischen den Büchern, die sie hineingestopft hatte, kein einziges hatte sie zurücklassen können. Margarita fragte sich, wie die Wäsche in Jerusalem riechen würde.

Sie hatte irgendwann zugestimmt, einfach, weil sie erschöpft gewesen war und ein kleines bisschen neugierig, wie es wäre, auch dort alleine herumzulaufen, wie die Straßen aussähen, die Häuser, und wie man sie anschauen würde, ob es eindeutig wäre, dass sie nicht dort hingehörte, oder ob sie eine von ihnen wäre, ein jüdisches Kind in einem jüdischen Land. Sie wusste nicht, wie sie sich Jerusalem vorstellen sollte. Sie kannte die Stadt aus Erzählungen ihrer Kindheit, in denen sie bedrohlich geklungen hatte und als entspränge sie eher einem Märchen als der Erinnerung ihres Vaters. Jetzt dachte sie, sie hätte lieber noch hundert weitere Jahre die Langeweile ertragen, als in diesem Taxi zu sitzen.

Und doch, als sie am Flughafen ankam, spürte sie kurz etwas, das sie an Vorfreude erinnerte. »Flying home?«, fragte sie der Mann an der Passkontrolle, als er den Stempel hineindrückte. »No«, sagte sie, und er erwiderte: »Leaving home?« Sie wusste nicht, warum sie nickte. Sie verstand die Tränen nicht, die dann wieder flossen, die noch immer flossen, als die Frau sie abholte, die sie zum Terminal begleiten würde und sie fragte, ob sie etwas essen wolle. Margarita zeigte das Sandwich, die kleine Tüte mit Chips, die große Salzgurke im Ziplocktütchen, die Blaubeeren in einem zweiten, das Stück Kugel im dritten. Die Frau legte ihr eine vorsichtige Hand auf die Schulter, als sie sich am Terminal auf einen Stuhl setzte. Sie schob die Hand nicht weg, sondern lehnte sich nur einen Zentimeter nach vorne, und die Frau ließ sie in der Luft schweben, minutenlang, während Margarita ihre Blaubeeren aß.

*

Seit Jahren schon brauchte er keinen Wecker mehr zu stellen, sein Körper wusste, welcher Wochentag war, welche Uhrzeit an welchem Wochentag, er wusste, auch wenn es stockduster war, wie spät es war, meist auf die Viertelstunde genau. Heute aber hatte er verschlafen, und es blieb keine Zeit für Dusche oder Frühstück. Überhaupt, die letzten Tage hatte er viel geschlafen. Er war erschöpft gewesen wie nach einer langen Wanderung in der Sonne, wie nach den Nächten, in denen Margarita Fieber hatte, so hoch, dass er kein Auge zumachte, während er die kalten Lappen austauschte. Es regnete in Strömen an diesem Morgen, doch es half nichts, er musste für ein Planungstreffen in den Gemeindesitz. Er zog seinen Regenmantel an, fand einen rostigen Klappschirm im Regal im Flur und nahm die Tram für zwei Stationen, trotzdem kam er durchnässt an. Lange hatte es nicht mehr so stark gewittert in Berlin.

Margarita schwieg noch immer, und das, was er zuvor für Einsamkeit gehalten hatte, wurde ihm nun klar, war zufriedene Zeit allein gewesen. Wahre Einsamkeit, in der die Stille drohte, ihn aufzufressen, von der ihm der Appetit verging und die ihn erschöpfte, auslaugte, sodass er Mittagsschlaf machte, mit heißem Kopf aufwachte, die Gebete sprach, ein wenig die Straße auf- und ablief und wieder schlafen ging, diese Art der Einsamkeit hatte ihn erst jetzt gefunden. Zuletzt hatte er sich in den Monaten in Hannover so gefühlt, nachdem Marsha gegangen war, vor seinem Umzug nach Berlin mit Margarita, die wahrscheinlich gerne mit wackligen Beinen die ganze Stadt unsicher gemacht hätte, anstatt mit ihrem deprimierten Vater, der noch immer kaum ein deutsches Wort sprechen konnte, in einer Dachwohnung zu sitzen, die nur Fenster in den Himmel hatte und so nicht einmal die Beobachtung dessen zuließ, was auf der Straße passierte, Müllautos und Lastenfahrräder versteckt vor ihren Kinderaugen.

Er fragte sich selten, ob er sich doch hätte bemühen sollen, jemanden zu finden, der neben ihm schlafen, der seine Hand halten könnte, wenn das passierte, was ohnehin irgendwann passieren würde: dass Margarita ging. Dass sie sich schloss wie eine der Muscheln, die sie an der Ostsee gefunden und mit frechem Blick in ihren Mund geschoben hatte, um ihn dann zu fragen, ob Gott nun böse werden würde, da die Muschel ja nicht koscher war, oder ob es in Ordnung wäre, wenn sie sie wieder ausspuckte.

Das Treffen zog sich, es wurden Kleinigkeiten besprochen, privater Kram, der ihn nicht interessierte, Politisches, weswegen er sich am liebsten die Ohren zugehalten hätte, aber gleichzeitig war er froh um den Nachmittag, an dem er sich nicht beschäftigen musste. Einen ganzen Tag hatte er danach noch, den er totschlagen musste, an dem er nicht fernsehen konnte, nicht lesen, nicht schreiben. Es würde also auf den klebrigen Schlaf hinauslaufen, der ihn auch die vergangene Woche über ständig eingeholt hatte.

Als er aus dem Gemeindezentrum trat, während alle anderen im Restaurant nebenan Mittagessen gingen, goss es noch immer, aber diesmal war es ihm egal, den Rest des Tages würde ihn niemand sehen. Er lief durch das Unwetter, ließ den Schirm in der Manteltasche und den Mantel offen, nur den leichten Schal, den er wegen der Stimmbänder immer trug, behielt er an. Er hatte vermutet, der Regen wäre kalt, doch er war ungewohnt warm. Erst auf der Hälfte der Strecke begann er zu frieren. Er hoffte, er würde sich nicht erkälten.

Margarita würde gerade sicher nicht frieren, eingewickelt in eine Decke im Flugzeug, morgen in der Hitze Jerusalems, wo sie vielleicht mit ihrer Mutter, der sie hoffentlich auch kurz angebunden begegnete, im Café einen frischen Orangensaft trinken und ein Buch lesen würde. Es machte ihn wütend, dass sie Marsha womöglich anders behandelte als ihn, der ihr manchmal noch immer einen Finger unter die Nase hielt, wenn sie schlief, um sicherzugehen, dass sie ruhig atmete. Er hatte ihr gestern noch Geld überwiesen, damit sie sich auch in Israel Bücher kaufen konnte, in der Buchhandlung auf der Emek Refaim, in der es englische und ein paar deutsche Bände gab, am liebsten hätte er sie sofort angerufen, um ihr zu sagen, wo sie Lesenachschub bekam, doch es regnete zu stark, er wollte das Telefon nicht kaputt machen, und so trottete er weiter, bis auch seine Socken nass waren, wohl auch seine Unterhose, die Haut darunter fühlte sich klamm an.

Zuhause nahm er ein Bad, lag in der Wanne, bis ihm schlecht wurde vor Hunger, trank, wie ein Tier, kaltes Wasser aus dem Hahn, duschte heiß und zog sich danach seine dicksten Socken an. Warm wurde ihm trotzdem nicht, er wurde nur noch müder. Im Hof schrie eine Frau ihr Kind an. Ein kalter Sommer, dachte er, war schlimmer als dunkle Wintertage, in die man sich hineinlegen konnte, für die es Dinge gab wie Tee und Strudel. Für kalte Sommertage gab es nichts. Auf dem Herd stand Suppe, von der er aß, sich den Rachen verbrannte beim Schlucken, dann betete er und legte sich hin. Im Schlaf sprach Margarita mit ihm am Esstisch, schrie ihn an, warf Sachen, kurz überlegte er, sie zu schlagen, schreckte auf, schlief weiter, traumlos.

*

Als das Boarding begann, hatte sie aufgehört zu weinen, nur plagten sie mittlerweile fürchterliche Kopfschmerzen. Laurie, die Frau, die sie begleitete, hatte gesagt, sie dürfe ihr keine Medikamente geben, das sei verboten, aber sie hatte sie zur Flughafenapotheke gebracht, wo Margarita sich eine Packung Tampons für zehn Dollar und Ibuprofen kaufte. Laurie hatte mit ihrem Handgepäck vor der Apotheke gewartet. Aus der Ferne dachten die Leute vielleicht, sie wären Mutter und Tochter, aber wenn sie näherkamen, konnten sie das Schild auf Lauries Blazer erkennen und dass sie eine Uniform trug. Und dann würden alle denken, dass Margarita eigentlich etwas zu alt war, um noch Hilfe beim Boarding zu brauchen. An Bord selbst würde eine Stewardess für sie zuständig sein. Laurie brachte sie nur zu ihrem Sitz und verließ das Flugzeug dann wieder.

Es war ein Direktflug, dreizehn Stunden durch die Nacht, immerhin mit einem kleinen Bildschirm in der Rückenlehne vor ihr. Außerdem hatten die Großeltern ihr einen Platz mit mehr Beinfreiheit gebucht, was sich ihr Vater nie hätte leisten können. Margarita schob ihren Rucksack unter den Sitz und steckte sich die Kopfhörer in die Ohren. Sie wusste, es würde noch etwas dauern, bis es losging, also schloss sie die Augen, um nicht weiter zu weinen, und hörte Musik, erst Reggae, den sie von Nico kannte, allerdings schnell leid war, dann Bachs Cellokonzerte, die sie liebte. Es kam ihr schon jetzt vor, als wäre es Tage her, dass sie im roten Backsteinhaus rastlos zwischen Bett und Bad hin- und hergelaufen war. Sie hatte Durchfall bekommen, kurz vor der Taxifahrt, hatte es ihrer Großmutter sagen und Imodium nehmen müssen, beschämt waren das die letzten Worte gewesen, die sie vor ihrer Abreise gewechselt hatten. Sie hatte nur das hebräische Wort für Durchfall gekannt, *schilschul*, und das hatte alles noch viel schlimmer gemacht. Dabei hatte ihre Großmutter es schnell erkannt und sich über den Bauch gestrichen, als hätte sie das Gleiche gern bei Margarita getan, sich aber nicht getraut.

Irgendwann tippte eine Stewardess sie an und stellte sich auf Englisch vor, mit einem Akzent, den Margarita nur von ihrem Vater kannte. Da sie nicht sofort sagte, dass sie auch Hebräisch sprach, blieben sie dabei. Margarita saß am Fenster, wie immer, wenn sie flog, weil alle dachten, Kinder müssten am Fenster sitzen. Als ihr Vater noch nach Chicago mitgekommen war, hatte sie ihre kurzen Beine auf seinem Schoß abgelegt und geschlafen, bis er sie bei guter Aussicht, einem Sonnenaufgang zum Beispiel oder wenn sie über Grönland schwebten, weckte. Die Stewardess erklärte ihr, dass sich der Abflug etwas verzögerte. Margarita nickte. Wie würde sie ihrer Mutter Bescheid sagen? »No problem«, antwortete sie, denn die Stewardess würde ihr ja auch nicht helfen können.

Neben ihr saß eine Frau mit einem riesigen silbernen Davidstern um den Hals, die nach schwerem Parfum roch. Sie lachte Margarita an und sagte: »Wir sind noch nicht mal in Israel, und schon hat alles Verspätung.«

Sie wusste nicht, dass in Israel immer alles zu spät war.

Die Luft in der Kabine roch schal, desinfiziert, irgendwie flach. Jemand rammte ihr die Knie in den Rücken. Sie wollte sich nicht umdrehen, um sich nicht noch mehr zu ärgern oder gar zu signalisieren, sie sei auf Streit aus. Also schloss sie wieder die Augen, bis das Flugzeug sich in Bewegung setzte. Es dämmerte in Chicago, und aus ihrem Fenster konnte sie die Skyline sehen: das Hancock Center, den Willis Tower. Sie blinkten, als würden sie nach ihr rufen, als würden sie morsen: All das und mehr lässt du dir entgehen. Ein letztes Mal hatte sie den Geruch der frisch gereinigten Straßen von Downtown in der Nase, von teuren Geschäften und sauberen Menschen, ein letztes Mal hörte sie die amerikanischen Sirenen. Dann hob der Flieger ab, und die Knie in ihrem Rücken wurden so spitz, dass sie nun doch einen Blick zurückwarf. Sie konnte sein Gesicht nicht deutlich erkennen, aber älter als zwanzig konnte er nicht sein. Über seinen Augen war eine Schlafmaske, und um seinen Hals trug er ein Reisekissen. Auf seinen Ohren saßen große Kopfhörer. Er hatte dunkelbraune Locken, dünne, schiefe Lippen und ein Kinn, das nicht aussah, als könnte ein Bart darauf wachsen. Der Junge hatte die Hände zu Fäusten geballt. Er saß weit nach hinten gelehnt. Margarita beschloss, ihn nicht zu stören, und schob sich die Decke, die auf ihrem Sitz gelegen hatte, in den Rücken. Unter ihnen das Gitter der Straßen, der dunkelblaue See, der einem Meer glich. Sie presste die Stirn an das Fenster.

Die Sonne ging schnell unter. Irgendwann wurden die Knie weniger spitz. Als sie sich erneut umdrehte, schaute der Junge auf seinen Bildschirm. Ihre Blicke trafen sich kurz, und sie wandte sich ab, bevor er etwas sagen konnte. Kurz darauf schlief sie ein, ein ruckelnder, unangenehmer Schlaf. Sie wachte davon auf, dass ihre Nachbarin sie anstupste. Es gab Abendessen. Sie trank nur den Apfelsaft, der auf ihrem Tablett stand, dann musste sie aufs Klo. Während sie in der Kabine war, begann das Flugzeug, Sprünge zu machen. Sie fiel von einer Seite zur anderen. Bei der Durchsage, sich zurück zum Platz zu begeben, sammelte sich der Speichel in ihrem Mund. Sie schaffte es gerade noch, sich hinzuknien, während es an der Tür klopfte. Als sie fertig war, blieb sie auf dem Boden sitzen und atmete schwer. Ihr Mund schmeckte sauer. Das Klopfen wurde stärker. Sie entsperrte die Tür, weil sie nicht wusste, was sie sonst machen sollte. Eine Stewardess, die schon älter war, mütterlich lächelte und graublonde Dauerwellen auf dem Kopf hatte, kam schwankend herein und hockte sich hin. »Kann ich helfen?«, fragte sie, und Margarita schüttelte den Kopf. »Ich musste mich übergeben, wegen dem –« sie wackelte mit dem ganzen Körper. »Oy«, sagte die Flugbegleiterin, »du armes Schätzchen. Ich hole dir Wasser und Mundspülung, wäre das was?« Margarita nickte. Sie war zu müde, um weiter alles zu hassen. Sie fühlte sich so winzig klein, nicht, als stünde ihr sechzehnter, sondern ihr sechster Geburtstag bevor. Mühsam zog sie sich am Waschbecken hoch und wischte sich die Tränen aus dem Gesicht. Die Frau brachte ihr Mundspülung und stand in der geöffneten Tür, während Margarita gurgelte.

Das Flugzeug schlingerte wieder stärker. Erneut musste sie

sich übergeben, noch plötzlicher. Die Stewardess hielt ihre ohnehin nach hinten gebundenen Haare und strich ihr über den Rücken. Diesmal kam weniger hoch. Das Rütteln hörte auf. Sie spülte ein zweites Mal, dann brachte die Flugbegleiterin sie zu ihrem Platz zurück. Die Frau auf dem Platz neben ihr schlief schon wieder. »Möchtest du gern auf einen Gangplatz wechseln? Etwas näher an der Toilette?«, fragte die Stewardess. Neben dem Jungen mit den Knien war noch einer frei.

Sie setzte sich benommen hin. Bestimmt roch sie nach Erbrochenem.

Die Stewardess reichte ihr ihre Sachen nach hinten, die Decke, das Kissen, das Buch. »Falls du dich nochmal übergeben musst, einfach auf den Knopf drücken«, sagte sie. »Ich bin Eloise.«

Margarita nickte. Der Junge lächelte sie an, ein Lächeln, das ihr fast schadenfroh vorkam. Sie schaute weg und schloss die Augen, aber schlafen konnte sie nicht mehr. Wenigstens hatte das Imodium gewirkt. Ihr Papa sagte ständig, schlimmer geht immer, mit seinem merkwürdigen israelischen Akzent, als würde er singen. Plötzlich sehnte sie sich nach seiner Stimme.

Der Flug ging noch fünf Stunden. Mittlerweile war es wieder hell in der Kabine, und sie zog ihr Buch heraus. »Ma at koret«, fragte sie der Junge. Was liest du. Es klang nicht fragend, eher fordernd. Sie zeigte ihm das Cover von *The Sisterhood of the Traveling Pants*. Es war ein Buch über vier Freundinnen, denen allen dieselbe Hose passte, obwohl sie unterschiedliche Körper hatten, weil sie seelen- beziehungsweise hosenverwandt waren. Worum es gehe? Sie sagte, dass sie nicht gut Hebräisch spreche und es deswegen nicht erklären könne. Er erwiderte, dass sie ziemlich perfekt erklärt hätte, dass ihr Hebräisch schlecht sei. Also gut.

»Es geht um eine blaue Hose.«

»Jeans«, sagte er.

»Sag ich doch«, sagte sie.

Er streckte ihr die Hand hin. »Ich heiße Lior.«

Sie sagte: »Ah.«

Er fragte sie nach ihrem Namen.

»Margarita.«

»So heißen in Israel die –«

Das letzte Wort verstand sie nicht.

»Bitches«, sagte er auf Englisch.

Sie starrte in ihr Buch, doch sah nur noch eine Reihe von Wörtern, ohne Grammatik, ohne Sinn.

»I'm sorry«, sagte er.

»In Deutschland«, sagte sie, »nennt man die Idioten Lior.« Das Wort für Idiot kannte sie. *Manyak.*

»Ich bezweifle, dass es viele Liors in Deutschland gibt. Und was machst du denn in Deutschland?«

»Ich bin Deutsche.« *Ani germanit.* Er schaute sie fragend an. Sie verstand seinen Blick nicht, oder wollte ihn nicht verstehen. »Mein Vater ist Israeli«, sagte sie.

»Und deine Mutter? Die ist Deutsche?«

»Nein. Wir leben einfach da.«

Er lachte. »Weil es so schön ist?«

»Ja. Warst du etwa noch nie in Berlin?«

»Aaah«, machte er. »Berlin! Berlin ist ja nicht Deutschland!«

Sie sagte »achso, okay« und starrte wieder in ihr Buch.

Er setzte seine Kopfhörer wieder auf.

Es wurden Snacks verteilt. In einer gleichzeitigen Bewegung rissen sie beide die Verpackung auf, schütteten sich alle Nüsschen auf einmal in die Hand und kippten sie sich in den Mund.

Langsam wurde Margarita ruhiger. Lior starrte gebannt auf den Bildschirm, sie blätterte die Seiten zurück und las weiter. Die Nüsse hatten gegen die Übelkeit geholfen. Sie bekam größeren Hunger und zog das Tütchen mit dem Kugel aus der Tasche. Er schmeckte nach der Küche der Großmutter, zuckrig, etwas metallisch, bildete sie sich ein, von der kupferfarbenen Form, in der die Großmutter ihn buk. Lior musste lachen. Sie schaute hoch, es war wegen des Films. Er schaute sie an. »Kugel«, sagte er, »so Ashkenazi.« Das Flugzeug ruckelte erneut. »Kotz nicht nochmal.« Es klang irgendwie freundlich.

*

Die Maschine war nun über Sizilien. Seit Stunden starrte er die Seite an, hatte sich nur entfernt, um Tee zu machen. Sein Kind in diesem Flugzeug. Als sie klein war, hatte sie sich immer übergeben müssen. Vor ihrer Abreise nach Amerika hatte er sie daran erinnert. Sie sagte, das würde ihr nicht mehr passieren. Er hatte ihr ein Eis gekauft, weil sie zu früh dran waren. Sie hatte gelacht, als er meinte, damit es ein bisschen bunter ist, falls du spucken musst.

Ein Kind, dachte er, das war sie, ein Kind mit großen Knochen und langen Haaren, das Eiscreme essen und Freundinnen im Park treffen sollte, nicht eines, das dreizehn Stunden lang allein in einem Flugzeug saß, während er bloß eine kleine Graphik verfolgte, die millimeterweise über seinen Bildschirm ruckelte.

Er rechnete damit, dass das Flugzeug irgendwann vom Bildschirm verschwinden würde, er wusste nicht warum, seine Hände waren klamm, sein Mund trocken, er roch sicher nicht gut. Er musste warten, bis sie ankam. Er musste sehen, wie die Maschine als gelandet gemeldet wurde. Den Rest bekäme sie hin, das wusste er.

Er betete das Schma. Höre, Israel. Höre, Israel, der Ewige ist unser Herr, der Ewige ist einzig. Eigentlich dachte er nur, höre, Israel. Höre, Israel, da landet ein Flugzeug. Höre, Israel, es landet ein Flugzeug, darin Margarita Rachel Fuchs. Höre, Israel, schütze die Tochter, lasse den Ewigen sie beschützen. Höre,

Israel, hoffentlich geht ihr Gepäck nicht verloren, höre, Israel, hoffentlich gibt es keine Probleme bei der Passkontrolle. Höre, Israel, lass Margarita Rachel Fuchs nicht frech werden an der Passkontrolle, lass sie ruhig sein und sich benehmen, lasse sie sagen, sie sei dort, um die Mutter zu besuchen, Marsha Markovitz.

Die ersten drei Jahre ihres Lebens waren sie Margarita und Marsha Markovitz gewesen, dann hatte er Margaritas Namen ändern lassen zu seinem, weil sie von da an alleine waren und er nicht wirken wollte wie ein Entführer, jedes Mal, wenn sie gemeinsam reisten.

Höre, Israel, lass die Landung unkompliziert sein. Höre, Israel, der Ewige ist unser Herr, der Ewige ist einzig. Das Flugzeug: gleich über Kreta.

*

Die letzten Seiten des Buchs waren spannend. Margarita merkte den Druck auf den Ohren, doch sie wollte wissen, wie es ausging, bevor sie aussteigen musste.

Lior tippte sie an und zeigte aus dem Fenster. Sie stürzten ab. Die Maschine flog senkrecht auf die Welt zu. Das Einzige, was man draußen sehen konnte, war rote Erde, die näher kam. Es schrie zwar niemand, aber es war wohl so wie mit dem Ertrinken: In Filmen ertranken die Leute laut, in Wirklichkeit leise. Vielleicht stürzten die Leute in Wirklichkeit auch leise ab. Plötzlich kippte das Flugzeug nach rechts, und die Sonne erschien, ein roter Ball über dem roten Boden, ein kleiner Streifen Horizont, der immer größer wurde. Sie rutschte, wie in der Achterbahn in der Hasenheide, die sie früher mit Anna besucht hatte, an den äußersten Rand des Sitzes, die Armlehne presste sich in ihre Seite. Sie versuchte, sich aufrecht hinzusetzen, doch es klappte nicht. Lior lächelte selbstvergessen, beinahe manisch, vor sich hin. Er schien kein Problem damit zu haben, zu sterben, als wäre er vorbereitet auf das, was sich abspielte. Vielleicht war er eingeweiht. Sie dachte an die Dokumentation über die Terroranschläge vom 11. September, die sie sich einmal heimlich angeschaut hatte, während ihr Vater seinen Abendkurs an der Volkshochschule gab. Sie schaute abwechselnd auf Liors Gesicht und auf die Landschaft hinter der Scheibe, die zweidimensional wirkte, wie eine Fototapete, die man um das Flugzeug gewickelt hatte.

Lior entfernte seinen linken Kopfhörer und sagte: »Guck. Da ist Israel.«

Plötzlich tauchte das Meer auf, dunkelblau am Rand des Rots. »Was passiert«, flüsterte Margarita auf Hebräisch, »was passiert.«

Lior lachte und rieb ihr unbeholfen über den Oberarm. Komische Berührung, dachte Margarita, aber wir stürzen ja jetzt eh ab.

»Der Pilot dreht eine Extrarunde«, erklärte er ihr.

Es klingelte in ihren Ohren, das Flugzeug war noch immer schräg.

»Weil das Land so schön ist.«

Sie schaute hinaus. Sah Rot, Blau, plötzlich eine Stadt.

»Tel Aviv«, sagte er, »mein Zuhause.« Oder »meine Heimat«. Sie wusste nicht, was die genaue Übersetzung des Wortes war. »Warst du noch nie hier? Und was hast du eigentlich in Chicago gemacht?«

Sie schüttelte den Kopf. Ihr wurde wieder übel. Nicht jetzt, dachte sie, bitte nicht jetzt.

Lior sagte, sie sähe blass aus. Sie starrte auf ihre Füße. Dann sagte er: »Guck.« Der Horizont war wieder gerade. Unter ihnen Straßen, Hochhäuser, Meer. Dann Landeanflug. Sie klappte das Buch zu. Das Flugzeug rumste auf den Boden. Einige klatschten, Lior auch. »I love coming home«, sagte er, diesmal auf Englisch. Home, dachte sie, ja, das ist es, Zuhause und Heimat.

»Ich habe meine Großeltern in Chicago besucht«, sagte sie leise.

Lior nahm den Ohrstöpsel erneut heraus. »Nochmal?«

»Ich habe meine Großeltern in Chicago besucht«, wiederholte sie.

»Ah«, sagte er, »und hier?«

»Meine Mutter.«

»Ist die nicht in Berlin?«

»Nein. Sie ist Amerikanerin, aber sie wohnt gerade hier.« Sie zeigte auf das Fenster.

»Und warum warst du noch nie in Israel?«

»Weil mich noch nie jemand eingeladen hat.«

Er sah aus, als würde er nicht verstehen, was sie sagte. Sie wollte sich nicht mehr erklären. Er schaute sie ein bisschen zu lange an. »Du lässt dich aber gerne einladen«, sagte er nach einer Weile. Sie wusste nicht, was sie darauf antworten sollte. »Und alles einzeln fragen auch.«

»Kann sein«, sagte sie und starrte auf das Display, auf dem eine Stewardess zum Abschied in Endlosschleife freundlich winkte.

»Steh auf, die Leute holen schon ihre Sachen aus den Fächern«, sagte Lior.

»Ich würde lieber warten, bis nicht mehr so viele Leute drängeln.«

Er quetschte sich an ihr vorbei und hob seinen Rucksack aus dem Fach über ihnen. Dann stellten sie sich zusammen in den Gang.

Es war heiß, obwohl es gerade erst hell wurde. Die Hitze schien trocken, fast sandig, der Himmel irgendwie rostig, obwohl er so blau war. Ein Bus brachte sie zum Terminal. Lior stand ihr gegenüber. Durch seine Jogginghose konnte man sehr deutlich den Umriss seines Penis sehen, als würde er keine Unterhose tragen. Aber das konnte sie sich nicht vorstellen. Vielleicht war es eine dünne Unterhose. Sie hasste sich dafür, dass sie hingeschaut hatte. Nun konnte sie kaum wegschauen. Sie hoffte, er hatte es nicht gemerkt, aber er schien damit beschäftigt zu sein, das Rollfeld zu beobachten.

»Hast du deinen Pass?«, fragte er.

»Ja, beide.«

»Beide welche? Hast du auch einen israelischen? Müsstest du dann nicht auch zum Militär?«

»Nein, einen amerikanischen. Musst du zum Militär?«

»Kamuvan«, *natürlich*, sagte er knapp und warf sich seinen Rucksack über die Schulter. Die Bustüren öffneten sich.

In der Ankunftspassage begrüßte sie erst Tourismus-Reklame, dann Werbung für Bier, die tanzende Leute in Clubs zeigte. Eine Großfamilie eilte an ihnen vorbei, der Mann und ein paar Kinder trugen Schläfenlocken, die Frau eine dicke, beige Strumpfhose unter dem langen Rock. Sie schienen sich nicht an der Werbetafel zu stören.

Die Schlange zur Passkontrolle für Ausländer war lang, die für Israelis kurz. Lior winkte ihr, dann lief er los. Drehte auf halber Strecke wieder um und sagte: »Gib mir deine Nummer?«

Sie fand nur einen Bleistift in ihrem Rucksack und ihr Buch. Sie traute sich nicht, ihn zu bitten, sie einfach in sein Handy eintippen zu dürfen, also schrieb sie ihre Nummer auf die Seite mit der Widmung, riss das Blatt raus und gab sie ihm. Er lächelte sie an. Dann ging cr wirklich.

Margarita stellte sich in die Schlange, den amerikanischen Pass in der einen, den deutschen in der anderen Hand. Als nur noch ein paar Leute vor ihr waren, alles Amerikaner, entschied auch sie sich für den amerikanischen Pass und steckte den deutschen in ihren Rucksack. Der Mann an der Passkontrolle schaute sie wortlos an. Dann sagte er: »Hi.« Er fragte, wie lang sie in Israel bleiben wollte, sie antwortete: »Three Weeks«, weil ihr Vater ihr eingebläut hatte, dass sie das sagen sollte, obwohl es noch keinen Rückflug gab.

»Und was willst du in den drei Wochen machen?«

»Meine Mutter besuchen. In Jerusalem. Sie heißt Marsha Markovitz.«

Der Mann schaute hoch. »Ah. Deine Mutter ist Israelin.«

Sie schüttelte den Kopf. »Nein, Amerikanerin, so wie ich«, sagte sie und lächelte gezwungen.

»Wo kommst du denn her?«, fragte der Mann.

Ihr Herz schlug so schnell, dass sie Angst hatte, er könnte ihren Pullover zittern sehen. »Berlin«, sagte sie. Ihre Großmutter hatte gemeint, sie solle einfach ehrlich sein. Auf keinen Fall lügen. Auf keinen Fall Dinge verbergen. Sie schwitzte. Sie dachte an Psalm 93, den einzigen, den sie auswendig konnte.

»Miss«, sagte er, »könnten Sie dort drüben ein paar Fragen beantworten?«, und zeigte zu einer Tür.

Sie nickte. Plötzlich fiel ihr ein, dass sie Hebräisch konnte. »Meine Mutter lebt hier. Sie ist Amerikanerin, deswegen habe ich den amerikanischen Pass. Mein Vater ist Israeli, aber lebt in Berlin. Ich lebe bei ihm und besuche meine Mutter. Vorher war ich bei meinen Großeltern in Chicago, den Eltern meiner Mutter.«

Plötzlich lachte er. »Und dein Iwrit kannst du von deinem Vater?«

»Ja«, sagte sie.

»Befragen müssen wir dich trotzdem.«

Eine Frau in Uniform trat hinzu. Sie war höchstens drei Jahre älter als Margarita. Sie sagte »komm mit«, also stand Margarita auf, um ihr zu folgen. Beim Losgehen merkte sie, wie es nass in ihrem Schritt wurde. Sie stellte sich vor, wie Unmengen warmen Bluts aus ihr herausschwappten, bis hoch zu ihrem Po. Sie bekam ihre Periode nur unregelmäßig, diesmal war es sicher acht

Wochen her. Dann kam so viel Blut auf einmal, dass die Gynäkologin, zu der Anna sie geschleppt hatte, ihr Eisentabletten aufgeschrieben hatte. Die lagen natürlich in ihrer Schreibtischschublade in Berlin. Sie presste den Beckenboden zusammen, als würde das helfen, hievte den Rucksack nach vorne, zog sich im Gehen ihren Pullover aus und band ihn sich stolpernd um, damit die Blutflecken in der Hose nicht auffielen. Ihr war schwindlig, und sie biss sich in die Wange, so stark sie konnte, um nicht vor Angst zu weinen.

*

Es war sechs Uhr in der Früh, in Israel sieben Uhr, und das Flugzeug war gelandet. Die Erschöpfung, die ihn die letzten Wochen über begleitet hatte, kam zurück. Er hatte kalte Hände, kalte Füße. Mühsam kroch er ins Bett, legte das Telefon neben das Kopfkissen, falls etwas war.

Kurz bevor ihn die Träume einholten, als seine Zunge bereits schwer in seinem Mund lag, vibrierte es. Er schreckte hoch. Das Display zeigte nichts an. Wie oft hatte er Margarita damit aufgezogen, dass sie ständig auf ihr Handy schaute, in dem sich Dinge verbargen, die ihm ein Rätsel waren. Er schrieb ihr, *ich hoffe, du bist gut angekommen, ich liebe dich, dein Aba*. Dann schlief er ein. Er träumte, dass das Handy erneut vibrierte, aber jedes Mal sagte er sich, du bildest dir das ein, wie eben, du kannst weiterschlafen, es geht ihr gut.

Er träumte von der Synagoge, davon, dass die Torarollen verloren gegangen waren, träumte vom Grab in Weißensee, in dem geschändete Rollen lagen, träumte, er wäre wieder dort, ginge wieder auf die Knie an diesem Ort, mehr als an den Mahnmalen, mehr als in Yad Vashem zerriss ihn die Geschichte. Die Worte der Tora sprachen zu ihm: Da war Moshe, beschmiert mit Hakenkreuzen, da war die alte Sara, da war die Schlange, die Deutsch sprach. Da war es hell. Bald träumte er nicht mehr.

Er lag auf dem Rücken. Immer wenn er so schlief, kam es ihm vor, als würde sich in der Matratze ein Loch auftun, durch das er fiel, immer und immer weiter, die Bodenlosigkeit unter seinem Rücken ein tiefes Schwarz.

*

Die Frau war freundlich, als sie Margarita bat, ihren Rucksack aufzumachen, in einem Raum ohne Fenster. Sie stellte die gleichen Fragen, die auch der Mann gestellt hatte. Margarita hoffte, sie beantwortete alles genau wie vorher, aber irgendwie wusste sie jetzt schon nicht mehr, was sie eben gesagt hatte. Sie versuchte, etwas im Gesicht der Soldatin zu entdecken, Empathie, Antipathie. Nichts.

Sie fragte, was ihr Vater in Berlin machte.

»Er ist Chasan.«

Sie schien überrascht, oder sie tat überrascht. Die Leuchtröhre über ihnen summte. Anfangs hatte sie ihr einen Stuhl angeboten, aber Margarita hatte abgelehnt, um nicht ins Stoffpolster zu bluten. Ob sie etwas singen könne. Margarita war verblüfft. Sie sagte ja, aber dann musste sie überlegen, was sie überhaupt konnte.

Sie dachte an das Freitagabendgebet in der Synagoge in ihrer Nähe, an der Hand der Rabbinerin, zu der sie früher jede Woche gegangen war, während ihr Vater sein eigenes Gebet leitete. Sie dachte an den Gebetsraum in der Oranienburger Straße. An den Sopran der Kantorin. »Lechah Dodi«, sang sie, »likrat kalah. Pnei schabbat nekabelah. Lechah Dodi likrat kalah, pnei schabbat neka-a-a-belah.« Diese Melodie, was hatte sie die geliebt, gesungen auch an Freitagabenden, an denen sie zu zweit zuhause waren, weil ihr Vater frei hatte, seine vibrierende, vertraute Stimme.

»Lo, lo, lo tevoschi«, sang sie, »schäme dich nicht, Jerusalem, erröte nicht, warum beugst du dich, warum klagst du? Bei dir werden die Armen meines Volkes Schutz finden, erbaut wird die Stadt auf ihren Trümmern.« Abrupt brach sie ab.

»Hast du Waffen dabei?«, fragte die Frau. »Im Rucksack oder im Koffer?«

»Nein«, sagte Margarita. Trotzdem musste sie den Rucksack öffnen und ihr zeigen, was sich darin befand. Sie zog die leeren Tütchen heraus, fragte, was darin gewesen war, Margarita beschrieb es ihr, sie fand die Tampons, öffnete die Verpackung, schüttelte die Tampons in den Rucksack, sie fand den Reiseführer, den sich Margarita am Tag vor der Reise bei *Powell's* gekauft hatte, einen Führer durch das *Holy Land* von 1980, sagte nichts dazu, sie fand das Portemonnaie und das Kosmetiktäschchen.

Nach einigen Sekunden unerträglicher Stille schob sie Margarita die Plastikkiste mit dem ausgeräumten Zeug und ihrem Laptop über den Tisch, vor dem sie die ganze Zeit gestanden hatte. »Viel Spaß«, sagte sie, machte ihr die Tür auf und winkte dem Mann am Kontrollhäuschen zu. Obwohl sie sonst ein gutes Zeitgefühl hatte, in zähen Schulstunden etwa, während nächtlicher U-Bahn-Fahrten, wusste Margarita nicht, wie lang sie in diesem Raum gewesen war. Nur das mittlerweile nicht mehr fließende, langsam antrocknende Blut deutete darauf hin, dass es eine ganze Weile gewesen sein musste. Der Schwindel kam zurück, als sie die Passkontrolle hinter sich ließ.

*

Er erwachte in eine Dämmerung hinein, die seinen Vorstellungen eines deutschen Morgengrauens entsprach, es war tatsächlich ein graues Licht, das der dunkelblaue Himmel gebar. Er hasste diesen Breitengrad, wo es im Winter so elendig früh dunkel wurde, dass Margarita sich als kleines Mädchen auf dem Rückweg von der Grundschule hatte fürchten müssen, und die Nacht im Sommer endete, bevor man überhaupt in den Tiefschlaf fand. Die letzte Nacht fiel ihm ein. Die Träume, die sich dicht aneinandergereiht hatten, das ständige Vibrieren des Telefons. Er streckte die Hand danach aus. Es war ein altes iPhone, das erste, das er Margarita geschenkt hatte, einige Jahre später hatte sie ihren Großeltern ein neueres Modell abgeschwatzt und ihm dieses überlassen. Viele, viele Mitteilungen auf dem Display. Ihm wurde schlecht. *Verpasster Anruf von Margarita* stand dort, *(15)*. Eine Nachricht, nur: *Hast du die Nummer von Marsha???????* Außerdem ein verpasster Anruf der Gemeinde und die SMS, dass ein Beter gestorben war, dass sie ihn brauchten für die Beerdigung.

*

An der Gepäckausgabe fuhr ihr Koffer allein im Kreis, beinah menschlich, wie er auf sie wartete. Sie zog ihn herunter, so schnell es ging. Hoffentlich würde ihre Mutter etwas zu essen dabeihaben. Sie hatten nicht viel gemeinsam, aber sie beide liebten gutes Essen, das wusste sie, jedenfalls meinte sie, sich daran zu erinnern. Als sie sich das letzte Mal gesehen hatten, waren sie in ein schickes Restaurant in Chicago gegangen, in einem Hochhaus. Es musste der Sommer gewesen sein, bevor Margarita aufs Gymnasium kam. Ihre Mutter hatte scherzhaft erklärt, dass sie nie Geld hatte, weil sie es zu schnell für teures Essen ausgab. Margarita konnte nicht mehr sagen, was sie bestellt hatte, doch sie wusste noch, wie ihre Mutter sie überzeugt hatte, eine Vorspeise zu nehmen und einen Hauptgang, danach noch Dessert, sie wusste noch, wie übel ihr im Anschluss gewesen war.

Es war ihr seltsam vorgekommen, dass ihre Mutter es lustig fand, verschwenderisch zu sein, denn ihr Vater hatte ihr erzählt, dass sie ihm keinen Unterhalt für Margarita zahlte.

Sie suchte nach den Toiletten und zog sich in einer der Kabinen neue Unterwäsche an, obwohl sie davon ausging, dass sie ohnehin als Erstes duschen würde. Wusch sich die Hände, lange, gründlich, bloß kein Blut unter den Fingernägeln lassen.

In der Ankunftshalle klangen die Rollen ihres Koffers wie die Autos auf der Straße unter ihrem Fenster in Prenzlauer Berg. Sie sah sich nach ihrer Mutter um, deren Gesicht sie kaum erinnerte, deren Körpergröße sie vergessen hatte. Nur wenige der Frauen, die dort standen und warteten, kamen überhaupt in Frage. Keine von ihnen war ihre Mutter.

Sie entschied sich dafür, draußen nachzuschauen. Grandma hatte Marsha genau gesagt, wann Margarita ankommen würde. Mit etwas Verspätung konnte man rechnen. Sie trat aus dem Flughafengebäude. Dieselbe stickige Luft, die sie vom Rollfeld kannte, schwappte ihr entgegen, die Rufe verschiedener Menschen, die in Kleinbusse sprangen. Ein Opa in einem weißen bodenlangen Gewand, eine Art Kranz auf dem Kopf, zwei Männer, in ebenso langen Gewändern, allerdings schwarz, mit Schläfenlocken und Hüten, eine Sprache sprechend, die sie nicht kannte, die aber seltsam vertraut klang. Kurz vergaß sie, ihre Mutter zu suchen, weil sie versuchte zu verstehen, was die Männer sagten. Wahrscheinlich kamen sie aus Holland, überlegte sie und schaute sich dann weiter nach Marsha um.

Wie konnte es sein, dass niemand daran gedacht hatte, was zu tun wäre, wenn ihre Mutter nicht am Flughafen auftauchte, wo es doch offensichtlich war, dass sie es niemals schaffen würde, das Kind, das sie schon so lange vernachlässigte, nun pünktlich irgendwo abzuholen? Rabenmutter, dachte sie, wusste, dass das unsagbar, undenkbar war. Einmal war ihr das Wort herausgerutscht, als ihr Vater und sie über Marsha gesprochen hatten, und er war fürchterlich wütend geworden, er hatte sofort verstanden, was es bedeutete, obwohl sie es auf Deutsch gesagt hatte. Rabenmutter, dachte sie nun, Rabenmutter, Rabenmutter, Rabenmutter.

Sie holte ihr Handy hervor, stellte den Flugmodus aus. Nichts, nur eine Nachricht von O2, *Willkommen in Israel!*

Sie probierte, ihren Vater anzurufen. Bei ihrer Mutter konnte sie es gar nicht erst versuchen, da keiner der Erwachsenen ihr die Telefonnummer aufgeschrieben hatte. Das wäre eure Aufgabe gewesen, dachte sie. Nicht meine.

Die Leute schrien weiter herum. Seid still, dachte sie, ich kann nicht denken. Ihre Lippen schmeckten salzig, sie hatte das Gefühl, zu verhungern, ihr Magen ein schmerzendes Loch, sie hatte Durst, und sie war so, so wütend. Das kannte sie nicht, eine Wut wie eine blanke, weiße Wand. Das Wissen, im Recht zu sein.

Ihr Vater nahm nicht ab. Jeweils dreimal ließ sie es klingeln, dann rief sie noch einmal an, ließ dreimal klingeln, rief noch einmal an, ließ dreimal klingeln, atmete kurz durch, dann von vorne, bis sie neunmal angerufen hatte.

Sie ging zurück in den Flughafen, kaufte mit der Kreditkarte Wasser und Sesamgebäck, das mit Käse gefüllt war, schlang es hinunter in der kalten Luft. Wieder und wieder wählte sie die Nummer ihres Vaters. Irgendwann musste er ja rangehen, er schlief mit dem Telefon neben dem Kopf. Sie versuchte es bei ihren Großeltern, doch in Amerika war es Nacht. Deswegen war sie so müde, so ausgehungert nach Schlaf, einer Dusche, nach der Stille eines leeren Zimmers. Jemand fragte sie, ob sie Hilfe bräuchte. Sie schaute nicht einmal auf, sondern schüttelte nur den Kopf. Es waren erst dreißig Minuten vergangen seit dem ersten Versuch, ihren Vater zu erreichen. Es war sieben Uhr morgens in Israel, sechs Uhr in Berlin, und doch war es bereits voll und wuselig. Margaritas Kopf tat weh, ihre Beine, ihr Po, ihr Unterleib. Alles zog sich zusammen, ein heißer, ziepender Schmerz; wie ein fieser Knoten beim Haarebürsten, aber unter der Schädeldecke. Ein sich stauendes Pochen in der Magengrube, das sich anfühlte wie das Heimweh, das sie bereits kannte, verdreifacht, verfünffacht. Es kam in Wellen, Abstände dazwischen, die kaum länger waren als ein Blinzeln.

Erneut versuchte sie, ihren Vater zu erreichen. Ihr Handy zeigte zehn Prozent Akku, der Rucksack wog schwer auf ihrem Rücken. Sie ging zurück zu dem Café, in dem sie bereits das Wasser gekauft hatte, *Aroma*, bestellte sich noch eine Flasche, setzte sich auf eine Bank, unter der sie eine Steckdose fand. Dann loggte sie sich ins WLAN ein. Wie dumm, dass sie nicht schon früher auf diese Idee gekommen war. Nur Anna hatte ihr geschrieben, *Bitch, ich vermiss dich*, verschwommene Selfies einer betrunkenen Nacht in Berlin. Wonach sie suchen sollte, wusste sie allerdings nicht. Sie tippte den Namen ihrer Mutter bei Google ein. Dann *Ben Gurion Flughafen nach Jerusalem*. Sie fand eine Webseite, auf der deutschen Touristen erklärt wurde, wie sie mit einem Sammeltaxi am besten in die Stadt kamen.

Noch einmal versuchte sie, ihre Großeltern zu erreichen. Endlich klappte es.

»Rita?«, rief die schrille Stimme der Großmutter in den Hörer.

Margarita begann zu schluchzen.

»Oh God«, rief die Großmutter, »oh dear Lord. Was ist passiert? Was ist passiert, Rita?«

Sie schluchzte noch heftiger.

»Rita, du musst mit mir sprechen. Bist du in Israel? Hast du dir wehgetan?«

»Nein«, presste sie hervor, »ja, nein.«

»Rita, es ist mitten in der Nacht hier, und du bist ganz leise. Du musst laut und deutlich sprechen.« Margarita hörte ihren Großvater im Hintergrund husten, dann etwas fragen, die Großmutter brüllte: »Nein, Hun, es ist Rita. Ich weiß nicht, ob alles in Ordnung ist, sie sagt ja nichts!« Es klang, als würden nach allem, was die Großmutter sagte, große Ausrufezeichen durch die Leitung fliegen.

*

Als er versuchte, zurückzurufen, war besetzt. Immer und immer wieder probierte er es, erfolglos. Also schrieb er eine SMS mit Marshas Nummer und der Frage, ob alles okay sei, ein Herzchen, sie hatte ihm gezeigt, wo man die auf der Tastatur fand. Dann rief er die Gemeinde zurück. Ein Beter aus der Synagoge Pestalozzistraße war gestorben, einer der alten Männer. Er sollte die Beerdigung begleiten, nichts, was er nicht schon etliche Male getan hatte. Er beerdigte und verheiratete, und natürlich waren die Hochzeiten schöner, Hoffnung, Liebe, aber immer waren sie auch begleitet vom zynischen Gefühl, es würde eh nicht halten. Er kannte den Toten, Harry, aus seinem Hebräischkurs, in dem meistens junge, flirtende Frauen saßen, die sich auf ihren Freiwilligendienst vorbereiteten, wo sie aus Schuldgefühl greisen Israelis den Hintern abwischen würden, und die immer ihre Hausaufgaben machten. Eine hatte ihn mal nach seiner Handynummer gefragt, nachdem der Kurs vorbei war, er hatte sie ihr gegeben, sie hatten einen Kaffee getrunken, er wollte nicht darüber nachdenken, wer erbärmlicher gewesen war, er, der nicht nein sagen konnte, sich verhaspelt hatte, nicht erzählen wollte, was er so machte in seiner Freizeit, um Margarita nicht zu erwähnen, oder sie, die unbedingt mal mit einem echten Juden reden wollte.

Auch Harry Meier hatte in diesem Kurs gesessen, Jahr für Jahr auf demselben Niveau, damals schon zu alt, um neue Sprachen zu lernen, aber mit der unbedingten Motivation, aus der Tora vorlesen zu können, am Ende des Semesters. Auch er hatte immer seine Hausaufgaben gemacht. Es schmerzte ihn, dass sich Harrys Wunsch nun nie mehr erfüllen würde. Sanft war er gewesen, selbstvergessen wie ein Kind auf der Schulbank, lustig. Häufig hatte Harry selbstgebackene Kuchen seiner Frau dabei, die sie gemeinsam aßen, nachdem die anderen gegangen waren. Er hoffte, er war würdig gestorben.

Die Beerdigung würde am nächsten Morgen stattfinden, genug Zeit, um sich ein paar Worte zu überlegen, die er sagen könnte, zusätzlich zu den Gebeten. Die Frau am Telefon sagte ihm, wann er wo sein sollte, und: »Es soll regnen, nehmen Sie einen Schirm mit.«

Er zog die Vorhänge auf, nachdem sie aufgelegt hatten, ging in die Küche und kochte Wasser für den schwarzen Tee auf, holte die Milch dafür aus dem Kühlschrank, alles mit einer Hand, in der anderen das stumme Telefon.

Als der Tee gezogen hatte – so dunkel, wie es ging, und viel Milch, dass er ein schönes Grau bekam, etwas, das er an Europa immer geliebt hatte, den schwarzen Tee mit Milch –, setzte er sich auf den Stuhl am Esstisch und versuchte erneut, Margarita zu erreichen. Es war nicht mehr besetzt, doch sie antwortete nicht.

Also saß er da, in dem T-Shirt, in dem er geschlafen hatte, und in Unterhose, trank seinen Tee, die Balkontür auf Kipp, ein kurzer Kinderschrei im Hof. Es war ihm nicht aufgefallen, wie leise es vor dem Schrei gewesen war. Nun schien ihm die Stille glasklar, betäubend.

*

Irgendwann hatte die Großmutter es geschafft, Margarita zu beruhigen, indem sie einfach schwieg, bis das Schluchzen aufhörte. Es hatte sicher fünf Minuten gedauert. Margarita erzählte, was passiert war, von den langen Kontrollen, dass Marsha nicht auftauchte, den Blick fest auf die Eingangstüren gerichtet. Ihre Großmutter hatte geflucht, »damn it«, das hatte sie noch nie getan, eigentlich war fluchen verboten, nur *darn it* wurde akzeptiert, und *what the heck*, wenn ihr etwas zu teuer war oder es im Restaurant keinen braunen Reis gab, weil sie wegen der Diabetes keinen weißen Reis aß. Sie vereinbarten, dass erst die Großmutter versuchen würde, Marsha zu erreichen, und Margarita hoffte, dass es großen Ärger geben und ihre Mutter in zehn Minuten reumütig und mit einer guten Erklärung vor ihr stehen würde. Vielleicht hatte sie am falschen Ort gewartet, obwohl Margarita nicht wusste, wo man sonst noch warten könnte, es gab nur einen Ausgang. Immer wieder scannte sie die Menschen, die ankamen, aus Taxis und Bussen stiegen. Plötzlich klingelte ihr Telefon, sie erschrak, aber es war bloß ihr Vater.

Sie musste ihm sagen, dass es sich klären würde, aber irgendetwas in ihr wehrte sich dagegen, ihn zu erlösen von der Sorge, vom Einzigen, was sie gegen ihn in der Hand hatte, die Quittung dafür, dass er sie von Tür zu Tür schickte, weil man es so machte, weil man Familie brauchte. Weil sie beide nicht genug waren. Vielleicht hatte er Angst, sie würde enden wie er, würde Kantorin werden und nur wenige Freunde haben. Oder schwanger werden und aus Furcht, etwas falsch zu machen, freiwillig mit dem Baby allein bleiben, bis es auszog, und dann würde sie endgültig einsam sein. Also nahm sie nicht ab.

Sie kaufte noch eine Flasche Wasser und noch ein Blätterteig-Ding, lernte, wie sie hießen: *Burekas*. Ihre Großmutter rief zurück.

»Sweetheart«, sagte sie außer Atem, »ich kann sie nicht erreichen. Es tut mir so leid. How terrible.«

»Ist okay. Hast du ihre Adresse?«

»Nein, ich hab einfach vergessen, sie zu fragen. Es tut mir so leid, dear heart, es tut mir so furchtbar leid. Ich bin eine Idiotin.«

»Glaubst du, ihr ist etwas passiert?«, flüsterte Margarita.

Grandma war lange still. Margarita hörte sie schniefen. »Nein, dearest«, sagte sie. »Ich dachte, sie hätte sich geändert.« Die Stimme ihrer Großmutter zitterte.

Margarita schmerzten vor Müdigkeit, vor Überforderung, vor Traurigkeit die Handgelenke. Ihr schmerzten die Füße, ihr schmerzten die Brüste, die Knie.

»Margarita, love, ich denke, du solltest noch eine kleine Weile am Flughafen warten. Wenn du dich dazu in der Lage fühlst, kannst du ein *Sherut* nach Jerusalem nehmen, aber ich weiß nicht wirklich, wo du dann hingehen würdest. Wenn du möchtest, schicke ich dir Geld mit Western Union und du gehst in ein Hotel. Grandpa kann das Hotel anrufen, in dem wir immer gewohnt haben. Ich weiß einfach nicht, wie das mit dem Internet funktioniert.«

Margarita machte ein kleines, kehliges Geräusch, das wie ein »hrm« klang.

»Oh, Margarita«, sagte die Großmutter. »Ich wünschte, ich könnte dir einfach ein Stück Schokoladenkuchen abschneiden und dich ins Bett stecken, snug as a bug in a rug. Das weißt du, oder? Wie sehr wir dich lieben?«

Margarita bekam gerade noch ein *yes* heraus. Sie versuchte, so tief ein- und auszuatmen, wie es ging. Bis ihr die Lungen wehtaten. »Es ist okay, Grandma. Ich warte. Es gibt Essen hier.«

Ihre Großmutter hatte sich gesammelt. »Was gibt es denn? Ich liebe israelisches Frühstück.«

Margarita musste lächeln. Essen, immer noch das Wichtigste. »Ich schaue nach. Grandma?«

»Ja?«

»Und wenn sie nicht kommt?«

»Wenn sie in zwei Stunden nicht da ist, müssen wir dir ein Hotel finden. Hast du mit deinem Vater gesprochen?« Sie klang, als hätte sie wieder ihre fünf Sinne beisammen.

»Nein.«

»Dear, bitte ruf ihn an, er macht sich bestimmt so Sorgen. Vielleicht hat er ja auch eine Idee, die mir noch nicht eingefallen ist.«

»Er wird einfach sagen, ich soll nach Hause fliegen.«

»Da können wir uns dann Gedanken drüber machen. Erzähl ihm von unserem Plan, dass du noch ein bisschen wartest. Vielleicht hat sie auch einfach nur vergessen, sich einen Wecker zu stellen.«

»Okay«, sagte Margarita. Sie hätte auch gern die Möglichkeit gehabt, ihren Wecker zu vergessen. Es musste sehr einfach sein, ihre Mutter zu sein.

»Bitte ruf jetzt Aba an. Grandpa und ich werden nun noch ein wenig schlafen. Wir lieben dich sehr.«

Margarita schluckte. »Me, you, too«, sagte sie.

»Okay«, erwiderte ihre Großmutter, »bye now.«

In der Leitung tutete es. Margarita starrte wieder auf den Bildschirm. Das Ladekabel des Handys war so kurz, dass sie nur gekrümmt telefonieren konnte. Sie streckte sich und schaute auf das Plastikmenü, das auf dem Tisch lag. Es gab das *Israeli Breakfast*, von dem ihre Großmutter gesprochen hatte: Challah, Salat, Tahini, weißer Käse, Oliven und zwei Spiegeleier. Ihr Magen fühlte sich an, als hätte es die zwei Burekas nicht gegeben. Wie verklärt sie über ihre Reise nachgedacht hatte, alleine nach Israel fahren, jüdische Kultur auf den Straßen, etwas, das sie noch nie erlebt hatte. Tahini konnte sie auch in Berlin zum Frühstück essen.

Das Telefon hatte genug geladen, sodass sie es kurz vom Kabel nehmen konnte. Als sie gerade auf das Anrufsymbol drücken wollte, erschien eine Nachricht auf dem Display. Eine unbekannte Nummer: *hey what's up? did you arrived good?* Das Profilbild zeigte die Silhouette eines Jungen vor einem Sonnenuntergang. Lior. Sie antwortete auf Hebräisch: *bin immer noch am flughafen. meine mutter hat verschlafen.*

Dann rief sie ihren Vater an. Er nahm ab, bevor es auch nur einmal geklingelt hatte, und begann sofort zu sprechen. »Margarita, es tut mir so leid. Ich habe mit Grandma gesprochen. Bist du noch am Flughafen? Bitte entschuldige, ich habe geschlafen, ich wollte das nicht, das Telefon war an, willst du nach Berlin kommen? Du kannst nach Hause kommen, in zwei Stunden geht ein Flug, ich hole dich ab und du musst nie wieder weg. Wenn du nicht willst. Ich hab alles falsch gemacht.«

»Ist okay«, sagte Margarita. »Ich sitze hier einfach fest. Sie hat es nicht hinbekommen, aber nicht mal Grandma ist überrascht.« Sie hasste diesen Ton in ihrer Stimme. Das Bittere. Das Schicksalsergebene.

»Ich erreiche deine Mutter nicht«, sagte ihr Vater.

»Ein einziges Nicht-Erreichen«, erwiderte sie trocken.

»Es tut mir leid, Margarita. Sagst du mir, wie der Flug war? Bist du okay?«

»Ja, noch nie besser.«

Sie hörte ihn seufzen. »Wie war der Flug?«

»In Ordnung. Ich hab mich übergeben.«

»Lo!«, sagte er, »das passiert dir doch eigentlich nicht mehr.«

Sie musste lachen. Er klang, als wäre ihr Gekotze der Grund, warum er es nun endgültig bereute, ihr eingeredet zu haben, es sei eine gute Idee, nach Israel zu fahren. Sie hatte sich schon gefragt, ob er es auch aus Glaubensgründen für nötig befunden hatte, so, wie er den Schabbes hielt und die Kaschrut, wo sie sonst so gottlos war.

»Was machen wir denn jetzt?«, fragte sie.

»Wo bist du gerade?«

»Im Café in der Ankunftshalle. Ich bin müde, mir ist schlecht, und ich habe ihre Adresse nicht, um einfach hinzufahren. Und sie geht nicht ans Telefon.«

Er atmete tief durch. »Und was möchtest du am liebsten machen? Möchtest du in ein Hotel und dort schlafen?«

Sie schluckte. Eigentlich machte sich das Heimweh immer erst einige Tage nach ihrer Ankunft an einem neuen Ort breit. Diesmal war es jetzt schon da, laut und klar, diese Stimme, die ihr zurief: Du willst nach Hause, du willst in der Badewanne weinen, und du willst, dass Aba dir ein Omelett macht.

»Äh«, sagte sie. »Ich kann auch hier warten. Ich weiß nur nicht, wie lange ich warten soll, bis ich irgendwo hingehen soll.«

»Oh, Motek«, sagte er, »du klingst so müde.«

Das half nicht gegen das Heimweh, wieder zog sich ihre Kehle zusammen. »Aba, die haben mich so lange befragt, ich musste alles erzählen. Ich musste sogar was singen. Weil ich gesagt habe, dass du Chasan bist.«

»Was musstest du denn singen?«

»Lecha Dodi konnte ich noch. Und die wollten alles wissen, warum ich hier bin. Es war ganz schlimm.«

»Ja, das ist mir auch einmal passiert, dass ich etwas rezitieren musste«, sagte er.

Eine seltsame Vorstellung, dass er hier an diesem Flughafen gewesen war. Dabei wusste sie doch, dass er Israeli war, seine Sprache erinnerte sie ständig daran. »Aber du hast doch einen Pass?«

»Ja, das schützt einen nicht, wenn man gerade in Jordanien war.«

Sie hörte, wie er einen Stuhl auf dem Parkett verrückte. Sie hätte gerne gefragt, was er in Jordanien gemacht hatte, doch er war schneller.

»Ich buche dir jetzt ein Zimmer in Jerusalem und ruf dich gleich zurück. Ich muss mich konzentrieren.«

Lior hatte ihr erneut geschrieben. Sie könne ja nach Tel Aviv kommen, erst mal ihre Sachen bei ihm ablegen. Ihr Vater rief schnell wieder an, gab ihr genaue Anweisungen, was sie dem Taxifahrer sagen sollte, wie das Hotel hieß. Er klang erleichtert. Problem gelöst, Tochter versorgt, wahrscheinlich würde er gleich beten vor Erleichterung, nicht vor Angst, mal etwas Neues. Irgendetwas machte sie wütend daran, dass er nun von weit weg versuchte, Probleme zu lösen, statt sich durchzusetzen gegen die Wünsche ihrer tyrannischen Großmutter und deren unzuverlässigen Tochter. Sie sammelte ihre Dinge zusammen und lief zum Taxistand.

*

Er hatte geduscht und sich angezogen, etwas gegessen. Margarita sprach wieder mit ihm, es gab einen sicheren Ort, an dem sie den Tag verbringen konnte, also konnte er sich in Ruhe auf die Beerdigung vorbereiten.

Bis heute hatte er sich kaum daran gewöhnt, dass man ständig mit dem Tod rechnen musste. Dass Leute starben, ja, aber nicht, wie oft. Und dass man irgendwann nicht mehr wirklich traurig war, so gerne man die Leute auch gemocht hatte, es sei denn, sie starben viel zu früh oder einsam. Am schlimmsten war zu früh und zu einsam, aber das kam selten vor.

Obwohl es so schnell gehen musste vom Tod bis zur Beerdigung, wenige Tage, manchmal Stunden, kamen meistens einige Trauergäste zusammen. Mindestens ein Minjan, manchmal sogar über zwanzig, dreißig Leute, je nachdem, wie alt der Verstorbene gewesen war und wie viele Freunde noch lebten, wie groß die hinterlassene Familie war. Die jüdische Gemeinschaft in Berlin war klein und gut vernetzt, sodass sich rasch herumsprach, wer gestorben war. Er schrieb ein paar Notizen, wie er Harry kennengelernt hatte, was er an ihm gemocht hatte, dann übersetzte er sie Wort für Wort ins Deutsche. Das tat sonst Margarita, sie machte es insgeheim gerne, zog sich in ihr Zimmer zurück, legte sich auf den Bauch, übersetzte seine Trauerreden und Briefe an deutsche Behörden, als wäre es das Wichtigste, was es zu tun gäbe.

Er hatte nichts mehr von ihr gehört, nachdem er ihr das Hotel gebucht hatte. Es war teuer gewesen, er hatte Ersparnisse in die Hand nehmen müssen, die Geschenke an ihrem Geburtstag Ende September würden wohl etwas schmaler ausfallen als sonst. Ungerecht, schließlich war dieses Zimmer doch kein Geschenk für Margarita, sondern die Entschädigung für ihre unzuverlässige Mutter, für die sie nichts konnte und für die sie nun trotzdem büßen musste.

Er beschloss, zum Morgengebet in die Synagoge um die Ecke zu laufen, versprach sich davon ein wenig innere Ruhe, ein Nachdenken über Harry, über die allerletzten Überlebenden, die nun starben, ohne dass er Margarita je dazu bekommen hatte, sich wirklich mit ihnen zu unterhalten.

Ganz früh, als sie noch zu klein gewesen war, um für ein, zwei Stunden in der Oranienburger Straße allein an der Hand einer Freundin zu sitzen, und er keinen Babysitter fand, hatte er sie mitgenommen, wenn er sang, weil es nicht anders ging: Die Kita war um sieben Uhr abends geschlossen.

Also hatten die Alten auf sie aufgepasst, sie mit Schokolade gefüttert, eine von ihnen hatte sogar ihre Windeln gewechselt. Sie hatten ihr vorgelesen, während er betete, Geschichten, die auf dicke Pappe gedruckt waren. Er hatte sie auf die Schöße dieser Alten gesetzt, hatte sich eingebildet, so lange es diese weichen, sanften Menschen gab, die sie ungläubig anschauten, wenn sie auf allen vieren durch die Reihen lief, so lange bräuchte ein Kind gar keine richtigen Großeltern, keine, mit denen es Chanukka feierte oder Kindergeburtstage.

Natürlich hatten nicht alle von ihnen die Lager überlebt, einige Exilierte waren zurückgekehrt, andere wurden versteckt, ein feiner Grat, beinahe ermordet, aber nicht ganz so knapp entkommen wie die, die man in Konzentrationslager gesteckt hatte. Trotzdem Überlebende, anders beinahe ermordet, als man seine Eltern beinahe ermordet hatte, seine Mutter, die als Kind deutscher Auswanderer bereits in Palästina geboren war, seinen Vater, der kaum Erinnerungen an seine türkische Geburtsstadt hatte, nein, in diesen Reihen saßen andere, saßen deutsche Juden, beinah ermordet von den Nazis, so beinah, dass sie es nie würden vergessen können, ein Leben ohne das Gespenst der Verfolgung, wie seine Eltern es geführt hatten, war ihnen unmöglich. Dachte er zumindest.

In der Synagoge um die Ecke war es immer stiller und kälter als in der kleinen Synagoge, in der er vorbetete, seltsam anonymer. Hier war er ein normaler Prenzlauer Berger unter vielen, er würde hinterher einen Kaffee trinken unter den Menschen, die hier herumliefen und scheinbar nie zur Arbeit mussten, die unter seiner Baseballcap keine Kippa vermuteten, in seiner Tasche keine Riemen. Er trank den Kaffee in einem der hippen Cafés, in denen alles vegan war. Dabei las er Zeitung, knapp zwei Stunden vergingen. Diese Erleichterung, dass der Tag verstrich.

Sein Handy leuchtete auf. *Mir geht es gut*, stand da, mehr nicht. Er konnte aufatmen. Es ging ihr gut. Sie machte es sich wahrscheinlich gerade im Hotelzimmer bequem, sicher mit einem Buch, das sie noch in Amerika gekauft hatte. Er machte Besorgungen und kochte, las seine Notizen über Harry, versuchte zwischendurch, Marsha anzurufen, um der Erste zu sein, der sie anbrüllte. Und er würde sie anbrüllen, das schwor er sich, wie zuletzt vor dreizehn Jahren, mitten in der Nacht, als er und Margarita gebrüllt hatten und sie leise gewesen war. Er beantwortete E-Mails von der Gemeinde, las die Parascha der Woche und überlegte, was sie mit Harrys Leben zu tun haben könnte. Er lutschte *GeloRevoice* und machte die Übungen, die ihm sein Gesangslehrer in Jerusalem verschrieben hatte. Die Sorge um die Stimme begleitete ihn konstant, obwohl er bis jetzt von Knötchen und schlimmer Heiserkeit verschont geblieben war. Trotzdem machte er sich Gedanken, vor allem vor den hohen Feiertagen, denn seine Stimme war sein Leben, seine Einkünfte hingen davon ab, und er konnte nichts anderes als singen.

*

Es roch nach altem Fisch und Sonnencreme in Tel Aviv. Es roch nach Orangen und Essig. Es roch nach Blumen und Fett.

Lior hatte ihr die Tür geöffnet, erklärt, dass er noch zuhause wohne, seine Eltern aber nicht da seien. Er sagte nicht, wo sie waren, zog nur ihren Koffer in eine helle Wohnküche, in der Mitte ein Sofa und ein Teppich aus kratzigem Stoff. Ließ sie ihren Koffer öffnen und gab ihr ein Handtuch, das sie auf den Toilettendeckel legte. Unter der Dusche hörte sie auf, so flach zu atmen, schloss die Augen, bis die Sirenen, das Summen, die vielen Töne im Kopf, die sich in ihre Gedanken mischten, leiser wurden. Das Duschgel in der amerikanischen Flasche das Einzige, was sie daran erinnerte, woher sie gerade kam. Sie zog das Kleid an, das zuoberst im Koffer gelegen hatte. Noch einmal tief atmen, dann ins Wohnzimmer treten, langsamer blinzeln.

»Willst du dich kurz hinlegen«, sagte Lior und führte sie in ein Zimmer. »Mein Schlafzimmer. Aber es ist sauber.« Er wirkte verlegener als noch im Flugzeug, sie verstand ihn schlecht.

»Nur kurz«, sagte sie, »ist das okay?«

»Ja«, sagte er, »danach zeig ich dir die Stadt und den Strand.«

Das Bett roch sauber, anders als das von Nico, in dem immer Tabakkrümel lagen, das Laken immer stank, daneben zusammengeknüllte, eingetrocknete Taschentücher, von denen sie sich stets eingeredet hatte, sie seien für Nicos Nase.

Bevor sie die Augen schloss, blieb ihr Blick an der Mesusa im Türrahmen hängen. Sie dachte an die Mesusa an ihrer Wohnungstür in Berlin, daran, wie sie vor einigen Jahren aufgehört hatten, sie zu berühren und die Finger zu küssen, wegen des Virus, und wie sie nie wieder damit angefangen hatten. Ein Brauch, der einfach verschwunden war. Sie dachte daran, wie ihr Vater die Mesusa vorletztes Jahr abgeschraubt und auf die Innenseite der Tür verlegt hatte, nach Raketen und Anschlägen, nach einer Nacht voller Albträume. Sie hatte ihn bei einem späten Gang zur Toilette in der Küche getroffen, wie er Naturjoghurt löffelte, einen müden, traurigen Blick in den Augen.

Sie dachte daran, dass sie diese Angst ihres Vaters nie verstanden hatte, dass sie sie belächelt hatte, genau wie seine Angst davor, dass sie im Dunkeln allein ihre Straße hinunterlief, ob es 18 Uhr im Winter war oder drei Uhr in der Früh im Sommer. Sie hoffte, die Tatsache, dass sie sich nicht in einem Hotelzimmer befand, würde unbemerkt an allen vorbeigehen, ihre Lüge würde nicht entdeckt werden. Hoffte, es wäre noch genug Vertrauen da, dass die Angst ihres Vaters sich darauf beschränkte, was ihr widerfahren könnte. Und nicht, was er ihr zutrauen musste.

Das Zimmer war leise und weiß. Es dröhnte in ihr, als hätte ihr Körper noch nicht begriffen, dass er sich nicht mehr in einem Flugzeug befand. Ihr Schlaf war köstlich und schwarz.

*

Er hatte dann doch nicht gebrüllt am Telefon, das hatte offenbar schon Marshas Mutter übernommen. Verwirrt hatte Marsha geklungen, wie gerade aufgewacht. Alles ein Missverständnis, sie hatte mit dem nächsten Tag gerechnet, wegen des Nachtflugs, hatte gedacht, Margarita säße im Flieger und sie könnte ausschlafen, nachmittags die Betten machen, ihn fragen, was sie zum Frühstück aß, so hatte sie es gesagt: »Ich wollte dich noch fragen, was sie frühstückt.« Er sagte, das könne sie nun selber herausfinden, spöttisch, zumindest wollte er so klingen, und: »Margarita ist nun in Sicherheit.«

»I'm sorry, Avi«, hatte sie sich abgerungen, er hatte nur »yup« geantwortet und aufgelegt. Nochmal mit seiner Tochter gesprochen, nachmittags, nachdem sie aufgewacht war, ihre raue, schlaftrunkene Stimme, die sagte: »Es ist alles gut, ich habe geschlafen, ich glaube, ich muss mal was essen, nein, von ihr habe ich nichts gehört, egal, Aba, ist echt egal.« *Echt egal* auf Deutsch. »Ich muss jetzt gehen«, einige Stunden später eine SMS: *alles okay. ich bleibe die nacht über hier. habe ihre adresse und nehme morgen ein taxi dorthin.* Er antwortete: *okay*, und dass er sie lieb habe. Dann lag er wach, nachts, dachte an Harry und an Margarita, irgendwann machte er das Licht an. Das kam halt davon, wenn man drei Tage lang nur schlief. Das Aufgeben des Versuchs einzuschlafen hatte immer etwas Erlösendes. Zur Ablenkung griff er zu einem israelischen Roman, ins Deutsche übersetzt, über drei Frauen, die unterschiedliche Dinge vom Leben wollten. Er war düster, morbide, voll brutaler Sexszenen, wie so oft in den Büchern, die ihm seine Freundin Bettina gab, eine philosemitische Intellektuelle, die ihn und Margarita liebte, ihnen früher manchmal sonntags Kuchen brachte, bis sie geheiratet hatte. Nun saß er alle paar Monate an ihrem Küchentisch und lieh sich ihr neuestes Lieblingsbuch über Sex in Israel aus. Heimlich genoss er diese Romane, die keine Ansprüche an ihn stellten, die sich spätnachts lesen ließen, kleine

Erinnerungen an seine Herkunft. Im Kopf übersetzte er häufig zurück, musste erst dann über Witze schmunzeln, wenn sie sich ihm in seiner eigenen Sprache erschlossen.

Später schlief er noch zwei, vielleicht drei Stunden, dann lief er zum Friedhof in Weißensee, die Mappe mit den Notizen im Arm. Er hatte begonnen zu schwitzen, das Jackett auf dem Weg ausziehen müssen. Es war wärmer geworden in den letzten zwei Tagen, eine stickige Hitze ohne sichtbare Sonne. Er hörte nichts mehr von Margarita, er ging davon aus, dass sie lange schlief, sie konnte das, bis 13, 14 Uhr im Bett bleiben. Als er ankam, schaltete er das Telefon leise.

Vor der Trauerhalle die Gedenktafel. Das letzte Mal war er im Winter hier gewesen. Der Suizid einer jungen Frau, es war fürchterlich gewesen, herzzerreißend, danach hatte er am Küchentisch in die Hühnersuppe geweint, Margarita hatte ihn angestarrt dabei, Taschentücher geholt, sich auf seinen Schoß gesetzt, wie früher. Er würde bald bei ihrem Grab vorbeigehen, er hatte es sich fest vorgenommen, ohnehin war es Glück, dass man sie auf dem Friedhof beerdigt hatte, die Bet Din hatte wegen ihrer schweren Depressionen eine Ausnahme gemacht.

Es waren viele in der Trauerhalle, mehr, als er erwartet hätte, auch ganz Alte, die auf ihren Rollatoren Platz genommen hatten, ihre Kinder daneben. Eine Frau hob ihrem Vater die heruntergefallene Kippa wieder auf, küsste sie, setzte sie zurück auf seinen Kopf.

Der Rabbiner war schon da. Sie gaben sich die Hand.

Die Leute redeten, natürlich, wahrscheinlich hatten sich manche von ihnen seit Jahren nicht gesehen.

Er setzte sich in die erste Reihe neben ein paar betagte Frauen, von denen eine gerade Schokobons verteilte, die sie raschelnd auspackten. Direkt neben ihnen saß eine weitere Frau, etwas jünger als er, vielleicht Anfang vierzig.

»Wer sind Sie?«, fragte sie. »Ein verschollener Neffe? Sie kriegen nichts, es gibt nichts zu erben.« Sie sah aus, als hätte sie geweint.

»Der Chasan«, sagte er, »keine Angst, mich bezahlt die Gemeinde.«

Sie lächelte ihn an. »Ah, du bist das. Ich bin die Tochter.«

Der Rabbiner sagte ein paar einleitende Worte: »Wir gedenken heute Harald Meier, geboren 1936, Vater von Hannah Meier und Witwer von Leonore Meier«, dass Harry in das jüdische Kinderheim in Hamburg gekommen war, nachdem er die Schoa überlebt hatte, die Schule nachgeholt hatte und dann zurück nach Berlin gegangen war, wo er in einem Uhrengeschäft arbeitete, das er später hatte übernehmen können. Dann bat er Avi, weiterzumachen.

Flüsternd sprach er das Gebet, das gesagt wurde, wenn man über dreißig Tage nicht auf einem Friedhof gewesen war. »Gelobt seist Du, Ewiger, der die Toten belebt. Zuverlässig bist Du, Tote zu beleben.« Und doch war auch der Tod eine Unzuverlässigkeit, man konnte nur wissen, dass er kommen würde, dachte er. Eine mal mehr, mal weniger boshafte Unzuverlässigkeit.

Es war ein Donnerstag, also wurde morgens aus der Tora gelesen, also wurde Tachanun gesagt, also sprach man bei Beerdigungen ein zusätzliches Gebet, so lautete die Regel.

Man pries Gott für seine Verschonung und Gerechtigkeit. »Der Ewige hat gegeben, der Ewige hat genommen, der Name des Ewigen sei gepriesen.«

Wen hatte der Ewige bereits alles genommen. Millionen, aber Harry Meier nicht, bis jetzt, ob das schon Erbarmen war? Ob man an Erbarmen glauben konnte? Er hatte ihm nie erzählt, wie er den Fängen der Geschichte entronnen war.

Dann *El Male Rachamim*, undurchdringbare Melodie, schön und schrecklich wie der Spuk, den große, verlorene Lieben hinterlassen, ein Klageruf, ein bitteres Bekenntnis zum Tod. »Erbarmungsvoller«, sang er, »in den Höhen thronender Gott, lass unter den Fittichen Deiner göttlichen Gegenwart wahre Ruhe finden, im Range der Heiligen, der Reinen, die im himmlischen Glanze leuchten. El male rachamim«, sang er, »el male rachamim«, oh, Harry, der so gern aus der Tora lesen wollte, Harry, der nun geborgen sein sollte, bei seinem Vater Josef, dessen Name der Rabbiner Avi noch zugeflüstert hatte.

Bei Beerdigungen durfte man sich nicht abkehren, man musste zum Publikum gewandt singen, das war der harte Teil, das hatten sie ihm auch in der Ausbildung gesagt: die Leute weinen zu sehen, wenn man sang, und eine stete Stimme zu bewahren.

Bei dieser Beerdigung weinte allerdings niemand, das war ungewöhnlich, nur die Tochter starrte blass zu Boden. Die Gäste schauten ernst, eine Frau knisterte mit der Folie der Schokolade. Auf das Einreißen des Gewandes wurde verzichtet, anscheinend wollte niemand seine Anziehsachen opfern.

Beim Kaddisch standen auch die ganz Alten auf. Es war erhebend, ihnen darzubieten, wie es mit der Trauer ging, wenn niemand wirklich traurig war. Das war es, was das Kaddisch vermochte. Es ordnete die Trauer an. Wie der deutsche Staat es mit den Schweigeminuten versuchte, der israelische mit den Sirenen vor dem Schweigen, so befahl das Kaddisch, das alle im Raum auswendig konnten, außer vielleicht die paar Leute in den hinteren Reihen, die nicht aussahen, als wären sie jüdisch, denen die Kippot schief auf den Köpfen saßen, die die Stirn runzelten, weil sie nichts verstanden, die Trauer.

Die Prozession zum Grab begann. Es ging langsam, und er half einer der Damen, indem er ihren Arm hielt, während sie sich mit dem anderen auf ihren Stock stützte, dabei sprach er Psalm 91: »Seinen Engeln gebietet Er, dich auf all deinen Wegen zu hüten. Auf Händen tragen sie dich, damit dein Fuß nicht an einen Stein stoße. Über Löwen und Otter schreitest du hinweg, zertrittst junge Löwen und Krokodile.«

Die alte Frau klammerte sich an ihm fest und lächelte ihn an, sie bildeten das Schlusslicht. Das war ungewöhnlich, eigentlich hätte er vorausgehen sollen.

Am Grab sprach er erneut Kaddisch, die Tochter hatte nicht gewollt oder nicht gekonnt. Danach trat man drei Schritte zurück, drei Schritte vor. Die Alten rutschten auf ihren Rollatoren etwas zurück, dann etwas nach vorn.

»Der Allmächtige tröste euch inmitten der Übrigen, die im Zion und Jerusalem trauern«, sprach er und rupfte ein wenig Gras aus, sie machten es nach. »Sie werden selbst aus der Stadt emporblühen gleich Gras des Feldes. Er gedenkt, dass wir Staub sind.« Sie warfen das Gras über die Schulter, es hatte kaum Gewicht, schwebte in der Luft, wie die Worte, die er sang.

Der Sarg wurde in die Erde gelassen, die Bänder durchgeschnitten. Da lag Harry drin. Avi dachte kurz, er würde ihn doch gerne noch etwas fragen. Dann erzählte der Rabbiner ausführlicher von Harry: von seinem Lebensweg, er sprach über seine Frau Leonore, die er mit neunzehn bei einer Purim-Feier kennengelernt hatte, über die glückliche Ehe und das späte Kinderglück. Als Leonore zweiundvierzig gewesen war, hatten sie Hannah bekommen, ein unerwarteter Segen. Etwas unangemessen, das hier so zu erzählen, dachte Avi. Hannah biss sich auf die Lippe und lächelte vorsichtig. Offensichtlich konnten die Alten nichts davon hören, was der Rabbiner sagte, doch sie schauten fröhlich in die Luft. Die Rede war viel zu lang und schweifte ab, so wie man es von Rabbinern kannte. Je länger er sprach, desto wichtiger fand er, was er zu sagen hatte.

Irgendwann holte er tief Luft, der Wortschwall schien beendet, doch Avi wollte ihn nicht unterbrechen. Nachdem er sicher war, dass der Rabbi nicht bloß eine Pause machte, trat er einen Schritt nach vorne. »Ich würde auch gerne ein paar Worte über Harry sagen. Ich kannte ihn aus den Hebräischkursen, die ich bis vor einigen Jahren gegeben habe. Harry war, obwohl er schon älter war, ein unglaublich guter Student. Leider hat er über die Semesterferien hinweg vieles wieder vergessen, doch für mich war das kein Problem. So konnte ich ihn zu meinem Glück jedes Jahr aufs Neue wiedersehen. Er hat mir einiges erzählt aus seinem Leben, aber vieles auch nicht.« Er zögerte. »Nach dem Unterricht haben wir gemeinsam Kuchen gegessen. Eine Zeitlang hat ihn Leonore noch gebacken. Es war der beste Kuchen, den ich je gegessen habe.« Harrys Tochter schnaubte leise. Er traute sich nicht, zu schauen, ob sie lachte oder weinte. »In der Parascha dieser Woche, Nizawim, geht es um jüdische Werte. Es heißt, gleich zu Beginn, dass die Tora nicht im Himmel ist, sondern einem nahe, es liegt am Mund und am Herzen, sie zu tun. Harry war immer in meinem Kurs, weil er aus der Tora lesen wollte. Ich habe immer gehofft, dass er es irgendwann schafft. Aber jetzt würde ich ihm gerne sagen: Du hast die Tora gelebt, und das ist viel wichtiger, als die Tora zu lesen. Harry ist auf verbrannter Erde für die Tora eingestanden: dafür, dass es in West-Berlin jüdisches Leben gibt. Er hat mir immer erzählt, wie er und seine Frau früher an Pessach dreißig Gäste hatten und zu jedem Purim beide als Königin Esther verkleidet waren. Beide! Ich denke, es passt zur Toralesung dieser Woche, dass Harry die Tora, vielleicht ohne es zu wissen, gelebt hat, als etwas, das ganz nah bei ihm war, nicht weit entfernt im Himmel. Baruch dayan ha'emet. Möge seine Seele Frieden finden.«

Erst jetzt merkte er, wie hastig er gesprochen hatte. Dass sein Gesicht bestimmt ganz rot war. Schnell begann er, Psalm 16 zu singen. Benutzte seine Stimme, um von seinen Worten abzulenken. Plötzlich kam er sich vor wie ein Eindringling, jemand, der Harry gar nicht gekannt hatte und sich nun einfach herausnahm, ihn zu loben, weil er der Kantor war.

Sie wuschen sich die Hände, alle hintereinander. Dann verließen sie den Friedhof. Die Trauernden würden nun vielleicht Schiwa sitzen, je nachdem, wie ernst sie es nahmen. Ihm war es damals, nach dem Tod seiner Eltern, nicht möglich gewesen, er hatte zu Margarita gemusst, eine Freundin hatte für sie gekocht, mehr Schiwa hatte es nicht gegeben.

*

Als sie aufwachte, war das Licht im Raum anders, golden, nicht mehr mattweiß. Ihr Arm war eingeschlafen, ihr Mund trocken. Sie setzte sich auf. Wie lang sie wohl geschlafen hatte? Hoffentlich war Lior nicht gegangen und hatte sie allein in der fremden Wohnung zurückgelassen. Sie holte ihr Handy aus dem Rucksack neben dem Bett. Es war schon nach siebzehn Uhr. Sie rief ihren Vater an. Sagte, dass alles in Ordnung sei. Dass sie hatte schlafen können.

Sie hörte es rascheln, irgendwo in der Wohnung, als würde Lior ihr mitteilen wollen, dass er da war. Zum Glück. Sie trank den letzten Schluck Wasser vom Flughafen, strich sich durch die Haare, holte tief Luft, öffnete die Tür. Lior saß mit einem Buch auf dem Sofa und schaute sie an. »Boker tov«, sagte er.

»Boker tov«, erwiderte sie. Sie blickten beide kurz zu Boden. »Danke für das Bett.«

»Gut geschlafen?«

»Ja«, sagte sie, mehr nicht, es war ihr unangenehm. Er lächelte. Wo seine Eltern waren. Im Urlaub in den USA, er sei schon früher zurückgekommen. »Okay«, antwortete sie.

Das Ziehen war zurück, aber es war nicht mehr so schlimm, eher verwirrend, eine übriggebliebene Traurigkeit, die in den Knöcheln ihrer Finger saß, ihrer Füße, in ihren Handgelenken und ihren Knien.

Er schlug vor, etwas essen zu gehen. »Erst das Meer«, sagte sie.

Es war stickig, als sie auf die Straße traten. Am Strand angekommen hatte sie das Gefühl zu begreifen, in welcher Art von Stadt sie sich befand. Einer Stadt wie Chicago, mit hohen Häusern am Sand, mit Schluchten und Horizont. Lautes Geschrei, viele spielten ein Ballspiel mit Schlägern, das Klippklopp ihr Soundtrack. Lior hatte die Hände in den Hosentaschen und bedeutete ihr, die Schuhe auszuziehen, wie er es gerade getan hatte. Sie liefen zum Wasser, das überraschend warm war. Die Sonne stand noch über dem Meer, doch die Schatten waren schon lang. Sie lachte, als die Wellen höher gegen die Beine schlugen, als sie gedacht hatte, und das Kleid nass wurde.

Nachdem er mit ihr Geld abgehoben hatte, gingen sie essen. Auf dem Weg zum Restaurant herrschte eine etwas unangenehme Stille zwischen ihnen, doch irgendwann packte er Zigaretten aus und stellte fest, dass sie rauchen konnte. So war das: Man konnte rauchen oder nicht, sie war ganz gut darin geworden. Also rauchten sie, bis der Hummus kam, der so gut schmeckte, den sie so schnell aufaß, dass sie noch einen bestellten, mit Hackfleisch darauf und Ei. Er schaute ihr ungläubig zu, aber sie schaffte es nicht, aufzuhören, das Loch in ihrem Magen zu tief. Sie dachte an Nico, dass sie vor ihm nie aß, weil sie immer zu nervös war, und fragte sich, ob sie Lior attraktiv fand. Dass sie in seiner Gegenwart so reinhaute, sprach dagegen, und es wäre ohnehin aussichtslos, denn er hatte sie im Flugzeug gesehen, die Kotze noch in den Mundwinkeln.

Lior fragte, ob sie in Tel Aviv übernachten wolle. Sie kniff die Lippen zusammen und nickte. Flüsterte »okay«, während sie auf die vom Hummus verschmierten Finger starrte.

»Dann schlafe ich heute Nacht auf der Couch. Wir könnten noch was trinken gehen mit meinen Freunden, hast du Lust?«

»Ja, na klar«, sagte sie, ein hohles Gefühl in der Brust. Freunde.

Natürlich hatte er Freunde, wartete nicht tagein, tagaus auf verlorene Kinder, die er mit nach Hause nehmen konnte.

Als sie aufgegessen hatte, schrieb sie ihrer Mutter: *i'll come to your place tomorrow morning (not too early). grandma gave me your adress.* Und eine zweite Nachricht: **address.*

Sie wollten sich nicht weit vom Hummus-Laden treffen, in einem Viertel voller Bars. Es war heiß, irgendwie enger, drängender als in Berlin, keine breiten Straßen, keine weiten Wege, die Luft feucht, lauter Menschen standen Schlange vor einer Eisdiele. Lior gab ihr die Hand, als sie sich auf ein Podest vor einer Kneipe setzten, um auf die Freunde zu warten, er zog sie hoch, ein klammer Griff. So dicht neben ihm merkte sie, dass er nach Schweiß roch. Ob er eigentlich auch geschlafen hatte? Geduscht? Sie fragte ihn.

»Beides nicht so lang wie du«, sagte er, dann kamen die anderen.

Er stellte sie vor als Margarita aus Berlin, und alle begrüßten sie auf Englisch, bis sie auf Hebräisch antwortete. Die Freunde schauten sie überrascht an, doch fragten nicht nach, und während Lior Bier holte, sprachen sie miteinander, als wäre sie nicht da, ein schroffes, unmelodisches Iwrit, das unvertraut klang, neuer als das ihres Vaters und mit Anglizismen gespickt. Sie zündete sich eine von Liors Zigaretten an und dachte an Anna, der sie schon länger nicht mehr geschrieben hatte. Lior kam zurück und mischte sich in die Unterhaltung ein, jemand schrie ihn an, boxte ihn in den Arm, sagte: »So gut, dich wiederzuhaben, Idiot.« Er lachte, sah dabei zur Seite, fing ihren Blick auf.

Sie trank ihr Bier schnell, es schmeckte gut, sie hatte seit Wochen nicht mehr getrunken, seit Berlin, den Nächten mit Anna. Jemand fragte nun doch, was sie hier mache, sie sagte, lange Geschichte. Ob es ihr gefalle. Sie nickte schüchtern. Lior erzählte, wie sie sich kennengelernt hatten, sagte, ihre Mutter sei verhindert, deswegen käme sie bei ihm unter. Jemand sagte etwas Vulgäres, das sie nicht ganz verstand, Lior verdrehte die Augen und grinste. Sie vertieften sich wieder ins Gespräch. Margarita hörte zu, es kam noch ein Bier, sie schwitzte, Lior schwitzte, sie lernte, an den richtigen Stellen zu lachen.

Sie musste aufs Klo, der Weg durch die dicht gedrängte Menge in der Bar wie der, wenn man sich, verschlafen, schwindelig, im Dunkeln die Wände entlang zur Badtür tastete.

Auf dem Klo dachte sie an Nico. Nico wusste nicht, wo sie war. Sie aber wusste, wo er war, kiffend vor seinem Computer. Sie sah ihn vor sich, wie er die Arme hob, aus den T-Shirt-Ärmeln quollen rotbraune Achselhaare hervor.

Sie dachte an die Nächte mit ihm, daran, wie zittrig sie gewesen war, wenn sie sich sahen, wie oft sie versucht hatte zu zeigen, dass er ihr im Grunde egal war. Sie war auch nie neben ihm eingeschlafen, war zu nervös gewesen. Manchmal hatte er ihr mitten in der Nacht die Finger in die Unterhose geschoben, bis sie es erwiderte, und sie dann wieder herausgenommen. Sie hatte an ihm gerieben, bis alles klebte, hatte danach neben ihm gelegen, in seinem dreckigen Zimmer bei der Mutter, die schon schlief, hatte sich gewünscht, er würde sie weiter berühren, doch er war bereits wieder eingeschlafen.

Sie dachte daran, dass es ihn wahrscheinlich gar nicht interessierte, was sie gerade machte, und drückte die Spülung.

*

Er war hellwach, als er nach Hause kam, und summte seine liebste Melodie von Adon Olam, während er die Tür aufschloss. Für das Summen nach dem Gottesdienst hatte Margarita ihn manchmal kichernd aufgezogen, als er ihr noch nicht peinlich geworden war. Es wäre schön, wäre sie nun hier, am Hausaufgaben bearbeiten, er könnte Abendessen kochen und ihr von der Beerdigung erzählen.

Er hätte sich gern mit ihr über die Parascha unterhalten, die sie diese Woche an Schabbat lesen würden und über die er am Grab gesprochen hatte. Man musste sie fordern, damit sie antwortete, irgendwelche Thesen in den Raum werfen, die sie erhitzten, damit sie etwas dazu sagte und nicht nur mit den Schultern zuckte, das Buch, das sie gerade las, am Esstisch hervorholte, während er schweigend die Suppe löffelte. Manchmal motzte sie, die Nase im Buch, er möge bitte leiser essen. Von außen betrachtet ein einsames Bild, das wusste er, doch es verletzte ihn nicht. Wenn er sie allerdings zum Reden bekam, sagte sie kluge, bedachte Dinge, erklärte ihm faszinierende Perspektiven.

Er dachte zurück an ihre ersten Unterhaltungen über die 613 Mizwot, nach denen sie ihren Alltag gestalteten. Dachte zurück an die Stunden, in denen er versucht hatte, ihr zu erzählen, was passiert war. Dachte an ihre gekräuselten Lippen, daran, wie er gezögert hatte, sie war viel zu klein, um so etwas wissen zu müssen.

Ihr großer, fragender Blick. Aber warum hat Gott das erlaubt? Was haben die denn falsch gemacht, die Juden? Wir Juden, hatte er gesagt. Immer der gekräuselte Mund, wenn sie schlief, wenn sie sich konzentrierte, eigentlich nur dann nicht, wenn sie lachte. Aber was haben die falsch gemacht, dass man sie bestrafen musste?

Man hat uns nicht bestraft, hatte er gesagt, wir haben nichts falsch gemacht. Er fragte sich häufig, ob sich das nicht all die deutschen Gojim in Wirklichkeit auch fragten, die Besucher der Gedenkveranstaltungen, bei denen er sang, auf gepflegten Rasenflächen oder im Schloss des Bundespräsidenten, ob sie so taten, als wäre das eine unstellbare Frage, während sie ihn sahen und dachten: Ein bisschen anders ist er schon, ein bisschen komisch?

Das Singen dort war für ihn wenig emotional, er wusste, er traf den Nerv der Deutschen, wenn er nur die aschkenasischen Melodien langzog, wenn er so richtig jüdisch klang, wie sie es sich vorstellten. Er machte das, wofür sie Paul Celan ausgelacht hatten, doch heute traute sich niemand, zu lachen. Die Leute waren überrascht, wenn sie ihn Deutsch sprechen hörten, überrascht, dass er sich überhaupt artikulieren konnte. Einmal hatte eine bekannte Politikerin es laut ausgesprochen: »Mit dem Namen und bei der Sprache, entschuldigen Sie, da dachte ich, Sie könnten kein Deutsch.« Er hatte gelacht. Im Spaß gesagt, dass er ja auch keinen deutschen Pass habe. Gedacht, dass er keinen annehmen würde, und wenn sie ihm den Pass hinterherwürfen. Das deutsche Kind reichte.

*

Sie waren noch in eine andere Bar gegangen, Lior und sie hatten ein Bier geteilt, vielleicht sah er ihr die Müdigkeit an, jedenfalls sagte er, er sei zu betrunken, um noch ein ganzes zu trinken.

In der Bar war laute Musik in Iwrit gelaufen, Pop-Beats, der Sänger in einem Lied sang *Tel Aviv, ya habibi, Tel Aviv*, Lior schüttelte spaßhaft den Oberkörper dazu, als würde er bauchtanzen. Etwas regte sich in ihr, etwas Unangenehmes, Bedürfnishaftes.

Am Tisch war es um den letzten Beschuss gegangen, eine hitzige Diskussion, darum, ob und wie man den Militärdienst verweigern konnte, Lior hörte mit gespitzten Lippen zu. Ein Mädchen, dessen Name sie sich nicht gemerkt hatte, fragte Margarita: »Was würdest du denn machen?«, schroff und herausfordernd. Sie ließ den Blick triumphierend durch die Gruppe schweifen. Margarita dachte an das mit dem Kolonialismus, was Nico gesagt hatte, aber ihr schien nichts böse oder machtversessen an diesen Menschen und diesem Ort. Sie lachte eingeschüchtert und sagte, dass sie es zum Glück ja nicht entscheiden müsse.

Kurz darauf waren sie nach Hause gegangen. Unterwegs fiel ihr das leere Hotelzimmer ein und dass ihr Vater dachte, sie würde gerade dort schlafen. Bei der Vorstellung, ihn angelogen zu haben, drehte sich ihr der Magen um. Auch vor Wut.

Nachdem er die Tür hinter ihnen geschlossen hatte, hatte Lior sie gegen die Tür gedrückt, scheinbar aggressiv, kurz blieb ihr das Herz stehen, sie bekam beinahe Angst. Es hatte sich nicht angefühlt, wie wenn Nico irgendwann entschied, sie zu küssen, wenn sie gemeinsam unterwegs waren, oder eben nicht. Nach dem ersten Kuss hatte Lior gefragt, ob er weitermachen dürfe, sie hatte genickt. Er schob ihr die Zunge tief in den Mund, aber als sie versuchte, es zu erwidern, verschloss er die feuchten Lippen, küsste sie auf den Hals. Es dauerte, bis es begann, ihr zu gefallen. Sie küssten sich lange, sie musste lachen, er fragte, wieso. Weil sie sich gerade erst kennengelernt hatten, versuchte sie zu sagen, zog schnell im Bad den Tampon heraus, sagte, dass sie sonst nicht so was – er fasste sie weiter an, viel länger, als sie es von Nico kannte. Sie war in die Knie gegangen, ihr war schwindlig vom Alkohol, vom Geruch seines Schweißes, also hatten sie voreinander gekniet, während er seine Finger in sie hineinschob, erst in den Mund, dann –. Dann hatte sie ihn auch angefasst, er hatte ein kleines, tiefes Geräusch gemacht und gefragt, ob er ein Kondom holen dürfe. »Yes, please«, hatte sie gesagt, nachdem sie Hand in Hand nackt zum Bett gelaufen waren, unbeholfen, Margarita hielt sich die Hände vor den Schritt, als hätte er sie noch nicht nackt gesehen.

Sie hatte es gewollt, hatte noch einmal *please* geflüstert, es hatte sich gut angehört in ihren Ohren, erwachsen. Er hatte gefragt, ob er das Licht anmachen dürfe, um sie sehen zu können.

War aufgestanden, sein erigierter Penis sah nicht aus, als sei er Teil seines Körpers, wie er waagerecht in die Luft ragte, als er vom Lichtschalter zurück zum Bett kam. Es war plötzlich sehr hell. Er hatte an sich heruntergeschaut, braunen Schleim auf sich entdeckt. Sie wollte erklären, dass sie ihre Periode –. Sie versuchten, weiter miteinander zu schlafen, doch es war zu hell. Sie war so betrunken, dass sich alles unecht anfühlte, der Schleim, dass sie nicht sagen konnte, dass es sich um Blut handelte, nicht um etwas anderes, dass er langsam nicht mehr hart war. Sie konnte es verstehen. Alle paar Sekunden war es dunkel, immer wenn sie blinzelte, wurde der Raum zu etwas Bewegtem, als würde eine Kamera klicken. Er sah sie an, sagte nichts, ihre riesigen, dunkelbraunen Nippel etwas Abnormales, sie wusste das.

Also stand sie auf, wusch sich im Bad, nahm einen frischen Tampon, zog das Nachthemd an, das ihre Großmutter ihr bei *Target* gekauft hatte. Als sie ins Zimmer zurückkam, saß Lior angezogen auf dem Bett und entschuldigte sich. Es läge nicht an ihr, das Licht, er sei betrunken.

Er schlief auf dem Sofa. Margarita schlief nicht, sondern ekelte sich vor ihrem Körper. Morgens packte sie ihren Koffer, Lior kaufte kleine Schokoladenschnecken und Orangensaft, sie frühstückten, ohne viel zu sprechen. Er machte Musik an. Ihre Fingerspitzen berührten sich, erst versehentlich, dann so lang, dass es in ihr pochte. Es war alles zu hell, dumpf, als sie die Gläser abwusch, gab er ihr einen Kuss auf den Nacken. Sie verstand diesen Kuss nicht. Ihr Kopf tat weh.

Sie ging, ohne zu fragen, ob sie sich noch einmal sehen würden. Sie hatte sich nicht getraut. Das Taxi roch nach Kotze und Fisch. Sie kurbelte das Fenster herunter und spürte den Orangensaft im Rachen. Zum Glück würde es sie für einen Haufen Geld bis nach Jerusalem bringen. Der Kopfschmerz lenkte sie ab.

Ihre Mutter wartete vor dem Haus, sie trug eine große Sonnenbrille und ein weißes Kleid, das aussah wie ein Bettlaken mit Löchern für den Kopf und die Arme. Kaum fiel Margaritas Blick auf ihr Gesicht, erinnerte sie sich wieder daran, wie sie aussah, und wollte sich sofort wegdrehen. Der kurze Eindruck hatte genügt. Sie wollte sich die seltsame Begrüßung, die Unsicherheit, ob man sich umarmte oder nicht, sparen, also trug sie einfach schwitzend den Koffer an ihr vorbei ins Haus, fragte, welches die Wohnungstür war, welches ihr Zimmer, setzte sich aufs Bett und trank die Wasserflasche aus, während ihre Mutter hastig redete, darüber, dass es frisches Wasser im Kühlschrank gab, dass die Wohnung sehr ruhig sei, dass es nachts abkühlte im Gegensatz zu Tel Aviv, wo man kaum schlafen konnte.

Margarita weigerte sich, ihr länger ins Gesicht zu schauen. Während Marsha redete, dachte sie an die Nacht, die sich schon jetzt klebrig und verloren anfühlte, als hätte sie das Ticken einer anderen Uhr, die sie bis jetzt nicht kannte, gehört, einer, die machte, dass man wollte, die Zeit verginge viel langsamer. Ihr Körper fühlte sich roh an, trotz des Kleids, das sie trug, immer noch nackt. Ihre Mutter erklärte, weshalb sie geglaubt hatte, Margarita käme heute erst an. Margarita dachte an die Stunden am Flughafen und sah sie kurz an. Dass ein so sortierter Mensch wie die Großmutter eine solche Tochter großgezogen hatte. Margarita hoffte, Marsha könnte die Verachtung in ihrem Blick erkennen oder sie zumindest als völlige Gleichgültigkeit interpretieren.

Die Wohnung lag im ersten Stock eines Hauses, das mit lilafarbenen Blumen bewachsen war. Eine Gästewohnung der Universität. Margaritas Zimmer ging zum Hof, Marshas zur Straße. Irgendetwas stimmte wahrscheinlich nicht mit dem Zimmer, wenn Marsha ihr freiwillig das leisere überließ, oder Avi hatte sie dazu verdonnert, der wusste, dass Margarita schlecht einschlief, dass sie es hasste, die Kontrolle, das Bewusstsein zu verlieren, jeden Abend, dass sie Ruhe brauchte, so wie in Berlin. Das Zimmer war schlicht, aber schön eingerichtet, eine dicke Matratze, ein kleiner Schreibtisch und eine weiße Kommode mit blauen Knöpfen. Kalte Steinfliesen. Es roch sauber.

Sie sagte ihrer Mutter, dass sie sich hinlegen wollte. Sie fühlte sich, als hätte sie stundenlang Kopfstand geübt: müde und desorientiert vom Jetlag, von der Nacht, vom Alkohol am Tag zuvor. Von einer Scham, die alles zu durchbrechen schien, vom Kater, der Wut auf die Mutter.

*

Hannah hatte ihm geschrieben. Eine knappe E-Mail, ein *danke*, die Frage, ob sie einmal einen Kaffee trinken könnten. Sie verabschiedete sich mit *herzlich*, darunter die Signatur, in der *mit freundlichen Grüßen* stand. Herzlich mit freundlich.

Er hatte die Nachricht gelesen und sich gefragt, was sie wohl brauchte. Jetzt, auf dem Weg zum Gebet, ärgerte er sich über sein Misstrauen, vielleicht wollte sie mit ihm über ihren verstorbenen Vater sprechen, erfahren, was er in den Hebräischkursen gemacht hatte, vielleicht hatte sie nichts von seinem Wunsch, aus der Tora zu lesen, gewusst.

Nicht nur Töchter hatten Geheimnisse vor ihren Vätern, auch andersherum, er wusste das. Also entschied er, ihr nach diesem Schabbat zu antworten, seine Schüchternheit zu überwinden. Das hatte er lange nicht mehr tun müssen, er hatte es sich bequem gemacht in diesem Leben, in dem er einige Freunde hatte, die nicht mehr gingen, die aber auch nicht auf die Idee kamen, ihn zu neuen Bekanntschaften zu überreden, oder ihm sagten, dass er sicher schnell und einfach eine Frau fände, wenn er bloß suchen würde. Die Margarita liebten wie ihre eigenen Kinder, sich Sorgen um sie machten und sie aufzogen, wenn sie stark geschminkt an Chanukka an ihren Esstischen saß und demonstrativ gelangweilt mit den jüngeren Kindern dreidelte. Sie war immer die Älteste, er war früh Vater geworden, seine Freunde meistens erst, als ihnen klarwurde, dass nichts Besseres mehr kommen würde und man sich dann auch einfach auf Campingurlaube und hässliche Möbelstücke einlassen konnte.

Er hatte entschieden, dass er keinen solchen Kompromiss wollte, er hatte Margarita, seine Freunde, und er hatte seinen Gott, ein tröstendes Du, dessen Präsenz im Winter wärmend und im Sommer erdend war. Der niemals campen gehen wollte.

Die Synagoge war leer an diesem Tag, sie mussten etwas warten, bis ein Minjan zustande kam. Als der zehnte Mann eintraf, ein paar Minuten nach 19 Uhr, klopften die anderen Beter auf die Bänke, es wurde gelacht, ein kleiner, ausgelassener Moment, da es nun losgehen konnte, eine Sirene heulte im Takt. Avi musste lächeln, was man in den ersten Silben von Jedid Nefesch noch hörte, dann wurde er ernst, und ein Gefühl der Ruhe breitete sich in ihm aus.

Es war etwas weniger als einen Monat bis Rosch haSchana, wenn die Uhren wieder auf null gestellt würden, deswegen waren kaum Leute da: Alle bereiteten sich auf die hohen Feiertage vor, die viele, zähe Zeit in der Synagoge, niemand hatte Lust, heute schon hier zu stehen, einige waren sicher noch im Sommerurlaub, die Schulferien waren außergewöhnlich spät dieses Jahr, und man konnte noch wärmere Luft tanken, bevor in Berlin die Tage wieder kurz würden. Die Dunkelheit, die mit Jom Kippur über der Stadt einbrach, war noch weit entfernt. Die nassen Blätter und der Regen von Sukkot unvorstellbar an den Kieselstränden Italiens und im lauwarmen Meer von Tel Aviv, wohin es die Familien zog, die ihm manchmal von ihren Urlaubsplänen erzählten. Dann kamen sie krebsrot und unerholt zurück und freuten sich über die Äpfel mit Honig, die man schon in langen Hosen und Parka im Garten verzehrte, und über den Hunger von Jom Kippur. Über die Illusion, an einem Tag die Ferienkilos zu verlieren.

Also sang er in einer beinahe leeren Synagoge. Es fühlte sich an wie früher – er allein, der Lecha Dodi sang, das Amen beim Kaddisch ein leises Brummen aus den Männerreihen –, als es ein leerer, ein toter Ort gewesen war hier. Heute klang seine Stimme im Raum so wie damals, er hörte es, es hallte, und er bildete sich ein, knurrende Mägen zu hören, während Alenu, dem Schlussgebet, das er mit einem Ruf begann, als stünde hinter dem *Alenu* ein kleines Ausrufezeichen, das stille Gebet war nun vorbei, die in sich gekehrte Zeit am Schabbes wurde ausgetauscht gegen eine gemeinsame: »Alenu! leschabeach la'adon hakol, An uns! ist es, den Herrn des Alls zu preisen.« An uns allen hier im Raum ist es, ihn zu preisen, dachte er, an uns wenigen, wenn wir wenige sind, und an uns vielen, wenn wir viele sind, auf dieser komischen Kugel, die ihre Bahnen durchs Universum zieht wie ein Schwimmender in einem Becken ohne Wände.

Immer wenn er es sang, hörte er die Stimme des Kantors in der großen Synagoge von Tel Aviv, dem er als Kind jede Woche zugehört hatte, spürte er, wie sein Vater ihm eine Hand auf die Schulter legte, wenn sie gemeinsam mitsangen, dachte an den Tscholent, den Eintopf mit Eiern und Fleisch, den es später zuhause gegeben hatte, an die pürierte Bete mit Knoblauch, an das Birkat haMason, das sie, manchmal zu viert, seine Mutter Stella, sein Vater Itzik, seine Schwester Pnina und er, manchmal mit den wenigen Freunden seiner Eltern gesungen hatten, wie sie auf die Tische schlugen. Adon Olam sang er, als würde er hinterher durch die Straßen Tel Avivs nach Hause laufen, als sei er erst sieben Jahre alt und hätte noch die feine, hohe Stimme, wegen der seine Eltern ihn in den Kinderchor geschickt hatten, einen

Chor voller israelischer Buben, allesamt würden sie später einmal im Militär dienen, allesamt wurden sie von den Müttern zuhause freundlicher behandelt als ihre Schwestern, sogar er, wobei freundlicher nicht freundlich hieß, Stella war ständig genervt von seiner und Pninas bloßen Existenz, ständig hatten sie zu viel gegessen oder zu wenig, zu viel geredet oder zu wenig. Er hatte sich stets für Stella geschämt, wenn sie ihn vom Chor abholen kam, dafür, wie alt sie war, wie schrecklich angezogen, er hatte den anderen Kindern erzählt, sie sei seine Safta, seine Oma, und als sie es herausgefunden hatte, hatte sie ihm eine runtergehauen, und durch die dünnen Wände der Wohnung hatte er sie abends weinen gehört.

*

Margarita hatte nicht schlafen können, zu aufgeregt und laut hatte das Blut in ihren Ohren gerauscht, wenn sie die Augen schloss. Sie hatte die Großmutter angerufen, ihren Vater, schweigend gegessen, das Buch in der Hand, die Geschichte der vier Mädchen und der Jeans, die sie seit Chicago begleitete. Den zweiten Teil hatte sie auch noch im Gepäck, vorausschauend vor einer Woche gekauft. Als sie noch nicht gewusst hatte, wie die Hitze des Landes, in dem sie nun war, wie der einbrechende Schabbat sich anfühlten. Sie beobachtete es nur von ihrem Fenster aus, wie alle gemeinsam sich darauf vorbereiteten, irgendwann weniger Autos fuhren, bald niemand mehr auf den Straßen war, nachdem die vielen Großfamilien in alle Richtungen verschwunden waren. Bald gab es Abendessen, ohne Kerzenzünden, ohne Gebet. Ihre Mutter beschwerte sich nicht darüber, dass sie am Tisch las. Sie fragte sich, wie lange das anhalten würde. Dann schlief sie ein, kurz nach Einbruch der Dunkelheit.

Als sie ihr Zimmer verließ, stand Frühstück auf dem Tisch,

Marsha davor, sie lächelte sie an, sagte: »Good morning, sleepyhead«, als hätte sie entschieden, eine Mutter zu sein, die liebevoll Dinge wie *Sleepyhead* sagte, sich aber nicht traute, ihr Kind zu berühren. Es könnte ja beißen. »Orangensaft?«

»M-hm«, machte Margarita, nickte, versuchte, ein bisschen zu lächeln.

Ihre Mutter ging in die Küche und kam mit der Flasche zurück. »Kennst du Labane?«

»Ja, Aba macht –«, sagte Margarita, dann brach sie ab. Sprachen sie über ihn?

»Ah, klar«, sagte Marsha und zeigte auf das Schälchen auf dem Tisch, gefüllt mit dem dicken Joghurt, »ich habe welches gekauft.« Daneben ein Salat aus Gurken und Tomaten, ein wenig Tahini, eine Art von Fisch, Brot.

Bei Marsha wurden keine Brachot gesagt. Das überraschte sie. Sie fragte sich, ob ihr Vater erst ihretwegen damit angefangen hatte. Ihre Mutter schaute, scheinbar verlegen, in die Zeitung, also holte sie wieder ihr Buch und las, während sie frühstückten, eine willkommene Flucht in das Sprechen der anderen, während sie schwiegen.

Das einzige Geräusch das Kauen der Mutter, zum Glück mit geschlossenem Mund, kein Schmatzen, kein Malmen der Zähne, etwas, mit dem sie leben konnte. Irgendwann machte Marsha ein kleines Geräusch, *um*, Margarita las den Absatz zu Ende, schaute auf. Ihre Mutter strich die rostbraunen, borstigen Haare aus der Stirn: perfekt geschminkt, ein voller Mund, der ihrem glich, ein Gesicht, das so viel jünger und sorgloser wirkte als das ihres Vaters und gleichzeitig so viel fremder, mit dem fragenden Blick, die Iris so dunkelbraun, dass man kaum erkennen konnte, wo die Grenze zur Pupille war.

»Es ist ja Schabbat, deswegen kann man nicht wirklich etwas unternehmen heute«, sagte sie, »aber wenn du Lust hast, könnten wir einen Spaziergang durch das Viertel machen und vielleicht mal in die Altstadt gehen. Nur wenn du magst, natürlich.«

Margarita überlegte. Sie hatte nicht wirklich darüber nachgedacht, was passieren würde, wenn sie erst mal hier wäre. »Können wir machen«, sagte sie.

»Cool!« Marshas Antwort zu schnell, zu begeistert. Wie unangenehm. »Also, ich meine, ich freue mich. Ich wollte nur nochmal sagen, Margarita, dass ich mich freue, dass du hier bist. Und mich entschuldigen für das Missverständnis.«

Es war kein Missverständnis gewesen, dachte sie, sie hatte es verkackt. Die Großmutter hatte sicher nichts falsch kommuniziert, das würde sie nie tun, das war ihnen allen völlig klar. Sie sagte nichts dazu, nur, dass sie noch eine Stunde brauche, um sich fertig zu machen. Schloss die Tür hinter sich, setzte sich aufs Bett, dachte an Lior, an den nassen letzten Kuss in ihrem Nacken, schaute auf ihr Telefon. Keine Nachricht, wäre auch zu viel verlangt, vielleicht hielt er sogar Schabbat, sie wusste ja nicht, wie die jungen Tel Avivis es machten, wenn ihre Eltern nicht zuhause waren.

Sie las das Buch fertig, duschte, zog sich an, dann gingen sie los. Ihre Mutter setzte ihre Sonnenbrille auf und lächelte sie fröhlich an. Sie erklärte, wo sie gerade waren, erzählte die Geschichte des Viertels, es war seltsam in Ordnung, ihr dabei zuzuhören, die Straßen still, spielende Kinder auf Balkonen, ein paar vorbeieilende, scheinbar einem anderen Jahrhundert entstammende Männer. Eine Stimmung, die sie an die Samstagnachmittage mit ihrem Vater zuhause erinnerte. Die Bücher, die sie bäuchlings auf dem Teppich im Wohnzimmer las, während er häufig einfach nachdachte oder ebenfalls las, ihr kleine Fragen stellte. Vielleicht stellten auch hier hinter den Balkontüren Eltern ihren Kindern gerade Fragen, um die Langeweile des Schabbatnachmittags zu vertreiben, an dem die Fernseher ausgeschaltet blieben, an dem man keine Besorgungen machte oder kochte.

Sie waren an einer größeren Straße mit Geschäften angekommen, ihre Mutter sagte, hier sei die ehemalige deutsche Siedlung, ein bisschen das Zehlendorf Jerusalems, damit konnte sie etwas anfangen und nickte. Und fragte sich, wann Marsha jemals in Zehlendorf gewesen war.

»Möchtest du noch in die Altstadt?«, fragte sie. »Es ist ein Stück, es ist bestimmt ausgestorben dort, aber ich weiß nicht recht, was ich dir sonst zeigen könnte.« Also gingen sie in die Altstadt, es roch nach Gewürzen, überall Verschläge, wieder die Eilenden. Die Klagemauer völlig überfüllt an Schabbat, Margarita hätte gern einen Zettel in die Wand geschoben, doch sie wusste, ihre Mutter würde sie auslachen, Marsha sagte, sie könnten wann anders wiederkommen, »uns beide lassen sie bestimmt auch auf den Tempelberg, man sieht uns ja nicht an der Nasenspitze an, dass wir Jüdinnen sind«, *us two* klang wie das Englisch der Großmutter und war doch kein Ersatz.

Es stimmte, nichts an ihnen sah unbedingt jüdisch aus: Marsha trug ein schwarzes, teuer aussehendes Wickelkleid, Birkenstocks und eine Handtasche, in die Margarita ihr Portemonnaie gesteckt hatte, obwohl ihre Mutter sagte, sie würde es nicht brauchen, man könne eh nirgendwo etwas kaufen. Unangenehm, dass sie jetzt ihren Kram herumtrug.

Immer wieder lächelte Marsha sie an, fragte irgendwann: »Darf ich ein Foto machen, for your Dad?«

Margarita sagte, lieber nicht, und lief voraus, sie wusste, Marsha machte nun ein Foto von hinten, man hörte den Auslöser ihres Handys, *okay, Boomer*, dachte sie. Ihr Magen drehte sich, als sie sich vorstellte, wie ihr Vater nach Sonnenuntergang auf seinem alten Handy das Foto empfing, es etwas weiter von sich weghielt. Plötzlich vermisste sie ihn. Ihre Mutter erklärte die Einteilung der Altstadt in die verschiedenen Viertel, das armenische, das muslimische, das jüdische, das christliche, sie erzählte vom Tempelberg. »Du weißt schon, was mit den Tempeln passiert ist?«, fragte sie, und Margarita erwiderte: »Natürlich, hat Aba alles erzählt.«

Sie zeigte ihr unter glühender Sonne die Tore, die Mauern, auf denen man laufen konnte, die ganzen Jahreszahlen langweilten sie etwas, aber nicht zu sehr. Sie fuhren mit dem Bus nach Hause. Margarita döste zusammengerollt auf dem Bett, hörte nichts von Lior, es reichte, dass ihre Vulva schmerzte, wenn sie auf die Toilette ging, der Beweis dafür, dass es passiert war.

Sie hörte, wie ihre Mutter auf dem Computer im Nebenzimmer tippte, ihr fiel auf, dass sie sich nie gefragt hatte, ob sie religiös war, doch an Schabbat arbeitete sie anscheinend. Ob die Küche koscher war? Es machte sie trotzig, wütend, dass es vielleicht nicht so war, dass sie sich nicht würde aussuchen können, Regeln zu brechen, sondern dass ihre Mutter sie für sie bräche. Sie wollte selbst bestimmen, welche Regeln galten.

*

Er hatte auch das Morgengebet für Schabbat gesungen, müde, ein bisschen holprig, hatte eine Weile gebraucht, um sich einzufinden, seine Stimme klang anders, wenn er unausgeschlafen war. Er wechselte mitten im Haschiwenu die Melodie, aber seine Beter ließen sich nichts anmerken, manchmal fand er sie ein wenig undankbar, mit ihren ständigen Wünschen und Bedürfnissen, ihren Annäherungen und ihren Erwartungen an ihn, weil der Rabbiner der Gemeinde seinen Job nicht besonders gut machte und nur auftauchte, wenn er wirklich musste, und dann sterbenslangweilige Predigten hielt. Heute allerdings war er froh, dass sie ihn einfach so nahmen, wie er war, sie merkten ihm die Müdigkeit wohl an. Während der Toralesung hatte er sich hingesetzt und ein wenig die Augen geschlossen, und der Gabbai und eine andere

Beterin hatten sich um die Aufrufe zur Tora, um das Festhalten und das Herumtragen durch die Synagoge gekümmert, das machte er sonst gerne, aber diesmal hatte er dankbar abgelehnt.

Eine lange Woche, dachte er, eine wirklich lange Woche, sollt ihr doch mal singen, ich höre auch zu, doch sie sangen leise und schief, seine Samstagsbeter. Er musste gegenhalten, also wuchs seine Stimme, das Luftholen, das Sich-größer-Machen hatte er während der Ausbildung gelernt, den sephardischen Nusach und den aschkenasischen, wobei er hier vor allem den aschkenasischen sang, die Beter waren, so liberal und offen sie gern sein wollten, Gewohnheitstiere, sie mochten die Dinge auf die eine Art, die sie kannten.

Nach dem Gottesdienst blieb er noch kurz, eine der Frauen hatte ihn gefragt, ob er auch noch Kiddusch machen wollte, er hatte diesmal nicht nein sagen können, denn obwohl er Margarita nie als Ausrede verwendete, hatte er fast immer abgelehnt, weil sie womöglich zuhause auf ihr Mittagessen wartete. Heute aber musste er nicht los, er hatte es nicht eilig, und er konnte zwar gut verschweigen, aber schlecht lügen. Also machte er noch mit ihnen den Kiddusch, es gab Lachs und Frischkäse und angetrocknetes Challah. Er fühlte sich unwohl, alle hatten etwas zu reden, doch er war irgendwie außen vor. Ein Mann um die vierzig erbarmte sich und fragte ihn aus. Er wollte wissen, ob er eine musikalische Ausbildung genossen habe, ob er auch woanders sänge oder nur als Chasan. »Wie meinen Sie«, fragte er, und der Mann erklärte, »na ja, in einer Band oder im Chor oder so«. Viele Chasanim seien ja auch Opernsänger! Er musste lachen, es war dem Beter unangenehm, offensichtlich fühlte er sich verspottet.

Auf dem Fußweg nach Hause tat es ihm leid, der Mann hielt ihn sicher für arrogant, und Avi fiel auf, dass er auf die Fragen nur einsilbig geantwortet hatte, keine Gegenfragen gestellt, dabei unterhielt er sich doch gerne mit Leuten über Synagogenmusik, über Louis Lewandowski, der hier in Berlin die gesamte Liturgie reformiert hatte, und über Estrongo Nachama, der Lewandowskis Erbe durch die Stadt getragen hatte.

Er hatte sich immer gefragt, ob es ein unterbewusstes Argument für seinen Umzug nach Berlin gewesen war, dass Nachama hier Kantor gewesen war, dessen Geschichte ihn nie mehr losließ, seit er zum ersten Mal seine Stimme gehört hatte. In der Ausbildung zum Chasan hatte sie Avi häufig noch nachts begleitet, er hatte sich dafür extra einen Plattenspieler gekauft. Als läge in seiner Stimme seine ganze Geschichte, dachte er, seine ganze Kraft, die Kindheit in Griechenland, die Tätigkeit als Kantor in Thessaloniki, dann die Deportation, die Konzentrationslager, in denen er seine Verlobte verlor, während seine Stimme ihn rettete, der Todesmarsch, die Ankunft in Berlin, eigentlich ein Übergang, wo er seine Frau kennenlernte und wieder zum Kantor wurde, für die amerikanischen G.I.s am Hüttenweg, aber auch in der Rykestraße. Nachamas griechischer Pass machte das ständige Wechseln zwischen den beiden deutschen Ländern möglich. Etwas, das Avi nun mit seinen Bleifüßen völlig selbstverständlich tat, das Überschreiten einer Grenze, die keine mehr war. Es überraschte ihn, dass seine Füße ihn noch trugen, dass sie nicht an den Gehwegplatten kleben blieben und ihn steif wie ein Brett vornüberfallen ließen. Er dachte an diese Stimme, nach der jede andere nicht voll genug klang, jede Melodie nicht ganz fertig, und er hatte sie noch nicht einmal in echt hören können. Dieser Nachama, der ihm etwas hinterlassen hatte, das er liebte, seine Gemeinschaft hier, die zusammen trauerte und feierte und stritt und sich aushielt, und der die Seele der Hinterbliebenen gewesen war.

Noch am Tag vor seinem Tod hatte er Kinder zur Bar Mizwa vorbereitet. Immer wenn Avi eine neue Klasse bekam, erzählte er das und sagte, dass er hoffentlich nicht am nächsten Tag sterben würde, aber nie lachte jemand. Er nahm sich vor, vor den hohen

Feiertagen die Auszüge aus Nachamas Jom Kippur noch einmal auf YouTube anzuschauen, mit seinem Chor, den es so nur in der Pestalozzistraße gab, und der Orgel, beides gab es in der schlichten Synagoge, in der Avi sang, nicht, hier gab es nur den losen Chor der Betenden, und es gab ihn, aber immerhin schien er ihnen zu reichen.

Er überlegte, was in den kommenden zwei Wochen seinen Kalender füllte. Keine Termine, die ganze nächste Woche nicht, nicht einmal Schabbat, ein alter Bekannter aus der Jeschiwa in Jerusalem würde zu Besuch in der Synagoge sein und für ihn übernehmen. Ein bisschen Ferien wären sicher gut, dachte er, ausschlafen, keine E-Mails beantworten, die Stimmbänder schonen, dafür Klavier spielen, einfach zum Spaß, wenn er spielte, vergingen die Stunden schneller. Es gab diese leeren Phasen, hatte sie immer gegeben, er war sich sicher, dass es keine Depressionen waren, denn er genoss sie beinahe, er sah sich als Künstler, und kam Kunst nicht aus dem Traurigen? Oder war das nicht am Ende auch Stuss, Teil eines kitschigen Genie-Kults?

Eigentlich sprach nichts dagegen, die auf ihn zustürzenden leeren Wochen nicht zuhause zu verbringen, sondern im algigen Wind. Sich in Ruhe auf den Jahreswechsel vorzubereiten, der dieses Jahr im September lag, hoffentlich in einem Altweibersommer, ein Wort, das er gelernt hatte für die letzten heißen Tage in Berlin, in denen das Licht schon nach Herbst aussah, die Blätter langsam gilbten, ein Sepiafilter über der Stadt, der einen wehmütig zurückließ wie das Lied von John Prine über das Ende des Sommers, tagelang, wochenlang, bis Jom Kippur endete und das alte Jahr endgültig vorbei war, bis Sukkot begann und damit das neue Jahr richtig anfing. Vielleicht eine Auszeit, dachte er. Vielleicht besser mal ein paar Tage andere Luft.

*

Tags darauf musste ihre Mutter »etwas schreiben«. Sie hatte das gleiche Frühstück gemacht wie am Morgen zuvor. Mit einem festen Klopfen an der Tür hatte sie Margarita, trotz des Jetlags, um Punkt zehn Uhr geweckt. »Hi, sleepyhead«, hatte sie wieder bemüht gesagt, ebenso bemüht hatte Margarita zurückgelächelt. Sie hatten keine Routine miteinander. Margarita wusste nicht einmal, wie sie sie nennen sollte, *Mom, Mama, Marsha*? Sie hatte es bis jetzt einfach vermieden. Als ihre Mutter weggegangen war, hatte sie ihren Vater noch *Ababa* genannt, mit zwei, fast drei, das hatte er ihr erzählt. Dazu, wie sie ihre Mutter rief, hatte er nie etwas gesagt. Also sparte sie es einfach aus. Sie waren ja eh zu zweit, es gab keinen Grund, ihr einen Namen zu geben.

Marsha hatte nicht gesagt, was sie arbeiten musste, sich nur nach dem Frühstück in ihr Zimmer an den Schreibtisch gesetzt, im Morgenmantel, die winzigen, nackten Füße auf den glatten Fliesen. Die Füße hatte Margarita nicht von ihr geerbt, im Gegensatz zum Kinn und zu den Augen, Margarita trug Schuhgröße 42. Sie hatte ihr Buch weitergelesen, den nächsten Teil der Reihe, auf ihr Handy gestarrt, überlegt, Anna zu schreiben, zu erzählen, was passiert war, sich dagegen entschieden. Irgendwann war sie für ein Glas Wasser in die Küche gelaufen, ihre Mutter rief: »Du darfst auch allein rausgehen, weißt du, oder?« Sie ärgerte sich, dass Marsha ihr Dinge erlauben oder verbieten konnte, zog sich aber trotzdem die Schuhe an und lief los.

Über Umwege fand sie den Weg zur Altstadt, kaufte sich frischen Saft aus Orangen und Granatäpfeln. Zwischen den Ständen die Soldaten, die aussahen wie sie und Lior, Kindergesichter hinter Maschinengewehren.

Sie lief, bis sie die Orientierung verlor, keine Ahnung mehr hatte, in welchem Viertel sie nun war. Es wurden Kippot verkauft mit Stickereien, gemusterte Teller und Vasen, in einem der Geschäfte suchte sie einen dunkelroten Schal aus.

Die nächsten Tage ging es so weiter, sie ging mittags in die Altstadt, wanderte herum, kaufte sich Saft und Falafelsandwiches, die sie zufrieden auf einer kühlen Steinbank verschlang. Niemand schien sie zu bemerken, niemand schaute sie an, es gab zu viel zu tun. So langsam begann sich eine Karte vor ihrem inneren Auge aufzuspannen, konnte sie die Gassen unterscheiden. Nur Ost-Jerusalem sollte sie meiden, ein bestimmtes Tor in der Altstadt führte dorthin. Ansonsten ließ Marsha ihr eine Freiheit, die sie ahnungslos wirken ließ, was man Fünfzehnjährigen überhaupt erlauben sollte.

Jeden Abend gingen sie gemeinsam essen, in kleine Restaurants in der großen Straße nahe der Wohnung, der Emek Refaim, es gab auch einen Buchladen voll englischer Bücher dort, in dem sie den dritten Band der Buchreihe bestellen konnte. Die Speisekarten waren immer koscher, es fiel ihr nach zwei Tagen schon nicht mehr auf. Die Ecke erinnerte sie ein bisschen an Prenzlauer Berg, die vielen Boutiquen neben schönen Cafés, doch die Luft roch ganz anders, zitronig, abends hörte man das Flirren der Bäume im Wind und Zikaden.

Ein paar Tage nach Margaritas Ankunft erklärte Marsha, über einen großen Salat mit frittierten Süßkartoffeln, dünn und lang wie Schnürsenkel, gebeugt, dass sie in drei Tagen zu einer Reise aufbrechen würden, in den Norden an den Jordan, die Mittelmeerküste entlang über Akko, und in den Süden, baden im Toten Meer, vielleicht sogar bis zum Roten Meer.

Es schien Margarita, als hätte sie keine Wahl, also nickte sie einfach.

Abends schrieb Lior, *wie geht es dir*, und ihr Herz setzte aus. Es war spät, sie hatte versucht einzuschlafen, doch es war noch zu heiß, nun hatte sie ein trockenes, vibrierendes Gefühl auf der Zunge. Sie starrte die Nachricht lange an, dann legte sie das Handy unter das Kopfkissen, wo es sich anfühlte, als würde es gleich ein Loch in den Stoff brennen, also holte sie es wieder hervor, starrte wieder auf die Nachricht, wiederholte dieses Spiel, bis sie einigermaßen müde wurde, doch sie schlief unruhig, wachte ständig auf und prüfte, ob es sie wirklich gegeben hatte.

*

Eigentlich hätte er sich auf die hohen Feiertage einstimmen sollen, auf das lange, lange Singen am Stück, darauf, durstig zu sein und trotzdem weiterzusingen. Doch es ging nicht, er schloss bloß die Fenster, stellte sich aufrecht hin, in die große Wohnküche, ein Berliner Zimmer, wo es im Sommer kühl und dunkel war, im Winter warm und hell, stellte den Machsor auf den Küchentresen, in den schrägen Kochbuchhalter, den Margarita ihm vor Jahren gebastelt hatte, starrte die erste Seite von Erew Rosch haSchana an und klappte das Buch wieder zu. Er wusste nicht, wie er es dieses Jahr schaffen sollte, beide Tage Rosch haSchana, dann Jom Kippur, jeweils morgens, nachmittags und abends, Jom Kippur ohne zu essen, ohne zu trinken, und am Ende noch Sukkot. Manchmal setzte er sich stattdessen an sein Klavier, das ging besser, und es fühlte sich weniger an wie prokrastinieren, als wenn er bloß E-Mails schrieb, mit denen er seinen Studenten bestimmt auf die Nerven ging, sie antworteten allesamt nicht, sie hatten ja Ferien.

Und er putzte, sortierte, räumte Schränke aus, sammelte Margaritas alte Kleider in Säcken zum Spenden, dachte, während er sortierte, an die Ausbildung in Jerusalem, an ein fernes Leben, von dem er einst geglaubt hatte, es würde in eine Ehe münden mit vielen Kindern, die mit ihren fliegenden Zizit durch Rechavia rennen würden. Er hatte geglaubt, es würde ihm reichen, manchmal ein Ausflug in den Süden, in den Norden, Urlaub in Europa, wenn man es sich leisten konnte.

Er war auf gutem Weg gewesen, er hatte alles richtig gemacht, gebeugt gelernt und stramm Sport getrieben, schwimmen, rennen, Leichtathletik, er erinnerte sich an die Finger der Mädchen, die seine Bauchmuskeln nachfuhren. Nach seiner ersten Vorladung mit sechzehn hatte er im Test die siebenundneunzig erreicht, den Höchstwert des Militärs. Das bedeutete weitere Tests. Nach den weiteren Tests kamen die Angebote. Itzik hatte Avi den Briefumschlag auf den Schreibtisch gelegt. Man sah, dass er eine Lasche geöffnet und es sich dann anders überlegt hatte. Avi hatte überall so gut abgeschnitten, dass er im Gibush für die Luftwaffe landete, besser ging es fast nicht, Itzik war völlig aus dem Häuschen, kaufte sogar Champagner, und Stella steckte einen ganzen Fisch in den Ofen. Das war die Kür, die Königsdisziplin. Nun waren sie eine richtige israelische Familie.

Nichts hätte seinen Vater glücklicher machen können, den dünnen, neurotischen Itzik, Avi dachte an ihn, wie er mit seinem Einkaufstrolley beinah täglich über den Shuk HaCarmel gerannt war und sich bei jedem dieser Besuche Baklava »zum Probieren« geben ließ, aber nie auch nur ein Stück kaufte, weil er den Stand überteuert fand, Itzik, den schon damals niemand mehr ernst nahm, außer Avi, Avi hatte sich so angestrengt, diesen Vater stolz zu machen, dessen Leben ein einziges Bemühen um Aufstieg gewesen war. Kaum hatte er sein Zahnmedizinstudium beendet, wurde er als Reservist im Sechs-Tage-Krieg eingezogen und stand als Krankenpfleger im Lazarett, und nach seiner Rückkehr, so erzählte er es, gab es plötzlich keinen großen Zahnarztmangel mehr, »ja!«, hatte er gerufen, »in sechs Tagen kann sich viel verändern!«, aber Avi zweifelte am großen Zahnarztmangel der frühen sechziger Jahre.

Itzik jedenfalls machte dann doch nicht das Vermögen, mit dem er immer gerechnet hatte, und Stella arbeitete bloß an der Rezeption seiner Praxis, und dann hatte sie bald schon ihn und

Pnina bekommen, und das Geld reichte gerade so für eine kleine Wohnung auf der Allenby, nicht aber für ein Ferienhaus im Norden, was für Itzik ein Zeichen nahenden Hungertods war.

Avi hatte schon früh begonnen, zu lesen, klassische Musik zu spielen, und deshalb als Wunderkind gegolten, und er hatte daraufhin eine schüchterne, alberne Angst entwickelt, doch keines zu sein, also machte er sich selber klug und stark, bis er bei der Luftwaffe genommen wurde und sich freute, vielleicht auch, weil er damals der tiefen Überzeugung war, der israelische Staat würde sich lediglich verteidigen. Doch was war Selbstverteidigung überhaupt, was war das Selbst des jüdischen Staates?

Die Ausbildungsbasis war in der Wüste, anfangs hatte er nur Gebete dort geleitet, doch schon bald war er zum Hobby-Chasan geworden, er kannte die Lewandowski-Melodien, und man mochte seine Stimme, an den Wochenenden war er nach Hause gefahren, plötzlich kam ihm die Luft in Tel Aviv dicker vor, seine Eltern älter, in seinem Kinderbett sehnte er sich nach den Sternen über der Wüste und unter den Wüstensternen nach der Flanell-Bettwäsche mit den Sternchen drauf. Die Ausbildung hatte im Oktober 1996 begonnen, wenige Monate nach Ende der Operation Früchte des Zorns im Libanon, er hatte eine Heidenangst gehabt und eine jugendliche, lächerlich fohlenhafte Vorfreude.

Er wollte es wirklich, Pilot werden, Piloten waren Helden, die Guten, die mit den besten Köpfen und Körpern, die alles für Israel gaben, er fand, dass ihm eine Karriere zustünde, es entsprach ihm, das Fliegen, die Härte, die geregelten Zeiten, das Gutsein und das Bessersein. Er kam mit den sechs Stunden Schlaf klar, er kam damit klar, wenn man sie mitten in der Nacht weckte, um ihre Uniformen anzuziehen und um die Kaserne zu rennen, sogar, wenn er derjenige war, der versagte, und alle seinetwegen eine Extrarunde laufen mussten, denn die anderen mochten ihn und nahmen es ihm nur bis zum nächsten Morgen übel, nie bis zum nächsten Abend. Nur wenige Male wurden ihm die Wochenenden gestrichen, wegen Zuspätkommen und einmal wegen irgendeiner besoffenen Geschichte. Aber meistens fuhr er nach Hause und wurde besser behandelt als Pnina, die von Stella als »nuttig« beschimpft wurde und sich durch das letzte Schuljahr quälte.

Von einem echten Einsatz war er noch weit entfernt, doch sein Kommandeur hatte »auf bestem Wege, Fuchs« zu ihm gesagt, und einige Wochen später lachend etwas, das Avi nicht vergessen konnte: Das Einzige, was er spüre, wenn er eine Bombe abwerfe, sei der leichte Rückstoß im Flugzeug. Und natürlich merkten die Vorgesetzten, wenn man etwas hörte, das man nicht vergaß, sie merkten alles.

Sie ließen ihn nicht zur Abschlussprüfung zu. Im Nachhinein glaubte er, er habe die letzten Wochen mit Absicht nachgelassen, hätte *das alles* doch nicht gewollt, aber vielleicht erzählte man sich das auch einfach, um sich das Scheitern nicht einzugestehen. Die Begründung war, dass er in entscheidenden Momenten begonnen habe, zu hadern, dass er zu analytisch sei. Nicht kampfeslustig genug für sie, sagte er sich, eigentlich ehrt mich das. Aber natürlich tat es weh.

»Earn your wings«, hieß es immer. Die Flügel, das waren ein Pilotenabschluss inklusive Leutnant-Titel und Bachelorzeugnis, stattdessen kam nur das Angebot, sich bei der Flugabwehr zu verpflichten, und er willigte ein, am Ende schickten sie ihn in den Kontrollturm im Negev. Die Arbeit dort machte ihn müder, als jede körperliche Arbeit es zuvor getan hatte, sie war das Gegenteil von Flügeln, sie war ein schmerzender Rücken und schwere Beine, fest auf dem Boden, doch er tat sie, weil er überzeugt war, dass es ihn brauchte.

Und dann kam die zweite Intifada. Kam der 1. Juni 2001. Eine

Frau aus seinem Abschlussjahrgang an der Schule wurde mit zwanzig anderen Menschen vor einem Club in Tel Aviv ermordet.

Alle sagten es immer: *Jeder kennt irgendwen*, jeder kennt irgendwen, der gestorben ist, Soldaten, Terroropfer, *jeder kennt irgendwen*, und jetzt war auch er *jeder*.

Sie hatte einige Monate mit Avis Freund Eitan geschlafen. Avi hatte sie gemocht. Sie hatte gerne gelesen und war die schnellste Läuferin im Jahrgang gewesen.

Die Anrufe, das Herzklopfen, wenn in Tel Aviv wieder einmal Sprengstoff Körper zerfetzte, die Vorstellung von Stellas abgerissenen Armen auf dem Asphalt, es waren immer die Arme.

Er wurde nie radikal, er war nie *dagegen*.

Wogegen auch? Gegen das Leben?

Am 12. September 2001 verfluchte er die vergeigte Ausbildung, und die Aussage seines Kommandeurs schien ihm plötzlich nicht mehr so schlimm, beinahe schon sympathisch. Er hatte Rachegedanken, und bevor er einschlief, dachte er sich ins Cockpit eines Flugzeugs, stellte sich den Rückstoß vor.

Und Pnina und er waren sich einig, an Schabbes über ihren Tscholent gebeugt, zum ersten Mal. Das erschreckte ihn; er hatte sie immer zu nationalistisch gefunden, zu rassistisch, zu ängstlich.

Er blieb im Tower, bis die Verpflichtung endete, machte seinen Job, beneidete die Flieger, fühlte sich ungerecht behandelt, aber immerhin: Parallel durfte er schon ein bisschen studieren, er wählte Jüdische Studien, besuchte vor allem Vorlesungen über jüdische Musik an der Universität in Beer Sheva, immer öfter spielte er an den Wochenenden auf dem Klavier bei Stella und Itzik.

Das erste Zimmer, das er mietete, bezog er mit fünfundzwanzig, ein Kellerzimmer in Mea Schearim, weil er nach dem Militär die Ausbildung in Jerusalem anfing. Schon damals war Mea

Schearim nicht nur von Haredim bevölkert, sondern auch von Studierenden, die nirgendwo sonst mehr ein Zimmer im übervölkerten Jerusalem gefunden hatten, er hatte die Kombination gemocht, obwohl ihm die vielen schönen Cafés und Restaurants von Tel Aviv fehlten.

Er wusste nicht mehr, ob er damals glücklich gewesen war. In diesen Kategorien musste man nicht denken, wenn man plötzlich frei war. Freiheit war nicht Glück. Freiheit war loser, lakonischer, denn sie war einsam, niemand schaute ihm dabei zu, wie er frei war, nur als er es nicht gewesen war, hatte man ihn stets beobachtet und er es genossen.

Seine Eltern wollten die Ausbildung zum Chasan nicht bezahlen, sie fanden, das Singen, auch wenn er noch so schön sänge, sei ein Hobby, kein Job, zumal er ja bei der Luftwaffe gewesen war und etwas Schlaues mit sich hätte anfangen können. Sie wollten nicht, dass er in der Jeschiwa saß und über Rab Hunas Auslegungen nachdachte und über moderne Interpretationen der Nidda, nein, sie wollten, dass er Medizin studierte oder Terrorismusforschung, »wäre das nicht schick«, und nach dem vielen Zögern war er spät dran gewesen, beeilte sich in der Ausbildung so, dass er immer zu schnell sang, bis er Marsha traf.

Dann, plötzlich, ließ er sich Zeit, holte Luft bis ganz nach unten, damit die Worte klar und füllig klangen. Es hatte sich ein Kämmerchen in den Lungen aufgetan, aus dem eine neue Stimme kam, mutiger, zugleich sanfter. Er hatte das Studium mit Bestnoten abgeschnitten und war schnell gebucht worden, in verschiedenen Synagogen in Jerusalem, und Marsha begleitete ihn, an ihrer Hand lief er freitagabends nach Hause oder zum Abendessen bei Freunden, an ihrer Hand am nächsten Morgen in die andere Synagoge, manchmal jede Woche in eine andere, immer dahin, wo jemand krank war, wo es einen Notstand gab.

Was vom Militärdienst übriggeblieben war: kein Vertrauen

in den Luftraum, eher eine vage Angst vorm Fliegen, dafür ein Heimweh nach den leeren, hohen Hallen der Kargo-Flugzeuge, in denen man sich winzig klein fühlte. Als er vor zwei Jahren mit einem Stein im Bauch die Bilder der Evakuierungen aus Afghanistan betrachtet hatte, schüttelte es ihn vor Sehnsucht danach, etwas tun zu können.

Wenigstens fühlten sich die Tage weniger einsam an, seitdem er wusste, es ging Margarita gut. Er würde bei der Schule anfragen, ob man ihr noch zwei Wochen zusätzlich frei gab, hoffentlich würde das gehen, dann wäre sie eine Woche vor Rosch haSchana wieder in Berlin. Er hatte Hannahs Mail beantwortet, sofort nach dem Absenden war ihm ein Grammatikfehler aufgefallen, es war ihm peinlich, doch sie hatte schnell reagiert. Sie würden sich zum Abendessen treffen, Hannah hatte ein koscheres Restaurant in Schöneberg vorgeschlagen, das er das letzte Mal mit seinen Eltern besucht hatte. Pikiert hatten sie trockene Falafelbällchen gegessen und danach im KaDeWe ein paar Austern geschlürft, während er, leerer Hände, danebengesessen hatte, mit dem Gefühl, sein ganzes Leben als eine konservative Rebellion gegen seine Eltern zu führen.

Als er ankam, saß Hannah bereits an einem der Tische vor dem Restaurant. Er hatte sich ihr Gesicht nicht wirklich gemerkt, es war jünger, als er es in Erinnerung hatte, freundlich. Er trug eine Jeans und ein weißes Leinenhemd. Sie begrüßte ihn damit, dass sie gedacht hätte, Kantoren trügen auch in ihrer Freizeit stets Sakko, nur um sich dann wieder und wieder für den Spruch zu entschuldigen, obwohl er darüber lachte. Allerdings nicht so viel, wie er es gern getan hätte, weil er nervös war und Deutsch sprechen musste.

Sie erzählte lange von Harry, manchmal konnte er schlecht mithalten, doch er versuchte, auch ein paar Anekdoten beizutragen, und hoffte, sie langweilte sich dabei nicht.

Die Zeit verging schnell. Sie erzählte, dass Harry im Versteck in Berlin zur Welt gekommen war, dass seine Eltern ihn in einer Reisetasche bei katholischen Bekannten am Stadtrand vor die Tür gestellt hatten, als seine zehn Jahre ältere Schwester schon mit dem Kindertransport nach England geschickt worden war, die Umstände unklar, die Bekannten hatten ihn beschützt, doch es war aufgeflogen, und Harry wurde nach Theresienstadt deportiert, was mit der Familie passiert war, hatte er nie erfahren. Die Eltern? Ermordet, erst Jahrzehnte später hatten sie es herausgefunden: Treblinka, Harrys Vater war im Leichenkommando gewesen, bevor er selbst vergast wurde, er hatte die Toten gestapelt, vielleicht auch seine eigene Frau. Hannahs Gabel schwebte in der Luft. Avi hatte das Gefühl, dass seine Augen immer größer wurden, während sie erzählte. Dass Harry eine große Schwester hatte, erfuhr er mit fünfzehn. Sie war nie nach Deutschland zurückgekehrt, nur für Hochzeiten und Beerdigungen, da nickte Hannah schnell, auch die ihres Vaters war offensichtlich gemeint. Avi bekam einen steifen Nacken, einen trockenen Mund, er kannte das, Symptome innerer Aufregung. Wie unwahrscheinlich es war, dass sie dasaß.

Er konnte nicht essen, während sie erzählte.

»Und du?«, fragte sie.

»Ich habe eine Tochter«, sagte er.

»Ich meinte eher die Schoa«, sagte sie, und er überlegte. Was war mit ihm und der Schoa? War etwas mit ihm und der Schoa, außer, dass seine Eltern Glück gehabt hatten, dass ihre eigenen verrückten, zionistischen Eltern ihre Heimat für Palästina verlassen hatten, einfach, weil sie sowieso nichts besaßen, die deutschen Eltern seiner Mutter, geboren in Breslau, die türkischen Eltern seines Vaters, sie hatten ihre Herkunft am Hafen von Haifa ins Meer geworfen, ihre Sprachen noch dazu, und Israel nie wieder verlassen. Die Eltern seiner Mutter – sie hatten sich erst ein paar Jahre nach ihrer Ankunft kennengelernt – hatten Stella zu einer Sabre gemacht, einer wirklichen Israelin, nur den Namen nie in einen hebräischen verwandelt, die Eltern seines Vaters hielten ihn auf der Fähre von Ankara nach Haifa an der Hand, 1935, Itzik erzählte davon, wie ihm seine Großmutter einen Apfel mitgegeben hatte und wie er ihn vor Wut und Trauer darüber, sie zurücklassen zu müssen, ins Meer geworfen hatte. Die Großmutter war ein Jahr später gestorben, ein Glück, denn so hatte man sie nicht ermorden können, ihr Mann war schon seit Jahren tot, und die anderen Großeltern lebten in den Bergen hinter Ankara, für sie interessierte sich keiner, hatte Itzik gesagt.

Ja, sie hatten alle auf ihre Art damit zu tun, oder eben nicht, manche von ihnen wollten davon nichts mehr wissen, die ehemaligen Chassidim, die über nichts anderes hatten reden dürfen, die Linken, die fanden, man dürfe es nicht als Ausrede nehmen, die Rechten, die fanden, es läge nun ja schon weit zurück. Die Konservativen, die ihn instrumentalisierten. Und er, er dachte nichts. Er verlor sich in einem Denken ohne Sprache, lose aneinandergereihten Bildern.

»Das ist ja schön«, sagte Hannah, »wie alt?«

»Fünfzehn«, sagte er und sorgte sich kurz um Margarita, war beinah erschrocken, seine Sorgen über dem Essen und der freundlichen Gesellschaft vergessen zu haben, hatten sie doch heute noch kein einziges Mal voneinander gehört, nicht mal per SMS.

Sie bestellten noch mehr Wein. Hannah sagte, sie habe einen Sohn, der schon zwanzig sei. »Ich weiß auch nicht, wie das passiert ist«, als er sie erstaunt anschaute. Mit achtzehn sei sie Mutter geworden. Das Kind habe vor allem Harry aufgezogen. Die Vorstellung rührte ihn.

Sie fragte nach seiner Kindheit. Er erzählte von der Air Force, die Deutschen, auch die deutschen Juden, liebten es, wenn er vom Militär erzählte, von der Ausbildung in Jerusalem, er ließ Marsha aus, dachte, sie würde sicher zwischen den Zeilen auftauchen, und wenn nicht, umso besser. Dann tauschten sie sich kurz über den Siedlungsbau aus und äußerten ihre Angst um die israelische Demokratie, Hannah sagte: »Die Deutschen mit ihrer seltsamen Berichterstattung helfen aber auch nicht, entweder sind die Juden unfehlbar, oder sie machen alles falsch.« Er lachte erneut. Dann fiel ihm ein, dass er sich gar nicht erkundigt hatte, was sie eigentlich arbeitete, es war ihm peinlich, also fragte er mit Nachdruck, in harten Konsonanten, sie arbeitete in einer Musikschule, er tat sich schwer, den Details zu folgen.

Er zahlte das Essen, sie die Getränke. Küsste ihn zum Abschied auf die Wange. Sie roch nach Patschuli, ein Geruch, den er verabscheute, aber was ging es ihn an, wie sie roch.

Am Ende erzählte er von seinen Urlaubsplänen, während sie das Rad neben ihm herschob, um ihn doch noch zur U-Bahn-Station zu begleiten. Dass er es sich komisch vorstellte, nicht in Berlin zu sein, während Margarita in Jerusalem war. Sonst verließ er die Stadt nur mit ihr zusammen. Er versuchte zu erklären, dass ihm der Gedanke unbequem war, nicht zuhause zu sein, sollte sie plötzlich entscheiden, die Reise abzubrechen, oder etwas passieren. Es klang umständlich, wie er sich ausdrückte, nicht gewohnt, über diese Art von Gefühlen zu sprechen, und dann auch noch auf Deutsch.

Hannah summte zustimmend und erinnerte sich, wie sie eine Kur gemacht hatte, als ihr Sohn klein war, etwas, das sich eigentlich Mutter-Kind-Kur nannte, doch sie hatte Mutter-Kur gemacht, ohne ihn. Während alle Mütter um sie herum ihre Kinder abwechselnd anschrien und umarmten, hatte sie sich schuldig gefühlt, die ersten zehn Tage, doch den Rest des Monats hatte sie das schlechte Gewissen abgelegt und sich in die Sauna gesetzt. Avi fand sie lustig und warm, vielleicht ein wenig attraktiv.

Auf der Bahnfahrt nach Hause dachte er wieder und wieder an Psalm 15, dachte an Harry, der nun hoffentlich auf dem heiligen Berg verweilen durfte, dem Har Kadosch. Auch wenn er sich in der Tradition seines Glaubens eigentlich wenig Gedanken darüber machte, wo die Toten hingingen, hoffte er, Harry wäre nun an einem Ort, an dem man ihm Kuchen brachte, er fließend Hebräisch las und seinen Vater kennenlernen durfte. Denn er war all das gewesen, von dem Psalm 15 versprach, es würde belohnt: Er hatte die Wahrheit von Herzen geredet, er hatte eine Tochter erzogen, einen Enkelsohn, er hatte sein Bestes gegeben, und wer das tut, wird nimmermehr wanken, er hatte die Worte im Kopf gehabt, seitdem Hannah von Harry erzählt hatte, wer das tut, wird nimmermehr wanken. Harry musste nie wieder wanken, hoffte er.

Ob Hannah wankte? Ob sie ihn kannte, den Schwindel, auch wenn ihr Lachen so stabil schien? Es klang nach einem aufgeräumten Leben, Sonntage mit Filterkaffee und Torte, Fahrradausflüge an Brandenburger Seen, eigentlich fehlte nur der Sauerbraten an Weihnachten. Unvorstellbar, dass man ihre Großeltern aus einem Leben gerissen hatte, das ihrem geglichen haben musste. Unvorstellbar, dass nicht auch sie wankte, obwohl sie ihr Bestes zu geben schien, die Wahrheit zu sprechen.

Seine Wahrheit, die er kaum kannte, sein Leben, sie schienen ein Wanken zwischen den Welten zu sein, zwischen den Sprachen, ein Wanken zwischen den Jahren, den Tagen, den Minuten.

*

Am nächsten Tag traf sie Lior am Strand, hatte allein hergefunden, nachdem Marsha ihr die Erlaubnis gegeben hatte, nach Tel Aviv zu fahren. Ihre Mutter musste arbeiten, und langsam langweilte Margarita sich, lag viel auf dem Bett und starrte auf ihr

Handy. Marsha wirkte nicht besonders besorgt, hielt sie wahrscheinlich für viel zu jung, um etwas anderes zu vermuten als ein Treffen zweier Kinder am Meer. Es schien eher, als sei sie froh, Margarita für eine Weile los zu sein.

Sie hatte ihr einen Schein für die Bahntickets hingelegt, den Margarita nicht wollte, das Geld, das ihre Großeltern geschickt hatten und das sie ebenso erst hatte ablehnen wollen, dann aber widerwillig annahm, um ihren Vater zu entlasten, reichte aus.

Lior spielte mit einem Freund Matkot, als sie ankam, furchtbar verschwitzt, nervösen Magens, gab ihr ein High Five und spielte weiter, »nur kurz die Endrunde«, sie legte ihre Sachen in den heißen Sand und schwamm, brennendes Salz in ihren Augen, das Wasser bot kaum Erfrischung.

Ein Stimmengewirr vom Strand her, in dem Iwrit, das mittlerweile ihre Träume durchwebte, sie tauchte unter, Rauschen, sie tauchte auf, Stimmen, auf, unter, auf, unter, jemand kniff sie in die Seite, auf, Lior, lachend. Sie gingen wieder Hummus essen, beim selben Laden wie beim letzten Mal, diesmal hatte sie keinen Hunger. Sie sprachen über ihre Tage in Jerusalem, er fragte viel, irgendwann auch: »Wann musst du eigentlich los?«

Sie schluckte. Wie naiv, zu denken, sie müsse heute nicht los, sie würde wieder hier schlafen. Der Hummus in ihrem Mund wurde mehlig. »Äh«, sagte sie, »keine konkrete Zeit. Meiner Mutter ist es nicht so wichtig.«

»Dann kannst du ja mit zur Demo kommen«, sagte er, »also, wenn du magst.«

Sie schaute ihn an. Beobachtete, wie er das Brot durch den Hummus zog, ein bisschen Ei darauflegte, sich alles auf einmal in den Mund steckte. Es ekelte sie ein wenig, wie er aß, also schaute sie auf seine Finger, die den Rand des Tellers entlangfuhren, um ihn sauber zu machen, den restlichen Hummus aufsammelten. Finger, die sich vor wenigen Tagen in ihr bewegt hatten. Es gab keine Sprache dafür, wie unbedingt sie ihn anfassen wollte. Also fragte sie, worum es bei der Demo ging.

»Gegen die Regierung«, sagte er.

»In Ordnung«, sagte sie, erzählte unbeholfen von den Klimademos, zu denen sie in Berlin gegangen war, er sagte: »Klar, gab es bei uns auch«, dann liefen sie zum Treffpunkt.

Es waren sehr, sehr viele Menschen, die protestierten. Kurz verlor sie Lior in der Menge, dann nahm er ihre Hand.

Auf den Schildern standen hebräische Parolen, auf manchen *genug*, auf anderen *Liebe* oder *Gerechtigkeit*.

Die Musik wurde lauter, die Menge skandierte, auch Lior brüllte mit. Sie standen nebeneinander, er stellte sich auf die Zehenspitzen, um mehr sehen zu können, drehte sich nach hinten, lächelte sie an, er schien zufrieden, ein bisschen euphorisch. »Es ist so schlimm«, erklärte er ihr, »in der Regierung sitzen Faschisten, die wollen einfach eine Einheitsgesellschaft, sie wünschen sich, dass es nur Juden in Israel gibt, keine Araber, und nur Israel, nicht Palästina. Und es wird immer schlimmer.«

Sie nickte, versuchte, seine Empörung nachzuempfinden. Wusste, ihn und Nico unterschied etwas, wusste nicht genau, was.

Sie standen lange dort und rauchten eine Zigarette nach der anderen, bis ihre Lunge schmerzte. Ein Freund von Lior tauchte auf, brachte ihnen Bier, fluchte über Bibi, ging wieder. Irgendwann löste sich die Versammlung langsam auf. Lior kaufte in einem Kiosk eine kleine Flasche Wodka, sie setzten sich auf den Bordstein und teilten sie. Sie küsste ihn.

»Heute nicht«, sagte er, »meine Eltern sind zuhause.«

Sie küsste ihn erneut und flüsterte: »Wir können ja nur küssen.«

»Wie langweilig«, sagte er und biss ihr in die Lippe. »Dann ist das jetzt der Abschiedskuss. Ich muss bald schlafen.«

Wilde Enttäuschung machte sich in ihr breit.

Er sah sie an. »Weißt du, wie du nach Hause kommst?«

Vielleicht waren es die vielen Leute, vielleicht der scharfe Wodka, der nach den Nächten in Berlin schmeckte, in denen sie immer gewusst hatte, wie sie nach Hause kam, vielleicht war es, dass sie sich wünschte, ihr Vater holte sie ab. Vielleicht die Hitze und das Gefühl, wieder nicht gewollt zu werden.

Sie stand auf, nickte, lief einige Schritte voraus, die Tränen nicht zeigen. Hörte Lior hinter sich fluchen. Er rief sie, doch sie lief weiter, wie ein kopfloses Kaninchen, in Richtung des Rathauses, wo sie sicherlich ein Bus zum Bahnhof bringen würde.

Lior holte sie ein. »Ma at rotzah«, sagte er, immer wieder, *was willst du*. Vielleicht hatte die Stimmung der Demo ihn aufgebracht, jedenfalls schien er gereizt. »Ich weiß nicht«, antwortete sie, ihr lief Rotz aus der Nase, den sie mit einer alten Serviette aus ihrem Jutebeutel wegwischte.

»Ich weiß nicht. Du kannst gehen, ich komme schon nach Hause, ich dachte einfach, es wäre so wie, so wie letztes Mal, weißt du …«

Er sah hilflos aus, wie er da stand. »Tut mir leid«, sagte er, »viel los im Moment. Und du bist ja eh bald wieder weg.«

Sie schniefte. Winkte einen kleinen, armen Wink und drehte sich wieder weg.

»Weißt du, wie du nach Hause findest?«, fragte er erneut, sie schüttelte schnell den Kopf, kniff die Lippen zusammen. Er zeigte es ihr auf dem Handy.

»Wenn du möchtest, kannst du mitkommen«, flüsterte sie. Sie verschluckte sich fast an ihren eigenen Worten.

»In Ordnung«, sagte er schließlich.

Sie fuhren nach Jerusalem, die Zugfahrt leise, und ihr kam alles leicht vor, vielleicht vom Alkohol, schnell, lustig, frei, als sie die Tür aufschließen wollte, umarmte er sie, schob sich kurz an ihr hoch, sie spürte, dass er hart war. Er biss ihr in den Nacken und ließ sie die Tür öffnen, sie schlichen in ihr Zimmer, erst als sie miteinander schliefen, geriet etwas aus dem Takt, fühlte sich etwas ungelenk an. Er stieß so stark in sie hinein, dass sie Angst hatte, das Klatschen würde ihre Mutter wecken. Es schmerzte irgendwo in ihr drin, wenn er erneut ausholte. Sein Schweiß tropfte ihr in den Mund, salzig, lenkte sie ab von allem anderen. Sie wollte nicht, dass es endete.

Die Art, wie er sie anfasste, nachdem er das Kondom abgezogen hatte und auf ihren Bauch gekommen war, hatte etwas Gönnerhaftes. Wie er sie herunterdrückte, ihr bedeutete, stillzuhalten, um sie abzuwischen und in den Arm zu nehmen. Sein Arm um ihren Torso löste ein Zucken in ihr aus, da sie wusste, dass es das letzte Mal sein würde, dass sie nicht noch einmal seine flirrende Aufmerksamkeit würde erbetteln können.

Sie schlief nicht lange, schrieb ihrer Mutter im Morgengrauen eine Nachricht, dass Lior sie nach Hause gebracht und die letzte Bahn verpasst hatte, *nicht wundern, er schläft bei mir im Bett*. Als Marsha dreimal fest an der Tür klopfte, war sie, so schien es ihr zumindest, gerade erst wieder eingeschlafen. Ihre Mutter rief, in welches Café sie gehen würde, und »kommt doch dazu«, es schien *nothing out of the ordinary* für sie zu sein, wie Marsha gern sagte, wenn sie eigentlich etwas erstaunte.

Lior setzte sich auf. Sie warteten, bis die Wohnungstür ins Schloss fiel, dann stand er auf. Margarita tat es ihm gleich, nur versuchte sie, ihn dabei nicht anzuschauen. »Ich gehe duschen«, sagte sie, er folgte ihr, ungefragt. Als sie gemeinsam unter der Dusche standen, fühlte sie sich nackter als in all den Stunden zuvor, hätte sich am liebsten versteckt, hoffte, das fließende Wasser kaschierte die dunklen Haare über ihrem Po, die Dehnungsstreifen an ihren Oberschenkeln. Als er sie erneut auf den Nacken küsste, wie schon in seiner Küche, fragte sie sich, warum. Es blieb bei diesem Kuss. Sie trocknete sich ab, merkte, wie sehr sie ihn gewollt hätte. Erneut diese Scham.

Sie liefen zum Café, ein unnatürlich breiter Abstand zwischen ihnen. Morgen würde die Reise mit ihrer Mutter beginnen, danach würde sie zurückfliegen in das seltsame, weit entfernte Berlin zu ihrem seltsamen, weit entfernten Vater, zu Anna, die ihr inzwischen fremd und unwirklich erschien. Margarita wunderte sich, es tat ihr nicht einmal weh, dass Lior keinesfalls wollte, jemand könne herausfinden, was er gerade noch mit ihr getan hatte.

*

Die Insel roch noch genau wie in den Wochen, die er vor sechzehn Jahren mit Marsha dort verbracht hatte. Sie roch nach Zimt und Teig und Kirschen, sie roch nach einem Versprechen, das Deutschland ihm gegeben hatte. Als er sie betrat, erinnerte er sich daran, und nun kannte er auch das Wort: Versprechen. Damals hatte er es nur auf Hebräisch denken können, *havtacha*. Die Insel hatte ihm ein Versprechen gegeben: dass es Gutes gab, Schönes, Sicheres, an diesem fremden Fleck Erde. Es lag in der Natur des Landes, dass es seine Versprechen brach, aber hier waren die Versprechen verschwörerisch und betörend.

Er dachte daran, wie sie hergefunden hatten: Sie hatten das deutsche Meer sehen wollen, bevor das Baby kam, und der Rabbiner hatte Spiekeroog empfohlen, und fand er Rabbiner sonst unbrauchbar und regelversessen, so waren sie dieser einen Empfehlung doch gefolgt und hatten sich in der Nebensaison, im September, eine Wohnung geleistet. Marsha war hochschwanger gewesen, und drei Wochen nach ihrer Rückkehr war Margarita geboren. Sie waren den Strand auf und ab gelaufen, Marsha hatte ständig gesagt, was sie noch alles kaufen mussten, er hatte ihren Bauch befühlt und mit dem Baby gesprochen, dessen Geschlecht sie nicht kannten, sie war zehnmal in der Nacht aufs

Klo gerannt, und er hatte ihr auf ihren Wunsch hin die Beine rasiert, bevor sie vorsichtig miteinander geschlafen hatten. In seiner Erinnerung roch auch dieser letzte Sex vor Margaritas Geburt nach Zimt und Kirschen, es war mitten am Tag gewesen. Er war weniger gefestigt in allem Religiösen, er hatte seit seiner Ankunft in Deutschland weder Kippa getragen noch täglich gebetet, so viel erinnerte er noch, er hatte Ambitionen gehabt, sang Marsha und dem Baby vor, am Strand, wenn er sicher war, dass niemand sonst ihn hörte. Er erinnerte sich an Marshas Lachen, aber auch an ihr Unverständnis, wie sie dort gelandet waren, auf einer Insel, deren Namen sie beide nicht aussprechen konnten, mit Regeln, die sie nicht begriffen, auf den Terrassen der Cafés durfte man Tee nur in »Kännchen« bestellen. Und doch, es war schön gewesen, sie hatten es genossen, den frischen Fisch und die Waffeln, die breiten Strände und die Wärme des Kamins in ihrer Ferienwohnung, vor dem Avi Marshas Füße massiert hatte, neben ihnen ein amerikanischer Baby-Ratgeber.

Auch diesmal hatte Avi sich eine kleine Wohnung genommen, die Gemeinde hatte ihm frei gegeben, nachdem er gesagt hatte, aus persönlichen Gründen würde er den Urlaub gern vorziehen, er hatte nur selten besondere Wünsche geäußert. Das Wochenende hatte er noch in Berlin verbracht, sonntags seine Nachbarin gebeten, die Blumen auf dem Balkon zu gießen, und am Montag hatte er gepackt, Brote für die lange Fahrt geschmiert und Klavier gespielt, bis er müde geworden war.

Es dauerte eine Ewigkeit, nach Spiekeroog zu kommen, man musste Regionalzüge nehmen, eine Fähre, doch man wurde belohnt mit stillen, weiten Sandstränden, der kalten, rauen Seeluft, eine wichtige Regeneration für seine Stimmbänder vor den Feiertagen, auf die er sich angesichts der Aufregung der letzten Wochen im Moment schlecht vorbereitet fühlte.

Er las in den nächsten Tagen alle Romane, die ihm die Frau

im Buchladen in Berlin empfohlen hatte, nachdem er ihr erzählt hatte, was ihm gefiel, dann musste er auf der Insel neue Bücher kaufen. Er schickte Margarita Fotos vom Strand, von den Pferden und von allen Arten, das Wort Crêpe falsch zu schreiben. *Crépès, Crepês, Crèpés.*

Hannah schrieb ihm lange E-Mails, auf die er morgens, wenn er sein Müsli aß, antwortete, mit einem schiefen Lächeln auf den Lippen und einer Aufregung im Hals, die ihm den Appetit verdarb.

*

Marsha trug eine Sonnenbrille und einen bodenlangen Kaftan, streckte Lior die Hand hin. Er nahm sie, sagte auf Hebräisch: »Ah, die verplante Mutter.« Sie verstehe ihn nicht, antwortete sie auf Englisch, er lachte.

Also sprachen sie Englisch. Lior bestellte sich einen Kaffee. Auch Margarita nahm einen. Ihre Mutter schaute sie erstaunt an, sagte aber nichts, dankbarerweise, die Situation war unangenehm genug. Sie fragte, was sie gemacht hatten. Lior erzählte vom Strand, vom besten Hummus der Stadt, dann von der Demo.

Marsha zog die Augenbrauen hoch, sodass sie plötzlich über der Sonnenbrille erschienen. »You seriously went and joined a protest.«

Margarita hörte am Tonfall, dass Marsha das nicht guthieß, wahrscheinlich fand sie, sie sei zu jung für so etwas, das sei zu gefährlich.

»Wie alt bist du?«, fragte sie Lior, er sagte, siebzehn.

Margarita hatte ihn nie danach gefragt, er sie auch nicht, jetzt fiel ihr auf, dass sie es vielleicht gar nicht hatte wissen wollen.

»Und willst du zum Militär?«

Er schaute sie mit seinen großen, schwarzen Augen an, sagte

trocken: »Wollen ist was anderes, aber ich werde gehen«, und Marsha lachte.

Margarita starrte auf die Fliesen der Terrasse, auf ihre Füße in den ausgelatschten Sandalen. Sie spürte, wie jetzt beide sie anschauten, doch sie hatte keine Lust, einen der Blicke zu erwidern.

»Also, du gehst gegen deine eigene Regierung protestieren, aber dann verteidigst du sie mit einem Maschinengewehr um den Hals?«, fragte Marsha.

»Genau«, sagte Lior.

»Ist dir eigentlich klar, was passieren würde, wenn die Forderungen, die ihr da rumschreit, umgesetzt würden? Denkst du nicht, dass die Hamas die Leute ermordet, indem sie sie zu Märtyrern erzieht, wenn es die Israelis nicht tun? Denkst du wirklich, die wären in der Lage, einen eigenen Staat aufzubauen?«

Es ging, wurde Margarita klar, überhaupt nicht darum, ob sie alt genug war, auf eine Demo zu gehen. Es ging um die politischen Ansichten ihrer Mutter. Niemals, dachte Margarita, niemals möchte ich mit dieser Frau tagelang im Auto sitzen, mit dieser peinlichen Katastrophe von Mensch, die es genießt, andere bloßzustellen. Lior schwieg. Margarita schwieg.

Lior sagte: »Das sind Menschen. Und du kannst nicht mal Hebräisch. Deine Tochter versteht mehr von diesem Ort als du«, sprang auf, kippte den letzten Schluck seines Kaffees herunter, wandte sich ab und lief die Treppen zur Straße hinab. Drehte sich schnell um und winkte ihr. Sie wollte ihm hinterherstürmen, doch der Blick ihrer Mutter hielt sie zurück. Ein tiefes, schwindelerregendes Unbehagen machte sich in ihr breit. Sie stand langsam auf und ging zur Toilette.

*

Das Hotel in Jerusalem hatte ihm eine Mail mit der Rechnung geschickt und: *Our no-show policy states that without check-in or cancellation, we charge your credit card for the full fee.* Er war verwirrt, ein wenig ängstlich auch: Was war passiert? Hatte Margarita nicht gesagt, dass die Rechnung auf ihn ging? Er hatte ihr geschrieben, doch sie meldete sich nicht. Also spazierte er um die Insel, das Telefon in der Tasche seiner Regenjacke. Je weiter er lief, desto schwerer wurden seine Beine vor Sorge. Sie hatte doch angerufen. Hatte sie gelogen? Es musste ein Missverständnis sein. Irgendwann rief Hannah ihn an, er hielt das Gesicht in den feinen Nieselregen. Sie fragte, ob er Lust auf Gesellschaft habe. Er sagte, ja, und erzählte von seiner Verwirrung, ein wenig auch, um sich selbst sprechen zu hören, eine plausible Erklärung zu finden, die ihm in das Wellenbrechen hinein nicht einfallen wollte.

Sie sagte: »Ich meinte eigentlich, ob du Gesellschaft möchtest, so in echt. Also, ich könnte eigentlich noch ein wenig Urlaub vor den Feiertagen gebrauchen. Aber Margarita wird schon wissen, was sie tut, es geht ihr ja gut, oder? Es ist nichts passiert?«

Er sagte, er würde sie zurückrufen. Margarita hatte wirklich Naches, dachte er, und zwar nicht von ihm.

*

Auf dem Tisch standen nur noch die leeren Kaffeetassen, daneben lagen ein paar Münzen. Das erzähle ich Aba, dachte Margarita, das erzähle ich ihm, und er wird wütend werden. Dann fiel ihr ein, dass sie ihm das nicht erzählen konnte, da er nichts von Lior wusste und dass sie nicht ins Hotel gefahren war, ihre Mutter hatte es ihm nicht gesagt, um ihr einen Gefallen zu tun, jedenfalls glaubte sie das, aber dann konnte sie auch nicht bei ihm petzen, was diese Rabenfrau ihr angetan hatte, schon wieder, um weiter den Schnabel in ihr Leben zu hacken. Ihren einzigen Verbündeten in diesem verdammten, verbrannten Land hatte sie vertrieben, scheinbar aus purer Streitlust.

Es war, als würde die Wut Margarita in die Beine schießen, und sie begann zu laufen, Straßen entlang, die sie noch nie gesehen hatte, so schnell, wie sie konnte, ohne zu rennen. Erst noch auf der Suche nach Lior, dann, irgendwann, weil sie nicht anhalten konnte, weil sie wusste, wenn sie anhalten würde, hätte sie verloren, müsste sie nach Hause umkehren, doch solang sie unterwegs war, war sie allein, eigenständig. Die schönen Straßenzüge wurden allmählich hässlicher. Vor den Häusern spielten Kinder, kleine Jungen mit schwingenden Pejes, die in der Sprache, die sie bereits am Flughafen bemerkt hatte, herumschrien. Eine Mutter, kaum älter als Margarita in ihrer kurzen Hose und dem weißen T-Shirt mit David Bowie drauf, starrte sie an, im langen Kleid mit blickdichten Strumpfhosen. Margarita starrte zurück. Die Straßen stiegen an, Margarita presste die Hände in die Seiten und schob das Becken nach vorne. Irgendwann spuckten die engen Gassen sie an einer breiten Promenade aus, unter der sich ein Park erstreckte. Vor ihr lag Jerusalem, eine Stadt in Beige, so wie Berlin eine Stadt in Grau war, war dieses Jerusalem beige.

Sie dachte an all die Male, die sie nach Jerusalem gerichtet gebetet hatte, an Jom Kippur auf den Knien, die Stirn auf dem kühlen Steinboden der Synagoge, an Samstagen im gemeinsamen Gebet für Israel, es überraschte sie, wie schnell ihr die Worte in den Sinn kamen, obwohl sie es nie auswendig gelernt hatte, wie damals die Brachot, sie war außer Atem, das Blut rauschte ihr in den Ohren, und es schien, als rauschte das Gebet mit: Unserer Brüder, des ganzen Hauses Israel, gedenke ihnen in allen Ländern der Zerstreuung und führe sie bald aufrecht nach Zion, Deiner Stadt, nach Jeruschalajim, der Wohnstätte deines Namens.

Avinu, avinu, schebaschamajim, unser Vater im Himmel, er schien hier näher zu sein als anderswo. Vielleicht machte ihr das einen leichten Kopf, vielleicht löste es eine Art Höhenkrankheit aus, vielleicht brauchte sie eine Kopfbedeckung, um zu spüren, dass es zwischen ihnen noch etwas gab, vielleicht war das der Grund, warum hier alle Perücken trugen, Kopftücher, Schtreimel und Kippot. Vielleicht machte diese Nähe die Leute so verrückt, dass sie zu Extremisten wurden, so nannte ihr Vater sie. »So sind wir nicht, Nudnik«, *Quatschkopf*, hatte er gesagt, als sie gefragt hatte, ob an dem Buch etwas dran war, das ihr eine seiner Freundinnen geschenkt hatte, über eine der Sekten.

Sie hatte noch immer einen seltsam leichten Kopf, ihr Schritt juckte, und sie hatte Durst. Ihre Mutter schickte eine SMS: *I am leaving now to go get the rental car and will go to university library afterward. There is plenty to eat in fridge and I will make dinner for the two of us. Please be packed by evening so we can leave 1st thing tom.*, eine eindeutige Ansage, *two of us*, und wehe, du bringst den dummen Typen mit, las sie zwischen den Zeilen, und wenn sie noch weitergraben wollte, bildete sie sich ein, da auch ein *Schlampe* herauszuhören.

Langsam besserte sich das flaue Gefühl, es wehte etwas Wind, der fast zärtlich ihren Schweiß trocknete. Sie schlug auf ihrem Handy *Scheidenpilz Hebräisch* nach und den Weg zurück nach Hause. Tayelet Haas hieß die Straße, in der sie gelandet war. Sie kam an einer Apotheke vorbei, in der eine Frau mit schiefer Perücke arbeitete, die nicht mit der Wimper zuckte, als Margarita ihr das Telefon hinstreckte, weil sie das Wort nicht aussprechen wollte, und ihr eine Creme verkaufte, die sie bereits aus Berlin kannte. Sie lief noch schneller zurück, als sie gekommen war, weil es so juckte, bog ein paar Mal falsch ab, doch beruhigte sich damit, dass ihre Mutter nicht zuhause sein würde. Sie freute sich darauf, kalt zu duschen und allein eine Serie im Bett zu schauen, sich Essen aus dem Kühlschrank zu nehmen, salziges Hühnchen auf Brot mit Ketchup, ein hartgekochtes Ei als Nachtisch, ohne gehört oder gesehen zu werden.

Die Creme, die sie sofort nach ihrer Ankunft auftrug, half schnell. Margarita war stolz darauf, dass sie dieses Problem allein gelöst hatte, dass sie den Pilz kannte, der sie jedes halbe Jahr plagte, und sich getraut hatte, damit zur Ärztin zu gehen, zurück in Berlin.

Der nackte Po unter dem Nachthemd gab ihr ein Gefühl von Sicherheit, von Zuhause, von Nicht-mehr-weg-Müssen, und sei es für einen flüchtigen Moment. Also ignorierte sie die Anrufe ihres Vaters, aber schrieb ihm, dass sie sich morgen melden würde. Er antwortete nur *okay*.

Sie dachte an Lior. Ihr Kopf wummerte, während sie sich durch die Erinnerungen des letzten Abends grub und versuchte, das Gefühl seines schweren Körpers über ihr zu rekonstruieren. Schon jetzt gelang es ihr nicht, schon jetzt wusste sie nicht mehr, wie sein Nacken gerochen hatte, nur der süßliche Geruch seines Penis war ihr geblieben.

Sobald sie den Schlüssel im Schloss hörte, es war bereits halb acht, klappte sie ihren Computer zu und stellte sich schlafend, rührte sich nicht, versuchte, leise zu atmen, während ihre Mutter herumräumte, mit Geschirr klapperte, sie irgendwann rief. »Fuck«, hörte Margarita sie sagen, »is she even there.«

Dann öffnete sich die Tür. Margarita versuchte, gleichmäßig zu atmen, ihre Lider nicht flattern zu lassen, die Mundwinkel nicht zu bewegen. »Ugh, good«, flüsterte Marsha. Die Matratze sank ein. Margarita spürte eine kühle, etwas feuchte Hand auf der Stirn, dann auf ihren Wangen. Sie ließ die Augen geschlossen, obwohl ihre Mutter nun sicher wusste, dass sie wach war. Marsha stand auf. »Kein Fieber«, flüsterte sie. Es dauerte lange, bis Margarita endlich einschlief, immer wieder schreckte sie auf.

Irgendwann telefonierte ihre Mutter auf Englisch, sie verstand nur Bruchstücke, eine Tür öffnete sich, vermutlich die zur Küche, im Flur sagte sie: »Yes. She had like half a chicken with a truckload of ketchup.«

Margarita hörte das kehlige Lachen ihrer Großmutter aus dem Handy-Lautsprecher. Es erinnerte sie an etwas, das sich anfühlte wie ein anderes Leben.

Viel später, sie war inzwischen eingenickt, war nur vor Durst nochmal aufgewacht, hörte sie erneut die Stimme ihrer Mutter. Das konnte nicht wieder ihre Großmutter sein. Margarita lag lange still, weil sie das Gespräch nicht unterbrechen wollte, die volle Blase und den Durst ertragend, und lauschte dem leisen Lachen ihrer Mutter, das sie noch nie vernommen hatte.

*

Die Fähre kam um 12:50 Uhr an. Seit 12 Uhr stand er am Anleger, vor dem Parkplatz für Bollerwagen, mit denen die ganze Insel voll war, die linke Hand tief in der Hosentasche, und telefonierte mit einer aufgebrachten Margarita.

Es war ungewöhnlich warm geworden. Am Vormittag war er geschwommen, erst vorsichtige Züge entlang der Küste, dann mutiger, raus ins Meer, bis die Gischt aufhörte, in den Augen zu brennen, bis er nicht mehr fror, und jedes Mal, wenn er den Kopf unter Wasser tauchte, ein grünblaues Nichts, das Salz beinahe sauer auf den Lippen, ganz anders als am Mittelmeer. Dieses Salz hier war einfaches Meersalz, richtig dosiert von der Hand, die über die See gehalten wurde, vielleicht fiel es in Flocken herunter, wenn man nicht schaute.

Der Strand war so breit, dass er nie voll wirken konnte, und wenn man etwas weiter weglief vom Dorf, konnte man Heulern begegnen, die geduldig auf ihre fischenden Mütter warteten und den Kopf nach einem drehten, die Spuren ihrer Flossen im Sand, dazwischen die Schneisen, die ihre robbenden Körper hinterließen.

Margarita brüllte so laut in den Hörer, dass er sich nicht traute, nach der E-Mail vom Hotel zu fragen. Er traute sich nicht, überhaupt nach irgendetwas zu fragen, er ließ sie, nur wo Marsha war, versuchte er herauszufinden, »was weiß ich«, fuhr sie ihn an, »wo die ist, sie geht immer raus und sagt nicht, wohin«.

Er war sicher, sie übertrieb, doch sie wollte nicht sagen, was geschehen war, sie schrie nur, dass sie ihn hasste, dass sie ihre Familie hasste, dass sie die Zerrissenheit, das Kaputtsein der Familie hasste, dass sie wünschte, sie hätte andere Eltern. Es tat ihm weh, was sie sagte. Die Sonne knallte noch immer auf die Baseballcap, die er über der Kippa trug, und er starrte auf den Horizont, ängstlich, dort ein Schiff auszumachen, das ihn zwingen würde, das Telefonat abzubrechen, ohne dass er sie hätte beruhigen können, ohne eine Erklärung, warum er auflegen müsse, er, der immer Zeit für sie hatte. Unmöglich konnte er ihr sagen, dass er Besuch bekam, von einer Frau, die sie nicht kannte.

Es hatte einen Streit gegeben, das hatte er begriffen, und sie war aufgewacht und ihre Mutter verschwunden, mit dem Schlüssel, nun war sie in der Wohnung eingesperrt und wusste nicht, wohin mit sich, platzte vor Wut, Marsha hatte das Telefon in der Küche liegenlassen, bestimmt mit Absicht, zischte Margarita, sie hasst mich, Aba, sie hasst mich. Zwischendrin zog sie geräuschvoll die Nase hoch.

Er fragte sich, wie sie aussah, ob sie sich verändert hatte, ob ihr die Schminke der dick getuschten Wimpern die Wangen herunterlief, wie wenn sie sich stritten, weil er ihr verboten hatte, an einem Sonntag-, Montag- oder Dienstagabend bei Anna zu schlafen, wegen einer schlechten Note, die er ihr lediglich im Sportunterricht durchgehen ließ.

Eine ältere Lehrerin hatte ihm einmal ein Internat in England nahegelegt, oder zumindest in Sachsen, »aber das muss ja nicht sein, so als Jüd- Jüd- Jüdische«.

Er konnte sich noch genau daran erinnern, wie sie versuchte, sich das Wort abzuringen, »Jüdin«, selbst als Lehrerin am Jüdischen Gymnasium brachte die Frau es nicht über die Lippen, es hieß ja auch nicht Judengymnasium. Margarita schluchzte, und er wusste nicht mehr, welche Assoziation ihn hierhergeführt hatte.

»Hörst du mir überhaupt zu?«, zeterte Margarita in den Hörer.

»Natürlich, entschuldige. Willst du nach Hause?«

»Nein«, schrie Margarita, »ich will gar nichts, ich weiß nicht, was ich will, ich will verschwinden.« Plötzlich war sie still.

Er fragte, ob sie noch da sei.

»Sie kommt rein«, flüsterte Margarita.

Er hörte eine Tür ins Schloss fallen. Ein langes Tuten drang über das Meer zu ihm, ein schnelles, kurzes durch die Leitung.

Er wischte sich ein paar Schweißperlen von der frisch rasierten Oberlippe, stellte sich aufrecht hin und übte das freundliche Lächeln, mit dem er Hannah in Empfang nehmen wollte.

*

Sobald sie den Schlüssel im Schloss hörte, fing Margarita sich. Sie setzte sich gerade hin, schnäuzte sich, atmete tief durch, fast keuchend, erbärmlich musste sie aussehen, wie Annas Katze, wenn sie kotzte und sich hilflos wand, weil ihr Körper sie nicht anders ließ, doch es funktionierte, als ihre Mutter an die Zimmertür klopfte, saß sie aufrecht auf dem Bett und starrte auf den schwarzen Handybildschirm in ihrem Schoß. Marsha öffnete die leichte, dünne Tür mit zu viel Schwung. Sie knallte gegen die Wand, dann gegen ihren Arm. Margarita versuchte, herablassend zu lächeln.

»Ich hab den Mietwagen geholt«, sagte ihre Mutter, »die haben uns ein Upgrade gegeben, jetzt kannst du sogar dein Handy anschließen. A fancy car.«

Es klang gequält, wie sie das sagte. Margarita traute sich nicht, zu fragen, warum sie sie eingesperrt hatte. Sie traute sich nicht, zu sagen: Wenn es gebrannt hätte, ich wäre erstickt. Es hatte ja nicht gebrannt.

Sie bemerkte die Falte auf Marshas Stirn, die tiefer aussah als gestern. Der sonst perfekt sitzende Lippenstift war verschmiert. Traurig, wie sie versuchte, eine schicke Wissenschaftlerin darzustellen, wahrscheinlich meinte, sie sei was Besseres als Aba, aber in Wahrheit war sie einfach alt und vertrocknet. Margarita erwischte sich beim Gedanken, Marsha habe bestimmt seit Jahren keinen Sex mehr gehabt. Das triumphierende Gefühl, dass sie ihr zumindest darin überlegen war, half gegen die Wut.

»Hast du deine Sachen gepackt?«, fragte ihre Mutter.

Margarita stand auf, öffnete den Koffer, der neben ihrem Bett stand, zog nacheinander die Schubladen der Kommode auf und warf alles hinein, was sie dabeihatte. Sie drängte sich an ihrer Mutter vorbei, holte den Kulturbeutel aus dem Bad und schmiss ihn halb offen auf den Stapel. Dann klappte sie den Koffer zu, setzte sich drauf und schloss mit einer wütenden Bewegung den Reißverschluss. Marsha schüttelte den Kopf, ging ins Bad und steckte Margaritas Zahnbürste in ihre eigene Handtasche. Margarita nahm den Koffer, knallte ihre Zimmertür hinter sich zu und ging in das kühle Treppenhaus, in dem es immer ein wenig nach Pisse roch.

Marsha kam mit ihrer ledernen Reisetasche in der Hand hinterher. Sie schob die Sonnenbrille hoch und schaute Margarita an, bis sie zurückschaute. Erst verstand Margarita nicht, was sie sagte, so perplex war sie. »Enough«, zischte Marsha. »From now on, you are going to behave yourself.« Margarita spürte, wie sich ihre

Schultern zusammenzogen, wie bei einem geduckten, instinktgesteuerten Tier. Marsha hingegen schien zu wachsen, plötzlich größer zu sein, in ein breiteres Kreuz zu schlüpfen. »Ich habe dich eingeladen, und ich erwarte von dir, dass du dich benimmst. Ja, wir sehen uns selten, aber ich möchte, dass du mich respektierst.«

Margarita nickte langsam. Ihr Gesicht war heiß, ein übles Gefühl im Magen, als würde alles Blut auf einmal genau in die Mitte ihres Körpers fließen. Sie nickte, bis Marsha die Haustür öffnete und ihr bedeutete, ihr zu folgen. Gemeinsam hoben sie den schweren Koffer ins Auto, das tatsächlich fancy war, so wie ihre Mutter es angekündigt hatte. Margarita saß selten in Autos, eigentlich nur in Amerika oder mit Anna auf der Rückbank des muffigen Opels von Annas Eltern. Und in Taxis, mit denen ihr Vater sie spätabends von Übernachtungsfeiern abholen kam, schüchtern im Schlafanzug im Flur einer Berliner Wohnung, auch im Schlafanzug auf der Rückbank des Taxis, dann das eigene Bett, das ihr plötzlich so luxuriös vorkam. Schon lange hatte sie nicht mehr abgeholt werden müssen. Als sie in den Mietwagen stieg, dachte sie, sie würde alles geben für ein kühles, klebriges Taxipolster, während sie geradewegs in Richtung Husemannstraße fuhr.

Der Verkehr war dicht und laut. Marsha schimpfte leise, hupte, Margarita hatte sich immer gefragt, wer diese Leute waren, die hupten, wenn ohnehin alles stillstand: Ihre Mutter war diese Leute. Sie schämte sich, und gleichzeitig wusste sie, vor einigen Tagen hätte sie es vielleicht sogar ein bisschen amüsant gefunden, wie sich Marsha mit ihrem ganzen Gewicht auf das Lenkrad legte, die Hände unter dem Oberkörper, und anhaltend auf die Hupe drückte. Im Radio lief eines der Lieder aus der Bar, in der sie mit Lior und seinen Freunden gewesen war. Schon jetzt so weit weg, dieser Abend. Würde es immer so weitergehen, dass eigentlich jede Erinnerung wie ein Film aus einem anderen Leben war, das sie niemals jemandem komplett offenbaren könnte?

Marsha lachte verzweifelt, als sich immer noch nichts bewegte. Dann begann sie zu fluchen. Nicht wie Margaritas Großmutter, sondern richtig, »for fuck's sake«, »shit«, Wörter, die im Sommercamp verboten waren. Margarita verstand nicht, warum Marsha es so eilig hatte, doch sie traute sich nicht, zu fragen. »Warte«, sagte ihre Mutter und langte auf die Rückbank, um in ihrer Handtasche zu wühlen. »Hol uns da schnell ein paar Flaschen Wasser«, sie zeigte auf einen Kiosk am Straßenrand, »wir haben keins dabei.«

Margarita wusste nicht, wie sie reagieren sollte. Hatte Marsha vor, sie auszusetzen? Was, wenn sich der Stau plötzlich auflöste? »Um«, sagte sie.

Marsha drückte ihr einen Schein in die Hand, »buy yourself a soda pop if you want to«. *Soda Pop*, jetzt klang sie doch wie die Großmutter. Also stieß Margarita die Tür auf und rannte los. Der Verkehr stand weiterhin still, das Hupkonzert noch lauter, wenn man sich nicht im schallgeschützten, hochklimatisierten Auto befand, und Margarita überlegte einige Sekunden länger vor dem Kühlschrank mit den Limonaden, griff eine Cola Light, stellte sie wieder zurück, den schalen Geschmack von Süßstoff bereits im Mund, nahm eine normale Cola. Sie ging mit zwei großen Flaschen Wasser im Arm und der Dose in der Hand zur Kasse, an der sie mehrfach »slicha« flüstern musste, bis sie bedient wurde. Gerade, als sie zahlte, setzte der Verkehr sich mit einem blechernen Ruck in Bewegung.

War ja klar, dachte Margarita, und dann spurtete sie los, ohne das Rückgeld abzuwarten, die Flaschen rutschig, das Mietauto auf dem Weg zur nächsten Kreuzung, an der die Ampel gerade grün geworden war, das Hupen von hinten wie ein Anfeuern. Mittlerweile umklammerte sie nur noch die Deckel der Flaschen, die in ihren Händen brannten, die Cola-Dose in ihre Achsel geklemmt. Der Wagen entfernte sich weiter, es war eine breite, vierspurige

Straße, und Margarita traute sich nicht, einfach zwischen die fahrenden Autos zu laufen. Panik machte sich in ihr breit. Würde Marsha sie einfach zurücklassen? Ihr Handy lag im Auto. Ohne das Handy war sie aufgeschmissen. Also trat sie auf die Straße, weiter »slicha« flüsternd, die ganze Zeit, »slichaslichaslicha«, das Gehupe wurde noch viel, viel schlimmer, jemand schrie etwas, nach »slicha« kam »scheiße, scheißescheißescheiße«, bis sie es zur Beifahrertür geschafft hatte. Marsha zuckte zusammen. »ARE YOU FUCKING CRAZY«, brüllte sie, während Margarita die Tür zuschlug. »ARE YOU INSANE YOU COULD HAVE GOTTEN YOURSELF KILLED RITA.« Bis jetzt hatte ihre Mutter es vermieden, sie beim Namen zu nennen, und nun verwendete sie ausgerechnet den, den nicht sie ihr gegeben hatte, sondern ihre Großmutter. Margarita schnaubte. »Dein Vater würde mich umbringen«, fluchte Marsha. Das war so absurd, dass Margarita losprustete. Dass ihre Mutter zuerst an die Reaktion ihres Vaters dachte, sollte sie vom Auto überfahren werden.

»Ich dachte, du fährst einfach weg«, lachte sie, und ihre Mutter schaute sie an, etwas Verletztes im Blick, dann blieb der Verkehr erneut stehen, der Kiosk noch in Sicht.

»Du spinnst«, sagte Marsha.

Der Verkehr floss zäh weiter, bis sie an eine Abzweigung kamen. »Fuck«, rief Marsha wieder, »fuck, falsche Spur«, versuchte, sich einzufädeln, wurde nun selbst angehupt und beschimpft, aber schaffte es, und sie fuhren unter dem großen Schild, auf dem in drei Sprachen *Nazareth* stand, auf die Autobahn.

Als der Wagen ohne weitere Hindernisse rollte, öffnete Margarita die Cola. Die braune Flüssigkeit schoss ihr bis zum Hals, so viel Druck war auf der Dose, lief über ihr T-Shirt, über beide Hände und in das Sitzpolster unter ihr, sie hatte die Dose breitbeinig aufgemacht. »Fuck«, sagte sie, und jetzt lachte ihre Mutter, das mädchenhafte Lachen, das sie am Abend vorher durch die

Tür gehört hatte, bis auch Margarita einstimmte, die sich die Cola von den Handgelenken leckte. Sie lachten, bis sie die Stadt verlassen hatten. Das Schweigen danach war nicht unangenehm, mehr Kompromiss als Stille, eine stumme Einigung, über die es nichts zu sagen gab.

*

Hannah trug ein schwarzes T-Shirt, auf dem ein feiner weißer Rand unter den Brüsten zu sehen war, Salz vom Schweiß, besonders für Spiekeroog war es heiß, 25 Grad, und Sandalen, an denen getrocknete Erde klebte. Er fragte sich, woher die Erde kam. Ob sie an den Wochenenden nach Brandenburg fuhr? Vielleicht hatte sie sogar ein kleines Haus, das sie manchmal mit ihrem Sohn besuchte? Oder war es nur der Volkspark Schöneberg, in dem sie nach einer Regennacht durch den Schlamm gelaufen war?

Sie brachten ihren Koffer in die Ferienwohnung, die im ersten Stock eines Mehrfamilienhauses lag, dann zeigte er ihr das Dorf, den Strand, bestellte Eiscafé und Mandel-Kirsch-Kuchen im *Backdeck*, danach musste sie sich hinlegen, streckte ihre stämmigen Beine, die Oberschenkel prall unter dem Chino-Stoff der Hose, auf der Couch aus und schlief zwei Stunden, während er im Sessel saß und so tat, als würde er lesen. Um achtzehn Uhr wachte sie auf, hatte *Mordshunger*, so sagte sie es, und er war zu aufgeregt, um in Ruhe zu kochen, also schlug er vor, das beste Restaurant der Insel zu besuchen. Die Sonne stand nun niedrig, sodass das Licht durch den verwinkelten Ortskern brach, in jeder Ecke goldene Flecken, zufriedene Touristen mit ihren Kindern im Bollerwagen um sie herum.

Sie erwischten den letzten Tisch auf der Terrasse des *Capitänshauses*. Der norddeutsche Dialekt des Kellners war so stark, dass

Hannah Avi die Tagesgerichte übersetzen musste. Sie bestellten Steinbeißer, dazu gab es Sanddornsoße, ohnehin schmeckte alles auf der Insel nach Sanddorn, dem wuchernden Zeug, das er noch nie an einem anderen Ort gesehen hatte, dafür wuchs es hier im Übermaß. Die Spiekerooger machten Bonbons daraus, Tee, Gelee und Gummibärchen, sauren Saft und Soße. Hannah schien müde und ein wenig desorientiert. Sie lachte leise über seine Ausführungen und schaute sich häufig um, als fürchtete sie, jemanden zu kennen. Fragte, ob sie noch zum Strand gehen könnten.

Auf dem Weg dorthin kaufte sie ihnen Sanddorneis in pappigen Waffeln.

Der Weg die breiten Dünen entlang, das letzte Sonnenlicht auf dem Wasser, es musste der schönste Ort Deutschlands sein, an dem sie sich befanden. Es war Ebbe, der Strand kilometerlang, kein Mensch weit und breit. Hannah zog die Schuhe aus, ihre Füße mit den rot lackierten Nägeln sanken mit jedem Schritt in den Sand, knirschende Muscheln unter den Fußsohlen, seit der letzten Flut im Boden festgebacken. Er musste erneut an die unsichtbaren Hände denken, die all das geformt hatten, an das jahrtausendelange Ebben und Fluten. Die Bäuche der Vögel über ihnen leuchteten weiß, wie auf einer schwebenden Bühne. Es wurde kühler, also zog er den zwanzig Jahre alten Wollpullover an, der um seine Hüften hing. Durch die gestopften Löcher schien der Wind dennoch hindurchzukommen, ihm in die Knochen zu fahren und zu flüstern: Du bist hier, du hast ein Leben, das du magst, du bist hier und klar und freundlich und aufgeregt, weil diese Frau heute Nacht auf der Schlafcouch im Zimmer neben dir schlafen wird. Dann fiel ihm ein, dass es womöglich unhöflich wäre, sie auf die Couch zu schicken, aber auch aufwändig, die gesamte Bettwäsche auszutauschen, wenn sie vermutlich schon sehr müde war. Er dachte an seinen letzten Besuch auf der

Insel, ein Bild legte sich über das andere, wie ein Déjà-vu, doch beim letzten Mal hatte Marsha mit ihm in einem Bett geschlafen, war Arm in Arm mit ihm den Strand hinuntergelaufen und hatte sich bei starken Böen an ihm festgehalten, seit sie einmal in der Schwangerschaft gestürzt war, hatte sie panische Angst, auf den Bauch zu fallen. Es war auf dem rutschigen Boden des Hannover'schen Freibads gewesen, nachdem es plötzlich angefangen hatte zu regnen, sie war nach Hause gekommen und hatte ihn angeschrien, sich selbst angeschrien, später am Tag den Gynäkologen in der Notaufnahme angeschrien, aber es war zum Glück nichts passiert.

»Woran denkst du?«, fragte Hannah, als sie ihn eingeholt hatte, »wirklich wunderschön hier«, und zeigte ein Grinsen, das ihre Schneidezähne freilegte, hinter einem vollen Mund, unter einer großen, breiten Stupsnase. Er erklärte ihr sein Dilemma. Sie lachte hell auf. »Natürlich geh ich auf die Couch«, sagte sie, »gar kein Ding, du machst dir ja Gedanken«, und stieß ihm in die Seite, zur Begrüßung hatten sie sich lediglich angelächelt. Ihre dunkelblonden Haare, von hinten angeleuchtet, sahen aus wie ein sich kräuselnder Heiligenschein. »Aber jetzt sag mal, woran merk ich denn jetzt, dass du Kantor bist, wenn du gar nicht singst? Hörst du einfach auf mit Beten, wenn du privat unterwegs bist?«

Er musste schlucken. Seine Beine sahen plötzlich wie Stelzen aus von oben, viel zu dünn in seiner schlackernden Jeans. Er fühlte sich scheu, und unvermittelt wünschte er sich, wieder allein zu sein.

»Nein, ich bete immer«, sagte er, »also nicht immer-immer, aber wenn ich es schaffe, morgens und abends, manchmal nachmittags, so wie es vorgeboten ist. Aber du weißt ja sicher, dass Kantoren nicht wie Rabbiner sind, wir sind Sänger, nicht wirklich Geistliche.«

Sie schaute ihn lächelnd an. »Vorgegeben meinst du? Oder geboten?«

»Genau«, sagte er. Das Rauschen der Wellen schien ihm mit einem Mal sehr laut.

»Ja, ihr seid die Eitleren, das weiß ich noch«, sagte sie irgendwann, »aber ihr seid trotzdem bewandert. Ich kann ja nur Kiddusch, Birkat haMason, vielleicht noch die Haggada lesen.«

»Ist doch nicht schlimm«, erwiderte er, »das kann man ja für sich entscheiden, wie man es machen will.«

Sie lächelte immer noch. »Und ist es dann was anderes, zu singen, also für viele Leute vorzubeten?«

Er wusste nicht, was er sagen sollte. Fühlte sich ein wenig verhört, der Tenor der Unterhaltung ein völlig anderer als bei ihrem Abendessen oder in den Mails, die sie getauscht hatten. »Ähm, ja, schon. Also, ich weiß nicht. Hab ich noch nie so darüber gedacht, also, nachgedacht.«

Sie schien zu merken, dass es ihm unangenehm war, und bückte sich nach einer zerbrochenen Muschel. »Würdest du sagen, es gibt schlechte Juden? Ich frage mich im Moment, ob mein Vater ein guter Jude war oder, also, ob es da eine Unterscheidung gibt, ob es wichtig ist, dass er eigentlich nicht an Gott geglaubt hat und dass er sich nicht mal merken konnte, welche Tiere genau trejf sind. Ich kenne grad mal so das hebräische Alphabet. Was du bei seiner Beerdigung gesagt hast, hat mich so berührt, aber ich hatte auch ein bisschen das Gefühl, du sagst das nur, weil du nicht weißt, dass er in Wahrheit kein guter Jude war.«

Er musste lachen. Darum ging es also. »Ich denke nicht, dass es ›schlechte Juden‹ gibt, nein«, sagte er, malte dabei die Anführungszeichen in die Luft, »es gibt verschiedene Juden.«

»Aber denkst du, du bist besser?«

Er blieb stehen. »Nein, ich denke nicht, dass ich besser bin. Ich glaube, wenn ich denken würde, dass ich ein besserer Jude bin als andere, wäre ich ein schlechterer Jude als die meisten.«

Sie nickte. »Danke«, sagte sie, »dann esse ich morgen ein Krabbenbrötchen.«

So habe ich das nicht gemeint, dachte er, aber er lachte.

*

Sie ließen Jerusalem hinter sich. Marsha erklärte, dass der Norden grün war, *lush* nannte sie es, und dass überall um den Jordan herum Kibbuzim und Bauernhöfe lagen, manchmal Weingüter. Auf einem der Bauernhöfe würden sie übernachten. Am nächsten Tag sollte es weitergehen nach Akko und an die nördliche Mittelmeerküste. Zwischen ihren Ausführungen schimpfte sie wegen der Navigationsapp leise vor sich hin. »Was heißt Arschloch auf Hebräisch?«, fragte sie einmal, und Margarita sagte, *Manyak*, weil sie selbst keine schlimmeren Beleidigungen kannte, ihr Vater fluchte nur selten vor ihr. Marsha übte. Jedes Mal, wenn jemand von rechts überholte, sagte sie *Manyak*, doch es klang fremd aus ihrem Mund, eher wie *Money-Yäk*. Sie kennt das Land, ich die Sprache, dachte Margarita, vielleicht passt zumindest das, doch dann rief Marsha: »Oh my God, it's just a loanword, *money-yäk, maniac* – and I call myself a linguist, for heaven's sake!«, und Margarita dachte, nicht einmal die Sprache kann ich, doch es war ihr beinah egal, das Beige am Rand der Autobahn so monoton, dass ihr die Augen zufielen. Sie spürte das Spannen der Haut an ihren Oberschenkeln, während sie an Liors Körper dachte, wie sie es jedes Mal tat, wenn sie auch nur kurz die Augen schloss, sogar, wenn sie blinzelte, tauchte er auf, wie er in sie stieß, seine dreckigen Fingernägel und das dichte Haar über seinem Penis.

Sie wachte auf, als sie bei einer Tankstelle hielten, Marsha musste aufs Klo. Margarita blieb im Auto und beobachtete die Familie neben ihnen, zwei schlafende Kinder auf dem Rücksitz, zwei Männer vorne, die sich küssten, bevor sie weiterfuhren. Wie glücklich sie sein mussten, dachte Margarita, was für ein Glück, sich so zu küssen. Wenn jemand sie jemals so küssen würde, würde sie sich nie wieder über etwas beschweren.

Kaum waren sie wieder losgefahren, schlief sie erneut ein und schreckte erst auf, als Marsha harsch bremste. Ein Mann im weißen Gewand entschuldigte sich. Er sah aus wie Jesus, ein langer Bart, ein altersloses Gesicht. Träumte sie? Hatte es einen Unfall gegeben? Marsha zog die Handbremse an, sagte: »Los, aussteigen«, also stieg sie aus, in eine schwüle, schwere Luft, es war laut und roch nach Abgasen, überall waren Leute in weißen Gewändern. Marsha wühlte in ihrer Tasche im Kofferraum, zog einen Badeanzug und zwei Handtücher heraus, Margarita fasste sich an die Oberschenkel, kein Traum, sie klebten noch wie vorher von der Cola. »Bathing suit«, sagte Marsha, »let's go«, also holte sie ihren Bikini aus dem hastig gepackten Koffer, um sie herum die Gewandsmenschen, Reisebusse, die abfuhren, es wirkte, als wäre etwas heilig, doch die Heiligkeit wurde gestört durch den hässlichen Parkplatz, durch Müll auf dem Boden, über einem Tor stand *Yardenit Baptismal Site*. Marsha lächelte. »Keine Angst, du wirst nicht zwangsgetauft«, befand sie, Margarita sagte: »I didn't know that was an option«, und Marsha lachte nun wieder dieses Lachen, das Margarita bis gestern noch nicht gekannt hatte.

»Wo sind wir denn überhaupt?«, fragte sie.

»Ich zeig's dir«, sagte Marsha, und ihre Augen funkelten, als würden sie gleich ein kostbares Geheimnis teilen, an diesem Ort, der nicht mysteriös wirkte, nicht romantisch oder historisch, eher wie ein lustiger Unfall.

*

Als sie in der Ferienwohnung angekommen waren, sagte Hannah, sie würde gerne duschen. Sie klappte ihren Koffer auf, während er frische Bettwäsche aus dem Schrank im Schlafzimmer holte, eine dichte Stille – ob sie sich wohlfühlte oder, wie er, ein wenig die Luft anhielt? War das so, wenn zwei nicht mehr ganz junge Menschen versuchten, so zu tun, als wäre normal, was sie da taten, aber die Knie schon ein bisschen zu steif waren, um locker auszusehen? Wie lang war es her, dass er mit einer Frau in einer Wohnung geschlafen hatte? Wie lang war es her, dass sie mit einem Mann in einer Wohnung geschlafen hatte? Tage, Stunden?

Die Frage löste ein mulmiges Gefühl in ihm aus, obwohl er darüber nicht nachgedacht hatte, bevor sie angekommen war, er war froh gewesen um die Gesellschaft und die Möglichkeit, mit jemandem zu sprechen, der ihn zu verstehen schien. Doch nun fühlte er sich beobachtet, vor allem aber selbst wie ein Beobachter, als müsse er jeden ihrer Schritte mitbekommen, um nicht selbst ins Stolpern zu geraten. Als das Wasser der Dusche anging, bezog er Hannahs Bett, dann nahm er seinen Siddur vom Nachttisch, die Tefillin, stellte sich ans Fenster im Schlafzimmer und begann Maariv. Eigentlich betete er nicht, wenn er Besuch hatte oder etwas dazwischenkam, doch heute war es, als müsste er sich etwas beweisen. Schloss die Augen, flüsterte das Schma, so leise es ging, dachte an den Ewigen und Einzigen, dessen Sterne über ihm leuchteten, dessen Meere rauschten, sodass er es durch das geöffnete Fenster hören konnte, vielleicht war es auch nur das Rauschen der Dusche, plötzlich wusste er nicht mehr, wie ein Meer klang und wie eine Dusche. Fuhr fort mit der Amida, zuerst drei Schritte zurück, drei vor, winzige, kaum hörbare.

Er brauchte den Siddur nicht mehr, seit Jahren nicht, brauchte ihn nur, um etwas zu halten, für das Gewicht in seiner linken

Hand, an der rechten die Riemen, eine Symmetrie, die ihn sein Leben lang begleitete und über die er selten nachdachte. Ein bisschen betete er auch, Hannah würde lang genug im Bad brauchen. Die Bewegung half, sich einzufinden im Takt der Sprache. Im Takt der dreizehn Bitten, die man stellte. Man bat um Einsicht und Erkenntnis, um Verstand und Erlösung. Er klopfte sich auf die Brust, zaghaft, als junger Mann waren seine Hiebe fester gewesen, das Bedürfnis, sich im Gebet selbst zu spüren, stärker, nun war es das Gebet, das ihn sich spüren ließ.

Die Faust lag noch auf seiner Brust, als das Wasserrauschen verstummte. Immerhin bis hier geschafft, dachte er und wollte zurück ins Schlafzimmer, doch Hannah rief nach ihm. Sie hatte vergessen, ein Handtuch mitzunehmen. Er suchte schnell eins raus. Hannah öffnete die Tür einen Spaltbreit, und er schob seinen gestreiften Arm hinein.

»Oh nein«, hörte er, während Wasserdampf aus dem Türschlitz drang. »Ich wollte dich nicht stören.«

»Kein Problem«, sagte er. Seine Stimme klang sicherer, als er gedacht hätte.

»Aber wie schön das aussieht«, sagte Hannah, »ich habe mich immer gefragt, wie ich mich wohl in Tefillin machen würde.«

Er wusste nicht, was er sagen sollte. Am Ende sagte er stockend: »Soweit ich weiß, ist es nicht erlaubt, sie unter der Dusche anzuziehen.«

Sie lachte und nahm, endlich, das Badetuch aus seiner ausgestreckten Hand. Ein nasses Stück Haut streifte seinen Arm. Er schloss die Tür, bemerkte die feinen Tröpfchen von der Berührung, wischte sie an der Hose ab, doch ein kühles Gefühl blieb zurück, das ihn ablenkte, nachdem er sich ins Schlafzimmer zurückgezogen hatte und versuchte, sich wieder in sein Gebet zu vertiefen. Er flog durch die Modim, die zwei folgenden Verbeugungen nur ein Nicken. Sein Herz schlug schnell, als er die Tefillin abnahm und zurück ins Wohnzimmer trat. Er fand Hannah kerzengerade in der Mitte des Sofabetts sitzend und lesend. Sie saß dort wie in einem Origami-Boot, die Enden der leichten Matratze unter dem Spannbettlaken nach oben gebogen. Er räusperte sich, als hätte er etwas zu sagen, aber dann kam nichts. Hoffentlich würde sie ihn nicht fragen, ob sie seine Tefillin anlegen dürfe. Es schien ihm verboten, dabei war Hannah genauso jüdisch wie er, vermutlich hatten ihre Eltern trotz ihres Säkularismus strikter gelebt als seine, denen ihre Religion so wichtig gewesen war wie ihre Enkeltochter in Deutschland, nämlich überhaupt nicht, man wusste von beiden, dass es sie gab, man hatte Geld gegeben, man hatte an wichtigen Feiertagen gebetet, weil es sich so gehörte. Sie hatten das Judentum im Überfluss in Israel, überall Juden auf der Straße, immer mehr Fanatiker, je älter sie wurden, und Enkel, die Kinder seiner Schwester, die nur wenige Straßen entfernt von ihrem Zuhause in Tel Aviv gelebt hatte, verwöhnte Gören. Harry hingegen musste, wenn er Juden treffen wollte, in die Synagoge, und, so erzählte Hannah, hatte geweint vor Freude, als er erfuhr, dass sie ein Kind bekommen würde, wenn auch unehelich, wenn auch versehentlich und ohne Geld und mit achtzehn, während seine Frau, Hannahs Mutter, nur sagte, »vos ayn katastrofe«. Hannah erklärte nicht weiter, warum ihre Mutter Jiddisch gesprochen hatte.

Er strich das Bettlaken glatt. Die Ecken der Matratze sprangen sofort wieder hoch. »Danke«, sagte Hannah, während er verloren neben dem Sofa stand. Er kam sich vor wie ein Riese, der nicht wusste, wo er hingehen sollte. »Ich denke, ich lese noch ein wenig. Möchtest du mit Margarita telefonieren?«

Es überraschte ihn, dass er keine Lust hatte, so sagte er es: »Eine Überraschung, aber ich habe keine Lust, ich werde auch lesen«, in seinem holprigen Deutsch, das ihm peinlich war, dabei war das eigentlich Margaritas Aufgabe. Wenn sie gemeinsam essen gingen, bestellte immer sie für ihn, weil sie nicht wollte, dass er mit den Kellnern sprach. Sie wusste nicht, wie sehr ihn das demütigte, also ließ er sie, und wenn er alleine essen ging, zeigte er häufig nur auf das Gericht auf der Karte. Hannah schien es nicht zu stören, wie er über die Worte stolperte. Dabei konnte er sich nicht hinter seiner Stimme verbergen, wie sonst, hinter seinem Gesang, er musste ständig klare Sätze sprechen. Dass andere Menschen das jeden Tag taten.

Er ließ die Tür zum Schlafzimmer etwas offen, damit sie nicht dachte, er wolle seine Ruhe. Irgendwann ging das Licht im Wohnzimmer aus. Auch er schaltete seines ab, um sie nicht zu stören. Gerade, als er die Hose ausziehen wollte, hörte er, wie sie sagte: »Danke, dass ich hier sein darf«, eine junge, schüchterne Stimme. Er wusste nicht, was er antworten sollte. Am Ende sagte er »bitte«. Tölpelig, unhöflich, schalt er sich danach.

Der Mond schien als schmale Sichel durch das Dachfenster auf das Bett. Er dachte lange an die Berührung an seinem Arm. Daran, wie Marsha ihn früher berührt hatte. Mittlerweile gab es keine Zelle mehr an seinem Körper, die Marsha einmal angefasst hatte, keinen Zentimeter, den Marsha einmal begehrt hatte, so, wie er sie begehrt hatte, ein gieriges Verlangen, die Erinnerung an Sex mit Marsha beinah schmerzhaft, er hatte damals unverhohlen berührt und hatte sich noch unverhohlener berühren lassen. Ich bin ein vollständig neuer Mensch, dachte er, nur meine Erinnerungen ein Beweis dafür, dass es die Berührungen gab, auch der Schmerz, den ich einmal gefühlt habe, ein Echo in den Gehirnzellen, abrufbar, aber nie wieder echt. Es half ihm, dass auch die Haut, die Hannah berührt hatte, bald ausgetauscht sein würde. Nur noch tote Zellen auf dem Boden eines Bürgersteigs oder im Abfluss eines Waschbeckens.

*

Der Jordan war milchig grün, ein dicker, zäher Fluss unter einem dichten Dach von Bäumen. Sie hatten sich umgezogen, Margarita umständlich, ihre Mutter ungeniert, Margarita sah Marshas dunkelbraune Nippel und ihr krauses Schamhaar, ein Körper, der sie beherbergt und genährt hatte, wie fremd er nun war, fremder als der ihres Vaters, der nie einen Mutterkuchen gebacken oder Muttermilch produziert hatte. Sie hatten ihre Sachen abgelegt und waren über rutschige Äste zum Fluss hinuntergekraxelt, Marsha voraus, Margarita ängstlich, mit einem Platschen hatte sie sich ins Grün fallen lassen. Und alles wie im Traum, wie in der Sekunde vor dem Wach. Das Wasser gerade kühl genug, um erfrischend zu sein. Die Strömung so sanft, dass man problemlos auf der Stelle schwimmen konnte, ein freundlicher Fluss, dachte Margarita, anders als der Chicago River, der auch grün war, in den man aber keinen kleinen Zeh halten sollte. Er schien so weit entfernt, als wäre er auf einer anderen Welt, nicht auf dieser, wie die Hochhäuser, die ihn säumten, die Magnificent Mile mit den kalten Geschäften, das Palmolive Building, dessen Sandstein so beige war wie Jerusalem, trotzdem komisch, dass diese Orte gleichzeitig auf derselben Erde existierten.

Dass die Zeit nicht stillstand, seit sie hier war. Dass die Großmutter weiter nach dem Großvater schrie, dass sie sich allein aus dem Auto hieven musste, dass sie vielleicht gerade Kirschen aß, mit weit geöffnetem Mund, die Kerne in der Backe sammelte und dann alle auf einmal ins Waschbecken spuckte, wo der *Garbage Disposal* sie fraß. Dass der Großvater die Zeitung las, während Margarita sich den Staub abwusch.

Weiter flussabwärts wurden die Leute getauft, ihre weißen Gewänder Tupfen im Grün, doch hier war nur der Rap aus den scheppernden Boxen ein paar Jugendlicher zu hören. Als sie an ihnen vorbeitrieben, roch es nach Gras. Nach Nico. Klang nach ihm. Die Mutter, die neben ihr schwamm, hatte die Stirn in Falten, als würde sie sich darauf konzentrieren, zufrieden zu sein, als müsse man das Glück ernst nehmen.

Es war so heiß, dass sie sich kaum abtrocknen mussten. Den Nachmittag verbrachten sie lesend am Fluss. Sobald es ein wenig abkühlte, fuhren sie weiter zu einer kleinen Farm, zwei schwarze Esel im Garten, es gab einen Pool, in dem Margarita bei Sonnenuntergang noch ein paar Runden zog, tief unter Wasser, schauen, wie groß die Lungen waren, wie viel der stickigen Luft sie halten konnten. Unter der Oberfläche ein stilles Blau, still wie seit Wochen nicht mehr.

Margaritas Kopf war schwer beim Abendessen, ein langer Tag, sie musste noch ihren Vater anrufen, doch als sie es zurück im Zimmer versuchte, nahm er nicht ab.

Sie wachte bis auf die Unterhose nackt auf, klatschnass geschwitzt, sie hatte vergessen, die Klimaanlage anzuschalten. Auf ihrem Handy fand sie eine Nachricht von Anna, dass sie sie vermisste, ein paar rotglühende Herzen, von denen Margaritas Augen schmerzten. Sie dämmerte weg, die Herzen noch auf der Linse. Schon im Halbschlaf fiel ihr ein, dass sie gar nicht wusste, ob es gefährlich war, dort, wo sie waren. Vielleicht tötet mich eine Bombe im Schlaf, dachte sie, und alle sehen meine hässlichen Nippel.

*

Er hatte geträumt, dass Pessach war, dass der Seder ewig andauerte und er ständig unter dem Tisch heimlich hartgekochte Eier aß, endlos viele harte Eier, die ihn ekelten, ihm einen harten Bauch machten und ein übles Gefühl. Am Ende des Traums hatte er sich in den Suppenteller übergeben. Lauter unverdautes, hartgekochtes Ei war aus seinem Mund gequollen.

Als er aufwachte, war ihm schlecht, es war früh, aber nicht

früh genug, um weiterzuschlafen, also lag er da, mit geschlossenen Augen, flatternden Lidern, und dachte an Pessach, das er liebte, was er daran liebte, die Melodien, den Hunger, um den Vorfahren in Ägypten nachzuspüren, dem jahrtausendealten Hunger nach Gerechtigkeit, wie kreativ man werden musste, die ganzen acht Tage lang, was man alles backen konnte und behaupten, man müsse: Schokoladenkuchen ohne Mehl, Pavlova mit den ersten Erdbeeren, wenn man Glück hatte und der Feiertag spät im Frühling lag. Wildkräutersalate mit Nüssen zur Lammschulter, stundenlang geröstet, karamellisierte Möhren an Rinderbraten, sein Magen knurrte, während er an den schweren Körper seiner Tochter dachte, die stets beim Birkat HaMason einschlief und die er nach einem langen, langen Seder bei Yotam und Ariel nach Hause trug, er sah die beiden selten, sie hatten zwei Kinder und anstrengende Jobs und wohnten noch dazu in Charlottenburg, aber jedes Jahr luden sie zu Pessach ein. Am zweiten Abend kochte er, meistens für dieselben Leute in unterschiedlicher Begleitung, wechselnde Partner und deren Kinder, oder für Freunde, die zu Besuch in Berlin waren. Beim letzten Seder hatte auch Margarita Wein getrunken, statt ganzer Gläser fingerhutgroße Plastikbecher, die eigentlich für den Wodka nach dem Essen gedacht waren, pinke Wangen hatte sie aber trotzdem bekommen. Das Gesicht allerdings nicht verzogen. Sie hatte offensichtlich Übung im Trinken. Seit der Aktion in der Schule wusste er auch, woher.

Nun flatterten seine Lider so stark, dass er die Augen öffnen musste. So begab er sich in sein Morgengebet, das Fenster geöffnet, betete: Wahr und feststehend, festgegründet und bestehend, gerade und bewährt, geliebt und teuer, anmutig und angenehm, ehrfurchtsvoll und gewaltig, wohlgeordnet und angenommen, gut und schön ist dieses Wort für immer und ewig.

Was für ein Wunder, dachte er, dass jemand das einmal so

aufgeschrieben hat, um zu sagen, wie schön die Sprache ist, die uns Gott gegeben hat, und dass dieser jemand die Sprache dafür schön sein ließ. Dieses Hebräisch des Volkes Israel, das uns nie verlassen hat. Ein Regenmantel aus Sprache, ein Regenmantel aus kehligen Lauten, an dem alles abperlte, der alles überstand. Gut und schön, dieses Wort, für immer und ewig.

Es war erst sieben Uhr, als er den Siddur schloss und die Riemen abstreifte, doch nebenan hörte er ein Klappern, das aus der Küche zu kommen schien. Dort schraubte Hannah gerade die Mokkakanne zu. »Ah, auch ein Frühaufsteher«, sagte sie, »oder hab ich dich etwa geweckt?« Er verneinte mehrfach und entschuldigte sich, um zu duschen. Als er sich gerade ausgezogen hatte, rief sie durch die Tür, sie gehe Brötchen holen. Er duschte aufgeregt und eilig, damit er den Tisch decken konnte, bevor sie zurückkam. Während er Teller aus dem Schrank holte, Eier kochte, einen kleinen Plastiklöffel in die Marmelade steckte, malte er sich aus, wie er das für Hannah in Berlin machte, wie sie zum Bäcker ging und er den Tisch deckte, Sonntag um Sonntag, er musste ein wenig lächeln, vor allem darüber, wie irrwitzig die Vorstellung war. Sogar eine kleine Kerze zündete er an. Die großen bewahrte er für den Abend auf, es war Freitag, er hatte sie mitgenommen, zusammen mit den Reise-Kerzenhaltern, er freute sich auf den Schabbat, er wollte mit Hannah Gerichte kochen, die auch kalt schmeckten, sie könnten morgen die Reste als Picknick am Meer essen, vielleicht einen Strandkorb mieten.

Er freute sich auf den ersten Tag mit ihr, beinahe stürmisch, stellte er fest, nicht wie die Ruhe selbst, die er sich stets einredete, zu sein.

*

Sie fuhren schon am nächsten Morgen weiter. Margarita durfte nochmal in den Pool springen, nun roch sie nach Chlor, die spröden Haare band sie zu einem Zopf.

Beim Frühstück hatte sie ihre Mutter gefragt, ob es gefährlich war, wo sie waren, so nah am Westjordanland. Marsha gab ihr keine eindeutige Antwort, sondern eine lange Erklärung der, wie sie es nannte, *geopolitical situation*, beschrieb den Iron Dome, aber auch die Verzweiflung der Menschen, die unter der Besatzung litten.

Es klang nicht so, als würden sie bald von einer Bombe getroffen, also trocknete Margarita in der Sonne, bäuchlings auf der Liege, damit man die Speckrolle nicht sah, die sich letzten Winter gebildet hatte und die sie kaum loszuwerden schien, obwohl sie den Bauch stets anspannte, wenn sie saß, ein Tipp, den sie bei Instagram gefunden hatte.

Ihre Haare waren noch nass, als sie wieder ins Auto stiegen. Marsha kündigte an, dass sie nun nach Akko fahren würden, eine Küstenstadt mit einer großen arabischen Bevölkerung, die nicht so *segregiert* wie in Jerusalem lebte. Margarita musste fragen, was das Wort bedeutete. Es schien ihr heuchlerisch, dass ihre Mutter plötzlich von Rassismus sprach. »Als du Lior vergrault hast, fandst du die Situation hier noch nicht so schlimm.«

»Es ist alles sehr kompliziert«, sagte Marsha, »das weißt du sicherlich auch von deinem Vater. Aber ich dachte, du willst bestimmt das ganze Land sehen, nicht nur Teile.«

»Von meinem Vater weiß ich, dass es Streit darüber gibt, was denn überhaupt das ganze Land ist.«

»Ich fand es eine gute Idee, zusammen zu verreisen, wir sehen uns ja sonst so wenig. Oder?«

Margarita schwieg.

Akko war klein. Von einer Klippe neben dem Restaurant, in dem sie mittags aßen, sprangen Jungs ins Mittelmeer und riefen sich Worte zu, die Margarita nicht verstand. Ihre Mutter erklärte ihr, dass es hier auch sprachlich viel gemischter war als im jüdischen Teil von Jerusalem und in Tel Aviv. Sie hatte das Fellowship an der Universität bekommen, um Diglossie in Israel zu analysieren, *Diglossia*, wieder ein neues Wort, es gefiel ihr. »Für mich als Linguistin ist es extrem wichtig, nicht nur mit den Menschen zu sprechen, sondern über das Sprechen selbst zu sprechen, was sie fühlen, was sie mit ihrer Sprache verbinden.« Dabei untersuche sie vor allem Jiddisch und Arabisch als »oppressed minority languages«.

Margarita fragte, wie Marsha Sprachen erforschen konnte, die sie nicht selbst sprach.

»It's about the context. Wann und wie Menschen die Sprachen sprechen, wenn sie sich sicher fühlen. Es ist nicht so wichtig, was sie dann sagen.«

»Und wenn sie *ich würde gerade lieber Hebräisch sprechen* sagen, ist dir das egal?«

Marsha lachte. »You're smart«, sagte sie. Mehr nicht.

Nach den Fischbuletten brachte die Bedienung ihnen riesige, saure Artischockenherzen, triefend vor Olivenöl, so köstlich, dass Margarita und Marsha die Augen schlossen, während sie aßen. Marsha überließ Margarita die letzte. »Das ist mein Lieblingsgemüse«, sagte sie, und Margarita entfuhr ein »meins auch«. Sie freute sich, eine Gemeinsamkeit entdeckt zu haben, aber das musste ihre Mutter ja nicht gleich merken. »Grandma's too«, sagte Marsha, »it's a Markovitz thing.« Margarita lächelte, ein enges Gefühl in der Brust. Sie hatte vergessen, dass ihre Mutter die Tochter ihrer Großmutter war. Dass auch sie eine Markovitz war.

Die Altstadt war nicht so verwirrend wie in Jerusalem, überschaubarer. Margarita trank einen Orangensaft, während ihre Mutter versuchte, in gebrochenem Arabisch mit einem Verkäufer um einen Seidenschal zu feilschen. Wenigstens hörte Margarita ihre Fehler nicht wie im Deutsch ihres Vaters, und trotzdem war ihr Marshas Geschacher peinlich. War es nicht Ausdruck von *white supremacy*, wenn diese offensichtlich nicht arme Frau den arabischen Händler herunterhandelte? Oder war der überhaupt nur so hoch eingestiegen, dass es peinlich gewesen wäre, nicht zu handeln?

Margarita hatte gehofft, sie würde auf der Reise mehr über den *Konflikt* lernen, doch sie fühlte sich lediglich verwirrter. Erneut fragte sie sich, worum es ihrer Mutter in der Diskussion mit Lior gegangen war. Die Bilder von ihm waren seit der Nacht weniger greifbar geworden, das Vermissen von etwas, das sie nie gekannt hatte, zwar geringer, aber auch die Erinnerungen gedämpft.

Es war so heiß, dass sie schnell wieder aufbrachen, die effiziente Klimaanlage im Auto eine dankbare Rettung. Margarita schaute in den winzigen Spiegel über dem Beifahrersitz, um sich die Haare zu richten. Sie sah in ein Gesicht, das in nur wenigen Tagen dunkler geworden war, auf dichte Augenbrauen, die sie seit Wochen nicht mehr gezupft hatte und die fast bis zum Augenlid wucherten. In ein Gesicht, das sie schon lange nicht mehr aufmerksam betrachtet hatte, zu abgelenkt von allem anderen, und das ihr jetzt unvertraut vorkam, kantig, verschlossen.

Irgendwann fuhr Marsha auf einen Parkplatz und zückte ihr Handy. »Den Strand hat mir dein Vater gezeigt«, sagte sie, »aber den Kibbuz, in dem wir damals übernachtet haben, gibt es nicht mehr. Ich suche uns einen anderen Schlafplatz, zur Not übernachten wir halt in Akko.«

»Du weißt noch nicht, wo wir heute Nacht schlafen?«

»Margarita, solang uns nicht das Geld ausgeht, ist doch alles gut, das Land ist klein, wir können jederzeit in meine Wohnung in Jerusalem zurück.«

As long as we don't run out of money – das *we* ein weiterer harter Stein in Margaritas Rachen.

»Du hast dir sicher schon gedacht, dass ich von meinem Uni-Gehalt nicht so reisen könnte. Du kannst Grandma und Grandpa mal eine nette Postkarte schreiben.«

Schluck, schluck, schluck.

Sie legten sich in den Schatten einer Klippe. Marsha vertiefte sich in ihr Buch, und Margarita schrieb Anna einen Bericht der letzten Tage. *Lol die Frau ist ja so weird*, antwortete Anna, *miss u!!!*, und ein verwackeltes Selfie mit ihrer eigenen Mutter, aus der Küche am Zionskirchplatz, die Margarita so vertraut war. Wie erleichternd, dass ihr das sicher war, das Vermisstwerden, das Vermissen. *Ja die Alte spinnt*, schrieb sie zurück, das Emoji mit den rollenden Augen.

Sie dachte an den guten Geruch von Annas Wohnung. Erinnerte sich an die Stunden, die sie dort im Dunkeln mit Reden verbracht hatte. Wie Anna ihr erzählt hatte, dass sie es versucht hatte, das erste Mal Sex, aber Anton war so nervös gewesen, dass er keinen hochbekommen hatte. Würstchen im Schlafrock, hatte sie gesagt, und Margarita hatte keine Luft mehr bekommen vor Lachen. Ein paar Tage später schluchzte sie besoffen im U-Bahnhof Rosenthaler Platz in Margaritas Winterjacke.

Sie dachte an Annas Vater, wie er mitlachte, wenn sie morgens am Frühstückstisch die geschönten Erlebnisse der letzten Nacht rekapitulierten, Sigmund, den Kater, auf dem Schoß.

Wie lang die Tage gerade waren, lang und voll, die Berliner Winter fielen ihr ein, in denen die wenigen hellen Stunden ihr immer so grausam vorgekommen waren. Was sie jetzt geben würde für einen Tag, der so kurz war, dass gar nichts geschehen konnte, und dunkel, nicht so grell wie hier. Für einen unwichtigen Tag.

Als mehr und mehr Menschen ihre Klappstühle aufbauten,

ihr Picknick auspackten, schaute Marsha auf die Uhr. »Scheiße, wir müssen los, sonst können wir nicht einchecken«, fluchte sie, raffte hektisch das Zeug um sie herum zusammen, auch Margarita schreckte auf, eine schwarze Wand vor Augen, als sie zu schnell aufstand.

*

Das gemeinsame Kochen war einfacher als der Tag am Strand. Hannah hatte laut geschrien, als sie ins Wasser gesprungen war, und keine Minute ausgehalten, während er am liebsten weit nach draußen geschwommen wäre, bis zur einer Sandbank, auf der man, wenn sich nicht gerade Robben auf ihr sonnten, ein paar Minuten keuchend Luft schnappen konnte, bevor man zurückschwamm und sich ins Handtuch wickelte. Das ging nur bei Flut, und als Hannah am frühen Nachmittag in der Sonne eingeschlafen war, war schon wieder Ebbe.

Er vertrieb sich die Zeit damit, auf seinem Smartphone ein paar Mails zu beantworten und Margarita zu schreiben. Sie schien vergessen zu haben, dass er verreist war, jedenfalls fragte sie nicht, wie der Urlaub war, aber meinte, es sei alles gut, טוב, es überraschte ihn, dass sie nicht, wie sonst, die hebräischen Laute in römischer Schrift tippte, sondern das hebräische Alphabet nutzte. Als er das Handy zur Seite legte, empfing er eine letzte Nachricht: *ich vermisse dich*, schrieb seine Tochter. Vielleicht war es doch nicht gut.

Als Hannah aufwachte, war ihr Rücken knallrot. Er bot ihr das Hemd an, das er offen über seinem T-Shirt getragen hatte. Sie behielt es an, als sie zum einzigen Supermarkt der Insel liefen. Er sah, wie sie unauffällig daran schnüffelte. Sie schlug vor, einen Kuchen zu backen, und sammelte die Zutaten ein, während er den Wagen mit Herzhaftem belud. Nebeneinander spazierten sie zum *Meeresfrüchtchen*, wo man am Tresen frischen Fisch kaufen konnte, und entschieden, als Vorspeise ein Seelachsbrötchen zu essen. Während er zahlte, stand Hannah in seinem dunkelgrünen Hemd, das ihr um die Schenkel wehte, vor der Tür und biss mit geschlossenen Augen in das Brötchen. Er versuchte, den Moment festzuhalten. Vielleicht würde er noch wertvoll werden.

Während er Kartoffeln schälte, sie Aprikosen entkernte, er den Teig für eine Quiche knetete, sie die Schüssel ausleckte, er Salat putzte, Schnittlauch und Dill schnitt, sie Eiweiß schlug, bis es in weichen Spitzen in der Schüssel stand, sprachen sie über Margarita. Nur wenn der Wasserhahn rauschte oder der Handmixer rührte, sprach keiner.

Sie stellte Fragen: wie es sei, als Mann alleinerziehend zu sein, ob er Hilfe vom Staat bekam, er sagte, »Hilfe von Deutschland, nein danke, nur Kindergeld«, sie lachte.

Als er versuchte, mehr über sie zu erfahren, gab sie wenig preis, eine ungewohnte Situation, dass er derjenige war, der mehr sprach, mehr erzählte. Sie sagte bloß, dass sie vierzehn Jahre lang nicht alleinerziehend gewesen war, dass sie ihren mittlerweile Ex-Partner noch in der Schwangerschaft kennengelernt hatte. »Jacob nennt ihn Papa.«

Margarita nannte Marsha sicherlich nicht mehr »Mommy«.

Er erzählte Hannah nicht, wie Margarita noch jahrelang nach Albträumen »Mommymommymommyaba« geschrien hatte, wie sie sich heiser brüllte, die ersten Monate, nach manchen Nächten hatte sie keine Stimme mehr gehabt, er hatte das wundgeschriene Kind in die Kita gebracht und war singen gegangen, unterrichten, wieder singen, hatte sie abgeholt, sie gefüttert, gewiegt, geküsst und sich gefragt, warum er eigentlich nie heiser wurde. Irgendwann hatte sie aufgehört, nur noch ihre Puppe *Mommy* getauft und sich selbst *Mommymommy*.

Er schämte sich, wenn er daran dachte, an ihre verhältnismäßige Armut, bevor seine Eltern gestorben waren, der größte Luxus die Jahreskarte für den Berliner Zoo, den sie jeden Sonntag besuchten, und der Kindersitz, in dem sie saß, hinten auf das Fahrrad montiert. Nach zwei Jahren hatte er neu verhandelt, bei der Gemeinde, und dann hatte er ihr im Zoo Eis kaufen können und wöchentlich ein Stück Fleisch im koscheren Supermarkt. Sie war in die Schule gekommen, die Dinge waren einfacher geworden, und schwieriger, das frühe Aufstehen morgens, die Mädchen, die Margaritas neue Bleistifte zerbrachen, die sie wegen ihrer süßen, spitzen Ohren hänselten und, vermutete er, weil sie im Lebenskunde-Unterricht gesagt hatte, sie sei jüdisch, die Lehrerin war nach einem dieser furchtbaren Elternabende zu ihm gekommen, um zu fragen, ob es stimme, »ich dachte, sie lügt, um was Besonderes zu sein«.

Das erzählte er Hannah, und sie sagte das Richtige, sie fasste in Worte, wie es sich anfühlte, wenn das eigene Kind verletzt wird, »man will die Eltern von den kleinen Scheißern anbrüllen, bis ihnen das Trommelfell platzt«.

Er fragte sie, ob diese Eltern und diese Lehrer nicht ständig in ihrem Büro in der Musikschule saßen. »Ja«, sagte sie, »die sitzen dann da und stänkern.« Er mochte, wie vulgär sie war, ihr Berlinerisch, das sie sicherlich von Harry hatte, ihre Vokale klangen stumpfer, sie verschluckte Silben.

Sie stießen auf Harry an, ein Bier vor dem Wein für Schabbat, den sie mitgebracht hatte, eine schöne, israelische Flasche, produziert vermutlich nur Kilometer vom Urlaubsort seiner Tochter entfernt, Marsha schickte ihm jeden Abend wortlos ihren Standort bei WhatsApp, er hatte sie darum gebeten. Er bat sie nicht um viel, und so hielt sie sich an die wenigen Vorschriften, die er ihr machte, am Telefon vor einigen Tagen hatte sie gesagt, »you're not a helicopter father, you're a drone daddy«, das Gespräch hatte nur wenige Minuten gedauert. Sie hasste telefonieren.

Hannah fragte nach seinen Eltern.

»Tot«, sagte er, »schon lange«, sah sich um, alles stand bereit.

»Das tut mir leid«, sagte sie.

»Ist nicht schlimm«, antwortete er, es klang kalt, ein Sohn, der nicht um die Eltern trauerte.

»Was waren sie denn für Menschen?«, fragte Hannah, »also, nur wenn du erzählen magst.«

Also erzählte er: »Meine Mutter hieß Stella, so haben wir zwei Kinder sie auch genannt, dabei sah sie kein bisschen aus wie ein Stern. Aber Itzik, mein Vater, fand sie wunderschön. Sie hatte ein langes Gesicht und hat ständig herumgezetert, an uns gemeckert, sie war, wie sagt man, eigenbrötlerisch?«

Hannah nickte.

»Sie ist in Israel geboren, ihre Eltern hatten Alija gemacht in den späten Zwanzigerjahren, sie kamen aus Breslau und waren Zionisten. Deswegen auch mein Nachname, Fuchs, mein Vater kam nämlich aus der Türkei, und sie wollten, dass wir einen Jeckennamen tragen, obwohl nichts an uns jeckisch war.«

Hannah lachte wieder. Kurz wusste er nicht, ob sie darüber lachte, wie wenig er Jecke war, mit seinem schrecklichen Akzent und seiner dunklen Haut, oder über den beiläufigen Feminismus seiner Mutter.

»Gut, dass sie früh genug raus sind, oder?«, fragte sie.

»Ja«, sagte er, »meine Mutter ist aber auch erst 1942 geboren, mein Vater hatte viel mehr Glück, er war elf Jahre älter, sie sind nach dem Thrakien-Pogrom weggegangen, obwohl sie ganz woanders gelebt haben in der Türkei, aber sie hatten Angst. Er war vier, als sie gingen, 1935. Mein Vater hat gesagt, er könne sich noch an die Überfahrt erinnern, aber wirklich geglaubt habe ich das nie. Das Einzige, was er machen wollte, als sie mich in Berlin besucht haben, war, in türkischen Teehäusern zu sitzen. Er hat sich nie getraut, in die Türkei zu fahren, aber auf dem Markt am

Maybachufer, da hat er geheult. Und meine Mutter wollte einfach nur ins KaDeWe, sie hat es genervt, dass er so sentimental war, und seine Familie hat sie gehasst. Ich erinnere mich noch an meine Großmutter, Leyla, daran, wie sie gekocht hat, sie hat einfach in die heißen Pfannen gefasst, so dick war ihre Hornhaut an den Fingern. Meine Mutter hat er dann kennengelernt, weil er sie behandelt hat, er war Zahnarzt und musste ihr vier Backenzähne ziehen. Sie war schon Mitte dreißig, er Ende vierzig, er hätte nie gedacht, dass er noch heiraten würde, und als er vor ein paar Jahren gestorben ist, ist sie direkt hinterhergestorben. Er Herzinfarkt, sie Darmkrebs.«

»Das tut mir leid«, sagte Hannah noch einmal, in dieser Deutschen-Stimme.

Er dachte an den Witz, den ihm ein befreundeter Rabbiner, eigentlich der einzige Rabbi, den er wirklich mochte, erzählt hatte: »If a German asks you how you're doing, and you tell them *not so well*, they will say: Oh, I'm sorry.« Der Rabbiner hatte dann eine Pause gemacht und hinzugefügt: »But that's too private.« Er fragte sich, ob Hannah deutscher war als jüdisch. Ob das anmaßend war von ihm. Als hätte er die Deutungshoheit über so etwas.

»Machen wir Kiddusch«, sagte er.

Er trug die Weingläser auf die Terrasse, dann das Challah, Teller, eine Karaffe, am Ende die Kerzen und Streichhölzer.

»Hier draußen?«, fragte Hannah verunsichert.

Der Balkon zeigte ins Grüne, das Reihenhaus, in dem die Wohnung war, stand am Ende eines kleinen Wegs. Ein Klappern einige Balkone weiter war das einzige Zeichen, dass Menschen in der Nähe waren. Und was sollte schon passieren, auf dieser Insel, dem scheinbar einzigen Ort in Deutschland ohne Stolpersteine? Hier hatte es wohl nie Juden gegeben, niemand wusste, wie Hebräisch klang, also wähnte er sich sicherer. »Warum nicht?«, fragte er, »es wird schon keiner kommen und uns umbringen, die Fähre fährt erst morgen früh wieder. Das lohnt sich nicht.«

Er konnte natürlich nicht sagen, ob die Nachbarn Nazis waren, doch er wusste, dass er von alldem eine Pause brauchte, er wollte trotzig sein, wollte in Würde auf einer Terrasse Kiddusch halten, so tun, als hätte es Halle nicht gegeben. Als wäre er nicht, nach vierundzwanzig Stunden ohne Essen und Trinken, bis zur Haustür der Langs gerannt, ohne Unterbrechung, vom Westen in den Osten Berlins, als hätte er nicht, was noch im Magen übrig war, die wenigen Reste des Festmahls vom Nachmittag davor, in das schöne, saubere Gästeklo gekotzt.

Annas Mutter hatte ihn fest in den Arm genommen, »die Mädchen sehen fern, wir sind nach der Mittagspause nicht zurück«, da saßen sie, ihre kleinen, fröhlichen fast zwölfjährigen Körper auf riesigen Kissen, er hatte Margarita geküsst und sich zu ihr aufs Sofa gesetzt, vergessen, die Schuhe auszuziehen.

Sie hatten die Nachrichten angemacht, zwei Tote, und die Kinder plötzlich ganz still, Annas Mutter hatte erst den süßen Honigkuchen gebracht, der sonst Belohnung symbolisierte, die bleichen Töchter verschlangen ihn, ohne den Erwachsenen viel übrig zu lassen, dabei hatten sie gar nicht gefastet, es war noch etwas hin bis zur Bat Mizwa, also hatten sie Essen bestellt, Unmengen, indische Currys und fettiges Brot.

Er hatte angeboten, zu beten, und sie hatten es dankbar angenommen, den Fernseher auf stumm gestellt, für die beiden Toten, deren Namen sie nicht kannten, und für die Überlebenden. Er hatte gewusst, wie hässlich sie war, die Erleichterung darüber, dass den Menschen in der Synagoge nichts passiert war, dass dafür die anderen hatten büßen müssen, die ihm egaler waren, wer war das, die anderen, wenn man selbst der andere war. Und was hieß schon nichts?

Er hatte Margarita damals mit einem Mal anders betrachtet und seitdem nie wieder wie vorher, denn sie hatte besser als er verstanden, was die Nachrichtensprecher sagten. In diesem Moment des Schocks hatte er etwas begriffen: Seine Tochter war eine Deutsche. Sie verstand die Sprache der Täter so viel besser als er, dass sie sich darin bequem bewegte. Margarita gehörte zu der winzigen übriggebliebenen Schnittmenge von deutschen Juden nach 1945, einer Schnittmenge, über die er in seinem Leben zwar schon nachgedacht hatte, zu der er sein israelisch-amerikanisches Kind aber nie gezählt hatte.

Es gab also Kiddusch auf der Terrasse. Hannah sagte trocken, ohne Melodie, die Bracha über die Kerzen. Er stand dicht hinter ihr, weil wenig Platz war, und betrachtete die feinen Härchen in ihrem Nacken. Kurz verlor er sich in der Vorstellung, über den Flaum zu streichen. Sie drehte sich um und schaute verlegen, als er Kiddusch sang, das volle Weinglas in der Hand.

Als er fertig war, lächelte Hannah ihn an. »Danke«, sagte sie, »das war schön.« Sie sprachen die Bracha über das Brot, salzten es und kauten zufrieden. Der Schabbat begann, und sie deckten auf und aßen. Kurz vermisste er Kabbalat Schabbat in der Synagoge, vermisste das gemeinsame Zuklappen der Bücher und das Nicken am Ende. Doch er wusste, er sollte es genießen, dass er gerade nicht dort stand, in wenigen Wochen würde er sich verausgaben müssen, und dann würde es wieder dunkel werden in Deutschland. Er fragte sich, ob er auch im Dunkeln mit Hannah am Esstisch sitzen würde, ob sie ihr helles Lachen in seine Küche lachen würde.

*

Sie waren zu spät gekommen, doch hatten Glück gehabt, der Besitzer des schrottigen Hotels hatte trotz der Tatsache, dass die Sonne schon untergegangen war, die Stellung gehalten und ihnen den Schlüssel gegeben. Diese Nacht mussten sie ein Zimmer teilen. Margarita schlief nicht. Ihre Mutter schnarchte, und sie starrte an die Decke, reckte ihre Nase in die Luft, um den Talggeruch des Kopfkissens zu meiden. Stellte sich vor, sie läge in ihrem Bett in Berlin.

Je länger sie dalag, desto muffiger roch das Zimmer, desto lauter wurde das Schnarchen.

Wie sehr sie das eigene Zuhause gehasst hatte, das Eingesperrtsein im Lockdown, das Bildschirmlernen, die langweiligen Unterhaltungen mit ihrem Vater, die kalten Klassenzimmer. Und jetzt war sie gänzlich unvorbereitet in eine Welt gestoßen worden, die sie nicht kannte. Sie hatte sich Israel schöner vorgestellt, spannender. Die Welt auf dem Bildschirm, sie hatte geglänzt. Hier glänzte nichts.

Erschöpft schob sie sich ihre Kopfhörer in die Ohren. Die Musik lenkte sie von ihren Gedanken ab. In die ersten Sekunden Schlaf – oder war es Schlaf, wenn sie wusste, dass sie schlief? – wob sich der Gesang von First Aid Kit, einer Band, die Anna ihr gezeigt hatte: *I'm just like my mother, we both love to run*, die Stimmen, die Bedeutung überdeutlich, greifbar, dann wieder weit entfernt, *chasing impossible things or unreachable dreams*, *lie awake in the night, thinking this can't be right*, und Margarita wusste nicht, ob auch sie wach war oder träumte, *but there is no other way, to live a life alone.* In den wenigen Sekunden Stille, bis der Gesang wieder einsetzte, schlief sie ein.

Als sie aufwachte, lagen die Kopfhörer lose im Bett.

Als Nächstes, erklärte Marsha, würden sie nach Tel Aviv fahren. Marsha hatte kein Problem damit, an Schabbat Auto zu fahren.

»Da war ich schon«, sagte Margarita, und ihre Mutter erwiderte: »Well, I would like to go to Tel Aviv, if I have the permission of the *principessa*.«

Margarita spürte, dass sich ihre Mutter über ihre Lustlosigkeit ärgerte. Sie wusste, wie verwöhnt Marsha sie fand, wie empfindlich. Sie hätte mich ja anders erziehen können, dachte sie trotzig, hat sie ja keiner gezwungen, abzuhauen.

Nach zwei Stunden kamen sie bei einem kleinen Hotel in Yaffa an, dessen Rezeption trotz Schabbat geöffnet war, weil Yaffa der arabische Teil von Tel Aviv war, Schabbat sei den meisten dort egal, sagte Marsha. Sie hatten separate Zimmer, sogar mit kleinen Balkonen, mit Blick auf einen überdachten Markt.

Margarita durfte Mittagsschlaf machen, während ihre Mutter spazieren ging. Das leere Zimmer eine willkommene Gelegenheit, die Unterhose abzustreifen, zwei Orgasmen, noch einer unter der Dusche, bei denen sie nur an Lior dachte, daran, wie nah er ihr gerade war, sich vorstellte, die Geschichte wäre eine andere. Sich vorstellte, er vermisste sie, und wie er sich selbst so berührte, an sie dachte, wie sie gerade an ihn.

Nach der Dusche las sie in dem Buch, das sie sich vormittags gekauft hatte, sie hatte sich an ein hebräisches gewagt. Die Stille, die Brise, die den Vorhang vor der Balkontür hereinwehte – so stellte sie sich das Erwachsensein vor, erleichternd.

*

Es war ein windiger Tag, sie trugen Jacken und lange Hosen, ein Vorgeschmack auf den deutschen Herbst, der einem die Luft durch die Nähte jagte, ganz anders als die Winter in Israel, in denen es die Feuchtigkeit war, die durch jede Ritze kroch. Sein erster Winter in Hannover war beißend kalt gewesen, sie hatten das Haus nur selten verlassen, mit dem Kind im Tragetuch unter mehreren Pullovern und Jacken, ständig hatten Margarita oder Marsha geweint. Die Synagoge in der Haeckelstraße, in der er sang, der einzige Ort, an dem ihm je richtig warm wurde: Vor

Aufregung schwitzte er beim Singen, als würde er einen Marathon laufen.

Die Gemeinde hatte ihnen eine Dachwohnung gestellt, in der Marsha und er sich ständig den Kopf stießen. Am Anfang hatten sie sich gefreut, im Sommer, bevor Margarita geboren wurde, denn man konnte vom Bett aus in die Sterne schauen, doch nach Margaritas Geburt im späten September war es entweder bewölkt, oder sie waren zu erschöpft, um überhaupt noch an die Decke zu schauen. Marsha war einsam gewesen, er wusste das, aber sie hatte sich auch nicht bemüht, hatte das Baby-Schwimmen, Baby-Yoga und Baby-Kaffeetrinken sofort wieder abgebrochen, lange sagte sie nur, seine Gesellschaft und die Margaritas würden reichen, es sei nun einmal Winter, doch dann kam der Sommer, Margarita musste nicht mehr ständig gestillt werden, und Marsha bewarb sich auf Stellen, die sie alle nicht bekam, und begann, Bedienungsanleitungen von Englisch auf Deutsch zu übersetzen, um etwas zu seinem mageren Gehalt dazuzuverdienen. Ein Wochenende in Berlin schien ihre Laune zu heben, also schrieb er E-Mails, telefonierte, haute ehemalige Kontakte aus der Jeschiwa an, er wollte sie überraschen, er wollte etwas Gutes tun. Bloß nicht aufgeben, nicht abreisen, wohin auch, ein Leben in Amerika konnten sie sich nicht leisten, in Israel konnte man als Chasan nur Geld verdienen, wenn man als Sänger berühmt werden wollte, und Margarita zum Militär zu schicken, kam für Marsha nicht in Frage, also gingen sie weiter ihre Runden durch den Stadtpark, organisierten einen Kitaplatz in der jüdischen Kita, Marsha wurde immer unglücklicher und wütender, sie fingen damit an, sich anzubrüllen, Margarita fing an, zu laufen. Marsha und er waren stets so stolz darauf gewesen, dass sie keine Pärchen-Abende brauchten, keine Gesellschaftsspiele oder Fragekärtchen, nur dumme Leute spielten, weil sie nichts zu reden hatten, oder solche, denen es im Leben immer ums

Gewinnen oder Verlieren ging, fand Marsha, doch jetzt dachte er, vielleicht hätten sie es einfach mal mit Scrabble versuchen sollen.

Marsha war im Elul gegangen, es schüttelte ihn, wenn er an diese Zeit dachte, sie hatte, während sie die Spülmaschine ausräumte, angekündigt, dass sie Deutschland verlassen wollte, dass er Klavierunterricht geben könnte, bis er eine Stelle fand, dass ihre Eltern ihnen Geld leihen würden, und dann hatten sie tagelang geschrien, und ihre Schreie hatten Schleifspuren in seinem Herzen hinterlassen, grobe, wie die im Sand unter seinen Turnschuhen.

Hannah breitete umständlich eine Decke aus und forderte ihn auf, sich zu ihr zu setzen. Er fand es anstrengend, ihr zuzuhören, und betrachtete abwesend ihr Gesicht, sie sah wunderschön aus, hinter ihr der helle Sand, das graue Meer, die Mulde zwischen Hals und Schulter beinah jugendlich, und plötzlich ertappte er sich bei der Vorstellung, seine Lippen in diese Kuhle zu legen, eine Vorstellung, die ihn so überraschte, dass er sich zusammenriss und sich bemühte, ihr zu folgen.

Ein wenig hatte er den Eindruck, sie erklärte nicht ihm die Dinge, sondern bestätigte sich selbst. Sie hatte ihren Sohn nicht in die jüdischen Schulen der Stadt gegeben, damit er nicht im Hochsicherheitstrakt lernen müsse, sagte sie, entschuldigte sich, »für dich ist das was anderes«.

Na ja, dachte er. Er kannte die verzweifelte Angst um das eigene Kind. Die Entscheidung, sie einzuzäunen, war ebenso der Angst entsprungen wie Hannahs Entscheidung, ihren Sohn auszuzäunen.

Später liefen sie schweigend ins Dorf zurück, saßen am Küchentisch und aßen die kalten Reste vom Vorabend, die Sonne war noch lange nicht untergegangen. Sie spülten unter dem grellen Licht der Leuchtstoffröhre ab, Hannahs Bewegungen flüssig. Es war ihm vorher nicht aufgefallen, wie sicher sie sich bewegte.

Sie war nicht grazil, doch ihre Gesten hatten etwas Klares, Bestimmtes. Er spürte den Rotwein, den er eben getrunken hatte, er kitzelte ihn im Magen, kein warmes Gefühl, eher ein kühles, als hätte er einen Eiswürfel verschluckt.

*

Beim Abendessen fragte Marsha nach der Schule: was ihr gefiel, was ihr missfiel. Margarita erklärte ihr, was Leistungskurse waren, dass sie Biologie und Englisch wählen würde, Physik und Französisch abwählen. Ihre Mutter hörte aufmerksam zu. Es wunderte Margarita, wie gierig sie Informationen über ihr Leben sammelte.

Also erzählte sie von ihren Lehrerinnen, von Frau Schreiber, ihrer Biolehrerin, die noch jung war, vor den Sommerferien waren sie Eis essen gegangen, und Margarita hatte sich zu ihr gesetzt, weil es ihr leidgetan hatte, sie allein im Park sitzen zu sehen, während alle anderen Schüler in Grüppchen zusammenstanden und quatschten. Sie hatten sich über die Ferien unterhalten, von ihren Plänen erzählt, Frau Schreiber würde mit ihrem Mann und den zwei Kindern Urlaub im Schwarzwald machen. Sie musste das perfekte Leben haben. Margarita hatte die Blicke gespürt, auch die ihrer Freundinnen, Schleimerin, hatten sie wahrscheinlich gedacht, dabei war schon vor Tagen Notenschluss gewesen. Sie erzählte von Frau Liebig mit ihrem Furcht erregenden Mundgeruch, Furcht erregend vor dem Alter, davor, verbittert zu werden und dann verbittert zu riechen. Frau Liebig, die Margarita einmal gesagt hatte, mit so kurzen Shorts könne sie nicht mal Cheerleaderin werden, höchstens Nutte.

Marsha prustete beinahe ihren Rotwein über den Tisch.

»Aber du gehst doch auf die jüdische Schule«, sagte sie, »ist es da nicht besser?«

»Wie meinst du, besser?«, fragte Margarita zurück.

»Na ja, sind die Lehrer da nicht weniger – weniger deutsch?«

»Nur weil sie jüdisch sind, heißt es ja nicht, dass sie nicht deutsch sein können. Auch Juden können Burganim sein.« Sie kannte das englische Wort für Spießer nicht, wohl aber das Hebräische. Wahrscheinlich sogar aus der Schule.

»Haha, so hat mich dein Vater immer genannt, eine Burgania«, sagte Marsha. »Aber die meisten richtigen deutschen Juden sind schließlich tot.«

»Ich bin doch auch eine richtige deutsche Jüdin«, sagte Margarita.

»Nein, bist du nicht«, sagte Marsha schnell.

Margarita schaute sie verwirrt an. »Aber Deutsch ist meine Muttersprache.«

»Das Prinzip Muttersprache ist völlig veraltet. Es gibt verschiedene Erstsprachen. Wenn wir es genau nehmen, ist deine Muttersprache Englisch, und deine Vatersprache ist Iwrit. Du bist keine richtige Deutsche.«

»Ist jetzt nicht so, als würde ich unbedingt deutsch sein wollen«, schoss Margarita zurück, »ich bin es halt, was soll ich machen?«

Marsha trank einen großen Schluck Wein. »Genau davor hatte ich Angst«, sagte sie.

Margarita kniff die Lippen zusammen. Es war eindeutig, dass Marsha wollte, dass sie nachfragte, dass sie darauf einging, doch sie war wütend und fühlte nicht nur sich selbst angegriffen. Sie wollte sich schützend vor ihren Vater werfen, obwohl er nicht mal dabei war. Sie versteht es nicht, dachte Margarita, aber alles, jede Unterschrift unter jeder Fünf und unter jeder Eins, jedes verdammte Schulbrot, jeder zurechtgeschnittene Apfel, alles daran ist deutsch, und um alles kümmert sich Aba. Als er in einer Unterhose in der Wäsche Blut gesehen haben musste, hatte er im Supermarkt riesige Binden gekauft, die noch heute in ihrer Schublade im Badezimmer lagen, Inkontinenzeinlagen, nachdem Margarita schon monatelang eigene Tampons gekauft und im Schulrucksack versteckt hatte. Er hatte versucht, sich zu kümmern.

Margarita beschloss, nicht mehr mit Marsha über die Schule zu sprechen. Sie sprach auch mit ihrem Vater kaum noch darüber. Sie hatten es lange beide nicht begriffen: Man sollte gute Noten schreiben, aber mühelos, kein Streber sein, lustig, aber kein Clown. Was blieb dann übrig? Margarita blieb nichts übrig, sie war entweder vorlaut, oder sie schrieb Fünfen in Physik und Mathe, oder sie las das Buch, das in Etappen in den nächsten Wochen gelesen werden sollte, an einem Nachmittag durch.

Marsha versuchte, von der Stille abzulenken, erzählte Geschichten aus ihrer eigenen Schulzeit, an der gleichen Privatschule, an der Margarita Jahr für Jahr das Sommercamp besuchte, Anekdoten, die Margarita nicht hören wollte, vom Kiffen und Sex unter der Basketballtribüne, die sie nicht erzählen würde, hätte sie hunderte, tausende Butterbrote am Morgen geschmiert, wäre sie in der Sprechstunde dabei gewesen, in der ihr Vater dem Schulleiter versichert hatte, seine Tochter würde nie wieder während des Theaterstücks mit einer der Schule fremden Freundin Pfefferminzlikör-Shots trinken.

Es war nicht Marsha, die sie danach angebrüllt und tagelang gefragt hatte, was sie falsch gemacht habe. Sie hatte ja nichts falsch gemacht, sie war ja nicht da gewesen, und auch ihr Vater hatte nichts falsch gemacht, denn er war ja da gewesen.

Deshalb konnte Marsha Geschichten erzählen, mit denen Margarita nichts zu tun hatte. Weil Margarita mit ihrem Leben nichts zu tun hatte.

Sie erzählte, wie sich die Großeltern so gestritten hatten, dass Teller durch die Küche geflogen waren und der Großvater zwei

Wochen lang in seinem Büro in der Universität geschlafen hatte. Sie wusste noch immer nicht, warum.

Sie erzählte von Pessach-Essen in herrschaftlichen Wohnungen, in denen am Konzertflügel ein bezahlter Pianist gesessen hatte, der den Abend begleitete.

Sie erzählte von den Freunden ihrer Eltern, die den Holocaust überlebt hatten und nun in Gebäuden wohnten, die Mies van der Rohe entworfen hatte. Sie erzählte es auf amerikanische Art, sensationsgeil, etwas angewidert.

Erzählte von einem Jom Kippur, an dem sie mit ihrer besten Freundin – »Linda, you wouldn't know her« – den Kühlschrank geplündert hatte, einen halben Rinderbraten verdrückt, kalt, mit Ketchup, während der Rest der Familie in der Synagoge saß. »Seitdem habe ich nie wieder gefastet«, sagte Marsha.

Diese Information überraschte Margarita. »Und mein Vater fand das okay?«

»Der hatte da doch nichts mitzureden«, sagte Marsha. »Ich bin nicht weniger jüdisch, nur weil ich an Jom Kippur Schinken esse.«

»Ähm«, sagte Margarita. »Na ja.«

»Relax, Rita. Würde dir guttun. Und deinem Vater auch. Es gibt kein Jüngstes Judengericht und keinen Beichtstuhl. Wir sind keine Christen.«

Linda war mittlerweile in die Suburbs gezogen, erzählte Marsha und mimte einen theatralischen Schauder. »Heteronormative utopia. Those people are true Burganiot.«

Margarita fragte sich, ob ihre Mutter noch Freundinnen hatte.

*

Am nächsten Tag gingen sie erneut spazieren, weil es nichts anderes zu tun gab, unter rauschenden Wolken, als würde der

Ewige nicht ruhen an seinem freien Tag, an dem der Himmel schon fertig war, die Erde, all ihre Schar, sondern vor Langeweile kräftig in den Himmel pusten. Es waren nur wenige Menschen am Strand. Einige Kitesurfer bogen ihre Körper auf den Brettern im Wind.

Hannah erzählte eine lustige Anekdote über ihren Sohn, den sie erwischt hatte, wie er unter einer guten Note ihre Unterschrift fälschte, weil er dachte, wenn sie wüsste, dass er auch gute Noten schreiben könne, würde sie über die schlechten noch mehr schimpfen. Er meinte lächelnd, dass das vielleicht mehr über sie aussagte als über ihren Sohn, sie nahm es mit Humor. »Ich bin auch nur ein Mensch. Und vermutlich nicht besser als jede Möwe hier.«

»Das denke ich nicht.«

»Denkst du, wir sind besser? Glaubst du, Gott hat uns als etwas Besseres geschaffen als die Möwen?«

Aus Hannahs Mund klang *Gott* wie eine Beschimpfung. War nicht nur *du Jude* eine Beleidigung, sondern auch *Gott*?

Sie schaute ihn an, die Augen zusammengekniffen, als würde sie sein Gesicht schärfer stellen.

Er holte Luft, um zu antworten, doch dann fiel ihm auf, wonach er schon den ganzen Urlaub gehascht hatte. Hannah ging scheinbar davon aus, dass zuerst der Glauben kam und dann der Gesang, doch es war andersherum: Der Gesang verpflichtete ihn, zu glauben. Denn die Worte, die er singen durfte, die sein Beruf waren, es waren Worte, die ihm den Sinn der Welt aufschlossen und manchmal sogar den Unsinn, das Glück und den Schmerz.

Es stimmte, dass am Anfang das Wort war, doch das Wort war auch der Weg. Es war das Wort, das sie von den Möwen unterschied, und es war das Wort, für das es keine Erklärung gab, dessen Ursprung man sich nur zusammenreimen konnte. So oft und so lange er Marsha auch bearbeitet hatte, wenn sie nackt in seinem Bett Zigaretten rauchte, während sie über ihrer Dissertation brütete, Studien las, jeden Begriff, jedes Ergebnis, jeden N- und P-Wert mit Bleistift unterstrich, wenn sie ihm Syntaxbäume malte für Sätze, die er diktierte, für das Schma Israel, weil er sie darum bat, sie hatte ihm nie eine Antwort geben können, warum es dieses erste Wort gegeben hatte.

Kein Mensch hätte dieses Wunder vollbringen können, ohne dass er die Sprache dafür bereits besessen hätte. Ein Wunder, für das seine Erklärung Gott war, zu dem er betete, und das Marsha sich erklärte, indem sie es bearbeitete, in Strichen und Graphen, Zahlen und Statistiken.

Marsha hatte ihm erklärt, dass die Sprache sich der Welt anpasste. Die Produktivität der Zeichen: die Befähigung, unendlich viele neue Wörter zu bilden, wo es neue brauchte, und die Befähigung, die neu gebildeten Wörter zu verstehen, anhand derer, die man schon besaß, indem man sich ihrer Wurzeln bediente, des Hebräischen der Heiligen Schrift, und auch wenn rund acht Millionen Menschen, Marktschreier und Biochemiker, Barkeeper und Philosophen, an den Wurzeln zogen und zerrten – die Sprache hielt stand.

Er kniete sich in den feuchten, kühlen Sand und probierte, ob er es noch konnte. Sah Marsha vor sich, in ihrem dunkelroten Ledermantel, so unpraktisch und so schick, passend zu ihren schwarzgefärbten Haaren und dem rotbraunen Lippenstift. Er sah sie vor sich, wie sie nur hunderte Meter von hier das Gleiche getan hatte, wie sie in den Sand geschrieben hatte in ihrer krakeligen Schrift. Und fing selber an, den Finger durch den Boden zu ziehen:

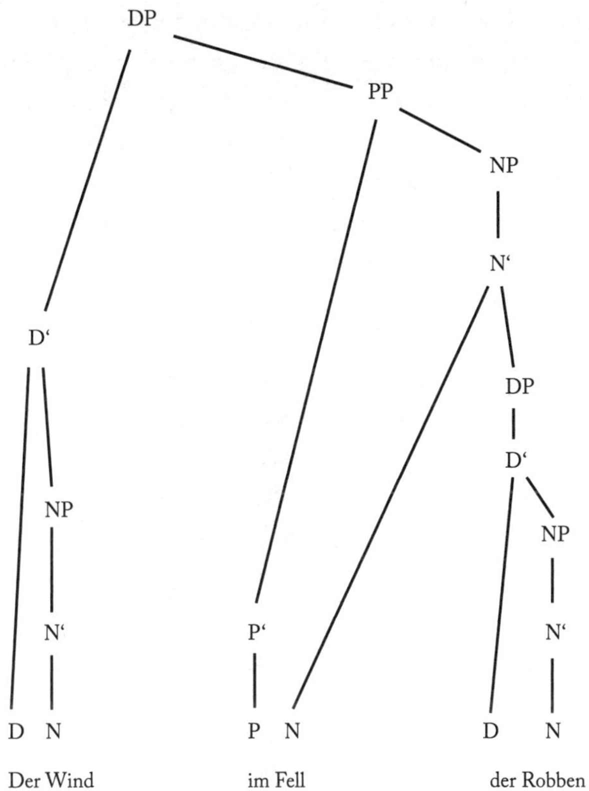

Hannah schaute ihn überrascht an und fragte: »Was machst du denn da?«, und er versuchte, zu erklären, was Marsha ihm vor Jahren beigebracht hatte. Sie hatte monatelang nur über Satzstrukturen gesprochen: über Chomskys generative Grammatik, das X-Bar-Schema, mit dem man jeden Satz in jeder natürlichen Sprache analysieren konnte.

Diese Grammatik, die nichts mit den grammatischen Regeln einzelner Sprachen zu tun hatte, nannte man deswegen generativ, weil sie eine unendliche Anzahl Sätze generieren konnte, die *richtig* waren, wenn sie sich nur an die Regeln der sogenannten Phrasenstruktur hielten. Und aus jedem Satz entstand ein verästelter Baum, wenn man die Phrasenstruktur verbildlichte. Man wusste nicht, warum diese Phrasengrammatik in jedem Satz war, den man sprechen, schreiben oder singen konnte, aber man wusste, dass das den Menschen vom Tier unterschied, dass ihm die Syntax angeboren war, dass diese Syntax das menschliche Bewusstsein erklären konnte, weil es Sprache für das menschliche Leben gab, das Leben als Zeichen, die Sprache als Bezeichnendes. Es erschien ihm wie das Natürlichste und das Übernatürlichste zugleich, verwirrend und schön, dass es so war, dass es das war, was ihn zum Beten bewegte. Dass das auf eine Art ein Beweis dafür war, dass am Anfang des Menschen das Wort gestanden hatte. Dass wirklich alles davon abhing.

Er sprach zu lang, verhaspelte sich, versuchte, den Baum zu erklären, die Nominalphrasen, Präpositionalphrasen, am Ende räusperte er sich, sein Mund trocken, und sagte: »Margaritas Mutter ist Linguistin.«

»Faszinierend«, sagte Hannah, »aber den Baum hab ich nicht begriffen.«

*

Als hätte ihre Unterhaltung am Tag zuvor etwas losgetreten, konnte Marsha anscheinend nicht mehr aufhören, Margarita von früher zu erzählen. Es klang alles beinah lächerlich amerikanisch, und es kam Margarita vor, als hätten ihre Großeltern versucht, sie in eine Light-Version von Marshas Jugend zu stecken, doch das Deutsche, das Andere, das Dazwischen quoll an allen Ecken und Enden aus ihr heraus wie Kulturbauschaum.

Die *Jocks* und die *Nerds*, das Streiten mit den Eltern, das *Track and Field* im Sommer, Eishockey im Winter, Marsha zeigte ihr stolz eine Narbe am Schienbein. Sie erzählte von ihrem Studium an der University of Chicago, als Tochter eines Professors konnte sie vergünstigt studieren, davon, wie sie mit vierundzwanzig die *Grad School* beendet hatte und für ihre Promotion nach Jerusalem geflogen war. Margarita stellte betont einsilbige Fragen, die Marsha dennoch ermutigten, noch mehr zu erzählen. »Ich war ja zum ersten Mal ganz alleine da, und an meinem ersten Wochenende bin ich durch die Stadt gestromert, wie du letzte Woche, ich hatte keine Ahnung, was ich mit mir anfangen sollte.«

»Du warst vorher noch nie in Israel?«, fragte Margarita, und Marsha antwortete: »Doch, mit deinen Großeltern, aber da waren wir nur im Hotel, in Yad Vashem und dann wieder im Hotel.«

»Gehen wir noch nach Yad Vashem?« Margarita hätte die Gedenkstätte eigentlich schon zwei Jahre zuvor besuchen sollen, im Rahmen der Israelreise der Jüdischen Oberschule, die jedes Jahr stattfand, doch die Corona-Bestimmungen hatten es verboten.

»Vielleicht auf der letzten Etappe unserer Reise, dachte ich. Ich weiß nicht, wie gut du es verkraftest«, sagte Marsha. »So als Deutsche. Haha«, sie sagte wirklich *haha*, trocken. »Aaanyways, ich war also in Jerusalem, eine arme, einsame Studentin, ich konnte kaum kochen, davor habe ich ja noch bei meinen Eltern gegessen. Und überall diese wunderschönen Männer, die mich aber seltsam fanden und dumm, es ist ja so, überall finden sie uns Amerikanerinnen dumm, vor allem, wenn wir hübsch sind, so wie ich es damals war.«

»Haha«, sagte Margarita. Und dachte an Marshas schrumpeligen Bauch, an ihr wucherndes Schamhaar.

»Und ich wusste ja überhaupt nicht, was ich mit meinem Leben anfangen sollte, also, keine Ahnung, ob ich es mittlerweile weiß.«

»Yup«, sagte Margarita.

»Und dann bin ich Avi begegnet, dem ängstlichen Kerl, der wusste gar nicht, wohin mit sich und all seiner Verwirrung, aber das weißt du ja, the rest is history.«

What is the rest, dachte Margarita. Am I history? »Wie habt ihr euch eigentlich kennengelernt?«, fragte sie. Ihr Vater hatte es sicher einmal erzählt, doch sie hatte es vergessen, irgendwie in Jerusalem, das war ihr geblieben.

»In einer Bar«, sagte Marsha, »er war mit Yoev da, aber Yoev kennst du natürlich nicht. Der wohnt jetzt mit seiner Frau in Beer Sheva. Drecksloch.«

»Und dann?«

»Ich war alleine da, und sie haben keinen anderen Tisch gefunden, also haben sie sich zu mir gesetzt. Wir sind ins Gespräch gekommen, und als es spät wurde, ist Yoev gegangen, aber dein Vater wollte sitzen bleiben. He was quite seductive.«

Bah.

Sie stellte sich ihren Vater als jüngeren Mann vor, in Israel, zuhause in der Sprache, kein Außenseiter, und plötzlich schämte sie sich, dass sie ihn so häufig triezte, sich über ihn lustig machte. Nur selten andersherum, nur wenn er wirklich am Ende seiner Nerven war, wenn sie boshaft wurde und hässlich. Plötzlich zu erkennen, von wem sie es hatte, wie ihr Gesicht aussehen musste, wenn sie ihn anfauchte, er nehme alles immer viel zu ernst – ihr wurde übel beim Gedanken, ihn immer wieder gedemütigt zu haben. Wie peinlich er ihr war, wegen seines Akzents, seiner schlaksigen Beine in Anzughosen oder Jeans, die viel zu hoch auf der Taille saßen, durch die man zu viel erkennen konnte, was er nie merkte; sein Körper lang und dünn, als hätte er die Pubertät nie verlassen, sie daneben zu weich, zu breit, eine Erinnerung daran, dass er sie nicht allein aus seiner Rippe geformt haben konnte.

Sie und Marsha liefen nebeneinander durch Neve Tzedek, überall saßen gutaussehende, glückliche Tel Avivis und tranken Limonade oder Bier. Wie gerne sie eine von ihnen gewesen wäre, doch stattdessen scheuerten ihr die dünnen Ledersandalen die Füße wund. Sie sagte nichts, sie wollte nicht, dass ihre Mutter sich wieder in der Annahme bestätigt sah, sie sei verwöhnt und wehleidig. Als sie am Rothschild Boulevard an einem großen, breiten Brunnen vorbeikamen, stieg Margarita wortlos hinein, streifte die Sandalen erst ab, als sie schon bis zu den Knöcheln im Wasser stand, eine Erleichterung auf der Haut.

Sie kletterte aus dem Becken und setzte sich hin, um ihre Sandalen wieder anzuziehen.

Marsha kam zu ihr. »Oh no«, sagte sie, »du Arme.«

Margarita sagte nichts.

»Du brauchst Blasenpflaster und neue Schuhe.«

Margarita schaute nach, wo die nächste Apotheke war. Jetzt, wo Marsha ihre Schmerzen bemerkt hatte, brannte plötzlich jeder Schritt. Sie humpelte neben ihrer Mutter her, die ihr erklärte: »Birkenstocks sind der einzige Schuh, den ich noch an meine Füße lasse. Immerhin eine gute Sache, wenn man Deutschland zu Fuß verlassen muss«, sie lachte. »Darf ich vor dir überhaupt Holocaust-Witze machen, oder bist du dafür zu deutsch?«

Das war kein Holocaust-Witz. Echte Holocaust-Witze klangen anders, sie wusste das von Partys, auf denen Schornsteinwitze an ihr ausprobiert wurden.

Sie kauften Schuhe vom Geld der Großeltern und Sabich, danach ließ sie sich, satt und kühlen Kopfes, am Trumpeldor Beach von den Wellen tragen, die schüchterner waren als die des Lake Michigan, die Skyline weniger gigantisch, irgendwie schmutziger und unsortierter als die, auf die man blickte, wenn man am 57th Street Beach schwamm. Margarita musste an all die Menschen denken, die in diesem Meer ertrunken waren, ein würgendes Gefühl, und plötzlich schien das Wasser wärmer, das Salz brennender.

Sie trocknete auf dem Rücken liegend und schaute in den Himmel, versuchte zu lesen, doch ständig musste sie aufschauen, ein Lachen, das Liors sein könnte, ein gerufener Spruch.

Als die Sonne unterging, setzten sie sich in eines der Restaurants, in denen man mit den Füßen im warmen Sand wühlen konnte, obwohl sie beide nicht hungrig waren, nur durstig. Wieder und wieder schaute Margarita über Marshas Schulter auf den Strand, stellte sich vor, Lior liefe vorbei, sie hätte doch noch eine Gelegenheit, einen letzten Eindruck zu hinterlassen, bis Marsha sie jäh aus ihren Fantasien holte. »Margarita, er ist hier nicht. In dieser Stadt wohnen eine halbe Million Menschen. Er ist nicht zufällig genau da, wo du gerade bist.«

»Ich weiß nicht, was du meinst«, sagte Margarita, ihre Stimme viel zu laut.

»Lior natürlich, du suchst die ganze Zeit nach ihm. Er hat eh gewirkt wie ein Arschloch, und ich hoffe, ihr habt verhütet.«

»Nee, ich bin jetzt schwanger«, schnappte Margarita, »und das geht dich nichts an. Ich weiß, was ein Kondom ist.«

Sie starrte auf das Weinglas vor ihrer Mutter, stellte sich vor, wie sie hineinbiss, wie das Glas in ihrem Mund zerbrach, wie sie die Scherben schluckte, wie es sie von innen zerriss, es wäre viel einfacher, als diese Unterhaltung zu führen.

»Auf deine Schlagfertigkeit hat mich dein Vater nicht vorbereitet«, sagte Marsha lächelnd.

»Worauf hat er dich denn vorbereitet?«

»Wenn ich's dir erzähle, machst du erst recht das Gegenteil«, sagte Marsha und lachte durch die Nase, ein schnelles Ein- und Ausatmen. »Er hat gesagt, du bist schnell beleidigt.«

Margarita kniff die Lippen zusammen. Es war schwierig, nicht beleidigt zu sein, wenn man gerade beleidigt wurde.

»Und er hat erst am Telefon gesagt, es gäbe nicht viel zu wissen, und dann hat er mir eine Gebrauchsanweisung geschickt, die länger war als für ein Atomkraftwerk.«

»Idiot«, sagte Margarita.

»Dass du viel fluchst, stand auch nicht drin.«

»Vor ihm fluche ich auch nicht viel.«

»Aha!«, rief ihre Mutter. »Jedenfalls hat er mich nicht davor gewarnt, wie viel du fluchst, und mir auch nicht gesagt, dass du in der ersten Nacht in Israel direkt den erstbesten süßen Siebzehnjährigen abschleppst.«

»Du hast mich vergessen!«

»Es war ein Missverständnis! Aber dein Vater hat mich ja gewarnt, dass du schnell beleidigt bist.«

Jetzt war Margarita wirklich beleidigt.

»Außerdem hat er mir gesagt, dass du neun Stunden Schlaf brauchst und regelmäßige Mahlzeiten. Und dass du sehr schüchtern bist. Und dass du schnell Durchfall kriegst.«

»Ich bin kein Baby mehr.«

»Mir ist das klar. Aber deinem Vater nicht. Er versucht übrigens herauszufinden, warum du nicht im Hotel eingecheckt hast.«

Margarita wurde schlecht. »Oh«, sagte sie. Wieder spürte sie ihren Herzschlag auf der Zunge. »Und was hast du geantwortet?«

»Erst hab ich ihm gesagt, er soll doch dich fragen, aber ich glaube, er traut sich nicht. Dann hab ich gesagt, du hättest auf meinen Namen eingecheckt, weil du wütend warst und wolltest, dass ich es bezahlen muss. Und dass ich es bezahlt habe.«

»Hat er es geglaubt?«

»Selbstverständlich«, sagte Marsha und grinste sie an.

Margarita versuchte, nicht zu lächeln. »Stand in der Anleitung auch, dass ich gut lügen kann?«, fragte sie.

»Natürlich nicht«, sagte Marsha, »wenn er das merken würde, könntest du ja nicht gut lügen.« Sie hob ihr Glas, als würde sie Margarita zuprosten, und trank den letzten Schluck.

Und dort, zwischen ihren schwitzenden Gläsern auf dem niedrigen Tisch, entstand mit einem Mal etwas Neues: eine Gemeinsamkeit. Etwas Verbotenes, diesem Vater gegenüber, der Margarita nichts Böses zutrauen wollte, der vergaß, sobald es ihm nicht mehr wehtat, dass sie Regeln gebrochen hatte, manchmal nur, um ihm wehzutun. Es entstand eine Idee davon, wie ein Leben mit der Mutter wäre, ein Leben ohne ständiges Feilschen, wie lange sie ausbleiben durfte, ohne Nächte, in denen sie »bei Anna schlief« und morgens zwei Stunden von Nicos Wohnung in Charlottenburg nach Hause lief, weil er sie gebeten hatte, zu gehen.

Vielleicht war es eine geteilte Sturheit, von der sie dachte, es wäre nur ihre eigene, die sie nicht vermutet hätte in dieser Frau, die ihre Birkenstock-Füße genau wie sie im Sand vergraben hatte.

*

Nach dem Abendessen zogen sie aufs Sofa um. Avis Mundwinkel schmerzten vom Lächeln, und er sprach befreit, ohne seine Fehler zu verurteilen, er nahm sie wahr, doch er dachte, vielleicht könnten sie ihr ja gefallen, zum ersten Mal dachte er das, dass etwas an ihm einnehmend sein könnte außer seiner Stimme. Hannah hatte vom Rotwein dunkel verfärbte Lippen und rote Wangen. Sie hatte ihre Beine zu sich herangezogen, er seine übereinandergeschlagen, so passten sie auf das kleine Sofa, das sie am Morgen zusammengeklappt hatte.

»Was ist deine Lieblings-Parascha?«, fragte sie und fügte, ohne Luft zu holen, an: »Meine ist Bereschit, ich weiß, megalangweilig. Aber ich fand das immer schon so spannend, dass angeblich Tohuwabohu war auf der Erde, und dann kam Gott und hat alles sortiert, vielleicht war ja auch eigentlich alles ordentlich, aber im Dunkeln, und Gott hat nichts gesehen.« Sie trank einen Schluck Wein.

Und Gott nannte das Licht Tag, und die Finsternis nannte er

Nacht. Und es ward Abend und es ward Morgen: ein Tag. Er nickte. »Vielleicht.«

»Glaubst du an die Evolution?«, fragte sie, ihr Gesicht todernst.

Beinahe spuckte er seinen Wein zurück in sein Glas. »Ähm, ja?«, sagte er. Sein Mund plötzlich wie die Erde in Bereschit, *öd und wüst.*

»Nein, aber im Ernst, die spinnen doch, die Haredim. Das sind Fundis, genau wie Islamisten und diese Spinner-Christen«, sagte Hannah, wieder in diesem aufgeregten deutschen Ton.

»Ja, klar«, flüsterte er. Sie hatte ja recht. Er wusste nicht, warum das Gespräch plötzlich so unbequem war: Hannah war selbst Jüdin, sie durfte urteilen und lästern. Gut, sie war vielleicht nicht so gläubig wie er, aber was hieß das schon, glauben, es war nun mal auch sein Beruf, zu glauben, so sagte er es sich jedenfalls, damit das ganze Gebete nicht sinnlos war. Wissenschaftliche Erkenntnis war, soweit er es verstand, keine Glaubensfrage, es waren zwei unterschiedliche Dinge, die sie hier verglich, die gern verwechselt wurden, das stimmte wohl. Aber nicht von ihm. Er sagte nichts, vor allem aus Angst, ihr etwas zu erklären, das sie sicher schon wusste. Margarita beschimpfte ihn bereits ständig als Mansplainer. Er wollte nicht auch noch vor Hannah den Eindruck erwecken, er würde sich für schlauer halten, weil er ihr den Unterschied zwischen Glauben und Wissen erklärte.

Aber von dem Baume der Erkenntnis des Guten und Bösen sollst du nicht essen. »Meine liebste Parascha ist Noah«, log er, um der Stille und den tobenden Gedanken etwas entgegenzusetzen, »weil er die Robben gerettet hat, die wir heute gesehen haben.«

Hannah hob eine Augenbraue.

»Cooler Trick«, sagte er, und sie lachte.

Als er ihr nachschenkte, stieß er mit dem Flaschenhals ihr Weinglas um. Peinlich, dachte er, jetzt merkt sie, wie betrunken ich bin. Sie beugten sich gleichzeitig nach vorne, um das fallende Glas zu fangen. Es klirrte. Überall auf den Fliesen unter ihnen, auf seinen weißen Socken, auf ihren nackten Füßen war Rotwein. Klassiker, dachte er, als ihre Köpfe über den Scherben aneinanderstießen. Doch ihr Kopf gab nicht nach, also küsste er sie, es fühlte sich ganz anders an, als er es sich vorgestellt hatte, sie mussten finden, wessen Lippe wohin gehörte, und er wusste plötzlich nicht mehr, wie das ging, das Küssen, seine Zunge stieß an ihre Zähne, peinlich berührt schloss er den Mund. Hannah zog abrupt den Kopf zurück.

Denn welches Tages du davon issest, stirbst du des Todes. Sie hielt ihre Augen geschlossen, die Lippen zusammengepresst, und er begann, sich zu entschuldigen, immer wieder sagte er Entschuldigung, zum Scherbenhaufen zu seinen Füßen, zu Hannah.

Irgendwann machte sie die Augen auf. Sie kniff die Lippen weiterhin zusammen, blies dabei die Wangen auf, ließ langsam pfeifend die Luft heraus. Dann stand sie auf. Er hatte Angst, sie würde weglaufen, doch sie holte nur den Besen aus dem Flur. Das Geräusch, das der Besen machte, als würde jemand die Scherben kauen.

»Es ist alles gut«, sagte Hannah, als er sich erneut entschuldigte. »Ich hab's einfach nicht kommen sehen.«

Er wischte mit Papiertüchern zwischen ihren Füßen herum. Hieß das, wenn sie es nun kommen sehen könnte, wäre es anders? Sie tätschelte ihm den Kopf, während sie die letzten Scherben aufsammelte. Als wäre er ein Kind. Davor also hatte er Angst gehabt: dass eine mittelalte Frau ihm voll Mitleid den mittelalten Kopf tätscheln würde.

Er holte ihr ein neues Glas. Sie stießen unbeholfen an, »letzte Runde«, sagte sie, beinahe streng, er pflichtete ihr etwas zu bereitwillig bei. Sicher merkte sie, wie er sich schämte.

»Noah also«, sagte sie, »hätte ich nicht gedacht.«

Er räusperte sich verlegen, rutschte an den Rand des Sofas, so weit wie möglich entfernt von ihr, obwohl er sie am liebsten in den Arm genommen hätte, es noch einmal probiert, zärtlicher, mutiger. »Es klingt immer so geborgen«, sagte er, »auf der Arche, in Sicherheit mit den Tieren, die Noah mitgenommen hat, in den Fluten, auf denen die Arche thront. Und wie sie dann irgendwann wieder rauslaufen und Gott sagt, dass er nicht noch einmal den Erdboden um des Menschen willen verfluchen will.« *Obwohl das Schaffen des Menschenherzens böse ist von seiner Jugend an.*

»Aber hat er doch«, sagte Hannah, »was war denn sonst die Schoa, wenn nicht ein Fluch?«

Er schwieg. Sie kaute auf den Lippen herum, kniff die Augenbrauen zusammen.

Sie tat ihm den Gefallen, ihr Glas nicht herunterzustürzen. Sie tranken stumm nebeneinander. Der Wein schmeckte sauer. Ständig überlegte er, was er falsch gemacht hatte. Sonst war er es, der Avancen im Keim erstickt hatte, so getan hatte, als hätte er nichts gemerkt, und, wenn es konkreter wurde, Margarita als Ausrede genommen. Doch mit Hannah war es anders. Vielleicht fühlte er sich nur zu ihr hingezogen, weil er ihr Motiv nicht begriff. Warum war sie hier, wenn sie ihn nicht auf dieselbe Weise interessant fand?

Hannah stand auf und trat hinaus auf die Terrasse. Er schaute sie an, angeleuchtet vom gedimmten Licht des Zimmers, man hörte das Rauschen der Nordsee, der Himmel war dunkeldunkelblau. »Oh«, sagte Hannah, »ein Glühwürmchen«, also folgte er ihr auf die Terrasse, und es stimmte, auf ihrer Hand leuchtete ein kleines Insekt. Sie lächelte ihn an. Es war kalt geworden.

»Ich wollte eben nicht –«, sagte Hannah, und er schüttelte den Kopf, hörte, wie er »ich auch nicht« sagte, obwohl er das nicht meinte, obwohl er meinte: ich aber schon.

Sie schauten sich in die Augen, viel zu lang, bedeutete das

etwas, oder suchten sie einfach nach irgendeiner Gemeinsamkeit? Warum hatte sie ihm das Glühwürmchen zeigen müssen? Er hatte das Gefühl, Hannah schaute durch seine Pupillen, die nicht mehr waren als Löcher in seinen Augen, bis in seine hohle Brust, bis in sein trommelndes Herz. *Und Noah tat es; alles, wie es ihm Gott geboten hatte, so tat er es.*

Sie machte einen Schritt auf ihn zu, ohne ihren Blick zu lösen. Er war viel größer als sie, und um den Blick zu halten, musste er nach unten schielen. Er beugte sich vor und küsste sie erneut, diesmal ein richtiger Kuss, ein sanfter, zeitloser, küsste, wie er Marsha geküsst hatte. *Und die Gewässer nahmen überhand und mehrten sich sehr auf der Erde, und die Arche fuhr auf der Fläche der Wasser.*

Geborgen, der Kuss. Bergend. *Und es blieb übrig nur Noah und die mit ihm in der Arche.*

Hannah löste sich. Sagte: »Sorry, es geht nicht«, drehte sich um und lief ins Wohnzimmer, schüttelte den Kopf, flüsterte »Scheiße« und lief ins Bad.

Er hörte den Schlüssel im Schloss klappern, er klemmte, irgendwann schaffte sie es. *Und die Gewässer wichen von der Erde, fort und fort weichend, und die Gewässer nahmen ab, nach Verlauf von hundertfünfzig Jahren.*

*

An ihrem zweiten Morgen in Tel Aviv bestand Marsha darauf, vor ihrer Abfahrt gen Süden noch auf den Markt zu gehen. Es war laut auf dem Shuk HaCarmel, in der Luft eine üble Mischung aus Fisch und Sesamgebäck, Margarita war selbst überrascht, wie viel weniger mürrisch sie war, nun, da ihre Füße nicht mehr brannten.

Von überall Geschrei. Was vor einer Woche noch ein wildes

Durcheinander in ihren Ohren war, nun klar und deutlich: Datteln zehn Schekel das Kilo. Erdbeeren. Wassermelonen, Gewürze. Kosten Sie. Kaufen Sie.

Sie liefen die Allenby hinunter, weil Marsha Margarita unbedingt einen Buchladen zeigen wollte. Margarita fragte, ob sie nicht langsam etwas in Eile waren.

»Ich bin den Rest meines Aufenthalts in Jerusalem an meine Arbeit gefesselt«, sagte Marsha, »I want to be able to play tourist with you.«

Margarita hatte kurz vergessen, dass Marsha bleiben würde, dass sie nicht einfach wieder verschwände, in das Niemandsland, aus dem sie gekommen war, wenn Margarita in ihr richtiges Leben zurückkehrte.

»Hier ist dein Vater aufgewachsen«, sagte Marsha und zeigte beiläufig auf ein Haus auf der anderen Straßenseite.

Graue, verwaschene Fassade, kleine Fenster und Balkone, die aussahen, als sollte man sie lieber nicht betreten oder sich zu lang unter ihnen aufhalten. Margarita konnte nicht glauben, dass ihr Vater dort Kind gewesen war, dann Jugendlicher, dass er im gleichen Alter wie sie am gleichen Fleck gestanden hatte.

»War eine creepy Wohnung«, sagte Marsha, »vollgeramscht mit Kram bis unter die Decke, und es hat immer so ein bisschen sauer gerochen. Seine Eltern haben mich gehasst. Stella und Pnina haben um die Wette gezetert, Itzik war einfach nur still und hat ständig alle gefragt, ob sie Zahnseide benutzen.«

Margarita machte ein Foto vom Haus. »Ich kannte sie nicht wirklich«, sagte sie. »Nicht so wie Grandma und Grandpa.«

»Ich weiß. Dein Vater war nie so eng mit ihnen. Sie haben zu sehr auf ihre Herkunft geschissen und auf die Bildung ihrer Kinder. Und er mochte nicht, dass sie behauptet haben, sie wären arm. Wer mag das schon. Er war hart zu ihnen, aber sie haben es einem auch nicht einfach gemacht. Sie waren richtig unangenehm zu ihm, als er das Militär geschmissen hat, und geizig, vor allem, nachdem er mich angeschleppt hat. War ganz egal, dass ich Jüdin bin, für sie war die Hauptsache Israelin. Sie fanden es pervers, dass er jemanden lieben konnte, der keinen Wehrdienst gemacht hat und kein Hebräisch konnte. Und am Ende hat sich rausgestellt, dass sie das ganze Geld einfach gehortet hatten.«

Margarita schaute Marsha an. Hatte sie Itzik und Stella gerade wirklich Geiz vorgeworfen, obwohl sie selber Jüdin war? Oder war es, weil sie selbst so wenig Antisemitismus erlebt hatte, dass sie sich der Implikationen ihrer Aussage gar nicht bewusst war?

»Kein Wunder, dass er von ihnen wegwollte, erst Jerusalem, dann noch weiter. Die waren giftig.«

»Warum denn?«, fragte Margarita. Sie wusste kaum etwas über die Eltern ihres Vaters, er hatte mit ihr nie viel über sie gesprochen.

»Puh«, sagte Marsha. »Itzik kam ja aus der Türkei. Er war schon steinalt, als ich ihn kennengelernt habe, er muss vor dem Krieg noch hergekommen sein. Und ich glaube, Stellas Großmutter kam aus Galizien, aber Stella hat in Breslau gelebt mit ihren Eltern, bis Ende der zwanziger Jahre, aber es haben alle immer getan, als wäre nie etwas gewesen. Ihre Leben haben in Israel angefangen, klar waren sie traumatisiert, wie alle hier«, sagte sie und machte eine ausgreifende Geste.

Margarita überlegte, ob auch Selma und Dan traumatisiert waren, aber sie traute sich nicht, es laut zu fragen. Sie wusste, dass die beiden Kinder von Einwanderern aus dem Russischen Reich waren, seit letztem Jahr wusste sie auch, dass die Orte, aus denen sie stammten, in der heutigen Ukraine lagen. Noch vor den Weltkriegen waren sie in die USA gegangen. Selma hatte viel davon erzählt, von ihren Erinnerungen an das Jiddisch der Eltern, an ihr Russisch. Der russische Angriffskrieg bestimmte das Weltgeschehen, und Margarita hatte mittlerweile begriffen, dass er auf gruselige Art auch mit ihrer eigenen Herkunft verwoben war. Doch es blieb abstrakt, abstrakter als das bröckelnde Haus, vor dem sie nun stand. Sie stellte sich vor, wie Spuren des Hauses, Staub, Küchendämpfe, Holzsplitter, durch ihre Blutbahnen kurvten.

Warum hatte ihr Vater nur so bruchstückhaft von seinen Eltern erzählt, und warum hatte sie nie gefragt, wie das Kind am Sedertisch, das nie zu fragen verstand? Dabei hatte ihr Vater immer scherzend gesagt, sie sei das *naive Kind* aus der Haggada, weil sie jedes Jahr aufs Neue vergaß, warum Pessach der politischste der Feiertage war – weil es um jüdischen Widerstand ging –, und jedes Jahr aufs Neue vergaß, wofür die verschiedenen Komponenten des Pessach-Tellers standen, das Ei, die Petersilie, nur die Bedeutung des Salzwassers konnte sie sich merken, es waren die Tränen der Israeliten in Ägypten, gequält vom Pharao. Oder war es nicht doch der Schweiß, in den man seine Petersilie tunken sollte?

Margarita schreckte auf. Sie hatte verpasst, was Marsha gerade gesagt hatte:

»… und du weißt ja, wie meine Eltern deinen Vater vergöttern. Von Anfang an. Ich glaube, auch sie denken, er sei ein richtigerer Jude als wir, weil er Israeli ist, wegen seines Jobs und so. Er hat ihnen damals eine Führung durch Jerusalem gegeben, und ich glaube, meine Mutter hätte ihn am liebsten geheiratet.«

»Und warum hast du das nicht getan?« Margarita fiel erst auf, wie direkt die Frage war, als sie sie gestellt hatte.

»Dein Vater wollte gerne«, sagte Marsha, »aber ich wollte eine richtige Hochzeit, mit riesiger Party und so. Das konnten wir uns nicht leisten.«

»Aber deswegen seid ihr doch nach Deutschland, damit ihr mehr Geld habt.«

»Hat er dir das gesagt?«

»Ja«, sagte Margarita, »nein. Ich dachte einfach – warum würde man sonst –«, plötzlich fiel ihr nicht mehr ein, warum sie ihr Leben lang angenommen hatte, dass es finanzielle Not gewesen sein musste.

»Wir sind nach Deutschland, damit du keinen Wehrdienst machen musst«, sagte Marsha.

Margarita hielt die Luft an.

»Und dann hat Stella mich endgültig verachtet.«

Mehr sagte Marsha nicht, lief nur so schnell davon, dass es aussah, als flöge sie über den dreckigen Asphalt von Tel Aviv. Margarita stolperte ihrer Mutter bis zum Auto hinterher, wo Marsha über einen Strafzettel fluchte.

Es dauerte ewig, bis sie es aus der Stadt herausgeschafft hatten. Nach einem Blick auf die Uhr haute Marsha aufs Lenkrad und kündigte an: »Wir fahren durch die West Bank, sonst brauchen wir vier Stunden. So dauert es nur eine.«

»Die vom Verleih haben gesagt, man darf nicht durchs Westjordanland.«

»Anders kommt man da nicht hin.«

»Ich will keine verbotenen Sachen machen.«

»Chill, Rita, das machen alle so!«

»Vor fünfzehn Jahren vielleicht. Du hast doch keine Ahnung, wie es hier läuft!«

»Hey. Ich bin hier immer noch die Mutter.«

Margarita hob die Arme, als würde sie sich ergeben.

Am Checkpoint bekam sie feuchte Hände, doch die Soldaten winkten sie durch. Irgendwann tauchte das Tote Meer auf, das Auto folgte den Serpentinen, die sich durch Geröll wanden. Am Straßenrand standen ein paar Steinböcke, und Marsha verkündete aufgeregt, sie seien wahnsinnig selten, Margarita solle schnell ein Foto machen, aber Margarita machte kein Foto. Also parkte Marsha das Auto, um selbst zu fotografieren. Sie bedeutete Margarita, auszusteigen. Sie weigerte sich, starrte auf die roten Berge vor der Windschutzscheibe, bis ihre Mutter sich wieder auf den Fahrersitz setzte.

*

Das Meer leuchtete neonblaugrün. Als hätten alle Besucher der Full Moon Party auf Ko Pha-ngan, das er nach dem Militärdienst bereist hatte, ihre Knicklichter hineingeworfen, als hätte man alle Leuchtsterne über allen Kinderbetten Deutschlands hinterhergeschmissen. Avi war ins Dunkle gelaufen, bei Ebbe, ein Halbmond erhellte sporadisch zwischen schnellen Wolken den Strand. Man sah Sterne. Wegen der geringen Lichtverschmutzung, ein Wort, das Hannah ihm beigebracht hatte. Er lief, während das Neonmeer auf die Insel strömte und sich wieder zurückzog, bis zur riesigen Boje, die am breitesten Teil des Strandes lag. Zog sich aus: die Turnschuhe (Margarita: »Rentnerschuhe«), dann die Hose, das Hemd, die Unterhose (Margarita: »bah«). Das Wasser kam ihm wärmer vor als tagsüber, eine willkommene Täuschung durch die kühlere Luft. Er tauchte durch das Leuchten, bis seine Lungen brannten, bis er die Orientierung verlor, »niemals betrunken schwimmen«, wie oft hatte er das im Militär gesagt und gesagt bekommen, aber man hatte ihm auch gesagt, die Erde von *Germaniya* sei verbrannt, nun aber leuchtete hier das Meer.

Er konnte sich kaum an den Heimweg erinnern, als er die Tür aufschloss, so kalt war ihm, vielleicht sollte man deshalb nicht betrunken schwimmen.

»Ouh«, sagte Hannah, »spinnst du.«

Er streifte die klammen Klamotten ab und stellte sich unter die Dusche, wusch das Salzwasser aus seinen kurzen Haaren, und dann stand er unter dem heißen Strahl und fror weiter, fühlte sich wunderschön tot und beängstigend lebendig zugleich, sah die dünnen, dicht behaarten Beine unter sich, unter dem Leib, der nicht aufwärmen wollte, und war überrascht, dass er auf ihnen stehen konnte. Fühlte sich wie früher. Hannah klopfte und rief seinen Namen. »Bist du okay?«, fragte sie, und er antwortete: »Ja, Entschuldigung«, die rot gefleckten Arme um den eigenen Körper geschlungen, die Gänsehaut darauf: tausend kleine, harte Pickel. Sie fragte, ob sie hereinkommen könne. Die Duschwände bestanden aus brüchig gemustertem Plastik. Der Wasserdampf stand schon jetzt dick im Raum. Er konnte nicht anders, als ja sagen, vielleicht machte sie sich Sorgen.

Hannah setzte sich auf den Klodeckel. »Was wolltest du von ihm?«, fragte sie.

Er fühlte sich bedrängt, doch er hatte sie auch bedrängt, an diesem Abend, also beschwerte er sich nicht. »Wie meinst du das?«, fragte er zurück.

»Na ja, was wolltest du von ihm? Warum hast du dich mit ihm angefreundet, mit meinem Papa. Was. Wolltest. Du. Von. Ihm.« Sie sagte es ganz langsam, als dachte sie, er wäre dumm.

»Er war nett«, antwortete Avi auf ihre Frage, »Harry war einfach nett.« Es war unangenehm, an seinem nackten Körper hinabzuschauen, den Penis zu betrachten, den er sonst nie betrachtete, die nackte, rote Eichel, auch wenn sie hinter der Milchglasscheibe nichts sehen konnte. Er fühlte sich Hannah ausgesetzt.

»Aber was hast du an ihm gefunden, warum zur Hölle musstest du ihn missionieren? Das ist verboten, das weißt du doch selber.« Sie klang wie ein trotziges Kind.

»Ich verstehe nicht«, sagte er, »missionieren? Er war doch schon Jude.«

»Na, von sich aus wär der doch nie auf die Idee gekommen, aus der Tora zu lesen«, sagte Hannah.

»Hä«, sagte er, »er wollte doch.«

»Ja, aber warum? Irgendwer muss ihn doch angestachelt haben. Ich hab es nie verstanden und Mama erst recht nicht. Was hast du ihm erzählt, warum er das machen soll? Als ich klein war, waren wir einmal im Jahr in der Synagoge, an Jom Kippur, und das Jüdischste an uns war, dass es an Chanukka UND an Weihnachten Geschenke gab. Er hat selber immer gesagt, nicht Gott hat ihn aus Theresienstadt gerettet, sondern ein Schweizer aus Fleisch und Blut.«

»Was?«

»Hat er dir erzählt, es wär Gott gewesen? Das wird ja immer besser.«

»Nein, er hat gar nichts erzählt.«

»Wirklich, gar nichts? Das kann ich mir nicht vorstellen, mir hat er immer ein Ohr abgekaut, Jacobs drittes Wort war wahrscheinlich Lager, Mann, ey.« Sie zog die Nase hoch.

»Es tut mir leid.«

»Weißt du, ich brauch das ganze Gedöns nicht, um mich jüdisch zu fühlen. Mein Vater hat Theresienstadt überlebt. Ich versteh nicht, was er von dir wollte.«

Das saß. »Bist du nur hergekommen, um das rauszufinden?«, flüsterte er.

Sie zog erneut die Nase hoch und sagte: »Sorry, kannst du lauter sprechen?«

Er wiederholte die Frage.

»Nein«, sagte sie, »also, ein bisschen, aber ich finde dich auch echt sympathisch und interessant und so.«

»Ich bin kein Zootier«, sagte er, diesmal hörbar.

Sie ging nicht darauf ein.

»Dass er dir das nie erzählt hat. Er wurde freigekauft, von einem Schweizer Politiker, keine Ahnung, warum, aber der hat einfach irgendwie tausend Häftlinge freigekauft. Ja, und dann saß er da in Sankt Gallen. Und weil die Schweizer ihn nach Nordafrika abschieben wollten, ist er direkt nach dem Krieg zurück nach Deutschland, ins Waisenhaus in Hamburg.«

»Nein«, sagte er. »Das hat er mir nie erzählt.«

»Aber was wollte er denn dann kompensieren? Worüber habt ihr dann geredet? Avi, er hatte keine Freunde, das bei der Beerdigung waren alles die Freunde meiner Mutter, und seine Schwester, die kaum mehr Deutsch spricht, weil sie in England geblieben ist. Er hatte niemanden, den Rabbiner hat er kennengelernt, als Mama mit Alzheimer ins jüdische Altersheim kam, und der Rebbe hat nach ihr geschaut und nach ihm, weil er kaum kochen konnte, aber ich hab ihm ständig Essen gebracht, und Jacob hat gekocht«, sagte sie, ihre Stimme brach. »Er war ein alter Holocaustüberlebender, und er hat nicht an Gott geglaubt, das kann ich dir schwören.«

»Vielleicht hat er gemerkt, dass ich auch nicht unbedingt viele Freunde habe.«

»ABER WARUM AUSGERECHNET DU. Er hätte ja auch einfach mit seiner Frau zum FUCKING Bridge gehen können. Er brauchte keinen Sterbebettmissionar.«

»Autsch«, sagte er.

Sie schluchzte.

Avis Haut war knallrot. Er fühlte sich gefangen im Duschkäfig, davor die hartnäckige Hannah. *Völlig von der Rolle*, dachte er auf Deutsch.

»So war das nicht gemeint«, sagte sie, »du bist ja total nett, aber halt auch total gläubig, und ich glaube, mein Papa hatte einfach andere Werte. Es gab für ihn keinen Gott mehr nach dem, was er erlebt hat. Du verstehst das vielleicht nicht. Aber er hat wirklich niemanden gebraucht, er war auch nicht einsam, das weiß ich. Er war zäh.«

Er schwieg, während Hannah weiterschluchzte.

Er überlegte. Dann sagte er: »Wir haben die gleichen Werte. Wir alle, wir wollen in Frieden leben, ich bin Sänger und muss meine Miete zahlen. Ich bin kein Fundamentalist, weil ich eine Kippa trage. Und ich denke nicht, dass du an Gott glauben musst. Ist es, weil ich nicht deutsch bin?«

»Oh mein Gott«, sagte sie, »nein, das wollte ich nicht –«

»Es ist so komisch, aber selbst ihr deutschen Juden, ihr habt etwas gegen Fremde. Harry hatte nichts gegen mich. Er wollte aus der Tora lesen, ich weiß auch nicht, warum, er hatte eine Faszination. Es ging nicht darum, warum.«

»Ich versteh es einfach nicht«, schluchzte sie. »Und wir waren auch ganz normale Juden. Mehr Trauma geht nicht.«

Warum ging sie nicht einfach raus?

»Dann können wir wenigstens zusammen nicht verstehen«, sagte er.

»Du bist sehr, sehr lieb.«

»Hat nicht gereicht.«

»Ich find dich nicht unattraktiv«, sagte sie, »ich weiß auch nicht richtig – ich bin einfach im Moment –, du hast für mich einfach so eine Aura, sowas Heiliges, ich kann das nicht. Und ich will meinem Vater nicht den Gefallen tun, der hat dich schon genug angehimmelt. Und jetzt würde er es nicht mehr mitkriegen. Und es soll ja auch keine Qual für dich sein.«

»Wie meinst du das denn?«

»Na, du willst ja bestimmt dann auch heiraten und so, keine Ahnung, ich will das einfach nicht, ich sehe mich da nicht.«

»Hannah, bist du nur hergekommen, um in meinem Leben herumzuschnuffeln?«

»Schnüffeln«, sagte Hannah, »es heißt schnüffeln.«

»Mein Leben ist kein Judentheater für dich«, sagte er. »Ich bin fertig mit Duschen.«

»Okay«, flüsterte sie, »tut mir leid.«

»Kannst du bitte rausgehen?«

»Ja«, sagte sie und stand vom Klodeckel auf. »Ich vermisse ihn einfach so.«

»Ich weiß.«

»Bitte entschuldige. Ich hoffe, du bist nicht verletzt«, murmelte sie und öffnete die Tür.

»Lass es einfach«, antwortete er.

*

Die Luft, als presste sie ein heißer Stein auf die Menschen, die eigentlich gerade nicht hier sein sollten. Hier gehörten keine Menschen hin. Das war ein fremder Planet, kein Wellnessparadies, stinkendes, heißes Wasser, das Salz kratzte Margaritas Hintern wund, auch die Hände, mit denen sie sich im Sitzen ins Tote Meer ziehen musste, während sie immer wieder an die Oberfläche trieb, es brannte furchtbar an den aufgekratzten Mückenstichen an ihren Beinen. In der schleimigen Brühe Körper, wulstig und rot. Wie Hummer. Trejfe Körper.

Nicht einmal das Wasser aus der Dusche war kühl. Lauwarme Plörre, dann schwarz. Sie sah Farben, jemand spielte Jazz, es war so, so laut. Dann nicht mehr schwarz, wieder da, ihre Mutter über ihr und ein paar Wampen. Noch heißer, jemand brachte eine Cola. Jemand fragte, ob man einen Krankenwagen – sie übersetzte für die Mutter, die Mutter lachte, »lo, lo«, sagte sie, viel mehr konnte sie ohnehin nicht.

Margarita war schrecklich müde. Sie hatte immer gedacht, ohnmächtig werden wäre ein stilles, einfaches Wegsein, doch es war ohrenbetäubend laut. Der Luftdeckel sollte verschwinden. Vielleicht waren sie in einem Vakuum gefangen, in dem kleinen Raum zwischen Marmelade und Deckel. Ihr war explodierend heiß. Vielleicht war sie wegen des Sex mit Lior in eine Hölle gekommen. Juden kannten doch eigentlich keine Hölle. Eine Hölle, die hatten andere ihnen gebaut.

Die Klimaanlage im Zimmer in der Jugendherberge war viel zu kalt. Sie schwitzte trotzdem. Der Schweiß brannte in den Augen wie das Meer, das keines war. Ihre Mutter, die so unbesorgt gewesen war, dass es hart und mitleidlos gewirkt hatte. »Ich bin früher auch ständig umgekippt«, hatte sie gesagt, ihr eine Cola aus dem Automaten besorgt und eine Kopfschmerztablette auf den Nachttisch gelegt.

Einige Stunden später kam sie herein, flüsterte leise »Rita? Dinner?«, als wünsche sie sich insgeheim, Margarita würde es nicht hören. Also hörte sie es nicht. Blieb still. Spürte, wie ihre Mundwinkel sich nach unten zogen. Draußen, vor dem Fenster, fiel die Sonne vom Himmel. Als Marsha wieder ging, stellte sie die Klimaanlage noch weiter herunter und suhlte sich in ihrem Kopfschmerz.

Sie konnte nicht schlafen in der Nacht nach der Ohnmacht. *Ohnnacht* tippte sie in ihr Handy, lauschte ihrem Herz, auf der Matratze unter ihr eine knirschende Unterlage aus Plastik. Das Laken eine Schicht Polyester, die schon unzählige Körper zugedeckt hatte.

Ohnnächte all diese Nächte des letzten Jahres, in denen sich so viel geändert hatte. Die Nähe zu Anna, in einem Taumel durch Bier und Wodka, durch Zigaretten und Joints.

Die letzte Ohnnacht, wenige Tage vor ihrem Flug nach Chicago, sie hatten am Wassertorplatz den Sonnenaufgang angeschaut, und irgendwann waren sie Arm in Arm auf dem Rasen eingeschlafen. Alles kribbelte vor Heimweh.

Sie schrieb ihrem Vater: *ich kann nicht schlafen*.

Sie schrieb Lior: *bist du wach*, dann löschte sie die Nachricht. *Nachricht für beide gelöscht*. Nun würde er denken, sie hätte ihm einen halben Roman geschickt, erneut schrieb sie: *bist du wach*.

Beide fragten: *ma ze.* Was ist. Ihre Augen taten weh. Morgen würde sie antworten. Während sie überlegte, was eigentlich war, dämmerte sie weg und erwachte einige Stunden später ungläubig: dass sie eingeschlafen war, dass sie geschlafen hatte, dass sie nun aufwachte, wie fragil der Zustand zwischen Wach und Schlaf, kein Schwarz und kein Weiß und kein Grau, eher ein Indigo und ein Royal, ein wacher Schlaf, ein schläfriges Wach.

*

Avi lag voll bekleidet auf dem Bett. Schon der zweite Morgen ohne Klappern, ohne Rascheln. Hannah war weg, hatte sich nicht einmal verabschiedet, sich einfach am Tag zuvor frühmorgens hinausgeschlichen. Doch da war keine Enttäuschung. Nichts. Er fragte sich, was er sich dabei gedacht hatte, ganze neun Nächte auf dieser verschlafenen Insel zu verbringen. Tags darauf würde auch er endlich abreisen.

Hannah war weg, aber es war ihm egal. Also lag er da und wartete, wartete auf Gott, der ihn offenbar vergessen hatte, der ihn bald strafen sollte für seine Torheit, dafür, was für ein Dummkopf er gewesen war, sich Hoffnungen zu machen, wenigstens strafen mit einer echten Trauer oder einer echten Scham für diese zwei peinlichen Küsse, doch da kam nichts. Es war ihm egal. Stattdessen nur eine Sehnsucht, nicht nach Marsha, sondern nach den Erinnerungen an sie, lange hatte es so viele gegeben, dass er sich aussuchen konnte, an welche er sich beim Einschlafen klammerte, doch sie waren immer weiter verschwunden, wie sehr er sich auch daran festgehalten hatte mit Greifarmen, stark wie Margaritas kleine Babyfinger.

Nun waren es Erinnerungen an Erinnerungen, von denen er nicht wusste, ob sie überhaupt echt waren, so lang waren sie her.

Erinnerungen an Erinnerungen an ein taumelndes, an ein unberechnetes Leben, an ein Glück. Erinnerungen an Erinnerungen an eine echte Schabbes-Braut, nicht nur eine, die auf Papier tanzte und in seiner Stimme.

*

Es klopfte an der Tür, als Margarita ihre Sachen gepackt hatte, kaum hörbar über der Musik in ihren Ohren. Sie zog einen Kopfhörer heraus, und Marsha fragte, wie es ihr ging, eine Hand hinter dem Rücken, die andere unbeholfen in der Luft. Über ihrem Gesicht ein Streifen Sonne, der die Haare über der dünnen Oberlippe betonte und den kastanienbraunen Schopf noch buschiger wirken ließ.

»I know it isn't easy, Rita«, sagte sie. »Du musst ihn wirklich mögen.« Sie streckte ihr ein Buch entgegen. »Hab ich dir vor ein paar Tagen gekauft, aber ich wusste nicht, ob, also, wie ich es dir –«

»Hast du das bei Amazon bestellt?«

Marsha sah sie verwundert an. »Ja«, sagte sie und zog ihre Hand beschämt zurück.

»Du verstehst gar nichts. Und schick das Geld doch direkt Jeff Bezos per PayPal«, blaffte Margarita.

»Frühstück«, sagte Marsha. Sie klang verletzt. Als sie zum Speisesaal der Jugendherberge liefen, schaute sie stur geradeaus.

Das einzige Geräusch war das Schmatzen der Kinder am Tisch neben ihnen. Ihre Blicke trafen sich. Es schien auch Marsha zu quälen, das lautstarke Kauen, dazwischen das Schniefen einer Rotznase.

Danach wanderten sie still durch die Landschaft von En Gedi. Wenn man sich umdrehte, sah man auf das Salzmeer, verkrustet und blau. Margarita badete in einem der kleinen Pools, die sich durch die Wasserfälle abseits der Wege sammelten. Sie zog nicht einmal das T-Shirt aus. Es war so heiß, dass es binnen Minuten wieder trocknen würde. Salziger Schweiß, salzige Luft. Ein Durst, der sich nicht stillen ließ, aber immerhin kein Schwindel mehr.

Überall waren Steinböcke. Zum Teil kamen sie so nah, dass Margarita sie hätte berühren können, und stritten sich um zurückgelassene Chipspackungen. Marshas Aufregung über die Wesen war abgeklungen, und Margarita hatte das Gefühl, es war ihr peinlich, wie sehr sie sich gestern darüber gefreut hatte.

Es war glitschig dort, wo Bäche über den schmalen Weg flossen. Als Marsha beinah ausrutschte, streckte Margarita die Hand aus. Marsha bedankte sich nicht. Würde es immer so weitergehen, das Hin und Her, beleidigen und beleidigt sein?

Margarita erinnerte sich daran, was ihr Vater sagte, wenn sie etwas nicht machen wollte: Es sei eine Mizwa, es zu tun. War zanken eine Mizwa?

Am Ziel der Wanderung fiel das Wasser meterhoch vom Felsen herunter. Marsha zog ihr Kleid aus, unter dem sie ihren Badeanzug trug. Sie reichte Margarita ihre große Leinentasche, kletterte über eine kleine Absperrung, ignorierte das Verbotsschild und stellte sich unter den Wasserfall. Ihr Gesicht unter Wasser sah glücklich aus.

Margarita lächelte beschämt, als Leute vorbeiliefen und ihre Mutter anstarrten. Vielleicht war es eine Mizwa, Marsha sein zu lassen, wie sie war.

Als sie zurückkam, kletterte Margarita ebenfalls über die Absperrung, aus dem Bedürfnis heraus, dieselbe Freude zu empfinden wie ihre Mutter, während kaltes Wasser eimerweise auf sie herabschüttete, auf den Sonnenbrand auf ihren Schultern, auf die Sommersprossen auf ihrer Nase. Der Druck auf ihren Kopf löste sich kurz auf. Obwohl sie nicht vom Wasser trank, stillte es den Durst.

Im Kiosk am Rastplatz konnte man Snacks kaufen, Limonade

und Bücher über den Holocaust. Sie entschieden sich für ein Sandwich, teilten es im Auto, bei laufendem Motor, damit die Klimaanlage sie abkühlte.

Als Margarita vom Händewaschen zurückkam, lag das Buch auf dem Beifahrersitz.

»Wir fahren heute durch bis nach Eilat, das ist die längste Strecke bis jetzt«, sagte Marsha.

»Warum nicht nach Masada?«, fragte Margarita. Dort wären sie auf der Israelreise mit der Schule hingefahren, hätten die Wanderung zum Fluchtfelsen gemacht, wenn es die Einreisebestimmungen zugelassen hätten. Eilat hingegen erwähnten nur die, die mit ihren Großeltern All-inclusive-Urlaub machten.

Statt zu antworten, fragte Marsha nach einer Weile, als wolle sie etwas herausfinden oder von etwas ablenken: »Gehst du eigentlich jeden Samstag mit deinem Vater in die Synagoge?«

»Mit Anna«, sagte Margarita.

»Und Avi?«

»Nein, ich gehe in eine andere Synagoge als er.«

Das war gelogen, sie ging seit ihrer Bat Mizwa in keine Synagoge mehr, nur an den Feiertagen, halbherzig, und dann saß sie vor allem mit Anna im Treppenhaus und flüsterte. Doch sie wollte, dass es klang, als würde sie ihr Judentum ernst nehmen, als könne zumindest daran niemand rütteln.

Sie hatte in der Neuen Synagoge immer das Gefühl gehabt, alle würden sie schief von der Seite anschauen, weil sie alleine, ohne Eltern, dort war, so oft sie auch sagte, dass ihr Vater lediglich in einer anderen arbeitete.

Die Betenden dort wirkten unnahbar, kalt. Deutsch. Wenn sie an die Jahre ohne Anna dachte, bekam sie ein flaues Gefühl der absoluten Isolation. Sie war falsch angezogen gewesen, häufig waren die Hosen zu kurz, die Pullover verkehrt herum. Sie hatte falsch ausgesehen. Hässlich.

War sie ein hässliches Kind gewesen? War Marsha deshalb gegangen? Sie schaute ihre Mutter an und traute ihr alles zu.

Demonstrativ schlug Margarita das Buch auf, während das Auto immer weiter gen Süden rollte, und begann zu lesen. Sie verstand kaum etwas vom Text, vieles begriff sie allein sprachlich nicht, doch an einer Passage blieb sie hängen:

Das Herz ist das Organ der Begierde (es schwillt an, es zieht sich zusammen usw. wie das Geschlecht), so sehr steht es, verzaubert, im Banne des Imaginären. Was wird die Welt, was wird der Andere mit meiner Begierde anfangen? Eben das ist die Unsicherheit, in der sich alle Regungen, alle »Probleme« des Herzens zusammenfinden.

Was fing die Welt mit ihrer Begierde an, wenn es die Welt war, die sie begehrte?

Sie schloss das Buch. Schlug es an anderer Stelle auf.

*

Erinnerungen an Erinnerungen an Marshas Zuneigung, an den Winkel, in dem sie ihren Körper zu ihm gebogen hatte, ihre langen Finger auf seiner Wange.

An ihren sturen Schopf, der nach Head and Shoulders roch. Wie gut sie ineinandergepasst hatten, ihre Arme und Beine, ihre Lippen, alles andere. Er wurde hart, wenn er daran dachte.

Wenn er die Erinnerungen erinnerte, war er glücklich.

Träumer, hörte er sie sagen, was träumst du, wenn sie ihn weckte, was träumst du. Von dir, wollte er jetzt sagen.

Erinnerungen an Erinnerungen an ihr gestochenes Wesen, die Rastlosigkeit, an ihre Verwegen-, ihre Verbissenheit.

Keine enttäuschte Hoffnung war je so grausam wie die erfüllte Hoffnung, die einem wieder weggenommen wurde. Der einzige Schmerz der einer Erkenntnis: dass es niemals jemanden geben würde, der Marsha ersetzen könnte, und dass er so lang gewartet hatte auf diese Antwort, die er in den wenigen Tagen mit Hannah auf der Insel bekommen hatte.

Erinnerungen an Erinnerungen an seinen Dickkopf. Schnell schob er sie weg.

Sein verpeilter Antrag in der Cinémathèque von Jerusalem, in der sie ihr erstes Date verbracht hatten. Der Ring, den er in den Nachtisch gesteckt hatte, als Marsha auf die Toilette ging.

Sie hatte den Ring mitgenommen, als sie gegangen war. Hatte ihre Seidenkleider mitgenommen, ihre Wollpullover, drei Bücher, den Pass.

Waren sie noch immer verlobt?

Ihm fiel ein, wie er sich gefühlt hatte, wenn sie seinetwegen glücklich war, die Atemnot, als verließen die Schuhsohlen kurz den Boden.

Auch Margarita würde gehen. Ihm das klägliche Herz brechen. Wenn man sich nur selbst verlassen könnte, dachte er, er täte es.

Eigentlich war er nur traurig, weil Hannah ihm egal war, weil ihre Spurensuche in seinem Leben ihm egal, ihre Projektion auf ihn ihm egal war. Oder wegen seiner eigenen Projektion. Der Marsha-Projektion.

Zwischen Wach und Schlaf hatte er ihr Brüllen gehört, sich Marshas Brüllen in die Stille gewünscht, das spitze, wütende Brüllen während Margaritas Geburt, sogar das tiefe und verzweifelte, das voller Heimweh war; sie hatte gebettelt, nachts, gebettelt und gedroht, und er hatte es nicht ernst genommen, ihre raue Stimme, *I just want to go back, anywhere in the States. Even California. Just not here.* Wie rau ihre Stimme gewesen war, als sie gegangen war, als er gefleht hatte.

Wie er ihr erklärt hatte, dass sie sich das nicht leisten konnten, private Schulen, Krankenversicherung, dass er ohnehin erst mal eine Stelle würde finden müssen und das unmöglich war, dass man ihm die Stelle in Berlin doch schon zugesagt hatte.

Die E-Mail, die einige Wochen später in seinem Posteingang lag: *Ich dachte, ihr kommt hinterher. Kommt.*

Wie wütend er gewesen war, benommen und fassungslos vor Wut. Und wie fassungslos es ihn jetzt machte: Er hätte gehen können, er hätte sich dem nicht hingeben müssen, einem beinah hedonistischen Selbstmitleid, der Einsamkeit, mit der er sich selbst strafte. Und immer die Angst um Margarita, deren Namen sie ausgewählt hatte, dann gesungen, geflüstert und gebrüllt. Immer das Rätsel, warum sie ihm das Kind gelassen hatte. Strafe oder Zugeständnis.

Manchmal hatte er überlegt, sich so schwer zu verletzen, dass er noch am Leben wäre, aber sich nicht mehr um Margarita kümmern könnte, um Marsha zurückzuholen. Sich selbst abholen zu lassen aus dem Leben, in das er gefallen war. Doch er war so lange weitergetaumelt, bis es ein gutes Leben wurde, dem nur eines fehlte, nämlich die Liebe, aus der es entstanden war.

Erinnerungen an Erinnerungen an den Geruch ihres schläfrigen Körpers.

An diesem Tag sprach er kein Gebet. Er starrte an die Decke und dachte an Marshas Zehen, an ihre Füße, ihre Fersen und ihre Knöchel, er wanderte ihren Körper ab, rauf und runter, dachte an ihre Stimme, an ihr Englisch, die Phonetik, die sie ihm selbst erklärt hatte.

Sie hatten sich in einer Bar kennengelernt. Er sechsundzwanzig, sie achtundzwanzig. Sie war so verliebt in ihn gewesen, dass sie an ihm hing wie ein Welpe, so sagte sie es selbst, und nach dem Sex weinte sie vor Glück, wenn das Licht durch die gelben Vorhänge in sein Jerusalemer Schlafzimmer fiel. In das Schlafzimmer, das bald auch ihres war, über das Bett, auf dem sie ihre Dissertation fertig schrieb, während er Syntaxbäume auf ihren Rücken zeichnete, *ani ohev otach.*

Wie sie darauf bestanden hatte, kein Hebräisch lernen zu

wollen, da sie als Sprachwissenschaftlerin an der Struktur der Sprachen interessiert sei, nicht daran, sich unterhalten zu können, und nicht zugeben konnte, dass es in Wirklichkeit wegen ihres Vaters war, der es sowieso immer besser können und sie das spüren lassen würde.

Wie sie die Nase in die Luft reckte, wenn sie ihm etwas erklärte.

Wie sie sagte: Ich trinke ein Glas Steine. Merkst du, wie dein Gehirn stolpert. Ihm das Stolpern in einem Diagramm zeigte.

Wie sein Gehirn nun stolperte, wenn es nach Erinnerungen suchte. Als hätte es für Marsha keine mentale Repräsentation übrig.

Er rief sie an und fragte nach der Tochter.

»Die Tochter ist beleidigt«, sagte sie belustigt, ihre Stimme hatte keinen Körper, seit Jahren nicht, und sein Gehirn stolperte, wollte keine Sprache finden, es trank bloß Marshas Stimme, wurde wortlos, sinnlos, bis sie auflegte.

*

Eilat war kreischend hässlich, ein in Pastell getauchtes Ungeheuer. Alles war grell, schrill, überbordend und laut. Die Leute in der Stadt trugen Neonfarben über ihrem Sonnenbrand. Die Felsen über dem Roten Meer erinnerten an einen schlechten Fotodruck beim Zahnarzt. Als wären sie verpixelt.

Sie übernachteten in einem Hotel, das *Rich Luxury Suites* hieß, es war allerdings weder für Reiche noch luxuriös, noch waren es Suites. Auf der Tagesdecke über dem Bett waren braune Flecken, in der Dusche schimmelte es.

Sie saßen an einem kleinen Platz vor einem Einkaufszentrum. Ein Gitarrist schrammelte *I'm Yours*.

Überall wurden Selfies gemacht.

Aus den weißen Shorts einer Frau am Nachbartisch blitzte ein quietschgelber Tanga hervor.

Ein Kind fuhr gelangweilt auf einem winzigen Polizeiauto im Kreis.

Die Sirene eines Krankenwagens ergänzte das *Wonderwall* des Gitarristen. *And after allaiaiaiaiai.*

Das Rote Meer wurde dunkelblau. Die roten Berge wurden schwarz.

Im Halbdunkel blinkten die Schilder der Geschäfte noch fordernder.

»Morgen gehen wir schnorcheln«, sagte Marsha.

In den Rich Luxury Suites konnte Margarita nicht schlafen. Wenn sie die Schlafanzughose auszog, ekelte sie sich vor der Bettwäsche, doch die Hose scheuerte am Sonnenbrand auf ihren Oberschenkeln.

Am nächsten Tag fuhren sie zum »Korallenriff«, einem für Boote gesperrten Küstenabschnitt, vielleicht so groß wie ihre Wohnung in Berlin. Margarita war noch nie geschnorchelt. Wo auch, im trüben Lake Michigan, in der noch trüberen Ostsee? Im Müggelsee?

Sie zogen sich Flossen an und watschelten ins Rote Meer. Marsha schwamm davon. Als Margarita ihr folgen wollte, atmete sie einen großen Schwall Salzwasser durch den Schnorchel ein. Sie stand wieder auf, ihre Füße berührten gerade so den Boden, und spuckte aus. Sie versuchte es erneut, doch jedes Mal, wenn sie einen Zug schwamm, spülte Wasser in den Schnorchel. Auch in die geliehene Schwimmbrille lief Wasser. Sie blinzelte gegen die Tränen an, nahm den Schnorchel ab und watete an eine flachere Stelle. Es war schwierig, mit den Flossen im Sand voranzukommen. In ihrer Brust brannte es, als hätte sie Landwirth's-Wodka in der U-Bahn-Station getrunken.

Marsha drehte sich um. »What's wrong?«, schrie sie. Margarita zuckte mit den Schultern. Marsha kam zu ihr gepaddelt. »What's wrong?«

Margarita bohrte die Fersen in den Sand. »Ich kann das nicht«, sagte sie, »mein Schnorchel ist irgendwie kaputt.«

Marsha lachte. »Du musst dich einfach hinlegen und nach unten schauen.«

Überall im Wasser waren Menschen. Es war hektisch und laut. Einfach hinlegen, dachte Margarita. »Aber ich sehe ja nichts, wenn ich auf den Boden schaue.« Sie hörte den mauligen Ton selbst.

»Doch. Fische«, sagte Marsha.

Margarita legte sich ins Rich Luxury Meer. Um die einzige Koralle im Korallenriff schwammen ein paar blaue Fische, auf die Marsha begeistert wedelnd zeigte. Es war ein befremdliches Gefühl, die Luft über sich zu atmen, während das Gesicht im Wasser war. Es gefiel ihr nicht.

Margarita paddelte zurück ans Ufer und setzte sich, die Flossen an den Füßen, in den Sand. Nie wieder schnorcheln, dachte sie, nie wieder Rotes Meer. Nie wieder so hässlich wie hier, nie wieder will ich so hässlich sein, nie wieder will ich so Hässliches sehen.

*

Es hatte eine fürchterliche Verwechslung gegeben. Einen Irrtum, eine falsche Fährte, der er gefolgt war, und er hatte es erst begriffen, als es schon zu spät war. Als er jetzt die Gläser aus der Spülmaschine in den Schrank, die Gabeln in die Schublade, die Schalen ins Regal räumte, als er alles anschaute, zurück in seiner sauberen Berliner Küche, und wusste, sie würden sich wieder füllen, leeren, zurückfinden in die Maschine, die sie für ihn säubern würde. Fünfzehn Jahre, vielleicht mehr, hatte er geglaubt, er müsse bloß satt sein, und dann wäre es in Ordnung, das Leben, das er lebte. Hatte den Tellern dabei zugeschaut, wie sie sich leerten, seiner Tochter dabei, wie sie in die Welt wuchs, hatte seiner Stimme dabei zugehört, wie sie den Raum füllte. Wenn er nur satt wäre, dachte er, könnte nichts schief sein, nichts misslich, nichts einsam, nichts karg. Er hatte nicht begehrt, er war nie gierig geworden oder geizig, er hatte nichts für sich allein haben wollen, weil die Schüsseln und Töpfe, die Tage und Jahre voll gewesen waren.

Und so waren die Dreißiger, nun langsam auch die Vierziger an ihm vorbeigerast, und jetzt, plötzlich, holten ihn die Erinnerungen an ein hungriges Leben, eine hungrige Zeit ein. Eine Zeit nach dem Schulabschluss, an die späten Neunziger in Israel, den Militärdienst während einer verhältnismäßig friedlichen Phase. Eine Zeit, in der er eine Meinung gehabt hatte. In Deutschland war es einfach. Hier musste er keine Meinung haben. In Israel hatte er hinschauen müssen. Seine Angst war politisch. Es war politisch, wenn ein Bus in die Luft gesprengt wurde, den man gerade verpasst hatte, und es war politisch, mit einem Maschinengewehr vor der Brust in einen Bus zu steigen und zu schauen, wer ihn in die Luft sprengen würde.

Auch die Angst der anderen war politisch. Angst in den Augen der Menschen, denen man keinen Staat erlaubte, auch sie stellte einen in die Welt, in eine Welt, für die man sich schämte und der man gehorchte. Angst machte hungrig, war dringlich, sie sorgte dafür, dass man die Dinge nicht verschob.

Er hatte sich hungrig fortbewegt, hungrig nach Gefühlen gewühlt, sogar sein Magen hatte sich ständig leer angefühlt. Am Ende war der Hunger zu seinem Beruf geworden, das Einzige, was ihn stillen konnte, das Gebet, die Stimme, die seinen Körper ausfüllte, eine Ablenkung, bis es keine Ablenkung mehr brauchte, bis er kein politisches Wesen mehr war. Ein Mitbürger, so wie es alle immer sagten, jemand, der mitlebte. Keiner, der groß eine Rolle spielte.

Und seine Sattheit hatte diejenige vertrieben, die versucht hatte, ihn in der Welt zu halten, eine Rolle zu spielen. Er hatte zu viel gehabt, zu wenig verlangt, also war Marsha gegangen, und das Loch, das sie hinterlassen hatte, stopfte er mit Gesang, mit Gebet, mit Ritual. Mit Windelwechseln und Vorlesen. Mit Bananenscheiben und Dinkelkeksen.

Es war eine Verwechslung gewesen. Das Glück lag nicht in der Sättigung. Ein sattes Leben war keines, das man leben brauchte. Ein unpolitisches Leben bedeutete ein Leben ohne Hunger, ein Leben ohne Wut, ein taubes. Kein Wunder, dass all seine Freunde sterbenslangweilig waren und dass die Einzige, die noch hungrig war, sein Kind war, dem er ständig versuchte, noch mehr in den Rachen zu schieben, damit es endlich abstumpfte und wurde wie er selbst.

Nicht einmal an Jom Kippur war er hungrig. Der Gesang lenkte ihn ab, das Wissen, dass der Honigkuchen auf ihn wartete.

Es war Marsha gewesen, mit ihrer messerscharfen Intelligenz, die sie Margarita in die Wiege gelegt hatte, mit der Wortschnelle, den Bulldozerargumenten. Er wäre nie endgültig satt geworden, wäre Marsha geblieben, er hätte begehrt, bis er gestorben wäre. Er war nur satt, weil er Angst vor dem Hunger hatte.

*

Das Eis aus der Eisdiele, die ihnen die Rezeptionistin empfohlen hatte, schmeckte, wie Eilat aussah: künstlich, billig. Nach Shampoo. Rich Luxury Eis. Es war so eklig, dass Margarita es in den Müll schmiss. Marsha wurde wütend. So ging es seit dem Schnorchelausflug, Margarita konnte nicht aufhören zu sticheln, um herauszufinden, wann ihre Mutter explodierte. Nach dem weggeworfenen Eis stornierte Marsha zu Margaritas Genugtuung die zweite Nacht, und sie traten bereits heute die lange Fahrt zurück nach Jerusalem an. Die Laune im Auto war miserabel, es war bereits nachmittags, sie würden erst spät am Abend ankommen.

Margarita schlief ein, als sie auf der Autobahn waren. Träumte von Anna, von der sie seit Tagen nur knappe Nachrichten erhielt, träumte, dass Anna mit Nico schlief, sein Penis in Annas Mund. Dass Anna es ihr erzählte, als wären es gute Neuigkeiten, weil sie nun auch keine Angst mehr haben musste vor einem Schwanz in ihr. So sagte sie es im Traum. Erst als sie zum Tanken hielten, wachte sie auf. Marsha hielt ihr ein neues Eis hin. »I don't deserve that«, flüsterte Margarita.

»Oh, honey«, sagte Marsha, »it's okay. Enjoy it.«

Honey. So hatte sie sie noch nie genannt.

*

Es war Donnerstag, er war seit Dienstag zurück, in einer Berliner Hitzewelle, abends gossen die Nachbarn die Bäume, stellten die Kinder darunter, bevor sie Eimer voll Wasser ausschütteten. Avi hatte stundenlang auf dem Balkon gesessen und das nächste Semester vorbereitet, sechsunddreißig Unterrichtseinheiten, obwohl er sonst immer von Woche zu Woche plante, hatte sich in Arbeit gestürzt, wo keine war.

Er ging schwimmen, gegen die Wut, doch es war anstrengend, hunderte Leute kraulten im Sommerbad Pankow um ihn herum gegen ihre eigene Wut an.

Abends war er bei einem jungen, frisch ordinierten Rabbiner zum Essen eingeladen, er hatte gerade ein Kind bekommen, seine Frau war Französin, eine elegante Familie in einer chaotischen Wohnung, und überall Bücher. Die Frau des Rabbiners fragte ihn, ob er auch Familie habe. Er erzählte von Margarita, sie reagierten begeistert, »oh, we 'ave to meet her«, sagte die Frau, und ihr Mann auf Hebräisch das Gleiche.

Verlegen bestätigte er, dass das schön wäre, aber Margarita schüchtern sei. Sie lachten.

»So are you«, sagte die Frau, »no?«

Sie wollten wissen, warum er in Deutschland war. Lange hatte ihn das niemand gefragt. Er begründete es mit der politischen Lage, versuchte, einen Witz zu machen, bis er endlich zurückfragen konnte: und ihr?

»Wegen des Kollegs«, sagte der Rabbiner. Und die Frau: »I 'ate Israel.«

»So does Margarita«, sagte er und verabschiedete sich, als das Baby anfing zu weinen.

Er lief an Partytouristen auf der Admiralbrücke vorbei nach Hause, vorbei an Partytouristen auf der Oranienstraße, durch die leere, traurige Heinrich-Heine-Straße, vorbei an Partytouristen am Rosenthaler Platz. Wie gut, dass für ihn schon bald ein neues Jahr begann, während sie alle noch in ihrem zähen alten festhängen mussten.

Er nahm sich vor, nicht mehr so streng mit Margarita zu sein, in diesem kommenden Jahr. Ihr mehr zu erlauben, zu genießen, dass sie überhaupt noch da war. Ihr das lang ersehnte Doppelbett zu schenken, damit Anna endlich auch bei ihnen übernachten konnte.

*

Kurz nach dem Tankstopp gerieten sie in einen Stau, der sich kein bisschen bewegte. Margarita hatte etwa eine Stunde geschlafen, danach hatte sie aus dem Fenster gestarrt, auf die Wüstenlandschaft, sie waren wieder durch den Ramon-Krater gefahren, der aussah, als gehöre er auf den Mars, riesig und rot, vorbei an einem riesigen Gefängnis und an Wüstendörfern, von der Straße aus konnte man die Kamele der Bewohner sehen, vorbei an Dattelpalmfarmen.

»Muss ein Unfall gewesen sein«, sagte Marsha und legte die Füße aufs Lenkrad. Avi würde jetzt schon in Panik ausbrechen, überlegen, ob sie zur Not im Auto schlafen müssten, ob es genug Wasser gab. Marsha chillte. Irgendwann pinkelte sie ungeniert an den Straßenrand, jemand johlte, sie machte ein Peace-Zeichen. Margarita hätte am liebsten aus dem Fenster gekotzt. Dann ging Marsha wieder dazu über, sie auszufragen.

»Wie hast du Lior eigentlich kennengelernt? War es dein erstes Mal? War es denn gut?«, und Margarita antwortete knapp, dass Sex nicht nur aus Penetration bestand, damit sie endlich schwieg.

Marsha erkundigte sich, wie es ihr ging. Als hätte sie mit Absicht bis jetzt nicht gefragt, weil sie keine Lust hatte, die Antwort zu hören.

»Ich weiß nicht«, sagte Margarita und blickte zornig auf das schwarze Auto vor ihnen.

»Ist es denn nur wegen diesem Idioten?«

»Kannst du ihn bitte nicht so nennen?«

»Tut mir leid«, sagte Marsha zu ihrer Überraschung. »Wie war es denn in Chicago? Ich habe dich das noch gar nicht gefragt, oder?«

»Langweilig. Wieso?«

»Na ja, wir haben alle das Gefühl, es war das letzte Mal, dass du so lange zu Besuch bist, und dein Verhältnis zu deinen Großeltern war auch nicht immer leicht –«

Margarita unterbrach sie. »Wer ist denn bitte alle? Und was meinst du? Wieso hätte es leicht sein sollen, es war vor allem weird, du warst ja nicht mal da, warum sollte ich dann plötzlich mit denen best friends werden?«

Marsha wich ihrem Blick aus. Ihre Augen glänzten. Aber Margarita fing gerade erst an.

»Du bist einfach abgehauen. Ich weiß nicht mal, wie ich dich nennen soll, merkst du das? Was soll ich machen, dich Mommy nennen? Und du SAGST MIR NICHT MAL WARUM DU GEGANGEN BIST WIRST DU ES MIR JE SAGEN.«

Marsha schnitt eine Grimasse und trommelte mit den Fingern auf ihren Oberschenkeln herum.

»WARUM WARUM WARUM«, brüllte Margarita sie an. »WARUM?«

»Lass es uns vergessen, bitte«, presste die fremde Mutter hervor, die keine war.

»Warum?«

»You are relentless and desperate, Margarita«, sagte Marsha, legte ihren Kopf auf das Lenkrad und murmelte etwas. Um sie herum hatten die Leute ihre Autos verlassen, unterhielten sich, machten Witze. Im Auto: eine andere Welt, eine klaustrophobische, schreckliche.

»Ich kann dich nicht hören«, sagte Margarita, obwohl sie sie hörte, obwohl sie die Entschuldigung ihrer Mutter klar und deutlich gehört hatte. In ihrer Stimme lag ein Hass, den sie nur für Marsha übrig hatte, den sie bis jetzt nur still in sich selbst gefunden hatte.

Marsha richtete sich auf. »Margarita«, sagte sie. »Margarita, darf ich dich umarmen?«

Schließlich nickte sie, als wäre ihr Kopf aus Blei, nur einmal hoch, einmal runter.

Der Hals ihrer Mutter roch nach frischer Wäsche. Er war weicher, als er aussah. Ihre Mutter zog sie zu sich heran, wurde schwerer und schwerer, Margaritas Nacken nasser und nasser, bis lautes Hupen die Umarmung beendete. Sie fuhren weiter. Margaritas Kopf pochte. Zwanzig Minuten später standen sie wieder still. Google Maps zeigte an: mehrere Unfälle auf der Autobahn 90.

»Ich hoffe, du weißt, dass ich dich immer geliebt habe«, sagte Marsha.

»Geht so.«

»Es ist so.«

Margarita beschloss, ihnen beiden zuliebe das Thema zu wechseln. »Es war übrigens okay bei Grandma und Grandpa. Sie sind halt manchmal anstrengend, mit dem Essen und so, und es war ein bisschen langweilig. Und abends ist der Fernseher so laut, dass ich nicht einschlafen kann. Aber das Haus ist schön, und sie zahlen ja die Summer School, und sie haben mich echt lieb.«

Marsha lächelte sie dankbar an. »Das mit dem Essen ist schlimm, oder? Ständig wird man vollgestopft, und alles ist verkocht. Und sie schmatzen so furchtbar.«

»Oh Gott, ja«, rief Margarita, »warum hast du sie nicht besser erzogen?«

»Ging nicht«, sagte Marsha. »Manchmal hab ich mir am Tisch die Ohren zugehalten. Oft bin ich mit dem Essen auf mein Zimmer.«

Margarita lachte.

»Weißt du, wie das heißt?«, fragte Marsha.

»Wie was heißt?«

»Diese Empfindlichkeit. Wegen der Schmatzgeräusche.«

»Nase hochziehen geht auch gar nicht. Und Nägel kauen, disgusting.«

»Ja«, sagte Marsha. »Und Stifteklicken. Das heißt Misophonie. Du kannst nichts dafür. Es ist quasi eine Krankheit.«

»Great. Hättest du mir nicht was Besseres vererben können?«

»Ich hab nicht so viel zu bieten.«

Stimmt, dachte Margarita, und ihr Schweigen gab ihrer Mutter recht.

»Ich finde es auch schwierig mit ihnen«, sagte Marsha. »Ich bin ja nicht weit weg, aber immer, wenn wir uns sehen, ist es zum Essen, und das ist eine einzige Qual.«

»Wo wohnst du denn?«, fragte Margarita.

»Die letzten Jahre war ich in New York.«

»Cool. Ich will auch mal nach New York.«

»Es ist sehr teuer geworden.«

»Ich hätte dich gerne mal besucht«, sagte Margarita, der Versuch, freundlich zu sein, nachdem sie vorher so rumgeschrien hatte.

Marsha verzog das Gesicht, als würde sie gleich wieder weinen. Margarita wollte das nicht. Ihre Mutter machte sie wahnsinnig damit, dass sie immer so stoisch war, aber nun sollte sie nicht auch noch davon abweichen. Auch an selbst aufgestellte Regeln musste man sich halten.

»Margarita, du weißt ja, dass bei uns in der Familie vieles nicht immer gerade verlaufen ist.«

Margarita nickte vorsichtig.

»Also, ich – ich wohne wieder in Chicago. Man hat mir eine Stelle angeboten, die ich nicht ablehnen wollte, an der Northwestern. Die Zusage für das Fellowship hatte ich da schon. Ich gehe im Dezember zurück.«

»Whaaaaaat«, rief Margarita aufgeregt. Das wurde jetzt richtig spannend.

»Grandma und Grandpa wissen es noch nicht, weil ich keine Lust auf das Theater hatte.«

»Heißt das, du warst den ganzen Sommer auch in Chicago?«

»Zum Teil. Ich musste in New York noch Dinge klären. Bitte sei mir nicht böse.«

Marshas Leben klang verboten unabhängig, verboten richtungslos. Es klang, als hätte es nichts damit zu tun, dass sie Mutter war, oder Tochter. Es war zum Verzweifeln, dachte Margarita, dass Marsha alles durfte und sie nichts. »Du spinnst«, sagte sie.

»Ich weiß. Es tut mir leid.«

»Und wann planst du, es ihnen zu sagen?«

»Ich weiß noch nicht. Ich hab ein schwieriges Verhältnis zu ihnen, Margarita, ein bisschen wie du zu mir.«

»Schmatzen ist was anderes, als sein eigenes Kind zu verlassen, meinst du nicht?«

»Hätte ich das gewusst«, sagte Marsha. Setzte wieder an. »Es gab andere Sachen.«

Wieder standen sie, der Stau hatte sich nur kurz gelöst. Traffic Jam, dachte Margarita, tatsächlich, wie zähe Marmelade schoben sich die Autos in der Hitze des Wüstenmittags ineinander. »Und was war so schwierig, dass du es ihnen nicht sagen kannst?«

»Alles«, sagte Marsha. »Meine ganze Kindheit über, und das waren andere Zeiten. Weißt du, dein Großvater war nie zuhause, nie, und er hat sie betrogen, ich weiß das und sie nicht. Ich hab es rausgefunden, als ich dreizehn war, und er hat gesagt, er würde mich verprügeln, wenn ich es ihr erzähle. Ich fand ihn pervers.«

Margarita konnte sich nicht vorstellen, wie ihr Großvater damit drohte. Dass er überhaupt mal Sex gehabt hatte. »Oh, *man*«, sagte sie.

Marsha lachte. »Oh, *man*, alright.« Dann öffnete sie die Packung *Bamba*, die sie an der Tankstelle gekauft hatte, und kaute schweigend.

Zwischendurch kamen sie einige Minuten langsam voran, dann wieder nicht, und Marsha erzählte, und es klang ganz anders als das, was sie ihr zuvor anvertraut hatte: wie sie mit sechzehn monatelang bei ihrem zwanzigjährigen Freund wohnte, der in seiner dreckigen WG morgens im Bett den ersten Joint rauchte, weil Selma in der Psychiatrie war und Dan nicht einmal wusste, wie man Rührei kochte. Sie erzählte, dass danach niemand mehr von einer Psychiatrie gesprochen habe. Den Freunden sagte man, Selma hätte Krebs gehabt, doch er wäre beseitigt. Sie erzählte, wie der Freund sich von ihr getrennt habe, wie der Großvater eine ganze Terrine gefillte Fisch gegen die Wand geworfen habe, als Marsha nichts davon essen wollte.

Wie die Großmutter betrunken in ihr Schlafzimmer gekrochen kam, auf allen vieren, und gedroht habe, sich umzubringen. Wie sie am Tag danach beim Seder getan hatten, als wäre nichts passiert. Wie sie Marsha als Sechsjährige zu Hause eingesperrt hatten und sie die Glastür zum Garten, die Margarita schon hunderte Male geöffnet und geschlossen hatte, zerschlagen hatte, um die Eltern zu finden, wie sie in den Straßen von Hyde Park herumgeirrt war, bis ein Polizist sie eingesammelt hatte.

Margarita sagte: »Du bist bestimmt traumatisiert«, weil sie empathisch klingen wollte.

Marsha wiegelte ab, »a normal Jewish family, everyone is traumatised, thus, no one is traumatised«, und erzählte von Lunches im *Quadrangle Club*. Lunch im Universitätsclub kannte auch Margarita. Marsha erzählte von ihrem Leben in Chicago, in Margaritas Chicago, in ihrem Haus in der Blackstone Avenue, in Margaritas Haus in der Blackstone Avenue, in ihrer Lab School, in Margaritas Lab School. Sie erzählte, wie die Großmutter ihr Morgen für Morgen einen Zettel geschrieben hatte und in die Lunchbox gelegt, darauf stand immer das Gleiche: *I love you*.

Das war das einzige Mal, dass es Margarita einen Stich versetzte.

Die Landschaft um sie war Geröll. Kein Sand in der Wüste, keine Korallen im Riff. Kein Trauma in irgendwem.

Wie hysterisch ihre Eltern geworden waren, lachte Marsha, als sie ihnen von ihrem Plan erzählte, nach Israel zu gehen, die Mutter vor Angst, der Vater vor Aufregung. Das, sagte sie, war der größte Streit mit der Mutter. »Dein Großvater war noch nie stolzer auf mich, und sie noch nie enttäuschter. Da gab man mir doch alles und mehr, und ich haute ab.«

»Aber sie liebt doch Israel«, sagte Margarita.

»Ja, und sobald sie deinen Vater kennengelernt hat, war es eh …« Ihre Stimme driftete ab.

Margarita fühlte sich mutig. »Wie fand sie es denn, dass du schwanger geworden bist?«

»Oh, Margarita. Sie haben sich so gefreut.«

»Und wann hast du es ihnen gesagt? Als ich schon auf der Welt war?«

»Etwas früher.«

»Was heißt das?«

»Margarita.«

»Wann denn? Ich frag doch nur.«

»Im achten Monat.«

Margarita lachte. »Weak«, sagte sie. »So richtig low energy.«

»Es war kompliziert. Wir wussten nicht, wohin wir ziehen sollten, wir hatten kaum Geld. Wir wollten dich, natürlich, und wir haben uns so geliebt, aber wir hatten Angst.«

»Du musst nicht so tun, als hättet ihr mich haben wollen.«

»Margarita«, sagte sie wieder, und in ihrer Stimme lag ein Schmerz, über den sich Margarita freute, streitsüchtige Margarita. Oh, wie sie sich auf ihr leises Zimmer freute, auf ihren leisen Vater, darauf, den Sommer zu vergessen. Auf den ersten Jackentag, aufs Ausschlafen, aufs Alleinsein.

»Wir wollten dich.«

»Du bist abgehauen.«

Und wieder, als hätte sie gemerkt, dass es das Einzige war, was Margarita verstummen ließ – wie ein Baby, das man wiegen musste: die Arme das Auto, der Schnuller die Packung *Bamba*, das Wiegenlied das Englisch der Mutter –, wieder erzählte sie.

Sie erzählte von einer Zeit in Jerusalem, in der sie gerade ihre Doktorarbeit fertiggeschrieben hatte, und dass man als Linguistin Studie nach Studie veröffentlichen musste. »Es war schwierig mit den Jobs. Und dann schwanger. Und wir wussten, wenn wir bleiben, bleiben wir für immer. Und dann gehst du zum Militär, und dein Vater war beim Militär und –

Und – ich wollte zurück nach Amerika. Aber nicht nach Chicago. Ich konnte nicht nach Chicago.

Dein Vater hätte in New York keine Arbeit gefunden. Und er hasst New York. Wir waren mal zusammen dort. Es war ihm zu laut. Avi wollte Israel verlassen. Und was sollte ich sagen: Dein Kind muss halt zum Militär. Ich wusste ja nicht, ob es das müssen soll. Dein Kind muss zum Militär, weil mir das Wetter hier so gut gefällt. Weil ich gerne Hummus esse. Ich mochte Jerusalem, dabei konnte ich nicht mal Hebräisch. Und dein Vater war ängstlich. Ängstlich wegen uns beiden. Wegen der vielen Anschläge.

Wir haben dich gewollt. Du warst perfekt. Du warst perfekt, Margarita, und ich dachte, für euch gehe ich überallhin, und dann hat er so schnell die Stelle angeboten bekommen, und es sind so viele Israelis nach Deutschland in der Zeit, wie schlimm kann es sein, dachten wir, wir dachten, es ist nur für kurz, du warst so klein und wir so … müde, Margarita, müde.

Und Israel war so teuer, und in der Wohnung wuchs der Schimmel über unserem Bett, und wir haben es nicht gemerkt, wochenlang, weil wir so müde –

Und dein Vater so ängstlich. Und dann, wo war ich, die Stelle, dann hat er die Stelle in Hannover bekommen. Ohne dass sie sich einmal angehört haben, wie er singt, sie wollten einfach irgendwen.

Hannover, Margarita, warst du mal da? Die Stadt ist so trist. Ich hab es nicht ausgehalten. Ich weiß nicht, wie ich es dir anders erklären soll. Es war so furchtbar grau, und die Leute an der Universität waren dumm, alt, auch sie waren grau, Margarita. Und die Gemeinde war schrecklich, es gibt keinen Weg, in Deutschland säkular zu sein, man ist Jude oder man ist es nicht, der Vermieter hat uns die Warmhalteplatte verboten, an der Uni war ich die exotische Fundamentalistin, die Deutschen würden die Juden noch immer lieber tot sehen, weil sie sich wundern, dass sie nicht alle totbekommen haben. Und ständig die komischen Fragen, ständig der Speck, in den Bratkartoffeln, im gottverdammten grünen Salat, warum muss man ein halbes geräuchertes Schwein in einen Salat schmeißen. Immer die Augen deines Vaters, ständig mussten wir Essen stehen lassen und gehen, bis wir nur noch zuhause gekocht haben, und du warst so hilflos, und ich war einsam. Und dann wurde so eine Kleinigkeit, die ich schon fast vergessen hatte, plötzlich riesig, eine winzige Kleinigkeit, etwas, das immer scheißegal war, nicht der Rede wert, und plötzlich nicht mehr.

Wir haben uns Sachsenhausen angeguckt, Margarita, und die Leute dort haben Selfies gemacht. Sie haben Selfies gemacht.

Die Sprache, Margarita. Wie erträgst du die Sprache. Wie erträgt dein Vater sie.

Und da ist noch was. Ich weiß nicht, wie offen ich sein kann, aber es gibt etwas, das du wissen solltest. Aber dein Papa darf es nicht erfahren. Kannst du etwas für dich behalten?«

Für einen Augenblick schaltete sich Margaritas Gehirn ein. Konnte sie? Konnte sie etwas für sich behalten?

Kurz dachte sie: Mein Vater ist nicht mein Vater. Das wäre, was im Film passieren würde. Marsha hatte ihn betrogen.

Sie würde es für sich behalten, wenn sie es nur erfuhr, die Neugier plötzlich zu groß, sie konnte alles für sich behalten, solang ihre Mutter nicht aufhörte zu reden, die Bausteine ihrer Herkunft neu zusammenzufügen, zu verschieben wie den Eingang zur Winkelgasse.

»Margarita, dein Vater weiß das nicht. Aber ich bin nicht deswegen gegangen, sondern weil ich zutiefst unglücklich war, und Avi hat mich nicht verstanden, und das war der letzte Ausweg, ich bin anders nicht zu ihm durchgedrungen, ich dachte, ihr kommt hinterher, ich habe monatelang gewartet, dass ihr kommt, ich habe mir jeden Abend vorgestellt, wie du am Flughafen in meine Arme rennst. Ich habe euch vermisst, und es war der schlimmste Liebeskummer meines Lebens, und irgendwann habe ich mich daran gewöhnt, und weißt du, Margarita – Männer treffen solche Entscheidungen ständig, wenn auch aus anderen Gründen.«

Immerhin war ihr Vater ihr Vater. Immerhin dieser Stein verschob sich nicht.

»Es ist nicht schön, aber es ist so. Ich habe es ständig bereut, wie es passiert ist, aber es ist passiert.«

»Vorsicht«, sagte Margarita. Der Wagen schlingerte, jemand hupte. Marsha fing sich. »Jedenfalls, deine Großmutter ist adoptiert. Sie wäre verhungert, hätten ihre leiblichen Eltern sie nicht ins Waisenheim gebracht. Ihre Adoptivmutter war natürlich Jüdin, aber ihre leibliche Mutter war nicht jüdisch. Deine biologischen Urgroßeltern waren Katholiken. Aber es tut nichts zur Sache, wirklich nicht.«

Margarita wusste nicht, was das heißen sollte.

»Was, ich versteh das nicht. Hast du dir das ausgedacht? Wann hat Grandma dir das denn erzählt? Hä?«

»Schon als ich ein Kind war. Es war nie ein Thema, wir sind Juden, zumindest in Amerika, wen interessiert da die Halacha.«

Margarita starrte sie mit offenem Mund an. »Und Papa …«

»Ich dachte, dein Vater verlässt mich, wenn ich ihm das sage.«

»Er weiß es nicht? Und dann hast du ihn verlassen, damit du es nicht sagen musst? Hä?«

»Ich habe ihn nicht deshalb verlassen, Margarita, es hat keine Rolle gespielt. Es ändert nichts, auch jetzt nicht.«

»Warum ist es dann ein Geheimnis?«

»Ich hätte es nicht erzählen sollen.«

Langsam wurde Margarita klar, was das Geheimnis bedeutete. Sie kannte die Regeln der Halacha, und sie hatten in der Schule oft genug das Gesetz der Matrilinearität diskutiert. Die Frage, ob es veraltet war. Es hatte sie einfach nie betroffen, zumindest hatte sie das immer gedacht.

»Du bist ein Arschloch«, sagte Margarita. »Du bist ein riesengroßes, feiges Arschloch, und ich wünschte, du wärst tot.«

»Es hat nichts damit zu tun, dass ich gegangen bin«, sagte Marsha. »Du musst mir das glauben.«

»Ich glaube dir gar nichts.«

»Wir wollten, dass du in Frieden aufwachsen kannst, Margarita. Wir wussten nicht, wo es Frieden gibt.«

»Es gibt Frieden da, wo du nicht bist. Zum Glück bist du gegangen.«

Es wurde dunkel, und immer mehr Lichter zogen an ihnen vorbei.

»There is no life without pain«, sagte Marsha. »Dein Vater und ich, alles, was wir wollten, war, dir den Schmerz zu ersparen. Und wir wussten nicht, wie.«

Margarita weinte so sehr, dass sie würgen musste. Sie fühlte sich betrogen, und sie fühlte, dass ihr Vater betrogen worden war, und sie hatte Angst, dass sie nun ihren Vater betrügen musste, noch mehr, noch schlimmer.

»You didn't, though.«

*

Wenn er sich ihre Pläne richtig gemerkt hatte, würden Margarita und Marsha heute Yad Vashem besichtigen, würden den veranschaulichten Horror, das, wovor er sie immer hatte schützen wollen, nun gemeinsam erleben, ohne ihn. Margarita würde aufs Neue begreifen, was passiert war. Das war das Schlimmste. Dass man immer wieder neu begreifen musste.

Er sah aus dem Fenster, auf die Häuser gegenüber, sah zu Boden, auf den Dielenboden unter ihm, und begriff: überall nur neuer Teppich über den Leichen unter ihnen allen, man hatte sie nicht einmal richtig verscharrt.

Begriff Harry, konnte ihn kurz greifen, auch seine Geschichte, sie lag aufgefächert vor ihm. Plötzlich nicht mehr linear, plötzlich keine Abfolge von Ereignissen mehr.

Griff den Hunger. Griff das Heimweh.

Nicht ich, dachte er immer wieder, das war nicht ich. Es wäre ich gewesen.

Begriff es, ganz nah, und fragte sich, wieso er dasaß, an einem Augustmorgen in Berlin, auf einem Balkon über Leichen, in einem Haus über Leichen, einem Land über Leichen, und wie er es gewagt hatte, nicht zu begreifen.

Dachte an Margarita.

Griff nach der Trauer in Hannahs Augen, eine Trauer wie ein Spiegel, der Spiegel eines Vaters, wurde Harry, wurde Hannah. Es gab niemanden, der nicht an jemanden dachte, den er verloren hatte.

Nie würde er vergessen, nie würde er vergessen, nie würde er vergessen, wie er zuerst über die dunkelste der Nächte gelesen hatte. Gelesen hatte, wie die Häftlinge in Auschwitz für sich selbst Kaddisch gesprochen hatten, so auch der Berichtende, der nur berichten konnte, weil er sein eigenes Kaddisch überlebt hatte.

Und Avi, der gerade lesen konnte, gekrümmt über das schmale Buch, auf dem Balkon seiner Eltern, umgeben von Müll, dem einzigen Ort der Wohnung, an dem man atmen konnte, hatte mitgesprochen, hatte Tage später noch Kaddisch gesagt. War im Gebet auf die Knie gegangen, hatte sich nicht vor dem Gott verneigt, der solches zuließ, hatte überlegt, ob er sich überhaupt noch verneigen konnte – nein, er war auf die Knie gegangen, weil sie seinen Körper nicht mehr trugen.

Nur kurz später hatten sie in der Schule die Bücher von Ka-Tzetnik gelesen. Schon da hatte er einen Panzer entwickelt, hatte nicht mehr begreifen wollen.

Er schreckte zusammen, als er jetzt im Hof eine Unterhaltung auf Deutsch hörte. Nazis, dachte er. Nazisprache. Naziland. Wie hatte er das vergessen können?

Ob seine Tochter morgen in die Gesichter der Kinder schauen würde? Ob sie ihren Kopf in seine Schulter graben würde, wenn er dort wäre, ob Marsha eine Schulter bot, in die sie sich graben könnte?

Hatte er es versäumt, mit ihr darüber zu sprechen? Hatte er wirklich gedacht, er könne sich davor drücken?

Er dachte an die Schreie. Er dachte an die Schmerzen.

Er dachte an die Gedenkveranstaltungen, bei denen die Hülle seines Körpers, nur getragen durch die Stimme, sang. Würde auch sein Herz singen, müsste ihm die Stimme versagen, vor dem Bundeskanzler, vor dem Bundespräsidenten, wenn sie vom »Schutz der jüdischen Mitbürger« sprachen. Würde auch sein Herz zuhören, bräche er nicht in einen Gesang, sondern in hämisches Lachen aus, doch sein Herz hörte nicht, nicht einmal die Ohren hörten, was sie sagten, die immergleichen Anzüge, sie schalteten sich taub, er musste nur verstehen, was er hören wollte.

Juden, hörte er manchmal, aber nur, wenn es um die Toten ging. Die Lebenden waren jüdisch, so viel hatte er mittlerweile verstanden.

Nichts in Deutschland hatte sich geändert, alles in Deutschland hatte sich geändert.

Es war ein wunderschöner Tag im Prenzlauer Berg, und Avi sehnte sich nach dem Lärm der Dizengoff, nach dem Gepöbel im Bus, nach dem Geruch von Jerusalem, Kiefern und Orangenblüten, nach dem Wissen, unter Gleichen zu sein, wenn man auf die Straße trat, nach einem stillen Schabbat, an dem alles geschlossen war, nach koscherem Essen, überall, selbstverständlich, nach einer Buchhandlung, gefüllt mit vertrauten Buchstaben.

*

Sie waren nach Mitternacht in Jerusalem angekommen. Das Schweigen im Auto war so riesig geworden, dass es Margarita nicht überrascht hätte, wären die Scheiben geborsten.

Die Wut verflog nicht. Als sie aufwachte, war es noch schlimmer. Es war stickig in ihrem Zimmer, unordentlich, die Sonne fiel herein, berührte ihre Füße. Ihre Mutter war wieder weg, ohne Benachrichtigung, die Wohnung still.

Also ging auch Margarita: packte in ihren Jutebeutel das Handy, den Badeanzug, das Handtuch, ein ungelesenes Buch, gekauft noch bei *Powell's*, die beinahe ausgelesenen *Fragmente einer Sprache der Liebe*, die sie in den nächsten Mülleimer werfen wollte. Jerusalem war ihr unsympathisch, zu beige, sandig, dünne, beißfeste Luft voller Konflikt, sie wollte lieber nach Tel Aviv fahren, im Meer schwimmen.

Sie würde Marsha später schreiben, dass sie abends wieder zurück sei, und in drei Tagen ginge ihr Flug. Zwei Tage könnte sie sich einschließen und nur zum Essen herauskommen, und die zwei Jahre danach würden schnell vergehen, dann wäre sie achtzehn und müsste ihre Mutter nicht noch einmal sehen, egal, was ihr Vater sagte, könnte vergessen, dass sie Wurzeln hatte, könnte eigene Wurzeln schlagen, könnte am Bodensee wohnen und ein Leben führen, in dem sie niemandem entsprechen musste, in dem sie eine Medizinstudentin sein könnte mit einem lieben evangelischen Freund und einer WG, in der alle ihr Essen teilten, sie könnte in einem Café arbeiten und im Sommer segeln lernen.

Sie stieg in einen Bus, in dem nur Haredim saßen, nur Männer. Sie blickten aggressiv zu Boden, als sie sich hinsetzte, die kurze Hose schnitt ihr in die Schenkel. Als ein paar alte Frauen einstiegen, jede mit einem Einkaufstrolley bei sich, rief sie Anna an. Zu ihrer Überraschung ging sie ran, »Alte, was geht«, rief sie ins Telefon, Margarita hätte weinen können vor Erleichterung, Annas Stimme war dieselbe, sie war immer noch Annas Alte, es gab eine Welt außerhalb dieser.

Die Männer in den langen Gewändern schauten sie nun doch kurz an, war doch Margaritas Sprache mit der ihren verwandt, das Deutsche, dachte sie, war vielleicht der verräterische Bruder des Jiddischen, über das ihre Mutter einige Abende zuvor so leidenschaftlich referiert hatte. Es hatte das Jiddische vertrieben oder ausgesogen wie ein Vampir, und nun saß sie hier, sah aus wie eine Schickse und kicherte ins Telefon. Erzählte, was passiert war.

»Diiiiigger«, sagte Anna. »No way. Das heißt, du bist vielleicht irgendwie keine Jüdin? Geil, dann kannst du endlich Schinken essen?«

Margarita schwieg.

»Sorry, ich wollte dich nicht verletzen. Voll krass. Und dein Vater weiß das nicht?«

»Nein«, sagte Margarita. »Du darfst das keinem erzählen, Anna.«

»Na klar. Würde ich nie, weißt du doch. Ich vermiss dich so, Margarita, es ist komplett scheiße hier ohne dich. Nur noch drei Tage, oder? Soll ich dich vom Flughafen abholen? Wann kommst du an?«

Vor Aufregung musste Margarita die Zehen fest in die Sandalen drücken. Als würde sie sonst wegfliegen. »Megagerne, aber mein Papa kommt bestimmt auch, ist das doof?«

»Natürlich nicht, dann müssen wir deine Ankunftskippe halt aufs Wochenende verschieben.«

Sie hatte eine beste Freundin. Wirklich, sie war noch da. »Ich muss dir noch was erzählen«, sagte sie. Flüsterte: »Ich hatte Sex. Mit einem, den ich im Flugzeug kennengelernt hab.«

»Diiigggaaa«, machte Anna. »Ich auch!«

»Crazy«, sagte Margarita, dachte an Nico. »Mit wem?«

»Sie heißt Zoé«, sagte Anna. Leise, vorsichtig.

Margarita freute sich unbändig. »Alte. Wie schön.«

»Findest du?« Anna klang plötzlich schüchtern. Noch nie hatte Margarita sie so erlebt.

»Du hättest mir das erzählen können, weißt du, oder?«

»Ich hatte Angst, dass du dann denkst, ich stehe auf dich«, sagte Anna.

Margarita lachte. Ihr Körper kam ihr nicht begehrenswert vor, für niemanden, schon gar nicht für die wunderschöne Anna.

»So dumm, oder?«, sagte Anna.

»Ich hatte vor allem Angst, dass du auf Nico stehst«, sagte Margarita, ohne vorher zu überlegen. »Fuck, sorry, das klingt megaegoistisch. Du hast ein Coming-out, und ich denke nur an mich. Ich wollte eigentlich nur sagen, wie toll ich dich finde und dass du immer mit mir reden kannst, blablabla.«

»Dude, auf Nico?«, prustete Anna. »Bah. Sorry Girl, aber der gammelt mich so an. Ih. Und das war kein Coming-out, das ist voll das veraltete Konzept.« Margarita lachte mit, obwohl etwas in ihr schmerzte.

»Siehst du ihn denn manchmal?«, fragte sie, trotzdem, sie musste es wissen.

»Ja, klar«, sagte Anna, »aber Margarita, der ist es nicht wert. Der hat jetzt was mit 'ner Weißen mit Dreadlocks. You don't wanna go there.«

Mehr musste Margarita nicht wissen. Im stinkenden, klebenden, brummenden Bus verabschiedeten sich ihr Herz, ihre Nieren, ihre Bauchspeicheldrüse und ihre Klitoris, ihre Fingerspitzen und der bröckelnde Lack auf den Zehen von Nico. So sagte sie es Anna. Sagte: »Boah, Storno, Storno. Bäh.« Und dann, in Annas Prusten hinein: »Wer ist denn Zoé?«

»Du lernst sie dann eh kennen«, sagte Anna, »sie ist richtig cool und lustig.«

Margarita freute sich. Sie sagte es so, weil sie nicht wusste, wie es besser ging: »Ich freu mich.«

»Und was machst du jetzt?«, fragte Anna.

»Ich fahr nach Tel Aviv.«

»Ganz allein? Wie krass bist du denn, kann ich mitkommen?«

»Nichts lieber als das«, sagte Margarita, schob sich vorbei an Brüsten, Schtreimeln, Strumpfhosen, Perücken, Kaugummimündern, Maschinengewehren zum Ausgang. Sah, dass der Bus nach Tel Aviv schon bereitstand. »Anna, ich muss los. Ich meld mich, ja?«

»Can't wait«, sagte Anna. *Tut tut tut.*

Als Margarita im klimatisierten Bus saß, loggte sie sich im Onlinebanking ein und stellte erleichtert fest, dass noch ausreichend Geld auf dem Konto war, stellte außerdem fest, dass Anna sie für erwachsener gehalten hatte als sich selbst – wie berauschend, dass sie es war, die allein nach Tel Aviv fuhr –, stellte dann fest, dass ihr Handyakku 1% anzeigte, es schien in der Nacht nicht richtig geladen zu haben. Das Kabel hatte sie in der Steckdose neben dem Bett gelassen. »Fuck«, flüsterte sie. Antwortete mit dem letzten Prozent ihrem Vater, ging davon aus, dass Marsha sie wieder decken würde, nun hatte sie ja etwas gegen sie in der Hand. Schrieb:

Ich melde mich später, hab nicht mehr viel Akku.
Marsha macht Tagesplanung.
Anna holt mich vom Flughafen ab.

Kannst du Pfeffermakrele kaufen?

Er schrieb: *Fahrt ihr heute nicht nach Yad Vashem, Motek?*

Nein morgen.

Sie tippte schnell noch, *hab dich lieb*, dann ging das Handy aus. Sie dachte an Anna, an Annas Neuigkeiten, dachte: Hoffentlich ersetzt Zoé mich nicht, begriff, was sie da dachte, dass sie es nicht denken würde, wäre Zoé ein Kerl, das war Quatsch, was sie dachte. Eifersüchtiger Quatsch.

Sie traute sich nicht, ihre Sachen am Strand liegen zu lassen und schwimmen zu gehen, also legte sie sich unter eines der vielen großen Sonnenschutzzelte, grub die Füße immer tiefer in den Sand und fragte sich, warum sie überhaupt nach Tel Aviv gefahren war. Ob ihre Mutter sich sorgte? Ob sie ihr Fehlen überhaupt bemerkt hatte?

Natürlich schaute sie die ganze Zeit nach Lior. In ihrem Kopf wüteten Marsha, wüteten Grandma, Lior, Nico, wütete ihr Vater, sobald sie ihm das Geheimnis erzählte, und sie würde es ihm erzählen, wenn auch nur, um Marsha zu bestrafen. Würde sie es ihm erzählen? Oder hatte Marsha recht, würde das bedeuten, dass Margarita für ihn eine andere wäre? Wenn sie sich vorstellte, es ihm zu sagen, tat etwas in ihr furchtbar weh, es wurde unvorstellbar, es wurde unmöglich.

Sie wusste nicht, wie spät es war. Die Sonne stand immer noch hoch. Irgendwann war sie etwas gesunken, irgendwann ergaben die Sätze in ihrem Buch Sinn.

*

Es war besser, seit er sich bewusst machte, wie wenig Zeit nur noch bis zu Margaritas Ankunft vergehen würde, seit er alles dafür vorbereiten konnte. Sie hatte sich Pfeffermakrele gewünscht, und er hätte am liebsten den ganzen Kühlschrank damit gefüllt.

Er wusste, dass sich etwas ändern musste in den nächsten Jahren. Dass es nicht noch einmal so laufen konnte, mit den Sorgen, mit der Angst. Er wusste, was seine Sehnsucht, sein Selbstmitleid, die Träume von Marsha, am Tag und in der Nacht, was seine Hände um seinen Penis, sie weckten ihn auf, bedeuteten: Er brauchte jemanden, er wollte nicht allein bleiben. Oder er würde sich einen Hund kaufen und die Jahre bis zu seinem Tod abwarten, erst die Jahre bis zum Tod des Hundes, dann bis zu seinem eigenen.

Heute war Donnerstag. Sonntag um drei würde Margarita landen. Ob sie gewachsen war?

Ob er es mit Online-Dating versuchen sollte? Er war nicht so alt, jünger als die meisten anderen Väter an Margaritas Schule, er belächelte sie heimlich, mit ihren Bäuchen und ihrem Fahrradurlaub, mit Händen, die schorfig aussahen, die Fingernägel wie von alten Männern, dicke Furchen darin. Seine Fingernägel waren glatt und rund.

Er war im März fünfundvierzig Jahre alt geworden, hatte einen furchtbaren Kuchen gegessen, außen verbrannt, innen roh, Margarita hatte ihm einen Kartoffelstampfer und ein Buch aus dem Antiquariat geschenkt, und er hatte sich gefreut, doch eine Zeichnung wäre ihm lieber gewesen.

Am Tag nach seinem Geburtstag hatte er unterrichtet und sich vorgestellt, die Chasanim-in-the-making sängen für ihn.

Er war nicht so einsam wie in seinen Erinnerungen, er war sich sicher.

Vielleicht musste es ein Kompromiss werden, vielleicht keine Jüdin. Sie brauchten ja keine Kinder mehr zu bekommen, das war das Gute an seinem Alter, es würde vielleicht nicht mehr von ihm erwartet, er hatte immer Angst davor gehabt, vor dem Wort allein, Patchwork, wie eine gammelige Decke.

Er beantwortete E-Mails, jemand wollte eine CD mit ihm

aufnehmen, das war einige Zeit nicht mehr vorgekommen, er freute sich über zusätzliches Einkommen und darüber, am Klavier begleitet zu werden, neue Melodien zu studieren und alte wiederzuentdecken, es sollte ein öffentlich gefördertes Projekt werden, er saß zufrieden vor dem Laptop im Wohnzimmer, versuchte, eine sprachlich einwandfreie Zusage zu verfassen, und begann zu singen, »jismach moshe, jismach moshe«.

Sein Handy klingelte, als er das Klo putzte, er wollte es mit den Handschuhen nicht berühren, ließ es klingeln, auf seiner Lippe stand Schweiß, es roch nach Scheuermilch, seine Knie schmerzten, er war wirklich schon fünfundvierzig. Er zog die Handschuhe ab und rief zurück. Marsha ging nach dem ersten Freizeichen ran und sagte seinen Namen, dann entschuldigte sie sich, eine weiße Wand vor seinen Augen, er musste sich aufs Sofa setzen.

War das der Moment, vor dem Eltern immer Angst hatten? In dem sich herausstellte, was sein Leben ab jetzt sein würde, ein Leben mit dem Verlust?

Es konnte nicht sein.

»Sie ist weg«, sagte Marsha.

Seine Ohren rauschten. Nein, nicht die Ohren rauschten, er hörte ein Rauschen, es war in ihm und um ihn herum, es war alles, die Ohren hörten es bloß.

»Sie ist abgehauen, wir hatten Streit, sie hat völlig übertrieben, ist total hysterisch geworden«, und er stand auf, zurück an den Computer, die Mail mit den guten Nachrichten noch offen, rief die EasyJet-Webseite auf.

Marsha schluchzte, dass sie nicht wusste, womit sie das verdient habe, warum Margarita sie so hasste, er fragte, was sie dagelassen hatte, fragte, warum sie es nicht bemerkt hatte, Marsha sagte, sie sei Frühstück einkaufen gegangen, nun sei Margarita weg und ihr Handy aus, seit Stunden.

»Sie ist seit dem Frühstück weg, und du rufst mich jetzt erst an? Ist das dein scheiß Ernst?«

»Ich war sicher, dass sie wiederkommt!«

»Bist du komplett irre? Mich jetzt erst anzurufen?«

»Es tut mir leid«, schluchzte sie.

»Wenn sie wieder auftaucht«, sagte er, »nehme ich sie mit, und du siehst sie nie wieder.«

»Okay«, flüsterte Marsha, »okay, I'm sorry.«

Er legte vier T-Shirts in seinen Koffer, fünf Unterhosen, Margaritas Geburtsurkunde, seinen Pass in eine Klarsichthülle, als wäre er sein Leben lang darauf vorbereitet gewesen, sie in Israel suchen gehen zu müssen. »Wir warten jetzt erst mal den Abend ab, sicher taucht sie auf.«

»Sie quält uns«, sagte Marsha, »warum zur Hölle hat sie ihr Handy ausgemacht? *Will* sie uns das antun?«

»Natürlich«, sagte er, »natürlich. Sie ist deine Tochter.«

»Ich komme morgen früh an«, sagte er, »wenn sie nicht auftaucht.«

»Ich schäme mich so«, sagte Marsha, er hörte, dass sie wollte, dass er sagte: das musst du nicht, es hätte mir genauso passieren können, doch er legte auf, in sich eine Härte. Wenn sie tot ist, bringe ich mich um, dachte er, dann betete er, bitte, bitte, betete er, bitte, bitte, bitte, bitte.

*

Am Frishman Beach rauschte das Meer. Ihr Magen verriet, dass es Abend wurde. Margarita dachte an den Abend in drei Tagen, an das Zuhause, das sie betreten würde, in ihr das Geheimnis der kaputten Herkunft. Noch wärmte die Sonne, sie war umgezogen, wenige Meter weiter, versuchte, das Loch im Bauch zu ignorieren, während sie an Lior dachte.

Ob er wütend auf sie war? Er hatte ja auf ihre Nachricht geantwortet, sie hatte nie zurückgeschrieben.

Sie stellte sich vor, wie sie den Weg zu seiner Wohnung lief, wie er sich freute, sie zu sehen, wie sie sich erklärte, stellte sich vor, er nähme sie wieder mit in eine Bar, stellte sich das Betrunkensein vor, das ein Stück Normalität versprach, das schwankende Wägen in Sicherheit. Träumte weiter, träumte, Anna wäre tatsächlich hier. Träumte, Lior zöge sie an der Hand auf eine Bartoilette, er höbe sie hoch, stieße lautlos in sie, träumte von seinem tropfenden Schweiß. Sie stellte sich das Gute vor, bis sie aufstand. Wollte zum Busbahnhof laufen, wollte zurückfahren, dann schlafen, dann nur noch zweimal schlafen, dann kein Heimweh mehr. Wie war der Tag eigentlich so schnell vergangen?

Jedes Mal, wenn sie an das tote Handy in ihrer Tasche dachte, zuckte sie zusammen. Ob sie schon nach ihr suchten. Ob sie darauf vertrauten, dass sie wiederkäme. Ob es wohl Ärger geben würde. Vielleicht sollte sie doch Bescheid sagen. Vielleicht wäre es besser, sie gäbe durch: Ich komm ja schon, chillt doch mal.

Sie war hungrig, das Bargeld in ihrer Hosentasche reichte gerade noch für ein Busticket zurück, doch als sie Geld abheben wollte, fand sie das Täschchen nicht, in dem ihre Kreditkarte und ihr Pass waren, und dann fiel ihr ein, dass es im Koffer war, den sie so eilig gepackt hatte vor der Reise mit Marsha, es fiel ihr ein wie vergessene Klassenarbeiten, mit einem Erschrecken über sich selbst und ihre Dummheit. Der Hunger wurde immer schlimmer, und dann trugen sie ihre Füße.

Es war laut in den Straßen, die Leute schienen zufrieden, und niemand hatte Angst vor irgendwas, während ihre Angst lauter und lauter wurde, dichter und dichter.

Ma ze, hörte sie immer wieder, aber wenn sie sich umdrehte, war da niemand, hörte auch Sirenen, ohne Blaulicht, ein Klingeln, ein Fiepen, *ma ze*, *ma ze*, Margarita, *ma ze*.

Sein Nachname war Cohen, sie hatte ihn sich gemerkt und drückte die Klingel, bevor sie es sich anders überlegen konnte. Eine Frauenstimme hallte durch das Mikrofon.

»Ist Lior da?«, fragte Margarita, und dann stand er in der Tür und schaute irritiert, schob den Kopf nach vorne, und Margaritas Herz trommelte, und ihre Füße hoben beinah ab, so leicht waren sie, als unterliege nur ihr Kopf einer Schwerkraft. Er trug kurze Shorts, die Oberschenkel frei, Margarita zwang sich, hochzuschauen.

Sobald sich ihre Blicke trafen, begann sie, schnell zu sprechen, verhedderte sich, die Sprache plötzlich doch keine Vater-, sondern eine Fremdsprache, die Worte noch kehliger, weil sie am Kloß im Hals vorbei herausgepresst werden mussten. Sie versuchte zu erklären, ohne zu sagen, was passiert war, damit er nicht endgültig dachte, sie wäre verloren und gestört.

Lior unterbrach sie. »Komm erst mal rein.«

Er umarmte sie, die Umarmung war steif, aber er strich ihr über den Rücken, als sie sich voneinander lösten.

Wie weird er sie finden musste.

Sie wurde in die große Wohnküche geschoben, die sie zuletzt leer und aufgeräumt gesehen hatte. Nun herrschte Chaos. Liors Vater saß mit einem vielleicht achtjährigen Mädchen auf dem Boden und spielte *Uno Extreme*, aus einer Maschine flogen Spielkarten, die Maschine machte laute Geräusche, die beiden schauten nur kurz auf, registrierten Margarita, winkten, als sei es an der Tagesordnung, dass Lior weinende Mädchen mit nach Hause brachte, über die Spülmaschine gebeugt seine Mutter, sie trug Jeans und ein weißes T-Shirt. Ein Golden Retriever begrüßte Margarita überschwänglich. Lior erklärte die Situation, während Margarita schüchtern lächelnd neben ihm stand. Ihr Magen knurrte. Am liebsten wäre sie wieder gegangen, aber jetzt war es zu spät.

Sie fragte sich, ob Marsha Angst um sie hatte. Eigentlich hoffte sie, dass Marsha Angst um sie hatte.

»Are you hungry?«, fragte die Mutter.

Margarita sagte, dass sie Hebräisch sprach, und nickte vorsichtig. Sie durfte auf einem Barhocker Nudeln mit Pesto essen. Lior saß auf dem Hocker daneben und schaukelte mit den Beinen. Das Mädchen wurde vorgestellt, Laila, die Familie sammelte sich um die Kücheninsel, es wirkte eingespielt, normal, der Hund wedelte herum, Lior neckte ihn, sie ignorierten Margarita, während sie aß, es war ihr recht. Danach fragten sie sie aus, woher sie Lior kannte, Lior erzählte so gelassen von ihrer Begegnung im Flugzeug, als hätte sie nie bei ihm übernachtet, er nie bei ihr, als hätte er ihr die Lippen nicht wundgebissen, als hätten sich seine scharfen Fingernägel nicht an ihrem Körper glattgeschliffen.

Seine Schwester sagte: »Ima, das Mädchen riecht nach Schweiß«, Margarita lächelte beklommen, versuchte, es abzutun, der Vater lachte zu lange darüber, es musste also stimmen. Die Mutter fragte, wo in den USA sie lebe, und sie musste erklären, dass sie aus Deutschland kam. Laila sagte: »Ich dachte, die Deutschen sind böse«, wieder lachte der Vater, nun auch die Mutter und Lior, und Margarita konnte sich nicht wehren, denn was sollte sie sagen, sie hatten recht, vor achtzig Jahren hätten die Deutschen sie vergast. Oder ausgerechnet die adoptierte Großmutter wäre ihre Rettung gewesen.

»Langsam wird es aber spät«, sagte Liors Mutter. »Wo musst du hin, Margarita?«

»Jeruschalajim«, antwortete sie.

»Was? Alleine noch zurück? Das geht doch nicht. Weiß denn deine Mutter, wo du bist?«

»Ja«, log Margarita.

Lior runzelte die Stirn. »Und die hat kein Problem damit, dass du alleine durch Tel Aviv streunst?«

Margarita schämte sich. Sie war eingebrochen in das Leben einer Familie, die sich nicht einmal vorstellen konnte, dass es Menschen wie sie gab, Menschen ohne Boden.

»Ich bring sie zum Busbahnhof«, sagte Lior. Laila hatte begonnen, Cello zu üben. Margarita traute sich nicht zu sagen, dass sie ein Ladekabel brauchte, um die Mutter zu informieren, denn einen Schlüssel hatte sie nicht, also war sie still und regte sich nicht.

»Oder soll sie hier schlafen«, sagte Liors Mutter. Es klang, als würde sie aufgeben. Als würde Margaritas Schweigen sich so penetrant aufdrängen, dass sie nicht anders konnte, als es anzubieten.

»Wir müssen morgen alle früh raus«, sagte der Vater, »und das Sofa ist unbequem, sie hat doch nicht mal eine Zahnbürste dabei. Sie hätte sich ruhig mal ankündigen können, du kennst sie doch kaum, oder, Lior?«, als hätte er vergessen, dass Margarita Iwrit verstand.

»Ich kann auch alleine zum Busbahnhof gehen«, sagte sie leise.

»Kommt nicht in Frage«, sagte Lior.

Laila rief: »Ich will nicht, dass hier eine Deutsche schläft.«

Niemand wies sie zurecht.

Margaritas Handgelenke taten weh. »Es ist wirklich kein Problem«, sagte sie, kam sich nun vor wie eine Bittstellerin.

Lior fragte: »Hattest du denn keine Vorgabe, wann du zuhause sein musst?«

»Nein«, sagte Margarita, dachte an das tote Telefon im Jutebeutel. Ihr fiel ein, dass sie gesagt hatte, ihre Mutter wisse Bescheid, sie konnte unmöglich nach einem Ladekabel fragen, besonders, wenn sie gleich gehen musste, das wäre eine weitere Peinlichkeit in all diesen Peinlichkeiten, es würde sie verraten, und alle würden merken, dass sie gelogen hatte, dass sie nicht hier sein sollte, dass sie abgehauen war.

»Wir sind kein Hotel«, sagte Eran, »wir kennen sie nicht.«

Margarita hatte das vage Gefühl, dass Eran ein Arschloch war. »Ich will keine Umstände machen«, sagte sie.

Sie erinnerte sich an das Mädchen aus der Grundschule, dessen Eltern gesagt hatten, das Abendessen würde nicht für Margarita reichen, und sie hatte hungrig auf ihren Vater warten müssen, erst als sie schon im Bett lag, die Zähne bereits geputzt, hatte sie ihm davon erzählt, und er war furchtbar wütend geworden und hatte ihr ein Omelett gemacht. Was würde sie gerade für ein Omelett im Bett geben.

»Schon gut«, sagte die Mutter. Batya, so hatte Lior sie vorgestellt, Batya und Eran. »Aber was hast du denn in Amerika gemacht? Und wieso bist du jetzt hier?«

»Ima, niemanden interessiert das«, sagte Lior, als hätte er vergessen, dass er es gewesen war, der sie im Flugzeug ausgefragt hatte, dass sie es gewesen war, die die Antwort verweigert hatte, und Margarita wurde trotzig und begann zu erzählen, vor allem, weil es ihr Zeit kaufte. Sie ließ aus, dass ihre Mutter in echt vielleicht eine Sozio- oder Psychopathin war oder einfach ihr Kind nicht liebte, sie ließ aus, dass sie vielleicht gar keine Jüdin war, wurde erstaunlich gut darin, zu erfinden, am Ende behauptete sie, sie würden morgen nach Yad Vashem gehen, ja, morgen würde sie nach Yad Vashem fahren und dort ihre Mutter treffen, und diesmal würde niemand von den anderen Besuchern Selfies machen.

Sie redete sich gut zu, bis Lior gähnte. Dann sagte sie: »Ich gehe jetzt mal«, und entschied, am Strand zu schlafen, bis der erste Bus fuhr. Sie würde es sich als Abenteuer verkaufen, als Geschichte, die sie eines Tages würde erzählen können.

Sie bat darum, die Toilette zu benutzen, Batya zeigte ihr wo, sie tat, als kennte sie sich nicht aus, als hätte sie nicht unter dem prasselnden Wasser ihrer Dusche Flugzeugkotze von sich abgewaschen.

Als sie wiederkam, legte Eran zwei Laken auf das Sofa, eines für oben, eines für unten, gab ihr eine Zahnbürste und einen alten Schlafanzug von Lior, der die Augen verdrehte, »was, worin soll sie denn sonst schlafen«, blaffte sein Vater, sie rangelten, der Hund träumte in einem Korb neben dem Sofa, fiepte, die Pfoten zuckten. Laila und die Mutter suchten nach Lailas Geografiebuch.

Sie wollte jetzt doch nach einem Kabel fragen, aber alle waren beschäftigt, niemand wollte mehr mit ihr sprechen, Lior kritzelte Hausaufgaben auf ein Blatt, Laila wurde von ihrem Vater ins Bett gebracht, und die Mutter telefonierte, es ging um ein Essen im Büro, so viel konnte Margarita verstehen. Batya merkte, dass Margarita sie anstarrte, ging ins Schlafzimmer und zog die Tür laut hinter sich zu. Später, als sie wieder aus dem Zimmer kam, um sich die Zähne zu putzen, traute Margarita sich nicht, sie zu fragen. Sie hatte das Gefühl, wenn sie noch etwas einforderte, würde sie tatsächlich am Strand schlafen müssen. Sie las die letzten Seiten von Marshas Buch im Licht einer Lampe in der Küche, die niemand ausgemacht hatte. Die Spülmaschine arbeitete, ein Arm schlug im Sekundentakt gegen einen Teller, ein dumpfes *klonk*, es roch nach Biomüll.

*

Er hatte Margarita zur Bat Mizwa einen Gebetsschal aus Seide geschenkt, mit hellblauen Stickereien, wunderschön, hatte ihn schon Monate zuvor aus Israel bestellt, und als sie um Mitternacht noch immer nicht aufgetaucht war, legte er den Tallit zu allem anderen in den Koffer.

Sie trug ihn nicht gern, »das sieht scheiße aus«, hatte sie am letzten Yom Kippur gesagt, als er sie in die Oranienburger Straße geschickt hatte, und er musste an ihre Bat Mizwa denken, wie sie gelesen hatte und er geplatzt war vor Stolz, monatelang hatten sie geübt, die Melodiepünktchen über den Buchstaben zu erinnern, wann ging es hoch, wann runter, was wurde in die Länge gezogen und was gerafft.

Nervös tigerte er durch die Wohnung, schrieb der Gemeinde eine E-Mail, er müsse wegen eines familiären Notfalls nach Israel, versprach, sich nach einer Vertretung zu erkundigen, und erkundigte sich nach keiner Vertretung, irgendwann versuchte er, etwas zu essen, doch das Brot war zäh im Mund. Er spuckte es in den Müll. Jede Stunde rief Marsha an. Nichts. Noch im Dunkeln stieg er ins Taxi. Das Flugticket hatte 458 Euro gekostet, die er sich von seinem Tagesgeldkonto überwiesen hatte. Er sprach das Reisegebet, während er auf das Boarding wartete, sprach es ein wenig für sich selbst, vor allem aber für Margarita, wo auch immer sie gerade hinwollte, sank in den unbequemen Sitz, dann mit dem Kopf beinahe auf die Schulter seines Nachbarn, als er wegdämmerte.

Als er aufwachte, waren beide Beine eingeschlafen, eingeklemmt zwischen den Reihen, er konnte sich nicht vorstellen, dass sie je wieder erwachten, so, wie sie kribbelten und schmerzten, und malte sich aus, wie er sein Kind auf allen vieren würde suchen müssen.

*

Das Handy fiel ihr erneut ein, gerade bevor sie in den Schlaf finden konnte, wie eine vergessene Hausaufgabe, mit einem Schreck, aber auch mit einem *morgen dann*, es ging ja nicht anders. Hoffentlich machte Marsha sich Sorgen. Hoffentlich bereute sie das Chaos, das sie angerichtet hatte, hoffentlich fragte sie sich, wann sie Avi informieren müsste. Sie würde, rational wie sie war, vierundzwanzig Stunden warten, dessen war sich Margarita sicher. Sie hatte also noch etwas Zeit.

Trotzdem lag sie wach, bis sich nichts mehr regte in der Wohnung, bis nur noch der Lärm der Straße hereindrang, und dann lag sie weiter wach und pochte, pochte vor Lust auf Lior, nur wenige Meter entfernt. Ihre Füße trugen sie, bevor sie anders entscheiden konnte, auf Zehenspitzen, schnell, damit sie es sich nicht noch mal überlegte und alle mit der Klospülung weckte. Sie stand vor Liors Tür, überlegte zu klopfen, sie war einen Spalt geöffnet, vielleicht ein Zeichen, dass sie eintreten durfte, dass er mit ihr rechnete. Sie drückte sie etwas weiter auf. »Kann ich zu dir?«, fiepte eine Stimme, die nicht ihre war.

»Hrmpf«, grunzte es.

Sie interpretierte es als *ken*, weil sie ein *lo* nicht ertragen würde, schloss still die Schlafzimmertür und schob ihren überhitzten Körper unter Liors Laken.

»Was ist«, flüsterte er.

Sie legte ihre Stirn an seinen Nacken, sein Rücken steif wie ein Brett.

»Meine Eltern sind hier, sag mal, spinnst du.«

»Wir können ja leise sein«, flüsterte sie zurück, rutschte noch näher, presste ihr Becken an ihn.

»Nein. Geh zurück auf die Couch.«

Margarita wollte nicht hören, was er sagte. Sie hörte es nicht. Sie küsste seinen Hals, schob die Finger unter den Rand der Boxershorts, fuhr durch die kratzigen Haare unter dem Gummizug.

Lior schloss die Augen, erst dachte sie, weil er sie machen ließe, doch als sie nicht aufhörte, rückte er von ihr ab.

»Bitte«, sagte sie. Glitt mit der Hand in die Unterhose und hielt seinen halb steifen Penis in der Faust. Sie konnte nicht glauben, dass sie bettelte, doch gleichzeitig: Was hatte sie zu verlieren? Ihre Würde? Die hatte der Mann an der Passkontrolle ihr weggestempelt.

Lior drehte sich zu ihr um. Er flüsterschrie nun, auf seiner

Stirn eine dicke Ader, die aussah wie die auf seinem Schwanz. »Ich würde dir gern helfen«, presste er heraus, »aber das wirkt langsam alles so gestört, wie du hier reinplatzt ohne Erklärung, du hast doch gemerkt, dass meine Eltern das voll seltsam fanden, was soll ich denen auch sagen? Und jetzt kommst du einfach hier rein, das ist nur noch übergriffig, wir hatten einmal Sex.«

»Zweimal«, flüsterte sie, er erwiderte: »Egal, das war eine kurze Nummer, ich dachte, wir sehen uns nie wieder.«

Margarita konnte sich nicht bewegen, konnte nicht aufstehen und gehen, konnte nur stumm daliegen und nach billigen Erklärungen forsten, die teuerste schien ihr: »Ich wollte mich irgendwie bedanken.«

»Mit Sex?«

Im gelben Licht der Straßenlaterne, das ins Zimmer fiel, sah er ungesund aus, seine Barthaare ekelten sie, und trotzdem wollte Margarita noch immer, dass er sie küsste. »Ich weiß nicht, ja, ich dachte, du freust dich.«

»Das ist richtig krank«, sagte Lior, und über Margaritas Gesicht strömten jetzt Tränen, tropften auf das Laken, unter ihrem Kopf kein Kissen, er würde seines nicht mit ihr teilen, das wurde ihr klar, er wollte es für sich, so wie er seinen Körper für sich wollte, und sie begriff einfach nichts.

Er wischte ihr über die Wange, als würde es ihn stören, dass nun seine Matratze nass wurde. »Komm, geh rüber«, sagte er, »wir können das einfach vergessen, geh einfach morgen vor sieben, dann schlafen noch alle, und du musst nicht im Dunkeln raus.«

»Bitte, lass mich hierbleiben«, flehte Margarita, und Lior drehte sich weg. Sie deutete es als Einwilligung. Er atmete immer gleichmäßiger. Als sie sich sicher war, dass er schlief, schmiegte sie sich an ihn, verzweifelt, schob ein Bein über seines, er schob es weg, nun schwebte es in der Luft, und sie wusste nicht, wohin damit, wenn es nicht klammern durfte, nicht schlingen, nicht liegen. Sie versuchte es erneut. Sie wusste nicht, was in ihr so kaputt war, dass sie es tun musste, dass sie ihn herausfordern, provozieren musste, doch es funktionierte, er wandte sich um.

Dann stand er auf, beugte sich über sie, hob sie hoch, und sie ließ ihn, ließ sich auf die Couch tragen, legte den Kopf an seine Brust, ließ sich ablegen wie einen Schuh, den man beim Betreten der Wohnung abstreifte und im Flur liegen ließ.

Margarita schlief nicht. Als die Sonne sich blutrot ankündigte, helle Punkte aus Licht auf das grüne Samtsofa warf, lief sie zurück zum Strand, den Beutel in der Faust, die sich nicht mehr öffnen ließ, als wäre sie ihr verkrampftes Herz. Ihr war übel vor Selbsthass. Niemals würde sie auf dieses Stück Erde zurückkehren, wie auch ihr Vater nie wiedergekommen war, es war eigentlich nicht schwer zu verstehen, es war vielleicht nicht einmal politisch, und wenn, dann waren die Siedlungspolitik und der Militärdienst nur weitere Gründe, die Menschen hier waren hässlich und unhöflich, das Land war nicht sonderlich schön, alles war schäbig, schäbig und ideologisch.

Sie dachte an das stille Konstanz am sauberen Bodensee, und dass dort niemand wissen müsste, wer sie war, dass sie eigentlich keine Jüdin war, vielleicht war es ja befreiend, keine Jüdin zu sein, aber war das überhaupt möglich?

Dem liebenden Subjekt steht keinerlei sicheres Zeichensystem zur Verfügung, stand in einem der letzten Einträge des Buches, das ihr Marsha geschenkt hatte. Sie wusste nicht, was das bedeuten sollte. Starrte aufs Meer, jemand zog parallel zum Strand seine Bahnen. Sie war furchtbar müde. Lief zu einem Mülleimer, um das Buch wegzuwerfen, doch in letzter Sekunde entschied sie, dass man Bücher nicht in den Abfall schmeißen sollte. Stattdessen machte sie sich auf den Weg zum Busbahnhof.

*

Sein Handy fand kein Netz, nachdem sie gelandet waren, er begann, es zu schütteln, innerlich fluchend, noch in das Flugzeug gesperrt, schaltete es ein, aus, ein und aus, musste sich gedulden, ein Leben lang hatte er sich geduldet, er mochte nicht mehr.

Es war so heiß auf dem Rollfeld, dass nicht nur die Luft zitterte, sondern das Rollfeld mit ihr, auch der Himmel, die Erde, der ganze Horizont.

Es war elf Uhr. Margarita war nun seit vierundzwanzig Stunden verschwunden, sagte Marsha am Telefon, als er sie endlich erreichte, im Flughafen, in dem die Luft kurz stillstand, während er seinen Koffer über den glatten Marmor zog.

Er hatte gedacht, wenn er nur herflog, wäre sie da, sobald er erneut anrief.

Marsha stand im Morgenmantel in der Tür, es roch nach Kaffee, hatte sie wirklich Kaffee für ihn gekocht. Es machte ihn wütend: dass sie an etwas anderes dachte als an Margarita, dass sie Kaffee kochte und in ihn hineinfiel. Er umarmte sie nur, weil sie ihm keine Wahl ließ. Als er sich befreit hatte, sah er sie an.

Das Erste, was er fragte, brannte ihm seit Stunden auf den Lippen. Noch im Taxi hatte er es still geübt. »Why did you leave the apartment without talking to Margarita? Maybe she was scared?«

»Sie hat geschlafen«, sagte Marsha, ihre Mundwinkel bebten, sie blickte ihn an, als hätte sie Angst vor ihm.

»Und jetzt?«, fragte er.

Sie zuckte die Schultern.

Es war keine Zeit, sich zu streiten. Er telefonierte alle großen Krankenhäuser von Jerusalem durch, dann die von Tel Aviv. Sein Hebräisch klang in seinen Ohren, als würde er eine fremde Sprache sprechen, biblisch, altväterlich. Die Rezeptionisten rieten ihm, die Polizei anzurufen, in einem saloppen, gelangweilten

Iwrit. Er wählte *100*, bat, sie sollten seine Tochter suchen, aber die Polizei sagte, erst nach achtundvierzig Stunden.

Er rieb sich die Augen, während er mit Marsha sprach, während er versuchte, ihr die Schuld zu geben, und scheiterte. Marsha sagte, sie sei nun mal ein Teenager, manchmal würden Teenager eben weglaufen, sie kämen meist wieder, das habe auch die Polizei gesagt, und er dachte: Sie könnte tot sein.

Selma rief an. Er hörte ihre Stimme durch das Telefon brüllen, es musste frühmorgens sein in Amerika, sie verlangte nach ihm und brüllte noch lauter, »we have to find her, WE HAVE TO FIND HER, or I will never forgive myself, oh God, oh dear God«.

Er legte das Telefon auf den Tisch, sie beugten sich darüber und beteuerten abwechselnd, wir werden sie schon finden.

Nach dem Anruf ging Marsha Zigaretten kaufen.

»Zigaretten kaufen«, sagte er und suchte im Blick, den sie über ihre Schulter warf, nach einer Entschuldigung.

Nach ihrer Rückkehr entschieden sie, dass Marsha nach Tel Aviv fahren würde, um das Kind zu suchen. »Vielleicht hängt sie einfach am Strand rum«, sagte Marsha, »vielleicht wollte sie nicht nach Yad Vashem. Vielleicht reicht ihr das lebensgroße Yad Vashem, das sie Zuhause nennt.«

Er schaute sie irritiert an.

»Hast du denn ein Foto von ihr? Das du zeigen könntest?«, fragte er.

»Soll ich jetzt mit ihrem Foto durch die Stadt rennen?« Marsha zog ihr Handy heraus. »Hier ist sie in Akko«, sagte sie und zeigte ihm ein Foto von Margarita, die ein bisschen lächelte, fehlte da etwa die sonst zentimeterdicke Schicht Schminke?

»Das hast du mir gar nicht geschickt.«

»Wenn ich dir jedes Foto geschickt hätte, hätte dein Handy nie aufgehört zu klingeln.« Sie wischte weiter durch die Fotogalerie: Margarita, wie sie durch die Altstadt lief, ein Video davon, wie sie in perfektem Iwrit Orangensaft kaufte, Margarita mit Schnorchel, es war, als würde durch die Bilder eine unaussprechbare Liebe schimmern.

»Was ist passiert?«, fragte er. »Das sieht doch nicht so furchtbar aus. Ich weiß, dass ihr Streit hattet, ich weiß, dass es schwierig ist, mit Margarita keinen Streit zu haben, aber wie kann es so schlimm gewesen sein?«

Marsha fummelte an der Zigarettenpackung, steckte das Telefon in die Handtasche, holte eine Plastikflasche mit Wasser aus dem Kühlschrank. »Ich muss jetzt los«, sagte sie, »ich will nicht in den Stau kommen.« Ihre Schultern waren so weit nach vorn gezogen, dass es aussah, als würden sie sich bald berühren, als würden nur wenige Handbreit fehlen, um den Kreis zu schließen. Er wusste, dass sie das tat, wenn sie sich schämte. Sie ging.

Vierundzwanzig Mal rief er Margarita an, vierundzwanzig Mal hörte er direkt die Mailbox, schickte drei SMS, *bitte melde dich, wir bestrafen dich nicht.*

Wir.

Margarita zwang sie, eine Entität zu sein. Kinder konnten das, er erinnerte sich an das befreundete Ehepaar, das nur wegen des komplizierten Beinbruchs ihres Sohnes nicht die Scheidung eingereicht hatte, später dann doch, als er wieder laufen konnte, in eine eigene Wohnung, in der er sie nicht mehr brauchte.

Brauchte Margarita sie nun, mussten sie zusammenhalten?

Wollte sie gefunden werden?

In seinem Kopf schrillten Alarmglocken so laut, dass er ihn gern gegen eine Wand geschlagen hätte, wie in den schlimmsten Kämpfen mit Marsha, wenn er sie damit erpresst hatte.

*

Margarita klingelte. Nach Sekunden ertönte der Summer, aber nur kurz, beinah konnte sie die Tür nicht rechtzeitig aufschieben. Wahrscheinlich hatte ihre Mutter nun doch begonnen, sich Sorgen zu machen, und war nicht ohne sie nach Yad Vashem gefahren.

Ihr Bus war verspätet gewesen, sie hatte sich verlaufen auf dem Weg zur Wohnung, ohne das Handy immer schlimmer, es hatte am Ende drei Stunden gedauert, sie war müde und durstig, kein Hungergefühl mehr seit der Demütigung in der Nacht. Ihr war heiß, Jerusalem schien ihr wie eine Stadt, in der es keinen Wind gab, nicht einmal eine Brise, nur trockene, staubige Luft. Sie hatte sich den kalten Schlachtensee vorgestellt, in den sie mit Anna im Jahr zuvor so oft von einem gemieteten Boot aus gesprungen war, so hatte sie durchgehalten, immer wieder dachte sie an den kühlen Schreck des grünen Wassers. Am Ende hatte sie nach dem Weg gefragt, sich überwunden, es hatte sich herausgestellt, dass sie nicht weit von der Wohnung entfernt war.

Im Treppenhaus legte sie kurz die Wange an den glatten Stein, auf dem Absatz, von dem aus man die Wohnungstür noch nicht sah, ihr Herz machte einen Satz, gleich gäbe es Ärger, dann konnte sie schlafen, aber in der Tür hinter der Ecke stand ihr Vater, mit riesigen Augen und zusammengekniffenen Lippen, ein wütender Fisch, mit dem sie nicht gerechnet hatte.

Sie blieb auf der letzten Stufe stehen.

Sie schauten sich lange an.

»Efo Ima?«, fragte Margarita.

»Sie sucht dich.«

»Was machst du hier?« Sie hatte Angst, merkte sie, sie hatte furchtbare Angst, was jetzt folgen würde. Sie hatte sich so auf ihn gefreut, und nun das, nun war das Wiedersehen komplett verkackt.

»Dich suchen.« Er wurde laut. »Margarita, was denn sonst, bist du des Wahnsinns? Komm sofort rein.«

Sie schüttelte den Kopf.

»Wenn du jetzt nicht reinkommst, schreie ich das ganze Haus zusammen«, sagte er, weil er wusste, dass ihre schlimmste Sorge war, er könne sie blamieren. »Ich bin so wütend, ich bin so wütend, ich weiß überhaupt nicht, wo ich anfangen soll. Erst mal das: nix mit ausgehen diesen Herbst, nix mit Anna feiern, nix mit neues Bett, wir fliegen nach Hause, und dann gehst du in die Schule und zurück. Wie kannst du mir solche Angst machen?«

»Du hast mich einfach weggeschickt!«, brüllte Margarita, aber es kam kein Brüllen raus, nur Flüstern.

»Komm jetzt sofort rein.«

»Ich will nicht.«

»Es ist mir völlig egal, was du willst.«

Sie gab auf.

Als sie die Tür hinter sich schloss, sank er dramatisch auf die grauen Fliesen im Flur. »Ich dachte, du wärst tot.«

»Du hast selber mal gesagt, dass man es immer ganz schnell mitkriegt, wenn etwas Schlimmes passiert, weil einen dann die Polizei anruft.«

»Das galt dafür, wenn ich nach dem Unterrichten mal einkaufen gehe und du mich nicht erreichen kannst, nicht dafür, wenn du achtundzwanzig Stunden lang abhaust, in einem fremden Land, Motek.«

»Nenn mich nicht so, wenn wir uns streiten«, sagte Margarita.

Ihr Vater schaute hoch, er saß, die geballten Fäuste neben den Beinen, auf dem Boden, schaute hoch und blickte sie an.

»Geh in dein Zimmer«, sagte er. »Jetzt.«

Sie ging.

Sie hörte durch die dünne Tür, wie er aufstand, wie es aus dem Lautsprecher seines Handys tutete, wahrscheinlich versuchte er, Marsha zu erreichen. Sie setzte sich auf das ungemachte Bett und heulte, in der Hoffnung, er würde kommen und sie trösten, schraubte sich hoch zur Sirene, zum Wolf, zur Grandma, die Grandpa ruft, dann wieder herunter. Irgendwann kam ihr Vater herein, ohne Klopfen, und sagte, wenn irgendwer heulen sollte, dann er. Er stellte ihr ein Glas Wasser hin. Margarita starrte an die Wand, den Rücken zu ihm, die Tür schloss sich wieder.

Sie musste auf die Toilette, so dringend, dass sie erwog, aus dem Fenster zu klettern und in den Vorgarten zu pinkeln, aber dann würde ihr wieder vorgeworfen, sie wolle abhauen.

Natürlich geschah, was geschehen musste, als sie sich endlich traute, das Zimmer zu verlassen, und an ihrem Vater vorbeischlich, der den Kopf auf dem Küchentisch abgelegt hatte und aussah, als würde er, seinen langen Körper zusammengefaltet, auf der Tischplatte schlafen. Kaum hatte sie die kurze Hose heruntergezogen, öffnete sich die Wohnungstür. Sie hörte, wie ihr Vater aufschreckte, das ihr so vertraute Stöhnen von sich gab, wie immer, wenn man ihn aus einem tiefen Mittagsschlaf holte, hörte, wie er schnell aufstand, die Klobrille kalt an der überhitzten Haut ihrer Oberschenkel.

Im Becher am Waschbecken standen nun drei Zahnbürsten. Sie schloss kurz die Augen und stellte sich vor, es seien drei ganz normale Zahnbürsten von einer Familie auf Reisen. Sie wusste, sobald sie die Tür öffnete, würde sich etwas ändern, würde sich ein Gefüge verschieben, würden ihre Eltern zum ersten Mal, seit sie sich erinnern konnte, gemeinsam vor ihr stehen.

Sie schaute in den Spiegel. Die Haare waren an den Enden heller geworden, der Blick unnachgiebig, es war ihr unangenehm, sich selbst in die Augen zu blicken, sie schloss sie, öffnete sie wieder, über ihrer breiten Oberlippe ein paar feine, dunkle Haare, sicherlich ein Merkmal von vielen, das Lior abstieß. Sie sah bitter aus. Konnte man mit fünfzehn bereits verbittert sein? Man konnte.

Sie hörte die Eltern im Flur, sie hörte, wie ihr Vater sagte: »She is on the toilet«, das Englisch klang rau, beinah deutsch.

Ihre Mutter stand direkt vor dem Bad, die Klinke vibrierte, als sie hektisch zu sprechen begann. Margarita öffnete die Tür.

Marshas Wimperntusche war verlaufen, sie sammelte sich in den Falten um ihre Augen. Avi schien zu verstehen, was sie sagte, jedenfalls sagte er die ganze Zeit »Charah, charah«, *scheiße, scheiße*.

Marsha erzählte etwas von einer *Casserole*, die aus einem Küchenschrank auf den Kopf der Großmutter gefallen war, »what's a casserole?«, fragte Margarita, »Ofenform«, sagte ihr Vater, Marsha legte sich die Hand über den Mund. Dann zog sie Margarita zu sich, murmelte etwas, Margarita verstand nicht alles, nur »thank God, thank God« und »I'm so relieved. I'm sorry, darling, I'm sorry«. Sie roch nach Zigarettenrauch. Margarita war verwirrt. Hatte Marsha noch nicht begriffen, dass sie wütend sein sollte, so wie ihr Vater, und warum war ihr Vater wütend und ihre Mutter froh, es passte nicht zusammen, eigentlich sollte es doch andersherum sein.

Marsha sagte, Grandma sei im Krankenhaus, wahrscheinlich eine Gehirnerschütterung, Grandpa sei verwirrt, sie nannte sie Selma und Dan, sie sprach zu Margaritas Vater, »und der kann sich nicht mal ein Sandwich selber machen«. Marsha sagte: »She was so upset she stopped paying attention«, und schaute Margarita ausdruckslos an.

»Ich gehe jetzt einkaufen«, sagte Avi. »Wie es weitergeht, besprechen wir nicht mit leerem Magen. Und ihr –«, er wusste offenbar nicht, was er sagen sollte, fuchtelte nur in der Luft herum, »ihr haltet hier die Stellung und hofft, dass es nur eine Beule ist.«

»Danke«, flüsterte Marsha und machte zwei Schritte in ihr Schlafzimmer. Schloss die Tür hinter sich.

»Du räumst dein Zimmer auf, Motek, und dann wäschst du dich. Nach dem Essen sehen wir weiter.«

Margarita nickte. »Liebst du mich jetzt nicht mehr?«, fragte sie, als ihr Vater die Wohnungstür öffnete.

Er drehte sich um. Etwas in seinem Gesicht sah kaputt aus, zersprungen.

»Oh, Margarita«, sagte er. »Natürlich liebe ich dich noch. Sonst wär ich doch nicht hier, sonst wär ich doch nicht so außer mir.«

Er nahm sie in den Arm, seine Aba-Arme umschlossen sie, so fest, dass sie kaum Luft bekam. Sie schrumpfte und schrumpfte. Irgendwann ließ er sie los. »Yofi. Es hat trotzdem Konsequenzen.«

Sie nickte.

Dann verschwand er im Treppenhaus.

Als sie sich nach der kalten Dusche anzog, hörte sie Geräusche aus der Küche, lauschte dem Rascheln von Plastiktüten und dem Hacken von Zwiebel, vielleicht Gurke? Sie hatte ihren Vater vermisst, das Gefühl von Sicherheit, das sie empfand, wenn er in ihrer Nähe war, beinahe vergessen. Das Gefühl, den Schmerz und die Wut an jemandem auslassen zu können, der nicht anders konnte, als sie trotzdem zu lieben.

*

Er überredete sie zu einem Tischgebet, es war, trotz aller Katastrophen, immer noch kurz vor Schabbat, Margarita machte den Anfang:

»Baruch ata adonai, elohenu melech haolam, boreh pri haadamah«, bedankte sich für die Früchte der Erde, also für das Baba Ganoush in der Plastikverpackung, also für die feingehackten Gurken, Tomaten, Zwiebeln, wie er Marsha kannte, hatte sie dem Kind kein einziges Mal ein paar Vitamine untergejubelt. Margaritas Hebräisch war schön und klar, »baruch ata adonai, elohenu melech haolam, shehakol nihijeh bid'varo«, für die Labane, ein bisschen hatte er sich gefreut auf die Köstlichkeit, die in Berlin nirgendwo so schmeckte wie hier, weil man aus Israel keine Milchprodukte importieren durfte.

In dieser schäbigen Küche packte ihn plötzlich ein Heimweh, wie er es in Berlin nur selten zuließ. Packte ihn die Sehnsucht nach dem ihm vertrauten Essen, der ihm vertrauten Architektur, der Sprache, in der er dachte. Packte ihn das Bedürfnis, zu laufen, bis er Menschen traf, in einer Bar zu sitzen und sich zu unterhalten, und um ihn herum redeten auch alle Iwrit.

Er bedeutete das Händewaschen, und Marsha, die vorher einfach genickt hatte zum *Amen* nach den Gebeten, blieb sitzen, »denkst du ernsthaft, das mache ich mit?«, und Margarita schaute zwischen ihnen hin und her, doch sie schloss sich ihm an.

Als er zu essen begann, sahen Marsha und Margarita ihn böse an. »Nicht schmatzen«, ermahnte ihn Margarita streng, da war sie wieder, die Deutsche, oder war es die neurotische Tochter einer neurotischen Amerikanerin, er schloss den Mund beim Kauen, ob Margarita wusste, wie ausgehungert und müde er war, oder war sie wieder nur mit sich beschäftigt? Sie kauten, nun leise, wortlos vor sich hin, beschäftigt mit einfachen Fragen: Was kommt als Nächstes auf das Brot, fehlt Salz am Salat, bin ich schon satt.

Leider waren diese Fragen irgendwann beantwortet.

Marsha und er begannen gleichzeitig zu sprechen, gestikulierten zum jeweils anderen, bis sie schwieg, so lange, dass er wieder Luft holte und dann gar nicht wusste, was er sagen sollte. »Wo warst du?«, fragte er schließlich, »und warum dachtest du, es wärc in Ordnung, einfach abzuhauen?«

Margarita knibbelte an einer Nagelhaut und schüttelte den Kopf.

»Warst du bei Lior?«, fragte Marsha.

Margarita nickte vorsichtig.

Wer war Lior?

»Warst du wütend?«, fragte Marsha.

»Du bist einfach gegangen«, sagte Margarita, »ich also auch.«

Marshas Blick sagte: Du musst uns nicht verarschen, du merkst doch selber, dass das Quatsch ist, aber es lag auch etwas anderes darin, was er nicht lesen konnte.

Es gefiel ihm nicht, dass Marsha nun diejenige war, die die Antworten aus der Tochter herauskitzelte, war doch sie schuld an allem. »Wer ist Lior?«, fragte er.

»Geht dich nichts an«, sagte Margarita.

»Doch«, sagte er, überraschend laut. Er schaute zu Marsha, bat sie still um Unterstützung, aber Marsha knetete ihre Hände und rieb sich die Stirn, gequält.

Margarita starrte weiter ins Leere, ein weiß gewordener Pickel mitten auf der Wange, die Haare ein bisschen fettig, eine Fünfzehnjährige.

»Mein Vater fährt gleich ins Krankenhaus«, sagte Marsha. »Er meint, es könnte sein, dass Mom es nicht überlebt, sie wissen nicht, ob es Blutungen im Gehirn gibt. Ausgerechnet die große Keramikform, sie wollte Lasagne machen, mitten in der Nacht, weil sie nicht schlafen konnte vor Sorge, sie hat nicht aufgepasst. Wenn deine Großmutter nun stirbt, weil du dachtest, es wäre lustig, dich zu rächen, indem du abhaust, Margarita, ich weiß überhaupt nicht, was ich sagen soll.«

Da war sie, Marshas Härte, Marshas Abkapselung, das Beängstigende an ihr. »Marsha«, sagte er, »das kannst du ihr nicht antun.«

»Schon gut«, sagte Margarita, den Blick auf das Wasserglas in ihrer Hand, »sie hat ja recht.«

Er stand auf, stellte die Teller in die Spüle, drückte Margaritas Schulter, sie drehte den Oberkörper zur Seite. Er fühlte sich zurückgewiesen, als hätten die beiden Frauen sich gegen ihn verbündet. »Ich hatte so Angst um dich, Motek«, sagte er auf Hebräisch, er wusste, Marsha würde nur Fetzen verstehen, es war ihm recht, »darf ich dich jetzt wenigstens in den Arm nehmen?«

Margarita schüttelte den Kopf.

Er fühlte sich noch immer desorientiert, verwirrt und verirrt, und nun das nächste Problem, die verletzte Selma. »Und jetzt?«, fragte er.

»Ich kann nicht rumsitzen und warten«, sagte Marsha.

»Spazieren wir?«, fragte er, und sie gingen los, ihre Tochter wie ein Schutzschild zwischen ihnen, er hätte sich nie verziehen, wäre sie verschwunden geblieben. Sie spazierten durch sein geliebtes Jerusalem, durch die Moshava haGermanit, die German Colony, zunächst durch die haMagid Street, in der Marshas Wohnung lag, es blühten Blumen an den Hauswänden, es roch nach Sonne auf Sandstein und Hühnerbrühe; nach Rosen, an den Zäunen, in den Parfums alter Frauen, im Milchpudding, ja, es roch nach Malabi.

Sie bogen auf die Emek Refaim ab. Marsha lehnte sich etwas nach vorne, »remember?«, fragte sie ihn, und er konnte nicht mehr als sagen: »Of course«, und als sie an der Ecke der Lloyd George Street ankamen, blieben Marsha und er stehen, Margarita marschierte weiter, zwischen ihnen war nun eine Lücke und über ihnen ihr alter Balkon, durch dessen offene Tür ein weißer Vorhang flatterte.

»Da haben wir gewohnt«, sagte er, und Margarita wurde aufmerksam, erwiderte auf Englisch, ein Zeichen, dass sie wollte, dass ihre Mutter sie verstand: »Verrückt, ich dachte, ihr guckt nur irgendeine langweilige Architektur an.«

Würde Marsha mich drum bitten, dachte er, ich würde die Wand hinaufklettern und die Mieter rausschmeißen, würde die gelben Vorhänge wieder anbringen und uns unser altes Leben zurückholen. Aber sie bat ihn nicht darum, sie hatte ihn verlassen, und er wusste nicht einmal, ob sie einen Partner hatte, mit dem sie schlief und dann weinte, der ihr kalte Lappen auf die Stirn legte, wenn sie fieberte. Sie trug eine lange Leinenbluse und eine enge Jeans, sah so viel jünger aus als Hannah, so viel weltlicher.

Vielleicht, stellte er fest, war es beinahe gut, dass Margarita verschwunden war, beinahe schicksalhaft, denn sie war ja wieder aufgetaucht, und nun war er hier, und es passierte etwas, passierte etwas Echtes.

*

Ihre Eltern ließen sich große Gläser Bier bringen, Margarita bekam eine Limonade. Sie hatten eine halbe Stunde, bevor das Café zum Schabbat schloss, sie waren die Einzigen auf der großen Terrasse.

»Wir reden morgen, Motek«, sagte Avi, als er merkte, dass Margarita darauf wartete, noch einmal Ärger zu bekommen, sie saß den beiden gegenüber wie vor einem Tribunal. Sie wollte, dass sie merkten, dass sie Angst hatte vor der Strafe, damit die Strafe milder ausfiel.

Es war unangenehm still. Margarita versuchte, sich Dinge einfallen zu lassen, die sie fragen könnte, doch in ihrem Kopf spulte sich nur immer wieder die vergangene Nacht ab. Immer wieder dachte sie, von sich selbst entsetzt, an ihr Betteln. Ihre Eltern tauschten Erinnerungen und bestätigten einander, wie lecker alles war. Ich hab's verstanden, dachte Margarita, ist lecker, sie fand es vor allem fürchterlich heiß.

Marshas Handy klingelte. Sie stand auf und machte ein paar Schritte die Straße hinunter.

Sie zitterte, als sie zurückkam, und blutete an einer aufgekratzten Stelle am Ellenbogen, ein wenig davon färbte auf ihre Bluse ab, erst rot, schnell braun, sie winkte dem Kellner, bat auf Hebräisch um die Rechnung, das konnte sie, während Avi immer wieder fragte, was sei, sie schüttelte nur den Kopf. Ein ums andere Mal stellte Margarita sich vor, wie der Großmutter die Ofenform auf den Kopf schlug. Welches Geräusch der Aufschlag gemacht hatte, welches ihr Schrei.

Hätte sie doch nur ihr Handy aufgeladen.

»We need to go to Chicago«, flüsterte Marsha. »We need to leave tomorrow.«

Sie liefen zurück zur Wohnung, während die Sonne unterging. Margarita fiel hinter ihren hektischen Eltern zurück. Sie sahen merkwürdig aus, so nebeneinander, ihr fiel auf, dass Avi die Kippa hier nicht unter einer Mütze verbarg.

Sie traute sich nicht, zu fragen, was ihr Großvater gesagt hatte, und ihre Mutter war still und blass, setzte sich mit dem Laptop an den Küchentisch, ihr Vater stand daneben, Margarita in der Tür. Marsha fluchte, die Flüge am nächsten Tag waren ausgebucht, es gab zwar einen über Paris und Atlanta, der abends startete, aber nur wenige Stunden vor dem Direktflug am Sonntag landen würde, mit einem achtstündigen Layover in Paris, die Maschine am heutigen Nachmittag würden sie nicht mehr bekommen. Also war die beste Möglichkeit der Flug am Sonntagabend. Bis dahin mussten sie noch quälende Stunden in Israel verbringen.

»Pray for her, will you?«, fragte Marsha Avi, und er nickte, verzog sich, Margarita schaute ihm nach, sah, wie er die Tefillin anlegte und das Gebetbuch aus seinem kleinen, schäbigen Koffer holte, ebenso ihren Tallit, obwohl man ihn eigentlich nur an Schabbatmorgen trug, nicht an Erew Schabbat, sie hatte gar nicht gewusst, dass er noch irgendwo zu finden war. Sie folgte ihm und streckte die Hand danach aus, spannte den Tallit, sprach die Bracha, küsste die seidigen Ecken des Schals, die sie um ihre Finger gewickelt hatte, legte ihn über den Kopf und über die Schultern.

Sie stellte sich neben ihren Vater, beide neigten sich nach

vorn, zusammen, unter ihren Schals, Abendlicht strömte durch das Fenster und färbte die Seiten des Gebetbuchs rosa. Ihr fiel auf, wie viel schneller sie nach diesen Wochen des Speisekarten-Übersetzens für Marsha die einzelnen Buchstaben zusammenfügen konnte.

Man sollte sich beim Gebet nur auf die Worte im Buch konzentrieren, doch sie hatten keine Bedeutung, Margarita träumte, während sie vor- und zurückschaukelte, träumte davon, dass alles bloß ein Albtraum war.

Am Ende wollte sie das Gebet für die Kranken sprechen, obwohl die Großmutter für sie nicht *krank* war, bei Krankheit dachte sie an Viren, eine Infektion, nicht an broken Kopf wegen Casserole, doch ihr Vater sagte, dass man das nur nach der Toralesung durfte, und es ließ sie enttäuscht zurück.

Erst als sie seinen geöffneten Koffer in ihrem Zimmer sah, wurde Margarita klar, dass ihr Vater bleiben würde, dass er nicht ins Hotel ging. Er erklärte, dass er in ihrem Bett schlafen würde und sie bei Marsha im Doppelbett. Als wäre es weniger komisch, dachte Margarita, wenn sie mit der Mutter, die sie nie gekannt hatte, in einem Bett schliefe, als mit dem Vater, dessen Atemrhythmus sie kannte, der ihr jahrelang den Kopf gekrault hatte vorm Einschlafen, vorgesungen, vorgelesen, erzählt. Weil der Vater ein Mann war und die Mutter eine Frau. Könnte sie nur Anna von alldem berichten, doch es war dunkel, und sie war allein, es war immer schon so gewesen, auch als Kind: Mit der Dunkelheit kam die Angst, ein Ziehen in der Tiefe ihrer Eingeweide, sie hatten es damals das *komische Gefühl* genannt, es kam jeden Abend und noch schlimmer, wenn sie bei Freunden übernachtete, es war wie Heimweh, es war wie der Moment, kurz bevor die Achterbahn vom höchsten Punkt hinunterstürzte, nur stundenlang. Dasselbe Gefühl kroch in ihr hervor, nachdem ihr Vater entschieden hatte, dass sie bei Marsha schlafen musste.

Erst vor dem Zubettgehen erzählte Marsha, was Grandpa am Telefon gesagt hatte: Die Großmutter sei verwirrt, sie stünde unter Beobachtung. Wahrscheinlich eine sehr schwere Gehirnerschütterung, die innere Blutungen nach sich ziehen könnte. Bis jetzt zumindest hatten die Ärzte keine entdeckt. Aber es könnte sein, dass sie plötzlich starb. Margarita bat darum, sie anzurufen, aber ihre Mutter flüsterte, das sei keine gute Idee.

Ihr Vater strich ihr über den Kopf. Sie schüttelte ihn ab, schüttelte sich vor Schuld, machte sich auf dem Küchenstuhl ganz klein und entschuldigte sich.

»Oh, Honey«, sagte Marsha, »imagine all the guilt that *I've* racked up.«

Margarita putzte die Zähne und legte sich ins Bett, so nah an den Rand, dass sie die Kante unter der Schulter spürte. Sie schloss die Augen, während Marsha sich umzog, das Laken hochgezogen bis zur Nase.

Marsha legte sich dazu, an den anderen Rand, da hätte Aba jetzt auch noch hingepasst, dachte Margarita. Ihre Mutter machte das Licht aus und begann, gleichmäßig zu atmen, und Margarita begann, gleichmäßig zu weinen, sodass Marsha es nicht hören würde. Sie dachte an Lior, an ihre Großmutter, daran, wie gewaltig alles schiefgegangen war.

Marsha bewegte sich. Margarita biss sich in die Wange, um aufzuhören.

Ihr Vater drückte die Klospülung, die Klimaanlage surrte. Eine weitere Träne plumpste, die letzte, wirklich, die letzte.

»Rita?«, flüsterte ihre Mutter.

Sie machte ein krächzendes Geräusch.

Marsha rutschte ein wenig weiter in die Mitte, langsam wurde es eng für den unsichtbaren Vater.

»Rita. What's wrong?«

»Everything«, schluchzte Margarita.

»Magst du mir erzählen, wo du warst?«

Margarita schüttelte den Kopf.

»Wir machen einen Deal«, sagte Marsha.

»Hm?«

»Du erzählst mein Geheimnis nicht weiter, und ich behalte deins für mich.«

Margarita musste kurz überlegen. Eigentlich kam es ihr wie ein faires Angebot vor, zumal sie noch gar nicht recht begriffen hatte, was für ein Geheimnis ihr Marsha da überhaupt erzählt hatte und was es bedeutete.

»Ich bin nach Tel Aviv gefahren«, sagte sie schließlich, »ich wollte irgendwie meine Ruhe und an den Strand.«

Marsha stützte sich auf den Ellenbogen. Sie legte ihr Gesicht in ihre Handfläche. Margarita wünschte sich, Marsha würde sie in den Arm nehmen, doch sie blieb liegen und schaute sie an.

»Mein Handyakku war alle. Und ich hatte meine Kreditkarte vergessen. Ich wusste nicht, wie ich wieder zurückkomme, also bin ich bei Lior gelandet.« Jetzt musste sie so sehr weinen, dass sie keine Luft mehr bekam. Marsha streckte ihr die Hand hin, auf der sie sich nicht abstützte. Margarita griff danach.

»Hat er dir etwas getan?«, fragte Marsha.

Margarita schüttelte den Kopf. »Er wollte mich nicht«, quetschte sie hervor. »Ich glaub, ich bin schlecht darin.«

»Worin?«

»Darin.«

»Oh, Darling«, sagte Marsha. »Niemand ist schlecht im Bett. So funktioniert das nicht.«

Margarita vergrub den Kopf im Kissen, als würde sie es durchbohren wollen.

»Schsch«, sagte Marsha. »Es tut weh, oder?«

Margarita nickte. »Es tut mir leid«, schluchzte sie, so leise es ging, damit ihr Vater sie nicht hören würde. »Es tut mir so furchtbar leid.« Marsha hielt weiter ihre Hand. Margarita versuchte zu erklären, dass auch Liors Familie gemein gewesen war, wie sehr sie bereute, weggelaufen zu sein, und noch viel mehr, das Handy nicht geladen zu haben, und dass sie niemals, niemals gewollte hatte, dass Grandma sich Sorgen machte, natürlich auch nicht Avi oder Marsha, aber Grandma –

Marsha war lange still. Dann seufzte sie, während sie stetig über Margaritas Handrücken strich, als wäre diese Hand ein Fremdkörper, beinahe mechanisch.

»Rita«, sagte sie, »du weißt, dass Lior kein Arschloch ist, weil er dich zurückgewiesen hat, oder? Auch Männer dürfen über ihren eigenen Körper entscheiden.«

Margarita zog die Hand zurück. Ihre Wangen brannten, als hätte man sie geohrfeigt. Sie drehte sich um, den Rücken zu ihrer Mutter, und dachte an das Sofa in der Nacht zuvor, das genauso unfreundlich gewesen war wie der Rest von Liors Familie. Ihre Erschöpfung siegte über die Enttäuschung und das Wissen, sie könnte kein Argument finden, das gegen die Mutter sprach, Marsha hatte ja recht, und das Einzige, das ihr als Entgegnung einfiel, war die Forderung, sie möge doch vielleicht netter sein, verständnisvoller, war es nicht das, was Mutterliebe ausmachte?

*

Margarita schlief lange, sie konnte das, mittlerweile war es zwölf Uhr, und er saß mit Marsha auf dem Balkon, unter einem schiefen Sonnenschirm, Marsha hatte Kaffee gemacht, er ein simples Frühstück. Es war Schabbat, am Freitag danach begann Rosch haSchana, doch Margarita hatte ihn gebeten, mit nach Chicago zu kommen, und was hätte er tun sollen, es riskieren, sie erneut zu verlieren, also hatte er mit Frau Wagner, die bei der Gemeinde für Krankschreibungen zuständig war, telefoniert, sie würden einen Ersatz für ihn finden, den Typen, der zwar schief sang, sich aber sicher und ausdauernd durch die Gebete der hohen Feiertage würde bewegen können.

Es begann zu regnen, ziemlich plötzlich. Margarita erwachte aus ihrem Koma, als sie den Tisch abräumten.

»Motek, riechst du den Regen in der Luft, boker tov«, sagte er.

Margarita erwiderte schlaftrunken: »Es riecht nicht nach Regen, Feuchtigkeit verstärkt einfach Gerüche. Es riecht nach allem, was wir sonst nicht riechen, nach Dreck und auch nach Hundescheiße.«

Marsha schaute sie staunend an, die Augenbrauen hochgezogen. »Who knew!«, sagte sie.

»Yofi«, sagte er. »Hunger?«

Margarita schüttelte den Kopf. »Gibt es Neues von Grandma?«

»Nein«, sagte Marsha.

»Was machen wir dann heute?«

»Wir beide treffen deine Tante«, sagte er, »du sollst sie kennenlernen.«

»Aber es ist Schabbes.«

»Das ist jetzt ausnahmsweise mal egal, wir nehmen das Mietauto. Immerhin fliegen wir nicht.«

Er hatte Pnina am Abend zuvor angerufen, kurz vor Sonnenuntergang, und erklärt, dass er spontan hatte nach Jerusalem kommen müssen. Sie sagte, sie wohne nicht mehr in Tel Aviv, sie seien nach Ra'anana gezogen, es überraschte ihn nicht. Pnina hatte ihn eingeladen, für nachmittags. Sechzehn Uhr hatten sie ausgemacht, das ließ ihnen ein paar Stunden vor der Hawdala, was gab es zu erzählen, sicher nicht, dass Margarita abgehauen war, das würde er niemals vor ihr zugeben.

Wie Pnina wohl aussah? Zum letzten Mal hatte er sie und ihren unerträglichen Mann bei der Beerdigung der Mutter gesehen, und zwei ihrer vier Kinder, die Älteste, Hadassa, war nun vermutlich zwölf, Dvora elf, Tal, die damals noch nicht auf der Welt war, vielleicht fünf, und zuletzt kam Avishai, von dem er nur durch einen Facebook-Post erfahren hatte. Als Margarita noch schlief, hatte er zu Marsha gesagt, die Namen der Töchter erinnerten alle an die Prostituierten in Neve Sha'anan, von denen seine chassidischen Freunde in der Jeschiwa ihm ständig erzählt hatten. Marsha hatte dreckig gelacht, ihr sorgenvolles Gesicht beinahe zwanghaft verzogen, als würde sie sich wehren gegen das Lachen, das sie schüttelte. Sie war so schön, dass ihm flau wurde, wenn er sie zu lang anschaute.

Er war ewig nicht mehr Auto gefahren, er hatte seinen Führerschein zwar in einen deutschen umschreiben lassen, doch war dann nie gefahren. Er würde es schon hinbekommen, es war Israel, die Straßen leer wegen Schabbat, sogar Margarita hätte wahrscheinlich die schnurgerade Straße entlang bis in den Vorort von Tel Aviv navigieren können, und im Militärdienst hatte er im Halbschlaf Auto fahren müssen, er hatte Maschinen gelenkt, die sehr viel komplizierter waren, das Einfachste am Fliegen war schließlich das Einparken nach der Landung.

Irgendwann bekam Margarita wohl doch Hunger, sie tappte in die Küche.

»Wir fahren um halb drei los«, sagte er, weil er nicht wusste, was er sonst sagen sollte.

»Warum müssen wir dahin?«, fragte Margarita. »Ich dachte, du magst deine Schwester nicht.«

»Keine Widerrede.« Er schnitt das Brot in Scheiben. Sie aß, ohne sich zu bedanken. In Berlin nervte es ihn nie, wenn sie sich nicht bedankte, aber hier machte es ihn wütend.

*

Sie hatte, bis es losging, in einer Ecke des dreckigen Balkons gelesen, um der hektischen Mutter, dem nervösen Vater, der ganzen beklemmenden Schabbes-Stimmung in der Wohnung zu entkommen, den nicht endenden Snack-Angeboten von Avi, »hör auf, an Schabbat zu arbeiten, Care-Arbeit ist auch Arbeit«, hatte sie gesagt und getan, als bemerkte sie nicht, wie weh sie ihm damit tat.

Sogar bei den Großeltern im Auto, wenn sie den Lake Shore Drive hinunterfuhren und Verkehrsschilder eher als Vorschläge denn wie Vorschriften gelesen wurden, fühlte sie sich sicherer. Ihr Vater fuhr, als würde er seinem geliebten Gott etwas zu sehr vertrauen.

Margarita krallte sich am Polster fest. Sie ließ erst los, als sie endlich auf der Autobahn waren, nachdem sie sich zweimal verfahren hatten, viel zu spät hatte er eingewilligt, das Navi zu benutzen, weil Margarita argumentiert hatte, jetzt sei es eh zu spät, um Schabbes zu halten, sie saßen immerhin im Auto. Sie stritten sich die gesamte Fahrt über, Margarita, die jaulte, sie habe Angst, und ihr Vater, der sagte, es mache nichts besser, wenn sie sich ständig beschwere.

Kurz nach vier kamen sie in Ra'anana an. Es sah deprimierend aus, überall verlassene Spielplätze und riesige Supermärkte. Große Familien schoben ihren Nachwuchs in gestapelten Kinderwagen über die Straße, die Kinder trugen Kippa, aber keine Schläfenlocken, die Frauen nicht die beigen Strümpfe wie in Jerusalem, sondern hatten nackte Beine unter den Röcken und Kleidern.

Sie fuhren weiter bis zur Peripherie. Hohe Zäune umgrenzten Einfamilienhäuser, dazwischen gestapelte Kastenwohnungen mit verwaschenen Fassaden. Ihre Tante begrüßte sie in einem der eingezäunten Häuser. Sie umarmte ihren Bruder, Margarita gab sie die Hand und stellte sich als Pnina vor. Im Flur roch es nach Febreze und Kreuzkümmel. Sie rief nach den Kindern, dann wandte sie sich wieder auf Englisch an Margarita.

Margarita sagte, dass sie Iwrit spreche. Ihre Tante zog die Augenbrauen hoch. Sie war so groß wie Avi, die beiden sahen sich auf eine komische Art ähnlich, als teilten sie sich alle unvorteilhaften Gesichtszüge und hätten jeweils ihre eigenen, ungeteilten, die ihre Gesichter retteten. Anders als Avi war Pnina rund, die Grenzen ihres Körpers wie weichgezeichnet, sie trug eine Stoffhose in Dreiviertellänge und ein T-Shirt mit der Aufschrift *But first ice cream*, neben dem Schriftzug eine Eiswaffel aus Pailletten.

Sie bat sie in den Wintergarten. Das gesamte Haus war gefliest, die Fliesen angenehm unter Margaritas heißen Füßen. Erneut rief Pnina in den ersten Stock nach den Kindern. Margarita und ihr Vater setzten sich an einen Tisch, der voll war mit Spielzeug, eine Schale mit eingetrocknetem Joghurt dazwischen. Ein kleiner Junge kam die Treppe herunter und schaute sie an.

»Avishai«, sagte Pnina, »das ist dein Onkel.«

Avishai schüttelte den Kopf. »Eran Onkel«, sagte er.

»Nein, dein anderer Onkel, nicht Abas Bruder«, sagte Pnina.

»Aba«, sagte Avishai.

Margaritas Vater winkte freundlich und stellte sich vor. Er fragte Avishai, wo seine Schwestern seien, und Avishai kehrte kurze Zeit später mit einem etwas größeren Mädchen an der Hand zurück.

Pnina stellte eine Flasche Off-Brand-Cola auf den Tisch, ein paar Gläser und eine Tüte *Bamba*, dann brüllte sie, »ich zähle jetzt bis drei«, ohne bis drei zu zählen, doch kurz darauf kamen zwei weitere Mädchen die Treppe herunter. Es verwirrte Margarita, dass sie mit ihnen verwandt war.

Avishais Kippa fiel zu Boden. Er küsste sie und setzte sie zurück auf seinen Kopf. Eines der Mädchen fragte Margarita, ob es ihr die Haare flechten dürfe. Margarita setzte sich dankbar auf den Boden und ließ sie machen, auch wenn es ziepte. Sie hörte der Unterhaltung zu, um die sich die beiden Erwachsenen bemühten. Pnina schien immer wieder zu vergessen, dass Margarita sie verstand, sie redete über sie, als wäre sie nicht da.

»Sie ist hübsch«, sagte Pnina, »hat das Gesicht von ihrer Mutter, denkst du nicht?«

Sie kannte Marsha.

»Wo ist Uri?«, fragte ihr Vater.

»Schul. Er betet Mincha.«

»Betet er noch vor?«

»Na klar«, sagte Pnina und flüsterte: »Aber nie so schön wie du.«

»Fertig!«, rief das Mädchen und präsentierte den Erwachsenen Margaritas Kopf. Margarita lächelte schüchtern. Ihr Vater lobte die Frisur überschwänglich. Dann schubste eines der Mädchen ein anderes, Geschrei brach aus, Tränen flossen, Margarita stand vom Boden auf und setzte sich auf einen Stuhl, dessen Polster nass war, die Feuchtigkeit zog durch die kurze Sporthose und durch die Unterhose, sie versuchte, sich nichts anmerken zu lassen. Sie fragte sich, warum Pnina so anders lebte als Avi.

»Wie gefällt dir Israel?«, fragte ihre Tante sie schroff, nun doch auf Hebräisch, scheinbar hatte sie es begriffen.

Margarita zögerte. »Gut«, sagte sie, »es ist sehr anders als Berlin.«

»Das glaub ich dir sofort«, sagte Pnina, »wir wollten ja mal zu Besuch kommen, aber dein Vater meinte, es würde mir nicht gefallen.«

Margarita neigte den Kopf zur Seite.

»Ihr könnt jederzeit kommen«, sagte ihr Vater, »aber dann müsst ihr jede Mahlzeit vorkochen, es gibt vielleicht drei koschere Restaurants in der Stadt. Darum ging es mir. Und es ist halt wirklich überall, die Schoa und alles, es ist halt Deutschland.«

»Denkst du, du kannst uns das nicht zumuten, oder was? Unsere Eltern haben es doch auch ertragen?«

»Ja, aber die haben auch auf die Kaschrut geschissen, oder nicht?«

»Hab ich doch auch, bevor ich Uri kennengelernt habe. Du warst doch der Einzige, der den Irrsinn von sich aus gemacht hat.«

»Wenn du das nur für Uri machst, solltest du dir wirklich überlegen, ob du es aus den richtigen Gründen tust. Und ich esse auch in Restaurants, in denen die Küche nicht koscher ist. Ich kann frei entscheiden.«

»Ah, du bist also besser als ich, hm?«, fragte Pnina.

Margarita sah, dass sie mit den Tränen kämpfte.

»Das meinte ich nicht so«, sagte Avi, »ich wollte nur erklären, warum ich denke, dass ihr euch nicht wohlfühlen würdet in Berlin.«

»Nein, nein, ich versteh schon. Du bist besser. Aber immerhin können wir auf der Straße Kippa tragen und müssen nicht eine hässliche Mütze drüberziehen, damit uns die Nazi-Enkel nicht zusammenschlagen oder die Israel-Hasser oder wer sonst noch alles da rumläuft, keine Sorge, ich wollte nicht wirklich kommen, wir lassen euch in Ruhe in eurem beschissenen Land.«

Sogar die Sirenen, die Avishai mimte, während er den Polizeiwagen aus Plastik durchs Zimmer schob, verstummten.

Margaritas Vater holte tief Luft. Kurz sah er Pnina verzweifelt an, ein bisschen, als würde ihm einfallen, dass sie seine Schwester war, dass er sie vielleicht doch liebhatte, doch dann verhärtete sich etwas in seinem Gesicht. »Und, wann zieht ihr um?«, fragte er gehässig, »wann zieht ihr in eine Siedlung und werdet da immer mehr meschuggene, wundert euch, warum sich das Parlament mal wieder auflöst, und heult dann, wenn wieder jemand draufgeht? In Deutschland ist es scheiße, stimmt, aber wenigstens musste ich nicht gleich vier Kinder kriegen, damit genug da sind, um es aufzufangen, wenn eins stirbt.«

Pnina lachte laut auf. »Du hast doch niemanden gefunden, der noch eins mit dir bekommen hätte, deine tolle Marsha, die so viel besser war als deine schäbige Familie, ist nach einem schon abgehauen, war sich wohl zu fein, oder warst du einfach nicht gut genug?«

Margarita saß fassungslos vor ihrem Colaglas.

»Und wenn die Nazis dir deine Margarita abknallen, dann bist du ganz alleine. Cool, dann kannst du in Berlin Party machen mit den ganzen Ex-Chassidim und so tun, als wärst du auch einer von ihnen, aber das bist du nicht, deine Kindheit war nicht so schlimm, wie du denkst, du bist einfach ein Snob, denkst, du wärst sowas von mutig, weißt du, was mutig ist, für sein Land einstehen, was Richtiges arbeiten, nicht nur das Schmerzensgeld für andere kassieren gehen, das ist es doch«, jetzt klang sie triumphierend, »da tun sie so, als wäre das ein Job, und schieben dir noch Kohle dafür in den Arsch, wegen ihrem schlechten Gewissen, und wissen gar nicht, dass du nichts mit ihrer Schoa zu tun hast, und du glaubst, du wärst was Besseres als wir. Schäm dich, Avi, schäm dich«, und dann stand ihr Vater auf, schlug einmal so fest auf den Tisch, dass die Gläser umfielen, und brüllte: »Keinen Schekel mehr, nie wieder, keinen Schekel kriegst du von mir, wenn du wieder heulst und bettelst, weil alles so teuer ist, sitze ich in einem selbstgekauften Haus oder du?«

Pnina klammerte sich an der Tischplatte fest. Ihre Kinder standen Hand in Hand im an den Wintergarten grenzenden Wohnzimmer, die Mädchen starrten, das größte weinte. Margarita lief Cola auf den Arm.

»Wir gehen«, sagte ihr Vater, nicht ohne seiner Schwester den

Mittelfinger zu zeigen. Als Margarita es sah, formte sich ihr Mund zu einem aufgeregten *oah*.

Doch kaum saßen sie im Auto, entschuldigte er sich, seine Schwester sei eben verrückt, und Margarita hatte das Gefühl, das war Quatsch, aber sie wusste nicht, wie sie es sagen sollte. Sie roch seinen sauren Atem noch vom Beifahrersitz aus. Nach einer weiteren Höllenfahrt kamen sie in Jerusalem an, er setzte sie zu Hause ab und verabschiedete sich an die Kotel, alleine. Margarita fragte, ob sie mitkommen könne, aber er sagte, »nein, das ist kein Ort für dich«, es verletzte sie, sie war verwirrt, verwirrt und müde.

Nach einer halben Stunde, die sie auf dem Boden neben ihrem Bett verbrachte, die zu lang gewordenen Zehennägel anstarrend, fragte Marsha, ob sie einen Spaziergang gebrauchen könne, und sie willigte dankbar ein, ließ sich ein Brot schmieren, bevor sie losgingen, und lief mit ihrer Mutter immer weiter, bis sie zu einem Park kamen.

Sie setzten sich auf eine Bank, sie waren die Einzigen hier, alle anderen mussten zuhause sein oder in der Synagoge, und Margarita erzählte, was passiert war, und Marsha lachte sich kaputt, »immer das Gleiche mit den beiden«.

Margarita war so erleichtert, dass sie es teilen konnte mit jemandem, der diese Welt kannte, dass sie sich vergaß und weiter ausholte und nachfragte und kicherte, während Marsha ihre eigenen Geschichten zum Besten gab, und sie merkte kaum – erst als es kurz still war –, dass sie über ihren Vater lästerten und das eigentlich ziemlich daneben war, doch sie wusste nicht, was sie sonst tun sollte, sie musste dringend über das Erlebte reden. Die Sonne ging unter, es kühlte ab, und sie sog die Geräusche Jerusalems auf, das Zirpen, das Knistern.

*

Er lief schnellen Schrittes zur Altstadt, wie in einem Leben, von dem er vergessen hatte, dass er es einmal gelebt hatte, es wurden mehr und mehr, die mit ihm eilten, Chassiden, aber auch Menschen wie er, mit fliegenden Zizit, mit Kippot auf dem Kopf, keinen Schtreimeln, er lief, so schnell es ging, durch das Zionstor ins armenische Viertel, vorbei an dem Laden, in dem er noch Geschirr kaufen wollte, eine schöne Servierplatte, vielleicht einen Sederteller, er versuchte, niemanden anzurempeln, hastete weiter, kam fast zu Fall, der Stein war glattgelaufen, aber er kannte die Gassen noch auswendig, sein Körper die Nadel im Kompass, die Kotel der Norden.

Er dachte darüber nach, ob es stimmte, was Pnina ihm vorgeworfen hatte, dass er, sie hatte das Wort nicht verwendet, aber es war, was sie hatte sagen wollen, ein Opportunist war. Er fragte sich, ob er versehentlich diese christliche Vorstellung von Gut und Böse, von Pietät und Frumsein übernommen hatte, dieses abwegige Konzept, über das er mit seinen wenigen guten jüdischen Freunden spottete, während die pietistischen Konvertiten in Berlin wirklich daran glaubten, die Synagoge als Kirche, das Befolgen der Halacha, um Gottes zürnender Hand zu entkommen. Eigentlich lebte er das Gleiche wie sie, nämlich den Versuch, die 613 Mizwot zu befolgen, doch beinhaltete er für ihn das Aufgeben, die Einsicht, die Regeln zu befolgen ihrer Schönheit wegen und weil sie sinnvoll waren, zumindest, wenn man auch die Tradition als etwas Sinnvolles betrachtete. Nein, im Gegensatz zu ihnen befolgte er die Regeln nicht aus Angst vor der Strafe. Und was war mit den Chassiden, warum befolgten sie die Regeln, vielleicht genauso aus Angst vor einer göttlichen Strafe wie die ehemaligen Christen, wenn sie auch anders aussah – nicht die Hölle nach dem Tod, sondern die irdische Bestrafung?

Er war beinahe da, die Gassen unglaublich voll, war es schon immer so voll gewesen oder er einfach alt und ängstlich geworden? Er hielt inne, ihm war ein bisschen schwindlig, was, wenn nun doch etwas passierte, immerhin warnte das Auswärtige Amt vor Besuchen in der Altstadt, das wusste er, weil er wegen Margarita nachgeschaut hatte. Kurz sah er sich von oben, wie in einer billigen Serie, in der im Zeitraffer das Leben um den Hauptdarsteller herumwuselte, er selbst aber regungslos stehen blieb.

Er riss sich zusammen. Lief zur Kotel, kämpfte sich durch amerikanische Touristengruppen, man erkannte sie stets daran, dass sie die gleichen T-Shirts trugen, manchmal gebrandete Kippot, damit keiner verlorenging hinter der Trennwand, die Männer und Frauen separierte, vorbei an den Polizisten mit ihren Maschinengewehren vor der Brust, an Haredim und solchen, die aussahen wie er, an Juden, die aus der Tora lasen, die feierten und tanzten, an Juden, die Tefillin hier zum ersten Mal anlegten oder zum tausendsten, die jede Woche hier waren oder einmal in ihrem Leben, schaffte es nach vorne, gab es auf, ständig »slicha« zu sagen, was sollte er sich entschuldigen, er war hier zuhause, es war sein Recht, hier zu sein. Erschöpft lehnte er die Stirn an den Sandstein, küsste ihn, holte sich einen Tallit und ein Gebetbuch, sie lagen bereit, damit man sie nicht zurück nach Hause tragen musste nach Sonnenuntergang, und begann sein Gebet, beugte sich nach rechts und nach links und nach rechts und nach links, in einer unregelmäßigen Woge mit allen anderen, und dann ging die Sonne unter, der Schabbat endete, eine richtige Hawdala, keine traurige Theateraufführung, sondern Menschen, die sich in den Armen lagen, ein chassidischer Rebbe sang die Nigunim, zwanzig Meter weiter ein anderer, kein Chasside, überall hatten sich Gruppen gebildet, Soldaten sangen in einem großen Kreis, es war das jüdische Balagan, das Avi nicht alleine vorgeben konnte, das er auch gegen Bezahlung nicht inszenieren konnte und von dem er nicht gemerkt hatte, dass er es vermisst hatte: Es war das, worauf sein Heimweh sich gerichtet hatte. Er beobachtete das Geschehen, die kleinen Jungs, die verzückt ihre Väter anschauten, kleine Mädchen, die über den Zaun schielten.

Er stellte sich zu einer der Gruppen, war nun ausnahmsweise nicht der Kopf, sondern der Körper des Gebets, ließ sich fallen und fangen, nicht von den Worten, wie sonst immer, nicht von der Bedeutung oder der Melodie, sondern von den Menschen um ihn herum.

Es wurde dunkel, während sie beteten, und die Luft kühlte ab. Auch die Kinder stimmten mit ein, inbrünstig, zogen die Nigunim, so lang es ging, »lailailailailailailailai«, immer wieder, »lailailailailailailailai«, ihre Glockenstimmen faszinierten ihn, wann hatte er zuletzt solche Stimmen gehört? Wann war Margarita diese Stimme abhandengekommen? Und warum hatte er es nie geschafft, sie für Musik zu begeistern?

Zum Abschluss sang eine Gruppe Teenager *Am Israel Chai*, er musste schmunzeln, wie naiv sie waren, gleichzeitig hatte er Gänsehaut. Er fragte sich, ob es falsch gewesen war, Margarita dem zu entziehen, ob sie hier am Ende nicht glücklicher gewesen wäre, als normaler israelischer Teenager, halt wie alle anderen, so wie er, beim Militär, er konnte sie sich Kaugummi kauend, mit Freundinnen witzelnd in einer der Basen vorstellen, natürlich nicht im Krieg. Oder als amerikanischer Teenager, weltfremd und *entitled* mit einer Birthright-Gruppe unterwegs, und zuhause in Amerika zwei Eltern, die sich und sie ohne Vorbehalt liebten, ein Schlafzimmer in einem viktorianischen Haus in Gehnähe zu einer Synagoge und einer Universität, mit Sommerferien im Camp Ramah und am Atlantik. Margaritas Leben kam ihm plötzlich trostlos vor, während er betete, also betete er, der Trost möge zurückkommen, sie möge dieses Deutschland irgendwann einmal verlassen, damit auch er nicht mehr daran gefesselt sein würde.

*

Marsha entschied, auswärts zu essen, »fuck it«, sagte sie, »dafür hab ich eine Kreditkarte«, als der Schabbat geendet hatte. Sie wollte zur Cinémathèque, deren Restaurant Margarita lieben würde. Avi hatte per SMS mitgeteilt, dass er sie begleiten wollte, Margarita verdrehte die Augen. Sie gingen quer durch den Park, der Boden fest, fester als der in Tel Aviv, die Füße auf ihm schwerer, das Tal begann, schwach zu glitzern, hier war es, das Jerusalem im letzten Abendlicht, von dem ihr Vater immer erzählt hatte, bis jetzt hatte sie es nicht erkannt, aber nun war es ganz scharf, ganz klar, es war, als gäbe es den Rest des Globus nicht mehr. Als gäbe es nicht Lior, nicht Nico, als wären sie egal, denn es gab Jerusalem.

Doch, es gab noch etwas: die ständige Sorge um die Großmutter, immer noch keine Neuigkeiten, außer von der Überwachung auf der Intensivstation, Marsha konnte den ganzen Weg über nichts anderes sprechen als über ihre Angst, die Mutter zu verlieren, darüber, wie schlimm das Warten war. Margarita fühlte sich, als sänken ihre Schultern immer weiter nach vorne, und dazwischen schlug ihr Herz vogelhaft schnell vor Schuld und Hilflosigkeit. Sie fürchtete sich vor einem weiteren Langstreckenflug, vor der Unerreichbarkeit an Bord, Stunden über Stunden, in denen die Großmutter einfach sterben könnte. Oder würde alles gutgehen, sobald sie ins Flugzeug stiegen, so wie die Tram immer kam, sobald man sich doch eine Zigarette anzündete?

Endlich kamen sie bei der Cinémathèque an. Aus dem Eingang drängte ein Schwall Menschen, vermutlich war gerade ein Film zu Ende. Avi stand neben der Tür. Er sah verloren aus.

Nachdem sie sich hingesetzt hatten, herrschte Stille, doch Margarita weigerte sich, ein Gesprächsthema zu suchen. Avi rutschte nervös auf seinem Stuhl hin und her. Marsha schaute aus dem Fenster und knibbelte an ihrem Sonnenbrand auf dem Arm herum.

Eine Kellnerin brachte die Karte, und Marsha bestellte Spaghetti Bolognese, ohne hineinzuschauen. Margarita tat es ihr gleich. Bei der Vorstellung, zum ersten Mal nach diesen sieben Wochen Nudeln zu essen, die nicht zu Brei gekocht waren, rumpelte ihr Bauch. Vier Tage war das neue Schuljahr nun alt. Sie hatte ihre paar Freundinnen gebeten, für sie mitzuschreiben, und ihren Lehrern noch am Vortag E-Mails geschickt, ihre Rückkehr würde sich wegen eines familiären Notfalls weiter verzögern, sie wusste, die ersten Wochen waren nur Einführung. Sie hatte dem Wechsel in die Oberstufe ohnehin ambivalent gegenübergestanden: Zwar freute sie sich auf die Umstellung vom Klassen- zum Kurssystem, doch gleichzeitig wurde es nun ernst, die Noten zählten fürs Abitur.

Die meisten Leute in ihrem Jahrgang kannte sie schon, sie waren seit der siebten Klasse zusammen zur Schule gegangen, gemeinsam auf Ausflüge, zum Kabbalat Schabbat in der Synagoge nebenan, gemeinsam waren sie kurz vor Ende des Schuljahres durch Auschwitz gestapft, israelische Flaggen um ihre Körper gewickelt, die die Schule verteilt hatte, und Jacob aus der 10a hatte gekotzt.

Die bestellte Bolognese kam. Marsha streute Parmesan darüber. Margarita sah den Seitenblick ihres Vaters. Eine plötzliche Wut überkam sie, vielleicht wegen des Nachmittags bei Pnina, vielleicht weil sie fand, er sah scheiße aus, wie er dasaß und in sein Risotto schwitzte. Sie nahm den kleinen Löffel aus der Parmesanschale und begann, den Reibekäse auch über den eigenen Nudeln zu verteilen, auf den Löffel passte nur wenig Käse, also schaufelte sie immer mehr auf den Teller, irgendwann musste sie das Schälchen neigen, ihr Blick traf sich mit seinem, er starrte sie an, sie kratzte das Schälchen aus, der Löffel klackerte auf dem Glas, und rührte ihre Spaghetti um. Marsha verbarg ihr Lächeln hinter einer Hand.

»Bete'avon«, sagte Avi gezwungen. Sie nahm vorsichtig einen Bissen. Ein wenig ekelte sie sich vor dem Fleisch mit der Milch, und es ärgerte sie, dass ihr Vater sich nicht provozieren ließ. Im Gegenteil, er begann, mit vollem Mund Smalltalk zu halten. Fragte, was Margarita besser fände, Tel Aviv oder Jerusalem, »Eilat«, sagte Margarita, und ihre Eltern lachten, als wären sie überrascht, dass sie manchmal witzige Dinge sagte und nicht immer nur heulte.

Danach war es wieder still. Niemand schien zu wissen, worüber sie reden konnten. Margarita fielen nur Dinge ein, über die sie sich streiten konnten.

»Ich habe uns übrigens für Yad Vashem angemeldet, da wir jetzt erst abends fliegen, können wir das ja morgen früh nachholen«, sagte Marsha schließlich.

»Marsha, meinst du nicht, das ist ein bisschen zu viel?«, fragte Avi. »Wir müssen schon um sechzehn Uhr am Flughafen sein.«

Wenn Avi Marsha sagte, klang es, als bräche der Name auseinander, so rau war das R. Machsha, dachte Margarita, so müsste man es schreiben.

»Die Tickets sind für neun. Wir können dann direkt zum Flughafen fahren, ich gebe das Auto da ab.«

Avi schwieg.

»Gibt es Neuigkeiten von Grandma?«, fragte Margarita.

Ihr Vater antwortete ihr auf Iwrit. »Sie hat doch gesagt, sie erzählt es uns, wenn es etwas Neues gibt.«

Margarita blickte von ihrer Pasta hoch. »Kannst du das nicht auf Englisch sagen?«

Marsha schaute zwischen den beiden hin und her.

»Er hat gesagt, du erzählst, wenn es etwas Neues gibt«, sagte Margarita, »und Yad Vashem finde ich gut. I'm sure I'd love it there.«

»Nobody loves it there«, sagte ihr Vater, und an Marsha gewandt: »Das ist eine völlig irre Idee, sie ist eh schon total erschöpft und übermüdet. Sie war gerade erst in Auschwitz, reicht das nicht?«

»Hat sie ja Glück gehabt, dass sie lebend rauskam«, sagte Marsha.

Avi verdrehte die Augen.

»Ich glaube, eine jüdische Perspektive wäre nicht schlecht«, sagte Marsha, wieder ernst. »In Auschwitz geht es bestimmt nur um die Täter.«

»Motek, ging es in Auschwitz nur um die Täter?«

Sie blickte hoch. »Öhm, ich weiß nicht. Was denkst du denn?« Sie verstand nicht, was er meinte. Natürlich hatte sie gar keine Lust, nach Yad Vashem zu fahren, aber sie hatte auch keine Lust, ihrem Vater recht zu geben.

Er rieb sich die Augen. »Ich bin immer nur beruflich in Auschwitz«, sagte er. Er sah sehr traurig aus. Plötzlich hatte sie Mitleid mit ihm.

»Du musst ja nicht mitkommen, Aba«, sagte sie.

»Darum geht es mir nicht. Ich will dich schützen«, antwortete er und klang beleidigt. Jetzt hatte sie es einmal besser machen wollen, und nun war es noch schlimmer. Still aß sie den trejfen Teller vor sich leer, während ihre Eltern sich weiterstritten, erleichtert, von ihnen ignoriert zu werden.

*

Margaritas Gesicht war so tief über den Teller gebeugt, dass es aussah, als schämte sie sich, doch er wusste, man würde darin Wut ablesen, Trotz, denn Avi kannte diesen Ausdruck, die heruntergezogenen Mundwinkel und die gerade, tiefe Linie zwischen den Augenbrauen, von sich selbst.

Er sah sich gefangen in einer Diskussion, aus der er nur herauswollte, doch es war wie immer, wie früher, wenn er und Marsha sich stritten, jeden Satz drehte sie ihm im Mund um und erkannte darin eine Provokation, oder, am schlimmsten, eine Dummheit. Sie bildete sich viel ein auf diese intellektuell-politischen Auseinandersetzungen, die ihn wenig interessierten, er hatte seine leisen, kleinen Meinungen, im Gegensatz zu ihr, sie war in allem polemisch und entschieden, aufbrausend und verbissen, bei sich selbst hingegen vermutete er eine liebevolle Haltung zur Welt und zu der Tochter, die er erzogen hatte und die er schützen wollte.

Er hatte lediglich gesagt, er glaube, Marsha überfordere sie, mit der Großmutter im Krankenhaus, dem anstehenden Flug, eigentlich gehöre sie nach Hause, in ihr eigenes Bett, in die Schule, und Marsha hatte zwischen zwei Bissen erwidert: »Ich glaube, sie ist tougher, als du denkst, und es könnte das letzte Mal sein, dass sie ihre Großmutter lebend sieht.«

»Ich glaube, sie ist nicht so tough, wie *du* denkst«, hatte er geantwortet, dann war Margarita aufs Klo gegangen, das Kind schien die kleinste Blase der Welt zu haben, sie war vor einer Viertelstunde schon einmal aufgestanden und beinahe gerannt, oder wieder eine von den starken Perioden, sollte er sie fragen? Oder war das nun Marshas Aufgabe, jetzt, wo sie ihre *fifteen minutes of fame* hatte, so richtig offen und cool?

»Ich meine das ernst, Marsha«, sagte er. »Sie wird ihr Leben lang noch nach Yad Vashem gehen können. Warum gerade jetzt?«

»Für die jüdische Perspektive, obviously, merkst du eigentlich gar nichts mehr? Du bist hier der Israeli, meine Güte, sie kennt nur die deutsche Perspektive, die ewige Abwehr!«

»Wir leben ein jüdisches Leben! Sie geht auf die jüdische Schule!«

»Frumheit ist das Gegenteil von Bildung, Avi, das weißt du selbst. Und wie viele Leute an dieser Schule sind irgendwelche

Konvertiten, die einfach nur ein schlechtes Gewissen haben, weil ihre Großeltern in der SS waren, hm?«

»Was du sagst, ist unfair. Du weißt genau, dass mir die Musik wichtiger ist als die Regeln. Schau, es stört mich nicht, wenn sie hier Parmesan auf die Spaghetti kippt, das ist ihre Angelegenheit. Und sie haben an der Schule einen großen Fokus auf jüdische Philosophie, auf jüdische Geschichte, auf Liturgie –«

»Ja, aber sie sind trotzdem Deutsche, oder? Meine Güte, mir ist nicht viel geblieben, aber dass Jude in Deutschland ein Schimpfwort ist, werde ich niemals vergessen, sie trauen sich nicht, es zu laut auszusprechen, das hast du selber immer gesagt!«

»Deutschland, Deutschland, Deutschland«, äffte Avi sie nach. »Es ist eine Obsession bei dir.«

Margarita war mittlerweile von ihrem Ausflug zurückgekehrt.

»Bei mir? Wer wollte denn unbedingt da wohnen? Du musstest ja die Stelle in Hannover annehmen, du musstest ja schwören, dass wir nach zwei Jahren wieder weg sind, du musstest ja Bewerbungen nach Berlin schicken, wenn irgendwer eine Obsession hat, dann du!«

»Es ist fürchterlich, was passiert ist«, sagte er, »und ich will es nicht kleinreden, ich wollte lediglich sagen, dass wir ihr mit Yad Vashem morgen zu viel zumuten.«

»Ah, und die israelischen Teenager, die müssen das aushalten?«

»Das ist total irrational. Es war eine Tragödie, da sind wir uns doch einig, aber das bleibt es doch, das wird es auch nächstes Jahr noch sein, wir können wiederkommen –«

Nun lachte Margarita laut auf. »Ich hoffe, wir müssen nie wiederkommen«, sagte sie. In ihrer Stimme klang eine Traurigkeit mit, die ihn erschreckte. Kurz schauten er und Marsha zu ihrer Tochter, die schon wieder mit ihrem Handy beschäftigt war.

»Eine Tragödie«, sagte Marsha, »es war keine Tragödie, es war ein Genozid. Deutschland wurde nicht vom Blitz getroffen, und es ist alles immer noch da, nichts ist aufgearbeitet, um Himmels willen, warum muss ich dir das erklären?«

»Musst du nicht«, sagte er, wollte weitersprechen, doch sie unterbrach ihn: »Avi, es war nicht dein geliebter Gott, der die Juden bestraft hat, es waren die Deutschen, und sie haben sie ermordet! Eure Obsession widert mich an, mit den Deutschen, mit ihrer Effizienz, mit ihrer Sauberkeit, mit ihrer Härte. Kein Gott hat sie böse gemacht, kein Gott wollte uns ermorden, die wollten uns ermorden.«

»Warum bist du so emotional?«, fragte er, weil ihm nichts anderes einfiel.

»Ich bin emotional? Du tust doch hier so, als würden wir Margarita traumatisieren, nur weil ich mit ihr nach Yad Vashem fahren will.«

»Ich verstehe einfach nicht, warum es dir so wichtig ist.«

»Weil es unsere Verantwortung ist, Avi. Es war Teil meiner Pläne für unsere Reise.«

»Es wäre auch deine Verantwortung gewesen, dafür zu sorgen, dass sie nicht wegläuft.«

»Nicht das schon wieder«, sagte Marsha. »Ich habe einfach das Gefühl, sie weiß kaum, auf was für einem Boden sie hier steht.«

»Du romantisierst das alles, Marsha, du weißt genau, dass das nicht das Israel von vor fünfzig Jahren ist, und was sollen wir ihr sagen, ja, die Deutschen sind böse, böse, böse, aber sie ist nun mal eine von ihnen. Wir können sie nicht zu sehr verwirren. Ich finde, ihre starke jüdische Identität ist schon Widerstand genug!«

»Du redest, als hätte dir jemand einen Teleprompter hingestellt. Starke jüdische Identität, was soll das für eine sein, die den Holocaust nicht aushält?«

»Bitte hört auf«, sagte Margarita.

»Sweetie«, sagte Marsha, »you have to deal with this. Jews get into fights all the time.«

»Es tut mir leid, Motek«, sagte Avi, »willst du Nachtisch?«

Margarita bestellte sich ein Tiramisu, das Handy fest umklammert.

»Wo waren wir?«, fragte Avi, »willst du mich weiter beschimpfen?«

»Ja, klar, ich bin jetzt wieder die Überemotionale und du der arme, alleinerziehende Sack, der versehentlich in Deutschland gestrandet ist, weil er sich nur da seinen Traum erfüllen konnte, von seiner Kleinkunst so zu leben, dass er seiner Hausfrau noch ein bisschen Taschengeld zustecken konnte.«

Jetzt hatte sie ihn getroffen. »Du bist abgehauen, Marsha, du bist kurz vor dem Umzug abgehauen!«

»Du hättest einfach mitkommen können.«

»Du wolltest mich erpressen.«

»Du mich auch, mit deinem Deutschland, in Amerika hätten wir wenigstens Familie gehabt, und ich hätte Geld verdient, aber du wolltest ja, dass ich deinen Hausfrauentraum lebe und weitere Kinder werfe, wie die letzte Chassidin!«

Margarita hielt sich die Ohren zu.

»Marsha«, sagte er vorwurfsvoll, aber Marsha hatte angefangen zu weinen, erneut fühlte er sich erpresst, ständig erpressten ihn die sturen Markovitz-Frauen, die Großmutter, die Mutter, die Tochter, mit ihrem Geschrei und ihren Tränen.

Sie zischte: »Meine Mutter ist in Lebensgefahr, was soll dieser beschissene Streit überhaupt«, und er wurde weich, es stimmte, es gab Wichtigeres.

»Es tut mir leid«, sagte er, »es tut mir leid«, saß da, fassungslos, als würde seine Hülle fehlen, als würde alles auf den Tisch schwappen, »es tut mir leid«, aber Marsha weinte immer stärker. Die Kellnerin brachte Servietten.

»All this guilt«, sprudelte sie, »all this fucking guilt, and the pain, and the missing, and it was just to prove our points«, was für ein Debakel, jemand lachte durch das Restaurant, aus den Lautsprechern kam Schumanns *Träumerei*, vielleicht ein Zeichen dafür, dass es ein Albtraum war, nicht echt, doch es war echt, scheiße.

*

Ihre Eltern wussten offenbar nicht, welches Geräusch das Handy bei Sprachnachrichten machte, oder sie waren zu abgelenkt von ihrem Streit, jedenfalls drückte Margarita wieder und wieder auf Aufnehmen und schickte sie an Anna, dann schickte Anna Tränenlachemojis zurück, und die ganze Situation wurde leichter, es war Margarita mittlerweile ganz gleich, ob sie nach Yad Vashem fahren würden oder nicht, Anna hatte gesagt, es sei schlimm, aber auch etwas, was man danach von seiner Bucket List streichen konnte, obwohl auf ihrer gemeinsamen Bucket List vor allem ein Harry-Styles-Konzert, Bungeejumping und Bungeejumping auf einem Harry-Styles-Konzert standen.

Während ihre Mutter ihren Vater anschluchzte, aß sie ihr Tiramisu. Bei allem, was diesen Sommer passiert war, war es um die Befindlichkeiten ihrer Eltern und ihre Vorstellungen, was ihr gemeinsames Kind betraf, gegangen. Was die Befindlichkeiten und Vorstellungen dieses Kindes waren, interessierte aber niemanden.

Sie selbst würde niemals Kinder bekommen. Sie würde Medizin studieren, Menschen helfen, eine Praxis eröffnen irgendwo weit weg von Berlin, und sie würde niemandem je sagen, dass sie Jüdin war, denn es führte zu nichts Gutem. Wenn sie überhaupt Jüdin war.

*

Margarita und Marsha hatten so getrödelt, Margarita versunken in ihr Buch, Marsha vor ihrem Computer festgefroren, sie hatte stundenlang gegoogelt, was alles passieren konnte, nachdem einem etwas Schweres auf den Kopf fiel, dass Avi und Marsha bis spät in die Nacht ihre und Margaritas Koffer packten, Dinge zusammensuchten, Wäsche wuschen und mit dem Föhn trockneten, während Margarita schlief, sie hatten sie zugedeckt, beide ein bisschen zu eifrig, hatten dann geflucht über die Kleidung, die achtlos in die Kommode gestopft war, dreckige vermischt mit sauberer, ungefaltet, Avi hatte leise erzählt, er würde ihr Zimmer manchmal mit einer FFP2-Maske betreten.

Am nächsten Tag würden sie nach Chicago fliegen, es fühlte sich surreal an, als drohte die Bühne, auf der sie sich bewegten, jederzeit einzustürzen, als könnte die Großmutter plötzlich gesunden und sie alle zurück in ihren Alltag entlassen, für die Entlassung allerdings gäbe es keinen Plan, es gäbe nur das ruhige Berlin, in dem keiner auf ihn wartete, gut, auf Margarita vielleicht, doch auch sie wirkte mittlerweile losgelöst von ihrem eigenen Universum, wie eine aufgelöste Lena, die nach Leonce suchte. Seine Tochter erinnerte ihn in diesen Tagen an die zerrissene Figur Büchners in einem der wenigen Theaterstücke, die er je in Deutschland angeschaut hatte, im Berliner Ensemble, vor sicher zehn Jahren, das Publikum voll Spießer, nicht nur die mit den dicken Uhren am Handgelenk, nein, auch die in Che-Guevara-Shirts und Goa-Hosen, auch die mit Jack-Wolfskin-Fleecepullis, die nur Naturdeos benutzten, die nicht funktionierten. Oder er war ungerecht, vielleicht sogar doch wütend auf die Deutschen, so wie Marsha es verlangte, und sie konnten alle nichts mehr richtig machen?

Er schlief nur wenige Stunden, legte sich nur in Unterhose ins Bett, um ein weiteres sauberes T-Shirt zu haben in Chicago. Er nahm an, sie würden alle bei Marshas Eltern wohnen, er kannte das unbequeme Gästesofa in Dans Bibliothek, aber wo würde Marsha schlafen, mit Margarita in ihrem alten Kinderzimmer?

Marsha stellte ihm einen Kaffee hin, als er in die Küche kam, auch früher schon war sie stets vor ihm auf gewesen, gar nicht unbedingt, weil sie eine Frühaufsteherin war, sondern weil sie wusste, wie dankbar er für eine Tasse Kaffee am Morgen war, anscheinend hatte sie es sich gemerkt.

Marsha parkte geschmeidig in der Tiefgarage von Yad Vashem ein, das Auto voll mit Koffern und Müll, den Mutter und Tochter auf ihrer Reise angesammelt hatten. Margarita hatte ihn nicht fahren lassen, nicht mal auf den Beifahrersitz gelassen, theatralisch hatte sie ihn nach hinten verwiesen, Marsha hatte nur gelacht.

Er sehnte sich mittlerweile danach, endlich mal wieder zu zeigen, was er konnte, nämlich singen, und zwar gut, im Gegensatz zu allem anderen, in dem er scheinbar so viel schlechter war, als er sich immer eingeredet hatte. Ja, er ging sogar so weit, sich einzubilden, er mit seiner schönen Stimme hätte vielleicht sogar überlebt. Nein, das war perfide, allein der Gedanke eine Niederträchtigkeit all jenen gegenüber, die trotz ihrer Stimmen, trotz ihrer Begabungen, trotz der unendlichen Liebe zu ihren Kindern, schlicht trotz ihres Mensch-Seins ermordet worden waren, nein, auch nicht trotz, sondern weil sie Juden waren, und Marsha hatte recht gehabt, sie waren nicht vom Blitz getroffen worden, es stand eine Maschine dahinter, eine deutsche Maschine, und er hatte das, was Marsha vor fünfzehn Jahren ganz klar gesehen hatte, nicht verhindert: dass die Nachbeben auch Margarita schüttelten. Eine der Deutschen, die vor Scham weinten, nicht vor Trauer.

Doch Marsha sah es ganz anders, Marsha war auch noch stolz auf Margarita, wie sie steif durch das Museum ging, nur an wenigen Stellen liefen die Tränen, aber still, als er sie umarmen wollte, schob sie ihn von sich weg. Er wusste, was Marsha dachte: Ja, so sei es nun einmal, wenn man jeden Tag an den Holocaust dächte, ohne sich in einen naiven Gottesglauben zu flüchten. Ihre Tochter hatte wie sie die Vorstellung hinter sich gelassen, es sei ein Allmächtiger im Spiel gewesen, ihre Tochter hatte begriffen, was er nicht akzeptieren wollte: Es war der Mensch gewesen, der Mensch allein. Effiziente, deutsche Menschen. Keine Maschine. Und so hörte er kurz selbst auf zu glauben, denn er musste nicht, niemand zwang ihn dazu, er war kein Geistlicher, er war Musiker, sein Klavier war ihm doch einmal mehr wert gewesen als sein Siddur, seine Stimme mehr wert als sein Kippur.

Im ersten Teil der Ausstellung waren antisemitische Schilder ausgestellt, die zu Beginn der dreißiger Jahre in Deutschland an jeder Ecke hingen, unter anderem *Norderney ist judenfrei*, er wusste, Norderney lag in der Nordsee, neben Langeoog, daneben war Spiekeroog, für Spiekeroog gab es keinen guten Reim, Spiekeroog ist judenlos, überlegte er, aber es passte nicht so ganz.

Er fragte sich, ob auch nach Spiekeroog keine Juden hatten reisen dürfen, er fragte sich, ob das etwas mit ihm machte, aber wenn er an Spiekeroog dachte, dachte er an Hannah, und dann wollte er schnell aufhören, an Spiekeroog zu denken, aber dann überlegte er, wie viele Juden wohl nach dem Holocaust Spiekeroog betreten hatten.

Er hatte befürchtet, es wäre zu viel für Margarita, aber auf ihn hörte niemand, also war er mitgekommen, obwohl ihn niemand dahaben wollte. Also hatte er sich die Details vorgenommen, für die er sonst, bei den immer gleichen Gedenkdingern, bei denen er sang und somit Teil der Ausstellung wurde, keine Ruhe hatte. Hier war er nicht Teil der Ausstellung. Hier war er Besucher, Lernender. Hier gab es Momente der Überraschung, die ihm das Blut vom Kopf in den Magen zogen: die minutiöse Modellnachstellung von Birkenau, die verzerrten Gesichter in Miniatur. Den Comic, den Horst Rosenthal, Häftling im Lager Gurs, gezeichnet hatte, Micky Maus als Insasse des Lagers, Micky Maus muss schuften, Micky Maus wird entlassen, nicht: Micky Maus wird nach Auschwitz-Birkenau deportiert, nicht: Micky Maus wird in Auschwitz-Birkenau ermordet, nein, so weit reichte der Comic nicht, davon erzählte die angefügte Biografie Horst Rosenthals.

Wie flau es ihn machte, als auf dem Bildschirm vor ihm die Informationen über Gershon Sirota flackerten, beinah unerträglich, sich den kalten Hörer ans Ohr zu halten und seiner Stimme zu lauschen, wie er das B'Rosch haSchana sang, es knisterte, er konnte jedes Wort mitflüstern, er kannte das Gebet, die Aufnahme ebenfalls, Sirota galt als einer der großen Kantoren des zwanzigsten Jahrhunderts, er war im Warschauer Ghetto gestorben, und als Avi an sein Amt dachte, an die Synagoge in Berlin, an die Aufgabe, die er dort erfüllte, ging er auf die Knie.

Vor jedem Raum dachte man, jetzt käme der schlimmste, und der Raum danach wurde noch schlimmer. Unmittelbar begriff er, was Marsha gemeint hatte. Während in den deutschen und polnischen Gedenkstätten ständig das Entsetzen darüber ausgedrückt wurde, dass sogar die assimilierten Juden ermordet worden waren, ging es hier, in Yad Vashem, lediglich darum, dass es Menschen gewesen waren. Es gab keine Wertung, es war egal, ob sie Chassidim gewesen waren oder sich auch mal einen Weihnachtsbaum ins Wohnzimmer gestellt hatten – es ging darum, dass sie tot waren. Die Deutschen dachten, die Juden, die an Jom Kippur Leberkäse mit Sahnesoße gegessen hatten, hätten es weniger verdient zu sterben als die Frommen, wahrscheinlich dachten die Deutschen das noch immer. Deutsche dachten, das wirklich Schlimme sei, dass *welche von ihnen* ermordet worden waren, ganz normale Deutsche, die ja nur aus Versehen einen jüdischen Opa gehabt hatten, als wären diese nichtjüdischen Juden ja schon auf gutem Weg gewesen, wirklich keine Juden mehr zu sein.

Doch hier ging es nicht um die Willkür der Rassengesetze, es ging um den Völkermord.

Die Ausstellung war nicht für die empfindlichen Deutschen konzipiert, für die moralisch überlegenen Atheisten, ohnehin dieser eklige Hochmut, ihm wurde noch flauer, während vor seinen Augen die Interviews mit Zeitzeugen liefen, die mittlerweile wahrscheinlich alle tot waren, vielleicht sogar gestorben im letzten Krieg in Europa, wurde wütend auf die Deutschen, die erzählten, sie würden ja an gar nichts glauben, als wären sie somit besser, und am Ende glaubten sie wahrscheinlich an Sternzeichen und fuhren absolut sicher an Weihnachten trotzdem zu ihren Eltern. Sie alle einte die Weigerung, zu begreifen, dass man eh Jude war, ob man an Gott glaubte oder nicht, ob man Schinkenbrot mit Butter aß oder nicht, denn es konnte einen niemand rausschmeißen aus diesem Club.

Ein weiteres Element der Überraschung: dass die eigentliche Ungerechtigkeit, die eigentliche Unfassbarkeit darin lag, dass man nur die Überlebenden hatte befragen können. Wen man aber hätte fragen müssen, das waren die Toten, das waren die, die hätten bezeugen können, wie es war, das Sterben in der Gaskammer, doch davon wurden sie alle verschont, und so war die schlimmste vorstellbare Grausamkeit immer nur ein Fragment. Denn es fehlte der Tod.

Er dachte an seine Kindheit, an sein Israel: ein Israel, den Deutschen zum Trotz. Wann hatte ihn diese Überzeugung verlassen?

Im Museums-Shop gab es zwanzig Prozent Rabatt auf Totes-Meer-Handcreme. Ob es in Auschwitz auch Handcreme gab, mit Tote-Juden-Asche?

Er spürte vielleicht etwas wie Patriotismus. Sie durften es, sie – die Juden – durften Handcreme im Gift Shop von Yad Vashem verkaufen, denn es war ihr Narrativ. Ihre Entscheidung.

Sein Kopf machte *Yad Vacreme.*

Sein Kopf machte *Norderney ist judenfrei.*

Sein Kopf machte *Lirum, larum Löffelstiel, wer nichts lernt, der kann nicht viel, reiche Leute essen Speck, arme Leute essen Dreck.*

Sein Kopf machte *Schma Jisrael. Adonai elohenu. Adonai echad.*

Wurde er jetzt verrückt?

Er kaufte keine Handcreme, sondern für Margarita eine hebräische Ausgabe von *Maus*. An der Kasse gab es deutsche Gebetbücher, handliche Dinger, er legte eines obendrauf, warum, wusste er nicht, er hatte doch gestern erst gesehen, wie gottlos seine Tochter war und wie gut sie dadurch mit der Welt, durch die sie schritt, leben konnte. Der Mann im kleinen Häuschen neben der Schranke hatte furchteinflößend gute Laune, schon als sie in die Tiefgarage gefahren waren, hatte er ihnen begeistert einen guten Morgen gewünscht. Avi fragte sich, ob er ein Psychopath war oder ein normaler Israeli.

*

Margarita hatte einfach nicht gewusst, ob es sie betraf, ob das ihre Trauer war. Jetzt, wo sie einmal das Geheimnis kannte, ließ es sie nicht mehr los, sie wusste nicht, was sie damit anfangen sollte, und sie konnte ihre Mutter nicht befragen, denn stets war ihr Vater in der Nähe, und in Yad Vashem hatte sie es versucht, und ihre Mutter hatte sie angefaucht, nicht hier, spinnst du, und dann hatte sie sich aufrecht halten müssen, hatte nicht zergehen dürfen, denn an welchem Ort der Welt durfte man noch weniger wegen seines persönlichen kleinen Dramas zergehen als in Yad Vashem.

Sie war beinahe erleichtert, dass die Rassengesetze auch für sie gegolten hätten. Immerhin die Nazis hätten sie zur Jüdin erklärt. Ob die Halacha es tat, wusste sie nicht, und ihre Versuche, es im Internet herauszufinden, hatten in einem noch leereren Gefühl gemündet, dort stand nämlich vor allem, dass sie schleunigst konvertieren müsse. Konvertieren zu einer Religion, die ihr eigentlich gehörte, der gegenüber sie sich Respektlosigkeiten, Freiheiten, vor allem Zweifel und Spott erlaubte und für die sie ohnehin schon diskriminiert wurde. Eine Konversion wäre ja ein Bekenntnis, ein Versuch, dazuzugehören, doch sie wollte nirgendwo dazugehören, dachte sie, nicht zu den Tätern, nicht zu den Opfern, am liebsten wäre sie gar nichts. Sie beobachtete ihre Eltern dabei, wie sie durch die Ausstellung schritten, Marsha beinahe zu aufrecht, sie sah selbstzufrieden aus, wie sie mit wissenschaftlichem Blick die Exponate betrachtete, die Tafeln scheinbar in einem Affenzahn las oder nur überflog, der Vater, der immer wieder stehen blieb, sich die Lippen rieb, sich hinsetzte und die Interviews ansah. Und Margarita dazwischen.

Und überall Juden, überall Lebensgeschichten von Juden, Sterbensgeschichten von Juden, im Warschauer Ghetto betrug die tägliche Nahrungsration 184 Kalorien pro Judenkopf.

Sie fragte sich, ob ihre amerikanischen Großeltern je hier gewesen waren. Plötzlich wollte sie mit ihrer Großmutter darüber reden. Sonst wollte sie nie mit Grandma über irgendwas reden, und plötzlich interessierte Margarita sich für sie wie nie zuvor. Nur weil sie ihr vielleicht weggenommen wurde. Es gab kaum Neuigkeiten, Marsha telefonierte ständig mit Grandpa, auch im Museum, aber es hieß nur: Die Gehirnerschütterung hat sie verwirrt. Abwarten.

Eine Frau mit blonden Haaren erzählte im Bildschirm von den Judenhäusern, in einem Deutsch, das ihr Vater schlecht verstand, er stellte hebräische Untertitel ein, und es befremdete

Margarita, in einer Sprache mitzulesen, die nicht für diese Vokabeln gemacht war, die nicht wusste, wie beleidigend sie waren, eine unvoreingenommene Sprache vielleicht, *Beit haYehudim* klang normal, ein Haus mit Juden, vielleicht eine Metapher für dieses Israel – Israel, Beit haYehudim –, und eine weitere Frau erzählte, wie sie beschimpft worden war, *geht zurück nach Palästina*, und Margarita fragte sich, warum eigentlich nicht alle nach Palästina gegangen waren, und wusste sofort, es war eine Frage, die sich nicht stellte, wenn man an einem Ort zuhause war, so wie sie es war, mit ihrem Vater in der Husemannstraße. Die Frau sprach von sich selbst als *Katzetnik*, es klang wie ein Kosename, doch es war bloß das Wort für das, was sie gewesen war, klang fast wie *Nudnik*, so nannte ihr Vater sie manchmal, *Quatschkopf*.

Mittlerweile waren sie bei den Konzentrationslagern angekommen, nicht mehr bei den Demütigungen, beim Antisemitismus, bei den immer weniger werdenden Freuden des Alltags, nein, es ging nun um Musik in Auschwitz, es ging um vergaste Chasanim, aber das traf sie nicht einmal so, plötzlich musste sie daran denken, wie es wohl gewesen war, nicht vergast zu werden, sondern zu überleben, Menschen zu überleben, die man liebte, und bei der Vorstellung, ihr Vater könnte sie überleben, wurde ihr übel, denn es gab keine Welt, in der er sie überleben könnte, sein Leben war ihres, und ständig vergaß sie, wie sehr sie geliebt wurde, und wie kostbar es war, geliebt zu werden. Das Sterben, vielleicht war es einfacher gewesen? Und nun war alles schwieriger, wegen dem Tod, wegen der vielen Tode, weil es sein konnte, dass ihre Großmutter starb, dass sie ihre Großmutter umgebracht hatte, und sie wünschte sich, sie wäre freundlicher gewesen, nicht immerzu geflohen, sie hätte öfter ihr Essen gelobt und auf der Schaukel gesessen, die sie nur für sie in den Garten gebaut hatten.

Überall Familiennamen. Es gab so viele Namen. Namen, die sie noch nie gehört hatte, Namen, die es womöglich nicht mehr gab. Namen, die klangen wie ihr eigener Name.

Es ging um den Alltag in den KZs, verrostete Löffel, Schuhe, aber die Haare und Zähne hatte man in Auschwitz gelassen, die wollte man den Israelis scheinbar nicht antun. Ein Raum weiter: Alltag im KZ, Mengele, ermordete Babys, Selektion, weitere Familiennamen, Menschen, die Gruben aushoben, in die hinein sie erschossen wurden, und was, und was, und was hatte das mit ihr zu tun, und warum fühlte sie sich schuldig, weil sie in der Sprache der Täter träumte? Auch die deutschen Juden damals hatten in der Sprache der Täter geträumt. Immer wieder malte sie ein Wort mit dem Finger auf ihren Oberschenkel, Leiche, Leiche, Leiche, überall Leichen, bald wurde jedes zweite L zum W, weiche Leiche, weiche Leiche, weiche Leiche, sie fuhr über die sonnengebräunte Haut, Leiche, weiche.

Am Ende der Ausstellung ergaben zwei Sätze doch wieder Sinn, groß gedruckt, darunter der Name Abel Herzberg: *Nicht sechs Millionen Juden wurden ermordet. Ein Jude wurde ermordet, und das ist sechs Millionen Mal geschehen.*

Sie trat hinaus aus dem Museum, auf die Plattform über Jerusalem, ihre Eltern noch hinter ihr, erst jetzt merkte sie, wie kalt ihr gewesen war, sie schluckte tief, vielleicht eine Träne, vielleicht zwei, mehr aber nicht, und schaute verlegen auf ihr Telefon, als eine Gruppe Deutscher in ihrem Alter neben sie auf die Terrasse trat, der Guide sprach Englisch, aber niemand hörte wirklich zu, jemand fragte, wo man rauchen könne, jemand kaute laut Kaugummi, und Margarita fühlte sich verletzt. Für die Deutschen sah sie nicht aus wie eine Deutsche, und sie selbst fühlte sich der Sprache gegenüber fremd, in der sich die Idioten unterhielten, als verstünde sie die Worte nur zufällig. Ob es ein Beweis dafür war, dass sie Jüdin war, eigentlich, wirklich, trotzdem, wie wütend sie die Deutschen machten, wie persönlich angegriffen sie sich fühlte?

Ihre Eltern gesellten sich zu ihr, und die Wut ebbte ab, zum Glück, denn nun war sie keine Deutsche mehr, jetzt, wo sie die beiden sah, nun war sie ihr Fleisch und Blut, war sie ihr jüdisches Kind, schrullig und seltsam standen sie vor ihr, Marsha und Avi, und Margarita war befremdet von ihrer eigenen Dankbarkeit dafür, Jüdin zu sein, auserwählt, vor allem: am Leben.

*

Es war eine riesige Maschine, die sie nach zwei Stunden Verspätung betraten, bei der Befragung zur Ausreise hatte es noch etwas Verwirrung gegeben, Margarita war furchtbar blass geworden und hatte kein Wort mehr gesagt, bis sie einschlief auf den unbequemen Liegen am Flughafen, Grund für ihre Erschöpfung sicher auch die Angst um die Großmutter, das Schuldgefühl, zu viel für das Kind. Marsha ging ratlos Essen holen, immer wieder, Sandwiches, dann Früchte, dann Wasser, irgendwann Bier, das er dankend annahm und sich dabei jünger fühlte, als er war.

Nachdem Margarita aufgewacht war, drehte er eine Runde durch das Terminal. Im Duty-free gab es billige Elektrogeräte, beinah kaufte er sich einen Rasierer, eine KitchenAid für 200 Dollar war im Angebot, aber er konnte sie ja schlecht mit nach Chicago schleppen und dann nach Berlin. Aufgeregt berichtete er Marsha und Margarita davon, und sie lachten ihn aus, nannten ihn eine jiddische Mamme, doch immerhin sorgte er für Heiterkeit, er konnte sogar etwas mitlachen. Er besorgte noch mehr Snacks. Als sie endlich einsteigen konnten, waren sie alle so vollgestopft mit Essen, dass er nicht mal mehr das kleine Schokoladentäfelchen in seiner Sitztasche herunterbekam. Sie saßen getrennt voneinander, er neben Margarita, Marsha einige

Reihen weiter hinten, Marsha kommentierte das nicht, offensichtlich hatte sie es so gebucht. War er ihr etwa peinlich? Schon kurz nachdem sie losgeflogen waren, musste er die Dame vor ihm bitten, ihren Sitz nicht zurückzulehnen, wegen seiner langen Beine, doch sie weigerte sich, also musste er mit Margarita Plätze tauschen, in dem Moment, in dem die erste Getränkerunde begann, nun war er auch Margarita peinlich, und dann kippte ihm noch der Tomatensaft um, auf die Hose, er musste also die Ersatzhose aus dem Handgepäck kramen, mittlerweile schirmte Margarita ihr Gesicht mit einer Hand ab, damit sie ihn nicht bei seinem Chaos sehen musste. Er zog sich auf der Toilette um und bat die Stewardess um eine Plastiktüte für die nasse Tomatensafthose.

Draußen war es dunkel geworden. Als Marsha vorbeilief, um zur Toilette zu gelangen, blieb sie kurz beinah stehen, sah aus, als wollte sie etwas fragen, doch ging dann weiter.

Er beobachtete sie, wie sie in der Schlange stand, von einem Bein aufs andere wechselte, in einen dicken Wollcardigan gehüllt, die Brille auf der Nasenspitze, große Kopfhörer auf den Ohren. Sie war mittlerweile achtundvierzig Jahre alt. Er hasste es, sich das einzugestehen, aber ihr Altern machte ihn zufrieden: Er war froh, dass sie keine Kinder mehr bekommen hatte und nun auch ziemlich sicher keine mehr bekommen würde.

Das Flugzeug dröhnte, Müdigkeit überschwappte ihn, und er fiel in einen der köstlichen Tagträume, die mit dem Erwachsensein zunehmend weniger geworden waren. Anfangs dachte er bloß darüber nach, wie komisch es war, dass Menschen sich trennten, sich nach Wochen, Monaten oder Jahren wiedersahen und einfach verdrängten, was sie übereinander wussten. Er hatte Marsha beinahe dreizehn Jahre lang nicht gesehen, doch er erinnerte sich noch immer, dass sie es mochte, wenn die Nachbarn im Winter dabei zuschauen konnten, wie sie Sex hatten, dass sie es mochte, ganz sanft gewürgt zu werden, dass er, wie andere den Talmud, studiert hatte, wie sanft oder hart sie seine Berührungen wollte. Er spannte das Netz des Tagtraums weiter: Marsha und er, wie sie in Marshas Kinderzimmer in Chicago lagen, mitten in der Nacht aufwachten, voll Jetlag, wann war es gewesen, Chanukka 2005, er hatte ihre Eltern kennengelernt, er dachte daran, wie er sich von hinten in sie hineingelegt hatte, ihr schweres Atmen, kaum anders als im Schlaf, ihre gemurmelte Zustimmung, danach war sie in die Küche geschlichen, weil sie so hungrig waren, und hatte Essen geholt, amerikanisches Essen, und beinahe geweint vor Freude beim Verzehr um fünf Uhr morgens, auch das war sexy gewesen, wie sie das Frosting vom Schokoladenkuchen mit dem Finger abgeschält und abgelutscht hatte, wie sie den Bagel dick mit Philadelphia bestrich und Lachs darüberlegte, alles auf einem riesigen Tablett im riesigen Bett im riesigen Haus. Wie sie dagesessen hatte und vor seinen Augen begriff, wie groß ihr Heimweh gewesen war. Und zurück in Jerusalem, dann in Hannover hatte er ihr Heimweh ignoriert, überzeugt, es würde weggehen, hatte ihr nicht geglaubt, bis sie nicht länger darauf wartete.

Sein Traum war vorbei, die sanfte Erregung abgeebbt, jetzt, wo er an seine Fehler dachte. Er hoffte, Selma würde sich erholen. Er malte sich das Haus ohne sie aus, es passte nicht zusammen, Selma nicht da, Marsha aber schon. Im Laufe der Jahre hatte er es geschafft zu verdrängen, wo im Haus Marsha ihre Spuren hinterlassen hatte, dass sie vermutlich nur wenige Tage vor ihm am Küchentisch gesessen hatte, während Selma ihn umsorgte. Aber was hätte er tun sollen, Margarita die Großeltern vorenthalten, die ihn willkommen hießen, die sie närrisch liebten, auf ihre schrullige Art? Er drehte sich zu Marsha um, die ihm mit einem vollen Plastikbecher Rotwein zuprostete, und lächelte ihr zu.

*

Erst bei der Landung wurde Margarita wirklich klar, dass sie nach Chicago flogen. Das Hancock Center bewegte sich wie ein Relief immer näher auf sie zu, als hätte man es ausgestanzt, unter ihnen das Blau des Lake Michigan. Ihr Herz machte einen Sprung, als sie sich daran erinnerte, dass irgendwo in diesem geraden Netz aus Straßen ihre Großmutter lag, die sie vermutlich in den nächsten Stunden sehen würde, sie hatte Angst davor, und plötzlich kam ihr der Sitz des Flugzeugs nicht mehr ganz so unbequem vor wie vorher.

Marsha war stumm im Taxi, sie sah nicht sonderlich müde aus, als hätte sie der Flug nicht so fertiggemacht wie den Rest ihrer Nicht-mehr-Familie.

Als sie in Hyde Park ankamen und das Gepäck aus dem Kofferraum hievten, war Nachmittag. Das Haus sah aus wie vor sechsundzwanzig Tagen, als sie es verlassen hatte, im Vorgarten blühten Lilien und Rosen. Die Blackstone Avenue war still, ein paar Schulkinder liefen nach Hause.

Marsha klingelte. »Dad«, rief sie in die Gegensprechanlage, »it's us.«

Grandpa öffnete die Tür. Im Rahmen hing wie immer die Mesusa. Ein jüdisches Haus, dachte Margarita, ist es das wirklich? Sie fragte sich, wie ihr Großvater darüber dachte. Er selbst war nicht sonderlich observant, was das Ganze noch verwirrender machte, irgendwie, er war es nicht, der auf die Mesusa in jedem Türrahmen bestand oder auf die Trennung der Bestecksets. Er war Wissenschaftler, so viel begriff Margarita, und er glaubte zwar an Tradition, aber nicht an Gott, er glaubte an Schriftrollen, an Schwarz auf Weiß, an Sprache. Sie sah Avi dabei zu, wie er Dan die Hand schüttelte, seinen Arm berührte, mit ernster Miene nickte. Margarita war der Kontrast zwischen den beiden nie aufgefallen, ihr Vater mit seiner Musik und ihr Großvater mit seinen sieben Sprachen, die er alle fließend beherrschte, und den fünf weiteren, die er nur lesen konnte, zusammen ergaben sie vielleicht einen ganzen perfekten Juden.

Sie trugen ihr Gepäck hinein. Marsha umarmte ihren Vater unbeholfen, sie klopfte ihm auf den alten Rücken im weißen Hemd. Es überraschte Margarita, dass keine Staubwolke aus ihm herauswirbelte. Das Haus roch muffig, nach dem pH-neutralen Waschmittel mit dem sauren Geruch von Erbrochenem. Marsha ging in die Küche und holte sich ein Glas Wasser. Dan trottete ihr hinterher. Als Margarita dazustieß, verstummten sie. Marsha wischte sich hektisch über das Gesicht.

»Was ist los?«, fragte Margarita.

»Ich gehe schnell meine Sachen ablegen«, sagte Marsha, »die Besuchszeiten sind vorbei, sie lassen mich im Krankenhaus nicht mehr rein. Wir können Mom erst morgen sehen.«

Dan murmelte, er würde Avi die Couch im Büro zurechtmachen, und klock-klockte in seinen schweren Hausschuhen die Treppe hoch. Man hörte die Klospülung, das amerikanische Sauggeräusch, das sie machte, dann kam auch Avi aus dem kleinen Powder Room in die Küche.

»Wo gehst du hin?«, fragte Margarita.

»Nach Hause«, sagte Marsha.

»Ich dachte, Grandpa weiß nichts davon.«

»Ich hab ihm gesagt, ich gehe zu einer Freundin.«

»What you tell him?«, fragte Avi in seinem furchtbaren Englisch.

»That-I'm-staying-with-a-friend. I didn't want to overwhelm him. You know I live downtown now«, sagte Marsha.

»Downtown Chicago?«, fragte Avi.

»What else, idiot«, grummelte Margarita. Die Langsamkeit der Unterhaltung kotzte sie an.

»Also schläfst du nicht hier«, sagte er.

»Äh, nein«, sagte Marsha, »sorry, ich dachte, ich hätte das erwähnt. Zum Abendessen bin ich wieder zurück«, und zu ihrem Vater gewandt, der gerade zurück in die Küche kam: »Dad, soll ich einkaufen gehen?«

»That's alright, sweetie. Im Tiefkühler sind Lasagne und Fisch.«

»Sounds disgusting«, sagte Marsha. »Können wir nicht einfach zum Diner?«

»No«, sagte er. Es klang, als hätte er keine Worte mehr übrig für eine Erklärung oder Rechtfertigung.

Es war fürchterlich, dieses Ankommen ohne ihre Grandma, das Haus fühlte sich tot an, keine Begrüßungsrituale, keine gefalteten Handtücher auf dem Bett, und Dan schien kein Gefühl dafür zu haben, wie er sich verhalten sollte, wenn seine Selma nicht da war, um herumzuschreien. Auch Margarita wäre lieber zu Salonica gelaufen, dort gab es Burger und Pommes, aber solche, die schmeckten. Sie erinnerte sich an den Ausflug zu McDonald's in der Greifswalder Straße, zu dem sie ihren Vater vor ein paar Jahren überredet hatte, weil sie unbedingt wissen wollte, wovon die anderen Kinder in ihrer Grundschulklasse so schwärmten, und er hatte selbst nichts gegessen, aber Margarita einen vegetarischen Burger bestellt. Und sie erinnerte sich daran, wie traurig es sie gemacht hatte, dort zu sitzen mit ihm und zu realisieren, dass es nicht das Essen bei McDonald's war, um das sie ihre Mitschüler beneidete, sondern ihre Familien, mit denen es Spaß machte, zu McDonald's zu gehen, und sie saß dort mit ihrem schrägen Vater, einsam an diesem Sonntag, den sie mit irgendetwas füllen mussten, und abends konnte sie nicht einschlafen, wie so oft in dieser Zeit, in der sie überhaupt nur auf dem Sofa einschlief, während Avi mit Kopfhörern am Klavier saß, die er gekauft hatte, damit er leise spielen konnte, und sie hörte nur dumpf die Tasten, wenn er sie hinunterdrückte, und später musste er sie ins Bett tragen.

»I can cook, Dan«, sagte Avi.

»It will be quite alright«, erwiderte Margaritas Großvater, und das Thema war beendet.

Die Haustür fiel ins Schloss. Ihr Vater trug hinter ihr seinen Koffer die Treppe hinauf. Sie blickten sich in die Augen. Als auch er seine Tür geschlossen hatte, ging Margarita ins Bad. Sie duschte so lang, bis ihr die Finger einschrumpelten. Am liebsten wäre sie unter der Dusche eingeschlafen. Ihre Finger blieben zwischen ihren Beinen hängen, beinah automatisch. In diesem Haus, in dem es ihr noch vor wenigen Wochen furchtbar verboten vorgekommen war, sich selbst zu befriedigen, schien es nun eine kostbare Privatsphäre zu geben. Sie trocknete sich ab und schlich zurück in ihr Zimmer. Kurz lauschte sie an der Tür zum Büro, auf dessen Klappsofa ihr Vater übernachtete, und hörte sein Schnarchen. Sie legte sich aufs Bett, ließ die Finger wieder über ihre Vulva wandern, wieder und wieder.

Plötzlich wachte sie von einem Klopfen auf. »Lo«, rief sie, »no«, sprang auf, suchte das Handtuch und wickelte sich ein. Ihr war kalt, die nassen Haare lagen schwer auf ihren nackten Schultern.

»Aruchat erew«, sagte ihr Vater, *Abendessen*.

Margarita zog sich hektisch an.

Sie aßen am großen Tisch im Esszimmer. Es gab tatsächlich Fisch, voller Gräten schmeckte er außen nach verbranntem Öl und war innen nicht ganz aufgetaut. Dazu die Lasagne, noch fürchterlicher, dadurch, dass sie eingefroren und wieder erhitzt worden war.

Die beiden Männer aßen mit weit geöffneten Mündern, sie flitschten die Gräten zwischen den Zähnen hervor und schlürften die Lasagnesoße von den Löffeln, schoben mit den Fingern noch mehr auf die Löffel, um besser schlingen zu können, doch das Essen war heiß, also sogen sie kalte Luft ein, während sie noch kauten.

Margarita versuchte zu essen, doch der Ekel hatte sie fest im Griff. Sie schaute zu Marsha. Auch die sah angewidert aus, doch sie sagte nichts. Dabei wäre es ihre Aufgabe, dachte Margarita, sie ist die Ältere. Sie entschuldigte sich zur Toilette, atmete tief ein und aus, und kehrte zurück zum Esstisch. Ihr Vater erzählte gerade von der Reise. Dabei spuckte er Margarita etwas vom Fisch auf den Teller.

»Aba«, sagte sie, »du hast mir auf den Teller gespuckt.«

»So ein Quatsch«, sagte ihr Vater, »iss endlich mal was.«

Margarita blickte auf den noch immer vollen Teller vor sich, auf die Matschlasagne und die Spucke daneben. Sie spießte Fisch und Lasagne gleichzeitig auf die Gabel, stopfte sich alles in den Mund. In ihren Augen brannten Tränen. Avi schenkte ihr keine Aufmerksamkeit. Marsha hielt sich auffällig unauffällig das eine Ohr mit dem Zeigefinger zu.

Als sie schlucken wollte, blieb etwas hängen. Erst kitzelte es nur, doch je mehr sie schluckte, desto schlimmer kratzte es. Plötzlich bekam sie keine Luft mehr. Sie begann zu keuchen, nach Luft zu schnappen, zu würgen. Ihr Großvater erhob sich im Schneckentempo und fragte immer wieder, ob sie noch Luft bekäme. War er bescheuert?

So fühlt sich ersticken an, dachte sie und versuchte, es auszuhusten, versuchte, einzuatmen. Marsha klopfte ihr unbeholfen auf den Rücken und gab ihr Wasser. Nichts half, es wurde immer schlimmer, und nun bekam sie wirklich keine Luft mehr. Dann lag sie in den Armen ihres Vaters. Etwas geschah, ein paar Hiebe, sie begriff nichts mehr, und die Gräte und die Lasagnestücke landeten auf dem Fußboden.

Sie wimmerte. Marsha holte ein Küchentuch und wischte angewidert den Boden ab. Avi sah selbstzufrieden aus, als hätte er ein Spiel gewonnen. Margarita murmelte eine Entschuldigung und schloss sich im Bad ein, ein enges Gefühl in der Brust, als bekäme sie noch immer schlecht Luft. Sie grub sich die Fingernägel so tief in die Oberschenkel, wie es ging, und zog sie bis zur Hüfte.

Dann legte sie den Kopf auf den Fußboden. Versuchte, die Arme um den Körper zu schlingen, sich wiegend wie im Gebet. Irgendwann hörte sie das Klappern des Geschirrs. Ein Zeichen, dass die Hauptspeise aufgegessen war. Jemand klopfte an der Tür. Sie gab einen leisen Ton von sich.

»Kann ich reinkommen?«, fragte Marsha.

Sie drehte den Schlüssel um.

Marsha quetschte sich an ihr vorbei und schloss über ihren Kopf hinweg die Tür. Sie setzte sich zu ihr auf den Boden. »Dein Großvater ist sehr verwirrt.«

Margarita hieb wieder die Fingernägel in die trockene Haut auf dem Oberschenkel.

»Ich weiß, es ist schlimm«, sagte Marsha dann, »die Geräusche. It's disgusting, frankly.«

Margarita nickte.

»Heute Abend machen wir es so: Du entschuldigst dich vom Tisch, und in zwanzig Minuten oder so bringe ich dir einen Bagel mit Schmear. Aber morgen Abend musst du dich zusammenreißen. Verstanden?«

Margarita nickte erneut.

Marsha reichte ihr eine Hand. Sie standen beide auf.

»That food is vile«, sagte Marsha, »und bald bist du erwachsen und musst es trotzdem essen. Dann darfst du dich nicht drücken. Aber jetzt bist du ein Kind.«

»Denkst du?«

»Ja. Denke ich.«

Sie brachte ihr wirklich nach zwanzig Minuten einen Bagel und setzte sich auf die Bettkante, während Margarita kaute. Als sie fertig war, nahm Marsha das Geschirr und ging. Ihr Vater kam nicht, um ihr eine gute Nacht zu wünschen. Vielleicht war sie doch kein Kind mehr.

*

Er begriff die Abscheu in Margaritas Augen nicht. Er wusste, sie fand seine Tischmanieren mangelhaft, die ihrer Großeltern erst recht, doch gleichzeitig wusste er nicht, wie man geräuschlos essen sollte. In einem Streit darüber hatte er vor einigen Monaten den großen Fehler gemacht, sie eine deutsche Pedantin zu nennen, eine *Schmatz-Gestapo*, manchmal hielt sie sich sogar beim Essen die Ohren zu, auch Marsha war schon so gewesen. Nun aber war es vollkommen eskaliert, und Marsha hatte übernommen, er hatte gehört, wie sie sanft auf Margarita eingeredet hatte, die Türen waren ja aus Papier in diesem Haus.

Nachdem Marsha gegangen war, ohne sich zu verabschieden – er hatte lediglich das Piepen gehört, das die Alarmanlage machte, wenn man sie anstellte –, hatte er überlegt, ob er Margarita eine gute Nacht wünschen sollte, doch er hatte sich dagegen entschieden. Er wusste nicht, ob er sie belohnte oder bestrafte, wenn er sie in Ruhe ließ, doch es war egal, er war mittlerweile so müde, dass er einfach einschlief.

Er wachte im Dunkeln von seinem Hunger auf, als hätte es das Abendessen nicht gegeben, natürlich, sein Körper dachte, es wäre schon mitten am Tag. Nebenan klapperte etwas, wahrscheinlich war es Margarita ähnlich gegangen, er fragte sich, was sie sich auf Selmas feines Porzellan geladen hatte.

Yo. You up, leuchtete eine Nachricht von Marsha auf seinem Handy auf. Es war 4:11 Uhr, nur wenige Minuten später, als er gedacht hätte. Er hatte einen beinahe unfehlbaren Zeitsinn, einer der Gründe, warum er lange überzeugt gewesen war, er würde ein exzellenter Pilot, doch ein Sinn für Zeit war nicht alles, man durfte ihn nicht verwechseln mit einem Sinn für Takt, und zu dem fand er nur, wenn er sich in die Musik grub, nicht im Alltag, nicht gegenüber anderen Menschen.

Yo, schrieb er zurück. Er musste lächeln. *Yo, yes.*

Nebenan ging der Fernseher an. *Du spinnst wohl*, schrieb er seiner Tochter.

Der Fernseher ging wieder aus, doch Margarita antwortete: *er ist doch eh schwerhörig.*

Can I call, schrieb Marsha.

Bevor er überhaupt antworten konnte, klingelte das Handy. »Yes?«, flüsterte er.

»Are you there?«, schrie Marsha ins Telefon. Immer dieses Geschrei, warum mussten alle Juden ständig schreien.

»M-hm«, machte er.

»Also, ich wollte das gestern nicht mehr ansprechen, damit Margarita es nicht mitbekommt, aber meiner Mutter geht es nicht gut. Scheinbar jeden Tag schlechter, sie brabbelt wohl die meiste Zeit nur unverständlich und schläft. Und Dan ist natürlich mal wieder apathisch, man könnte meinen, er ist seit dreißig Jahren dement. Aber er fährt jeden Tag hin. Und heute auch, und es wäre gut, wenn ihr mich abholen könntet. Avi, ich hab so Angst.«

»Wann?«

»Um zehn.«

»Okay, also bis dann.«

Marsha legte nicht auf.

»Ist noch was«, flüsterte er.

»Also, ähm. Sie wissen noch nicht, dass ich die Stelle an der Uni bekommen hab, vielleicht könntest du es ihm sagen, also, hier stehen ja auch noch überall die Kartons und so, eigentlich bin ich noch gar nicht wirklich eingezogen, und ich hätte es ihnen echt noch gesagt. Aber jetzt in dieser Situation …«

Es war immer das Gleiche mit ihr, dachte er. Sie ging, ohne sich zu verabschieden, und kam, ohne sich anzukündigen, und am Ende freute man sich umso mehr über sie, weil sie so unzuverlässig war, dass es immer auch eine Gnade war, wenn sie sich dazu herabließ, sich mitzuteilen. »Yofi.«

»Danke«, sagte sie, »danke, danke. Dafür lade ich euch schick zum Essen ein, wenn wir im Krankenhaus waren. Ich hoffe einfach, sie erholt sich, ich weiß nicht, was ich sonst –«

»Es wird alles gut, ich bin sicher. Wir sind ja jetzt hier.«

»Okay«, sagte sie und legte auf.

Immerhin: Wenn sie so früh so laut herumtelefonierte, schien sie allein zu wohnen. Fast hatte er das Gefühl, ein Teil ihres Lebens gehörte noch immer ihm, aber wahrscheinlich war das eine Lüge, die er sich erzählte, die sich alle Verlassenen erzählten, wenn sie um vier Uhr morgens auf dem uralten Computer im Arbeitszimmer des ehemaligen Schwiegervaters, dessen Zugangsdaten an der Pinnwand gleich daneben hingen, schauten, ob die, die gegangen war, sich dort einmal in die E-Mails ein-, aber nicht wieder ausgeloggt hatte, und dann enttäuscht waren, wenn nur das sterbenslangweilige Postfach des ehemaligen Schwiegervaters sich öffnete.

Er zog eines der vielen Bücher aus dem Regal über der Schlafcouch, um sich abzulenken. Es war ein Band über die Ursprünge der Schriftrollen vom Toten Meer, den Dan vor Jahrzehnten geschrieben hatte, die Debatten darüber – politische, wissenschaftliche – hatte Avi mit Interesse verfolgt, das Buch selbst aber nie gelesen. Von Marsha wusste er, wie sehr sie unter Dans Erwartung litt, aber wenigstens gab es Fußstapfen, in die sie hätte treten können, während er voller Scham an seine Eltern dachte, seine sperrigen, anstrengenden Eltern, Marsha hatte ihren Ekel vor ihrer Wohnung, vor den vielen Lebensmittelmotten in der Küche nur unbeholfen versteckt, wie jemand, der wusste, was

Habitus war, aber nicht, wie er roch. Der Habitus seiner Eltern: Er hatte nach verrottenden Tomaten und Klostein gerochen.

Diesen Ausdruck in Marshas Gesicht hatte er wenige Jahre später im Gesicht seiner Tochter wiedergefunden, die Frau in der Kita hatte den Blick und das Gebrüll, das nach dem Blick kam, *fremdeln* genannt, das Wort war ihm geblieben, ein Wort, das es so nur im Deutschen geben konnte, genau wie das Wort *Integration*. Ihm war nicht ganz klar, ob das Wort bloß ein Subjekt hatte, ein Kind fremdelte, oder ob es ein Objekt gab, ein Kind fremdelte mit, wegen, angesichts –. Wieder ein Konzept, das Marsha ihm erklärt hatte, das der Transitivität, solche Verben verlangten in der Regel Subjekte und Objekte, beim *Fremdeln* aber wurde nur deutlich: Das Fremde war schlecht, es war gut, zu *fremdeln*, denn man sollte ja eine gesunde Angst vor dem Fremden haben, es musste sich bloß einpendeln, bloß finden, wo das richtige Maß war. Bis dahin hatte Margarita *gefremdelt*, als würde ihr Leben davon abhängen, wahrscheinlich hing es das auch, und hatte geschrien, *Abababa*, *Mommymommymommy*, und die Kindergärtnerin in Hannover hatte anscheinend gedacht, *Mommy* wäre tot, und ihn behandelt wie einen alleinerziehenden König, und er hatte sie gelassen, denn niemand sonst sagte ihm, dass er etwas gut machte. Alle *fremdelten* sie mit ihm, die Deutschen, die Juden, auch die wenigen anderen Israelis in Hannover, denn entweder sie waren keine Juden, oder sie waren keine Israelis, oder sie waren keine alleinerziehenden Väter, und er *fremdelte* auch, er fand sie fremd, fand sich fremd, vielleicht *befremdete* er auch, während er das Kind im billigen Buggy herumschob, und je mehr er *befremdete*, desto *befremdlicher* wurde er, je mehr man *fremdelte*, desto mehr *fremdelten* die Menschen mit einem, und man wurde seltsamer und seltsamer. Nur am Klavier, nur im Gesang und am Ende im Gebet wurde er sich selbst weniger fremd.

Als er den Hunger nicht mehr aushielt, schlich er in die Küche. Es war gespenstisch, dieses Haus ohne Selma, die zu jeder Tages- und Nachtzeit die Geschehnisse kontrollierte, um fünf Uhr morgens ihre Gymnastikübungen machte, spätestens um sieben mit der Zubereitung des Frühstücks anfing.

Er fand die Zutaten für das Pfannkuchen-Rezept, das über den riesigen Gasherd gepinnt war, und machte sich ans Rühren, ans Braten, er fand eine Melone, und gerade als alles fertig war, fand er sein Kind, das im Nachthemd hinter ihm stand. Er lud ihr Pfannkuchen auf einen Glasteller. Sie ertränkte sie in Ahornsirup und aß gierig, während er sich selbst seine Portion briet. Als sein Essen fertig war, räumte sie ihren Teller in die Spülmaschine.

»Hey«, sagte er, »setzt du dich nicht wenigstens zu mir?«

Sie flehte ihn wortlos an.

Er seufzte. »Yofi. Wir gehen um zehn zu deiner Großmutter.«

»Wie geht es ihr?«

»Nicht gut, Margarita.«

Sie starrte auf den Boden.

»Ich bin froh, dass wir hier sind, Motek. Sie dachten, es wären nur das Morphin und die Gehirnerschütterung, weswegen sie verwirrt ist, aber sie müssen jetzt nochmal ein MRT machen, das ist ähnlich wie Röntgen, ein Magnetbild vom Kopf, ganz laut. Sie müssen schauen, ob in ihrem Gehirn etwas verletzt ist.«

»Aber das wissen sie ja noch nicht, kann doch sein, dass alles gut ist!«

»Ich wollte dich nur warnen. Es könnte sein, dass sie ganz anders ist als sonst. Oder gar nicht ansprechbar. Es ändert sich wohl täglich. Motek, es kann sein, dass sie stirbt.«

»Was machen wir denn dann?«

Wie sie das flüsterte. Es erinnerte ihn an die rührenden, ehrlichen Fragen, die sie ihm als Kind gestellt hatte.

»Dann sind wir traurig«, sagte er.

»Muss Grandpa dann auch sterben?«

»Nein, Nudnik. Grandpa ist gesund.«

»Aber man kann doch an einem gebrochenen Herzen sterben.«

»Wo hast du den Kitsch denn her?«

Sie schwieg.

»Also«, sagte er, »schau mal, dein armer alter Aba lebt doch auch noch.«

»Hat Marsha dir dein Herz gebrochen?«

»Das geht dich nichts an.«

»Okay«, sagte Margarita und verließ die Küche.

Seine kalten Pfannkuchen aß Avi allein, ohne eine Bracha zu sagen, schon das Morgengebet hatte er übersprungen, da die Nacht unmerklich in den Tag übergegangen war. Als er fertiggegessen hatte, kam Margaritas Großvater in Hemd und Krawatte die Treppe herunter. Avi briet auch ihm eine Portion. Als er sich mit Dan hinsetzte, hatte er kurz das Gefühl, er kümmere sich um seinen eigenen Vater, um den er sich nie gekümmert hatte, hatte auch Itzik so unglaublich schmal ausgesehen, die Haut papieren, die Haare, die Nägel? Dan lächelte ihn mit vollem Mund an.

Das erste Mal war er nach Chicago geflogen, als Margarita fünf Jahre alt war, Selma hatte gebettelt, im Jahr davor war sie mit Dan nach Berlin gekommen, doch Selma hegte den tiefen Wunsch, ihre Enkeltochter zu beherbergen, sie hatten alles bezahlt, die Flüge, jedes einzelne Essen, sie hatte Margarita ein komplettes Zimmer eingerichtet, kaufte Kinderbücher, als sie realisierte, dass Margarita kein Englisch sprach, auch hebräische, die Dan ihr in seinem stockenden, amerikanischen Althebräisch vorlas, und sie alle taten, als wäre Marsha stets einfach nur auf dem Weg nach Hause, und im ersten, im zweiten Sommer hatte er noch Hoffnung, sie könne irgendwann auftauchen, aber er hatte nie nach ihr gefragt, er war zu stolz gewesen, und Margarita hätte das plötzliche Auftauchen der Mutter ohnehin verwirrt.

Selma hatte, als Margarita acht Jahre alt war, ein Treffen organisiert, sie war mit Margarita und Marsha im Drake Hotel Kuchen essen gegangen, Avi war nicht eingeladen, Marsha hatte es verboten. Und als Margarita elf wurde und er sie zum ersten Mal alleine fliegen ließ, hatte Marsha sogar ein paar Tage mit Margarita verbracht, sich in den nächsten Jahren aber nicht mehr blicken lassen, Margarita hatte das scheinbar stoisch weggesteckt. Es war einfach so, niemand hatte gejammert oder gebettelt.

»Those are some excellent pancakes«, sagte Dan. »Not like my Selma would make them, of course, but very good.«

Avi schaute ihn an, diesen hageren, alten Mann, wie er über seine Pancakes gebeugt war. Die Vorstellung, wie er alleine zurückblieb –. Er fragte ihn vorsichtig, wie es ihm ging.

Dan schlürfte etwas Kaffee aus der Tasse. Mit zitternden Fingern stellte er sie wieder ab. Er hatte ein sanftes, mattes Lächeln, im Gegensatz zu seiner Frau, die stets entweder strahlte oder brüllte. »I am very worried«, sagte er, langsam und laut, so wie Avi mit ihm sprechen musste, weil die Hörgeräte nie ihren Dienst taten und er Avis Akzent schlecht verstand. Früher hatte er ihn ständig gebeten, Iwrit zu sprechen, doch Dan verstand vor allem biblisches Hebräisch, und die Unterhaltungen waren völlig sinnlos gewesen.

»Weißt du, sie war eigentlich noch so gesund. Und es ist gruselig, sie so zu sehen, sie sieht ganz klein aus, und manchmal schläft sie nur, wenn ich da bin, manchmal erkennt sie mich, manchmal fragt sie nach Marsha und Margarita, manchmal weiß sie aber nicht, wer ich bin, und schreit nur furchtbar. Sie hat noch immer schlimme Schmerzen.« Wieder trank er, zitternd, schlürfend, einen Schluck Kaffee. »Es könnte sein, dass sie für immer Einschränkungen hat. Wir müssten jemanden finden, der hier einzieht, oder umziehen, ich weiß es noch nicht. Die Ärzte sagen, es braucht Zeit, sie muss noch mindestens eine Woche auf der Intensivstation bleiben, es kann sich jeden Tag verändern, gestern hat sie nur sinnloses Zeug geredet, es war furchtbar.«

Es wirkte, als hätte der arme Dan seit Tagen mit niemandem geredet. Und obwohl er wusste, dass nun, in Ruhe, der richtige Zeitpunkt wäre: Avi schaffte es nicht, Dan von Marshas Umzug zu erzählen, er schlug ihm bloß vor, etwas Klavier zu spielen, bis sie losfahren konnten. Dan reagierte begeistert, kratzte die Reste von ihren Tellern in den lärmenden *Garbage Disposal* im Waschbecken, der vermutlich ganze Kinderhände schreddern konnte, und schlurfte ins Wohnzimmer.

Dort zeigte er auf das kleine Schränkchen, in dem Avis Noten lagen, die Selma ihm vor Jahren gekauft hatte, nachdem er immer mit zerfledderten Kopien angereist war: Bartóks *Rumänische Volkstänze*, Saties *Gymnopédies*, der Scriabin, der ihn über Monate in den Wahnsinn getrieben hatte. Am Ende stellte er Chopins zweite Sonate auf die Notenablage, er hatte vor Jahren einmal bitter mit ihr gerungen, also stritt er sich ein wenig, stolperte herum, es war wie Autofahren, man konnte beides eben doch verlernen. Noch während er sich durch den Anfang kämpfte, fiel ihm ein, dass der Mittelteil ein beliebter Beerdigungsmarsch war, zwar nicht für Juden, aber dennoch, es kam ihm plötzlich unpassend vor, das zu spielen, während Dan auf dem Sofa neben dem Flügel lag.

Mit einem Mal war Avis Kopf leer, die Finger schwebten über den Tasten, und er war bodenlos müde. Nur eine einzige Melodie kam ihm in den Sinn, nur wenige Takte, und er begann mitzuspielen, im Rücken stellte er sich die Lehrerin vor, Shenia, die eigentlich Margarita hatte unterrichten sollen, doch Margarita hatte sich so überzeugend geweigert, dass er sie schließlich in

Ruhe ließ. Shenia war eine Rentnerin aus der Ukraine, im frühen Erwachsenenalter nach Deutschland gekommen, die aufstockte, in ihrer zugigen Altbauwohnung in der Greifswalder Straße roch es immer nach geschmortem Fleisch. Sie übte mit ihm, was er wollte, es fiel ihm verhältnismäßig leicht, zu lernen, im Gegensatz zu ihren anderen Schülern war die Musik sein Beruf, und wenn er dreimal gespielt hatte, was sie ihm auftrug, fingen sie lange Gespräche darüber an, er auf seinem Klavierhocker, sie in ihrem Ikea-Wippsessel, manchmal zeigte sie ihm exzentrische Dinge, die sie auf YouTube gefunden hatte, die *Bachianas brasileiras* von Villa-Lobos, Arvo Pärt, dessen *Für Alina* er nun spielte, aus dem Kopf, es war ein einfaches, ein klares Stück, in dem die Längen der Pausen beinah so wichtig waren wie die Töne selbst.

Shenia, selbst russisch-orthodox, vergötterte Pärt beinahe so sehr wie Jesus und seine Mutter, die überall in ihrer Wohnung hingen. Es war für Avi ungewohnt, diese bildliche Religion, doch er verstand ihre Verehrung von Pärt, zu *Spiegel im Spiegel* begleitete sie ihn auf der Geige.

Die Töne, die nun das Wohnzimmer erfüllten, klangen, als wäre endlich eine Sprache gefunden für Worte wie abwarten, wie Schädel-Hirn-Trauma, wie künstliches Koma, wie Sondenernährung, es waren weißblaue Töne, sterile OP-Zangen, die an den Herzklappen zogen.

Genau in den letzten Takt hinein klingelte das Telefon. Er stand auf, um es zu holen, während Dan sich umständlich hinsetzte.

»Hier ist Avi«, sagte er.

»I called the hospital«, rief Marsha in den Hörer, »wir können jetzt schon hin. Hol die anderen und kommt vorbei, ich schick dir die Adresse. Ich muss zu ihr.« Sie legte auf.

Er rief nach Margarita. Dann wandte er sich an Dan, der neben ihm stand und ihn fragend anschaute. Er musste es jetzt hinter sich bringen, kurz und schmerzlos, doch nichts im Englischen fühlte sich für ihn kurz und schmerzlos an, besonders nicht, weil ihn eine Welle Jetlag überkam, er fühlte sich, als würde er schlafwandeln. »Dan«, sagte er, »wir können Selma jetzt besuchen.«

Er sah, wie Margarita sich über das Geländer der Treppe in das Foyer hinunterbeugte. »Gehen wir?«, fragte sie auf Hebräisch.

Dan schaute langsam nach oben, dann wieder auf den Lederschuh, den Avi ihm kurzerhand zuband. Margarita polterte die Treppe runter.

»Motek, mach den Fernseher aus«, sagte Avi.

Sie gehorchte. Er hatte dreißig Sekunden.

»Dan, I have news about Marsha«, sagte er, übersetzte direkt aus dem Hebräischen, so, wie er es sich zurechtgelegt hatte. »It is actually some nice news. She's been appointed professor«, das *professor* sagte er mit zwei rauen r-Lauten, das amerikanische, weiche *r* bekam er nie hin, »at Northwestern. She lives downtown.«

Da stand Margarita wieder.

Dan sah verwirrt aus. Avi hatte Angst, er hätte nicht begriffen, was er gerade gesagt hatte, doch Dan hob einen Zeigefinger, als wollte er Avi schelten, und rief: »Northwestern! In Chicago it is the U of C or nothing, she should know that! Diese leere Disziplin, von der sie da erzählt, das ist doch keine richtige Wissenschaft, das ist Rumraten, heutzutage traut sich ja niemand mehr was, niemand entdeckt mehr etwas!« Jetzt zeigte er direkt auf Margarita: »Du fängst etwas Besseres mit deinem Leben an, Rita!«

Margarita nickte. Sie blickte zu Avi, die Augenbrauen hochgezogen. Fand er da ein winziges Grinsen in ihren Mundwinkeln?

Dan schüttelte den Kopf. »Sie hatte so viel Potenzial«, sagte er. »Aber sie musste immer etwas Besonderes sein, etwas anderes. Stures Ding.«

Avi wollte protestieren, doch er wusste nicht wie. Also sagte er einfach: »Na ja, immerhin wohnt sie jetzt nicht weit von hier«, und Dan erwiderte: »Na super. Dann kann sie mir ja helfen, Selma in den Tod zu begleiten. If the *principessa* finds the time.«

Margarita lachte beinahe höhnisch auf. »So nennt sie mich auch immer«, sagte sie auf Hebräisch zu Avi. Er wäre gerne darauf eingegangen, doch er war zu überfordert.

»Wir holen sie jetzt in ihrer neuen Wohnung ab, Dan, danach fahren wir zum Krankenhaus.«

»Warum nimmt sie sich kein Taxi? Reicht das Gehalt nicht mal für ein Taxi, damit sie ihre sterbende Mutter sehen kann?«

Plötzlich hatte der hilflose Daniel sich in einen wütenden Patriarchen verwandelt. Es erschreckte Margarita sichtlich, sie war schon vor die Tür gelaufen.

Avi rief Marsha an. »Er will, dass du dir ein Taxi nimmst«, sagte er, ging dabei zügig ins Wohnzimmer, um seine Tochter nicht aus den Augen zu lassen, die Fenster gingen auf den Vorgarten hinaus.

»Warum? Es ist früh, es sind nur zwanzig Minuten.«

»Und wenn wir dich danach bringen?«

»Gut«, sagte Marsha, »in dreißig Minuten beim Krankenhaus.«

Das University of Chicago Hospital war ein riesiger Komplex, überall prangte das Logo der Uni in Bordeauxrot. Dan steuerte zielstrebig einen der Klötze an. Das Elullicht flutete den Campus.

Niemand rauchte vor dem Gebäude, anders als in Deutschland, wo der Rauch bis ins Foyer zog, in Hannover bis in den Kreißsaal, in dem Margarita zur Welt gekommen war. Doch hier, auf dem sauberen, geldgepflasterten Campus, rauchte man nicht. Die Leute starben nicht an Lunge, sondern an Herz, dachte er, weil sie täglich riesige Sandwiches mit Steaks darin aßen. Er war immer schon fasziniert von diesem Land gewesen, von seinem kaputten Kapitalismus, der das Sozialsystem zerstörte, dem grauenhaften Rassismus, er wusste, er hatte das von seinen Eltern, die Amerika zeit ihres Lebens gehasst hatten, er wusste auch, dass viele seiner Vorurteile Unsinn waren, er hatte eine US-Amerikanerin geliebt, er hatte, musste er widerwillig zugeben, eine irgendwie amerikanische Tochter, und welches Land war schon nicht voll von Rassismus?

Die Frau an der Rezeption kannte Dan bereits. Sie warteten, der alte Mann gegen den Tresen gelehnt, bis Marsha kam, sie trug hohe Schuhe, kam krachend in das morgenstille Foyer gerannt und küsste Margarita auf den Kopf. Die Geste überraschte ihn, in ihrer Selbstverständlichkeit, dass da kein Trotz war und keine Demonstration. Sie liefen, seltsamer Trupp, der sie waren, zum Fahrstuhl, im Rennschritt, als würden sie Dan hinter sich herziehen, er machte schnelle, kleine Schritte, viele hintereinander. Graue Schritte, die auf dem grauen Plastikboden quietschten.

*

Sobald sich die Türen des Fahrstuhls geschlossen hatten, befiel Margarita ein anderer Schwindel, nicht der müde, wummernde, sondern eine Rebellion des Kreislaufs. Sie hatte noch nie ein Krankenhaus als Besucherin betreten, nur einmal als Patientin der Notaufnahme mit einer Platzwunde auf der Stirn, doch eigentlich waren es immer die anderen Kinder in der Schule, denen Dinge zustießen, sie war so vorsichtig, dass ihr nie etwas passierte. Sie kannte die Anekdote ihres Vaters, in der es um Keuchhusten ging, als sie drei Jahre alt war, doch daran konnte sie sich nicht erinnern, und einmal hatte sie hier, in Chicago, im

Garten der Großeltern eine Spinne gebissen, aber das hatte ein befreundeter Arzt behandelt. Zum Schwindel stieß eine leichte Panik, als ihr klarwurde, dass sie ja Ärztin werden wollte.

Marsha hatte es so eilig, dass sie beinah hinfiel, als sie aus dem Fahrstuhl stiegen. Es roch beißend auf dem Flur, alles fiepte, piepte.

Grandma lag allein in Zimmer 693, Margarita war sich sicher, sie hatte das Einzelzimmer nicht, damit niemand sie störte, sondern, damit sie niemanden störte mit ihrem lauten Geschmatze und der noch lauteren Stimme. Die Stimme, behauptete Aba, kam daher, dass die Großmutter jahrzehntelang Grundschullehrerin gewesen war, doch Margarita fand, dass es das noch schlimmer machte, denn diese Mrs Markovitz klang wie eine fiese Lehrerin, die ihre Schüler anschrie. Doch niemand schreilachte, als sie das Zimmer betraten, niemand zeterte. Ihre Großmutter sah nicht größer aus als ein Kind in dem Krankenbett. Ein Kind mit einer Halskrause und sehr wenigen Haaren auf dem Kopf, angeschlossen an unzählige Geräte.

Marsha blieb im Türrahmen stehen und machte ein wimmerndes Geräusch. Margarita lief weiter. Es war schrecklich, Selma so zu sehen, das ja, aber irgendwie nicht überraschend. Der Körper ihrer Großmutter war in Margaritas Augen schon immer ein prekärer Ort gewesen, ein geschlechtsloser, sie hatte sie noch nie nackt gesehen, und jetzt, wo ihr das bewusst wurde, fiel ihr auf, dass sie immer gedacht hatte, die Großmutter hätte den runden, glatten Unterleib einer Barbiepuppe.

Sie schlief, als sie ins Zimmer polterten. Marsha sank neben dem Bett in die Hocke und griff die Hand ihrer Mutter. Wegen der hohen Schuhe sah es allerdings aus, als würde sie ins Gebüsch pinkeln. »Hey, Mom«, sagte sie, »kannst du mich hören?«

Die Decke über Grandma hob und senkte sich.

»She's asleep, Marsh«, sagte Grandpa.

Margarita schaute forschend in das Gesicht der Großmutter, blaue Venen unter weißer Haut, ein jüdischer Körper, dachte Margarita, irgendwie geschunden, irgendwie zerlaufen, sie dachte daran, was sie in der Schule über den *New Jew* gelernt hatten, das neue Ideal der Juden in Palästina, wo die Ziegel der Häuser von Männern in Anzügen geschichtet worden waren, die nicht mehr nur schwächliche Handelsmänner sein wollten, sondern starke, wehrhafte Muskelprotze, und dann fragte sie sich, ob das überhaupt ein jüdischer Körper war, schaute die rosafarbenen Augenlider an und die Wangenknochen unter der Haut, und Margarita überkam eine plötzliche, grauenhafte Angst, dass das Geheimnis für immer dahinter verborgen bleiben würde und sie ihre Großmutter nicht mehr danach fragen könnte. Dass auch Marsha es irgendwann mit in ein solches Krankenhaus nehmen und sie endgültig damit allein lassen würde. Hätte sie es ihr bloß nie gesagt. Margarita wusste es besser: Über manches sollte man nicht sprechen, und Selma und Marsha hatten diese Regel gebrochen, doch Margarita würde diesen Fehler nicht machen, sie würde niemanden so quälen.

»Rita, rede doch mal mit ihr«, sagte Marsha.

»Was soll ich denn sagen?«

»Lass dir was einfallen.« Marsha legte den Kopf auf der Hand der Großmutter ab, die wie ein toter Fisch auf dem Bett lag.

»Hi«, sagte Margarita und holte tief Luft. »Es tut mir leid, dass es dir so schlecht geht. Ich hoffe, du kannst bald aufwachen, und dann ist alles gut. Ich freu mich schon, wenn wir wieder zusammen Schokoladenkuchen backen.«

Eine Krankenschwester betrat das Zimmer. Margarita fühlte sich beobachtet, all die Leute um das Bett, und sie hatte jetzt die Gelegenheit, etwas besser zu machen, richtiger, aber ihr fiel nicht ein, wie.

»Grandma?«, fragte sie in einem letzten Versuch, obwohl die

Krankenschwester sagte, man solle sie lassen, sie sei nur selten wach und auch dann nicht ganz bei Bewusstsein, »it's the morphine and the concussion«. Doch die Augen der Großmutter öffneten sich, rollten ein wenig herum, man sah, wie sie versuchte, sie aufzureißen. Und kurz schaffte sie es, sie fasste sich an den Kopf, dann erhellte sich ihr Gesicht, sie zeigte auf Avi und Marsha, »you two here together«, lallte sie, griff Marshas Hand, schaute Margarita an und rief: »What's up, guys?«

Margarita schaute zu Marsha. Sie mussten beide ein bisschen lächeln. Da war es, ein Aufblitzen ihrer Persönlichkeit, ihrer Grandmahaftigkeit. Als hätte sie den Menschen um ihr Bett einen Rettungsring zuwerfen wollen.

»Hush, hush«, sagte die Krankenschwester und zu ihnen gewandt, »der Arzt ist in zwanzig Minuten bei Ihnen. Mr Markovitz, would you like a sip of water?«

Selma schaute hin und her, als versuchte sie zu begreifen, was passierte. Margarita wollte etwas zu ihr sagen, doch ihr fiel nichts ein. Dann schloss ihre Großmutter wieder die Augen. Als Margarita aufstand, begann sich alles zu drehen. Sie hielt sich an ihrem Vater fest, der sie vorsichtig in den Arm nahm. Er roch nach der Wohnung in Berlin, nach Olivenseife und Persil.

Sie standen herum, der Großvater rieb sich den Oberlippenbart, vom Geräusch wurde Margarita flau, aber sie wusste, dass sie hier nicht weglaufen konnte, Marsha pampte ihn an, dass er seiner Frau wenigstens ihr eigenes Kopfkissen von zuhause hätte mitbringen können oder einen Schal, es stimmte, Margaritas nackte Haut an den Armen war kühl, aus einer der Arztserien, die sie gerne schaute, hatte sie gelernt, dass es in Krankenhäusern kalt sein musste, weil sich Keime in der Wärme wohlfühlten, Grandma fror bestimmt.

Ein Arzt trat ein, nickte ihnen allen zu, den Großvater begrüßte er mit »Hello, Dan«, sie schienen sich zu kennen. Er erklärte, dass sie Selma von der Intensivstation auf die Halbintensiv verlegt hatten, weil sie mittlerweile ab und zu sprechen konnte und Leute erkannte, aber immer noch meistens schlief und viele Ausfälle hatte. »Und heute Morgen musste sie sich nochmal übergeben. Deswegen machen wir jetzt direkt ein MRT unter Narkose, sie könnte sonst aufwachen und Angst bekommen.«

Margarita sah, dass die Finger ihres Großvaters zitterten. Sie ging zu ihm und nahm seine Hand. Zu ihrer Überraschung war es schön, sie zu halten, vertraut.

Marsha fragte, ob es normal sei, bei einer Gehirnerschütterung so lange auf der Intensivstation zu liegen. Sie sagte etwas von einem Wernicke-Areal, und der Arzt fragte erstaunt, was sie beruflich machte. Sie sagte, dass sie Professorin für Linguistik sei.

»Wow«, sagte Dr. Johnston, »ganz der Papa!«

Dan saß in seinem Stuhl und zeigte keine Regung, hielt bloß weiter Margaritas Hand. Marsha sah aus, als würde ihr Gesicht gleich auf dem Boden zerkrümeln, und Avi, als würde er es gerne festhalten, dieses Gesicht, aber als würde er sich nicht trauen.

Die Großmutter wachte erneut auf. Diesmal blickte sie sich erst nur suchend um, atmete durch den Mund, schien den Raum nicht scharfstellen zu können. Dr. Johnston stellte sich neben ihr Bett. »Nice view you've got here, Mrs Markovitz, huh?« Grandma schaute aus dem Fenster neben ihrem Bett. Der gotische Turm des *Oriental Institute* ragte zwischen flacheren Neubauten hervor. Margarita kannte diesen Turm gut, das Büro ihres Großvaters lag dort, und früher hatte sie ihn häufig besucht. Es war Margarita ein Rätsel, warum man freiwillig seinen verpeilten Belehrungen im Schildkrötentempo lauschen wollte, doch er schien nach wie vor beliebt zu sein, vor den Corona-Jahren war er täglich mit dem Fahrrad zum Institut gefahren, auch an seinem achtzigsten Geburtstag am 13. August, er hatte sich viel darauf eingebildet, kurz darauf war Margarita nach Israel abgereist.

»Yuh«, sagte Selma zur Aussicht.

In einem Kreis standen sie alle betreten um ihr Bett.

»I'm not dead yet, people«, rief sie. Das Krächzende in ihrer Stimme war geblieben. Es stimmte, sie war noch nicht tot.

»I love you, Mom«, sagte Marsha. Margarita nickte.

»Yuh«, sagte Selma erneut. »I'm tired.«

Dr. Johnston verabschiedete sich. »See you tomorrow«, sagte er zu Dan. Bevor Dan antworten konnte, sprang Marsha dazwischen. »Thank you, Dr. Johnston«, sagte sie. »See you tomorrow.«

Dr. Johnston gab Dan die Hand, nicht Marsha. War das Sexismus, oder war Marsha einfach nervig? Margarita sah, wie sich die Blicke ihrer Eltern trafen. Marsha rollte mit den Augen, Avi lächelte. Er machte den Eindruck, als würde er sich wohlfühlen, hier, in dieser Rolle. Irgendwas daran störte Margarita. Sie war ihm immer genug gewesen, jedenfalls hatte er das gesagt, und auch sie hatte Marsha selten vermisst, die sich alle paar Jahre mit Geschenken in der Handtasche mit Margarita in den Garten der Großeltern gesetzt hatte und sie angeschaut wie ein fremdes Objekt.

Es hatte sich eine schwüle Hitze auf den Straßen breitgemacht, als sie aus dem Krankenhaus traten. Sobald sie vor der Tür standen, schien die Welt drinnen Margarita unecht und die Vorstellung von der Großmutter in einer lauten Röhre weit weg. Beinahe wollte sie zurück hineingehen, sich umschauen, helfen. Hier draußen war man hilflos.

Marsha setzte sich ans Steuer des Autos ihrer Eltern. »Who's hungry?«, fragte sie, als sie auf den Lake Shore Drive fuhren.

»Me«, sagte Margarita.

»What a surprise«, erwiderte ihre Mutter.

Avi schnaubte durch die Nase. Erst dachte Margarita, es sei ein missbilligendes Schnauben, doch es war ein Lachen. Margarita merkte, dass sie rot wurde. Aß sie zu viel? Ein bitterer

Geschmack machte sich auf ihrer Zunge breit. Sie schaute an sich herunter, auf das enge Top, das sie trug, darunter zeichneten sich die Rollen ihres Bauchs ab. Ihr Hals wurde eng, wie wenn sie weinen musste. Nicht jetzt, nicht wegen sowas.

Marsha fuhr sie zu einem Restaurant. Margarita bestellte einen Salat mit frittierten Avocadostücken. Sie aß nur zwei davon, den Rest ließ sie liegen. Ihr Vater drängte sie, aufzuessen, doch sie sagte, sie hätte keinen Hunger mehr.

Dan schlug einen Spaziergang vor. Sie liefen zum See, Marsha sprühte sich mit einer kleinen Flasche französisches Thermalwasser ins Gesicht. Margarita stupste sie an und wurde ebenfalls angesprüht. Avi schaute komisch, ein bisschen, als wäre er eifersüchtig. Eigentlich war es schön, so zusammen, und Margarita ärgerte sich über den Gedanken, aber mit der Großmutter wäre ein solcher Ausflug nicht möglich gewesen, es wäre zu weit, zu heiß, sie hätte mit dem Auto fahren wollen oder ins Kaufhaus gehen, aber so liefen sie bis zum Navy Pier, kauften bei Ben & Jerry's Eiscreme, Margarita wollte eigentlich ein Sorbet nehmen, Marshas Kommentar hing ihr noch nach, aber in letzter Sekunde bestellte sie doch Schokolade-Minze. Sie entschieden, mit dem Riesenrad zu fahren, Avi schaute Marsha überrascht an, »hast du nicht Höhenangst?«, fragte er, und sie winkte ab, »I got over it«, also saßen sie alle gemeinsam in der Gondel über dem tiefblauen Lake, Margarita, Avi und Dan auf einer Seite und Marsha auf der anderen, sie machte ein Foto.

Avi kaute sein Eis, und es störte sie kurz nicht mal, sie schaute einfach raus, hier, vom höchsten Punkt des Riesenrads, sah man alles, sah den Willis Tower und die roten Schienen der El, sah das Gitter der Stadt, die Margarita so liebte, die Pools auf den Dächern der Hochhäuser, Amerika.

*

Marsha war in die Gondel gestiegen, als hätte sie ihm etwas beweisen wollen. Als würde sie triumphieren, weil sie nicht mehr dieselbe war wie vor dreizehn Jahren, sich nicht mehr fürchtete, weil sie vor Margarita eine andere sein konnte, eine Mutter ohne Höhenangst. Vielleicht dachte sie, als Mutter dürfe man keine Angst haben.

Nach dem Riesenrad sah Dan aus, als müsste er sich hinlegen. Avi hatte ihn noch immer, den Mittagsschlafblick, bei Kindern und bei Erwachsenen, manche Fähigkeiten verlor man nie. Er schlug vor, zurück nach Hyde Park zu fahren. Bis jetzt hatte kein Handy geklingelt, um die MRT-Ergebnisse durchzugeben.

»Bringt mich doch noch nach Hause«, schlug Marsha vor, also holten sie das Auto. Sie waren nur wenige Minuten unterwegs, hielten vor einem Hochhaus, das kleiner wirkte als alle anderen Hochhäuser drum herum und wahrscheinlich trotzdem höher war als das höchste Wohnhaus Berlins. Marsha gab Avi den Autoschlüssel.

»Drive safe«, sagte sie, »und pass auf meine Tochter auf.«

Es sollte ein Witz sein, aber er fand nichts daran lustig. »*Du* hast sie ja verloren«, sagte er.

Margarita verdrehte die Augen.

»Und jetzt willst du uns nicht mal schnell deine Wohnung zeigen? Margarita würde sie sicher auch gerne sehen.«

Marsha seufzte. Jetzt war sie nicht souveräner als vor dreizehn Jahren. »Es ist total unordentlich, und ich weiß nicht, wo wir das Auto abstellen sollten.«

Avi deutete auf das Schild zur hauseigenen Garage. Marsha sah genervt aus. Sicher versteckte sie etwas vor ihm. Wenn sie weiterhin Zeit mit seiner Tochter verbringen wollte, sollte sie nichts zu verstecken haben. Oder? Er stieg aus und öffnete Dan die Beifahrertür.

»Avi«, sagte Marsha, »don't do this.«

Er wusste selber nicht, was er tat, er war doch nur neugierig, und er fand, sie schuldete ihm etwas, wenn nicht wegen der letzten dreizehn Jahre, dann schon allein, weil sie ihn gezwungen hatte, Dan ihren Umzug zu offenbaren, aber was sollte er tun, sich aufdrängen, hatte er sich nicht schon genug aufgedrängt, warum war er nochmal hier? »Vielleicht würde dein Vater die neue Wohnung ja gerne sehen«, versuchte er es erneut.

»I want to go home«, sagte Dan.

»Gut«, sagte Avi und setzte sich ans Steuer.

Marsha winkte nur. Der Portier hielt ihr die Tür auf. Sie lächelte ihn freundlicher an, als sie Avi in den letzten sechs Tagen behandelt hatte. Noch so etwas Amerikanisches, diese ständige Freundlichkeit, unaufrichtig, dachte er jetzt, stellte sich den Sitz neu ein.

Er sehnte sich nach seinem Klavier, nach dem dicken Teppich darunter, danach, dass die Klänge in den Hinterhof strömten wie der Geruch von Icli Köfte aus der zwei Stockwerke höher liegenden Wohnung seiner türkischen Nachbarn. Vor Jahren hatte er Martha Argerich in der Philharmonie zugehört, hatte enthusiastisch zwei Tickets gekauft und dann niemanden gefunden, der ihn begleiten wollte, also war er allein gegangen, und es hatte sich gelohnt. Marsha wäre mit ihm gegangen, er wusste es, aber Argerich hätte in der Carnegie Hall spielen müssen oder hier, im Chicago Symphony Orchestra. Als Margarita sich wieder über seinen Fahrstil beschwerte, bat er sie, die Klappe zu halten.

*

Natürlich hatte Dr. Johnston auf dem Festnetz angerufen, natürlich hatte das Krankenhaus keine Handynummer, natürlich waren alle um sie herum völlig unfähig. Es war mittlerweile später Nachmittag, und sie hatten zwei Anrufe des Arztes verpasst. Wahrscheinlich müsste Margarita die Beerdigung ihrer Großmutter selbst organisieren, wenn sie jetzt an einem Subduralhämatom sterben würde.

Subdural hematoma, das hatte Dr. Johnston am Telefon gesagt, das der Großvater auf Lautsprecher schalten musste, um etwas zu verstehen, und darum gebeten, erst übermorgen wiederzukommen, sie müssten zunächst die Hämatomflüssigkeit ableiten und morgen operieren.

»Weißt du, was ein Hämatom ist«, sagte Avi auf Iwrit, »wie ein blauer Fleck.«

Margarita sagte, natürlich wisse sie, was ein Hämatom sei. Eigentlich hatte sie es nicht gewusst. Ein blauer Fleck klang eigentlich nicht so schlimm.

Marsha ging nicht ans Telefon.

Sie saßen lange am Küchentisch. Margarita hatte einen schalen Geschmack im Mund, eine pelzige Zunge, ihr Hals brannte seit der Ankunft in Chicago. Mittlerweile ließ es sich kaum noch ignorieren. Irgendwann machte Dan den Fernseher an, CNN krähte durch den schmalen Raum, eine weitere Präsidentschaftswahl rückte näher, der *Obama 2008*-Sticker auf dem Auto der Großeltern wirkte völlig antiquiert, das war nur ein Jahr nach ihrer Geburt gewesen, der Wagen war mittlerweile alt, jedes Jahr wollten sie ihn ersetzen, einmal war Margarita sogar mit ihnen im Autohaus gewesen, aber dann hatte die Großmutter gesagt, sie würden eh bald sterben, wozu dann ein neues Auto. Wehe, sie würde jetzt sterben, ohne dass sie ein neues Auto gekauft hätten.

Marsha rief zurück. Durch den Lautsprecher klang ihre Stimme schrill, aufgebracht, Avi stand auf, Margarita hörte, wie er die Treppe hochlief, wie sich eine Tür schloss. Irgendwann stand sie ebenfalls auf und stromerte herum, Marsha weinte im

Hintergrund, Grandpa versuchte, sie zu beruhigen, überall standen Tchotchkes, Vasen von irgendwelchen Reisen, kleine Bilder von Marsha in schnörkeligen Bilderrahmen, an einer Wand Fotos von Margarita: als Baby, die Augen noch irgendwo zwischen braun und blau, bei ihrer Einschulung, bei ihrer Bat Mizwa. Sie hatte ein Jahr lang mit ihrem Vater die Haftara geübt, welche Verse man sagte, wenn man aufgerufen wurde, und am Ende hatten sie zusammen eine Predigt geschrieben, er auf Hebräisch, sie hatte übersetzt, im Sommer in Chicago hatte die Großmutter ihr ein Kleid gekauft, obwohl die Bat Mizwa erst im Winter war, und als sie es im Winter anzog, war es ein bisschen zu eng an den Brüsten geworden, und die ganze Feier lang hatte sie nur an ihre Brüste gedacht, außer, als sie abgeschirmt unter dem Tallit stand und mit Bonbons beworfen wurde, da hatte sie daran gedacht, dass sie jetzt scheinbar eine Frau war und das nicht glaubte, die drei krummen Schamhaare machten sie jedenfalls nicht dazu, und ihr Vater hatte sich zurückgehalten, denn er wollte wohl niemanden in den Schatten stellen, sicher nicht den Eindruck erwecken, er denke, er könne es besser als die Kantorin, die ganz anders sang als er, höher, als sänge sie zu einem anderen Gott, dachte Margarita damals, als sänge sie zu einer Göttin.

Margarita schreckte aus ihren Gedanken hoch, als es an der Tür klingelte. Ihre Mutter. Hatte sie nicht gerade noch aus dem Telefon geweint?

»I took a cab«, hörte Margarita sie sagen, und lautes Schluchzen.

Wie gelähmt stand Margarita vor den Fotos im Wohnzimmer. Sie fragte sich, wie es ihr ginge, wenn Marsha verunglücken würde, und spürte nichts. Den Gedanken, ihrem Vater könne einmal was passieren, schüttelte sie ab. Es waren noch drei Tage bis Rosch haSchana. Ob Grandma das neue Jahr erleben würde? Sie ging hoch in ihr Zimmer und googelte *Subduralhämatom.*

*50 % Letalität. Bei einer großen Anzahl der Patient*innen, die eine Hirnblutung überleben, kommt es zu langfristigen Folgeschäden.*

War es besser, dran schuld zu sein, dass die eigene Oma starb oder dass die Oma zu Gemüse wurde, so weich wie der Brokkoli aus dem Dampfgarer in ihrer Küche?

Sie zog das Buch, das Marsha ihr geschenkt hatte, aus dem Koffer, legte es zum Gedichtband auf dem Nachttisch, den ihre Großeltern dort zu Beginn des Sommers platziert hatten. Dann schlug sie es auf, um sich abzulenken.

Es klopfte, Marsha, zwei Gläser Rotwein in der Hand. Margarita war überrascht, eigentlich durfte man in Chicago doch erst mit einundzwanzig trinken. Ihre Mutter stellte die Gläser auf der Kommode neben der Tür ab und lehnte sich in den Rahmen. Erschöpft sah sie aus, aber trotzdem, ihre Mutter hatte eine störrische Schönheit, Margarita beneidete sie darum, um die klaren Züge ihres Gesichts.

»Sie ist jetzt schon im künstlichen Koma, sie lassen die Flüssigkeit ablaufen. Morgen wird sie operiert. Sie bohren ihr Löcher in den Schädel«, sagte Marsha erstickt.

Margarita nickte. Ihr Magen knurrte laut, vom Jetlag hatte sie permanent Hunger. Marsha bemerkte es entweder nicht oder ignorierte es. Sie sagte nichts weiter, nahm die Gläser und schloss die Tür hinter sich.

Margarita machte das Licht aus. Sie trug noch ihre Straßenklamotten, war vor Aufregung und Hunger hellwach, und ihre Augen flatterten so sehr, dass sie entschied, sie aufzulassen.

Von nebenan gedämpfte Stimmen. Avi, der auf Marsha einredete, doch sie konnte keine einzelnen Worte erkennen. Vielleicht ein *you can't blame her,* aber wahrscheinlich war es Wunschdenken, wahrscheinlich fehlte das t, ein Plosiv, wie Marsha ihr beigebracht hatte, und wenn ich ein Laut wäre, dann wäre ich ein Plosiv, dachte Margarita, aber keiner, der Bedeutung unterschied, sondern ein Zusatzplosiv, der alles zerhackte – die Worte und die Welt, die Menschen, sie selbst.

*

»You can't blame her«, sagte Avi leise. »I know you'd like to. Aber sie ist fünfzehn, und Marsha, es tut mir leid, aber du warst nie wirklich da, und sie hat sich offensichtlich nicht wohl gefühlt.«

»Keine Angst, ich weiß, dass ich keine gute Mutter bin, deswegen hab ich euch ja gelassen.«

»Du weißt, dass das Quatsch ist.«

»Du hast es selbst gesagt, Avi, einmal hat gereicht.«

»Wir hätten uns wirklich nicht wiedersehen sollen, oder? Es war doch eigentlich endlich gut so, wie es war.«

»Du weißt nicht, ob es für mich gut war. Ich bin damals nicht weggelaufen, weil ich dachte, dann werde ich glücklich. Sondern weil ich in Deutschland verzweifelt bin, und an dir. You drove me nuts.«

»Ich dachte, du wolltest, dass wir hinterherkommen. Ich dachte, ich hätte sie dir *weggenommen*.«

Marsha knetete die Hände. »Nicht jetzt, Avi.«

Sie hatte recht, nicht jetzt. Aber auch nicht nie. »Wie lang dauert die OP morgen?«, fragte er.

»Kommt drauf an, sagen sie. Mir ist schwindlig vor Hunger. In den Serien steht bei sowas alles still, niemand muss essen. But I'm starving.«

»Okay«, sagte er. Endlich etwas, das er tun konnte. »*Salonica* ist doch sicher offen?«

Sie nickte. »Schläft Margarita schon? Wie kann sie jetzt schlafen?«

»Wie gesagt: Sie ist fünfzehn.«

»Nicht mehr lange«, erwiderte Marsha, »na, schmeißt du ihr hier im Garten ein Sweet Sixteen?«

Ihr Geburtstag war in etwas über zwei Wochen, fünf Tage nach Jom Kippur, am 29. September. »Marsha«, sagte er so trocken wie möglich, »we'll be back home then.«

»Nicht jetzt, Avi«, sagte sie erneut und verließ den Raum.

Er schaute an die Wand über dem Schreibtisch, an der Urkunden hingen, Ehrendoktorwürden, ein gerahmter Brief, das ganze Haus war voll mit diesen gerahmten Dingen, unten hing eine Picasso-Skizze, daneben ein Bild, gemalt mit Wachsmalstiften, es zeigte Selma, daneben stand ATIRAGRAM in mühsamen Blockbuchstaben. Im Wohnzimmer über dem Kamin hing eine Ketuba aus dem 16. Jahrhundert, daneben ein Foto von Selma, Dan und Marsha, auf Marshas Kopf ein Absolventinnenhut. Auf dem Foto sah Marsha stolz aus. Und nun wirkte sie wie das Gegenteil von stolz, wirkte nur stolz im Sinne von unverletzlich, nicht im Sinne davon, sich etwas aufgebaut zu haben, nicht wie er, er war stolz auf seinen Beruf, auf sein Kind und sein Leben, so sehr es auch knirschte. Nein, Marsha schien unglücklich, nicht nur wegen ihrer Mutter, allgemein, hatte sie schon immer so unglücklich gewirkt, bereute sie etwa, dass sie gegangen war, oder bereute sie es, überhaupt da gewesen zu sein?

Er erinnerte sich an Streite, hinterher hatte er ihr immer gesagt, dass es normal war, sich zu streiten, gesund sogar, doch dieses Anschreien, sie hatte recht, war schlimm, sie waren hässlich und gemein zueinander, aber war das nicht menschlich, wenn man so müde war? Vielleicht war es ihr Verhängnis gewesen, dass Margarita nicht noch öfter aufgewacht war, egal wie laut sie stritten.

Marsha hatte diese Streite schlechter vertragen als er, immer einen Zacken schneller, gereizter, aber auch lustiger, doch in diesen Kämpfen bettelte sie ihn irgendwann an, ihr zu sagen, dass er sie liebte, bettelte um ein Ende, ihr Körper gierig nach Trost, sie holte Margarita aus ihrem Bettchen und zwang Avi, bei ihnen zu schlafen, nicht auf der Couch im Wohnzimmer, obwohl er Rückzug gebraucht hätte, und er hatte wachgelegen, Margarita beim Schnarchen zugehört und Marshas flachen Atem tiefer gesummt.

Man begriff immer erst, dass man Macht gehabt hatte, wenn sie einem verlorenging. Den meisten Menschen ging die Macht langsam verloren, Liebenden, Diktatoren. Avi war die Macht von einem Mal aufs andere entzogen worden, er hatte die Rufe und Drohungen nicht gehört, zu sehr davon überzeugt, eigentlich der Schwächere zu sein. Doch Marsha hatte ihm die Macht unter den Füßen weggezogen und war gegangen, und von da an war er tatsächlich der Schwächere, denn Margarita war ihm immer überlegen, er hätte alles für sie getan.

Er schlich zu Margaritas Zimmer, die Tür war angelehnt, das Licht war aus. Hatte sie etwa schon geschlafen? Er knipste die Lampe an. Margarita hatte das Laken bis über den Kopf gezogen. »Motek«, sagte er. Sie reagierte nicht. Er setzte sich an die Bettkante. Unter dem Laken schob sich eine kleine Hand hervor. Margarita selbst war groß, doch ihre Hände waren Kinderhände. Er nahm ihre Hand in seine. Eine Weile saß er so da und betete still – das erste Mal seit Tagen war es ein Gebet, nicht eine Aufreihung von Silben – den Kindersegen, obwohl sie Bat Mizwa war, betete für die Gesundheit ihrer Großmutter. Und betete, dass sie ihm würde verzeihen können.

Er dachte über dieses Jahr nach, wie jedes Jahr war der Elul zu gehetzt gewesen, um wirklich Cheschbon haNefesch zu machen, um ein Inventar des letzten Jahres anzulegen, seiner Taten, seines Guten, seines Schlechten und der Grauzonen dazwischen. Schon immer hatte ihn die Sehnsucht nach einem klaren Blick angetrieben, nach einer Brille, mit der die Umrisse des Lebens schärfer werden könnten, doch das Einzige, was wirklich klar war, eindeutig, waren die Töne, wenn er sang und sich dabei vergaß, an Jom Kippur, dieses ernst gemeinte Avinu Malkenu ließ alles andere wirken, als sei es nie passiert, geträumt, ein Spaß, und dann war es vorbei, ein neues Jahr fing an, und nichts war aufgeräumter.

Ihm fiel der gute Rat ein, den einer der Rabbinatsstudenten vom Kolleg ihm gegeben hatte, einer der wenigen, die er wirklich mochte, weil er nicht so überheblich war wie die anderen Studierenden, die dachten, sie wären kleine Götter, weil sie ausgerechnet in Deutschland Rabbiner wurden, während man sie in Israel und Amerika dafür nicht alle drei Wochen in die Zeitung gesetzt hätte. Dieser Rabbiner war ihm zum Freund geworden, sie hatten häufig gemeinsam ein Bier getrunken nach den Unterrichtsstunden, und über die Jahre hatte Benny gelernt, die richtigen Fragen zu stellen, und Avi hatte begonnen, sich etwas zu öffnen. Benny hatte ihm gesagt, dass man Cheschbon haNefesch machte, nicht um sich zu entschuldigen, nicht nur um zu sühnen, sondern um sich zu versöhnen, auch mit sich selbst.

»Motek«, sagte er, »hast du nicht auch furchtbaren Hunger?«

Margarita zog die Decke herunter. Ihr Blick war glasig, die Wangen knallrot. Er legte ihr die Hand auf die Stirn. Sicher nur so heiß, weil sie die ganze Zeit zugedeckt war.

»Ja, Hunger«, sagte sie.

Es war noch immer schwül draußen, als sie zu dritt die Blackstone Avenue hinunterliefen, Dan hatte schon in seinem blauen Schlafanzug im Bett ferngesehen. Margarita lief zwischen ihnen, ein paar Sprinkleranlagen liefen noch, auch hier war mittlerweile angekommen, dass tagsüber Gießen verschwenderisch war, hier, im bourgeoisen Hyde Park, keine Amerika-Flaggen in den Gärten, sondern Universitätsmerchandise. Es roch nach Blumen und warmem Asphalt, und kurz war er neidisch auf die Leute, die hier wohnten, die Familien, die gerade an antiken Esstischen

Brettspiele spielten, die die israelische Ruppigkeit nicht kannten oder die deutsche Kälte.

Margarita bestellte freiwillig Suppe. Er schaute sie verwirrt an, nicht mal Pommes dazu, nur Suppe, und ihre Wangen waren weiterhin glühend rot. Sie sagte, dass ihr kalt war. Das Restaurant war klimatisiert, aber nicht so, dass man frieren musste.

Marsha ignorierte Margarita. Sie wollte über ihre Mutter reden. Über ihre Angst. Sie sagte, sie habe den Arzt nochmal erreicht, sie hätten die Großmutter zurück auf die Intensivstation verlegt. Sie würde das Fellowship in Jerusalem absagen, sie müsse dann Geld zurückzahlen, aber sie habe die Wohnung in Chicago ja schon, die drei Monate ohne Einkommen, bevor die Professur losginge, würde sie schaffen.

Er fragte, was mit Rosch haSchana sei. Marsha schaute ihn mit offenem Mund an, während Margarita sich auf der Bank zusammenrollte.

»Seriously?«, fragte Marsha, »*daran* denkst du gerade?«

»Wir können gerade nicht viel machen«, sagte Avi, »es ist Rosch haSchana, und ich muss in die Synagoge, dein Vater sicher auch, er kann sicher einfach Bescheid sagen, dass ich mitkomme?«

»Du *musst*? Wer sagt das? Gott?«

»Marsha, es ist Rosch haSchana, ich sollte eigentlich in Berlin sein und dort vorbeten, das weißt du, und ich werde in eine Synagoge gehen.«

»Du musst mir nicht alles erklären. Wenn du noch einmal sagst, dass Rosch haSchana ist, drehe ich durch. Dann geh doch nach Berlin!«

Margarita bäumte sich auf. Sie sah aus, als wäre sie aus einem tiefen Schlaf erwacht. »Reißt euch zusammen. Ich gehe nach Hause«, lallte sie, stand auf, nahm ihr Handy vom Tisch und ging, bevor er etwas sagen konnte.

Er warf ein paar Scheine auf den Tisch, wollte gerade aufstehen und ihr folgen, doch Marsha hielt ihn zurück.

»Sie ist alt genug«, sagte sie, »let her go.«

»Don't tell me what to do«, sagte er. Blieb sitzen. »Ich leite seit Jahren die hohen Feiertage allein, und ich habe diesmal für euch abgesagt, obwohl ich weiß, dass die Hälfte der Leute nur wegen mir da auftaucht.«

»Du hättest nicht mitkommen müssen.«

»Margarita wollte es. Sie ist dir weggelaufen, Marsha, ohne mich wäre sie zurück nach Berlin geflogen.«

»Vielleicht hätte sie das tun sollen.«

»Sie gibt sich so Mühe, merkst du das nicht? Außerdem hab ich den Eindruck, sie wird krank, ich will gucken, wie es ihr geht, ich glaube, sie hat Fieber.«

»Du Über-Papa. Tzaddik.«

Er holte Luft, um etwas zu antworten, aber dann fiel ihm Marshas Situation wieder ein, ihre Angst um die Mutter, und er bekam ein schlechtes Gewissen.

Sie traten hinaus in die feuchte Luft. Er hörte entfernte Sirenen. Kurz war er sich nicht sicher, ob sie in seinem Kopf heulten oder einige Straßen weiter. Alle zwanzig Meter stand eine Campus-Notfall-Säule, mit der sofort die *University of Chicago Police* gerufen werden konnte. Sie erinnerten ihn daran, dass Margarita allein nach Hause gegangen war, und er wurde automatisch schneller. Als sie das kühle Haus betraten, war schon alles dunkel.

»Ich schlafe im Keller auf der Couch«, sagte Marsha, »falls das Krankenhaus anruft. Mein Vater hört das Telefon nicht, wenn die Hörgeräte draußen sind.« Es wirkte, als wäre sie wütend, dass Dan ohne Hörgeräte schlief. Dass er überhaupt schlief.

Er überlegte, wie Marsha wohl erfahren hatte, dass seine Eltern gestorben waren. Und warum sie nicht einmal eine Mail geschickt hatte. Oder hatte er vergessen, im Spam-Ordner zu schauen?

Margarita drehte sich weg, als er in ihr Zimmer kam. »Tut mir leid«, flüsterte sie, und er fragte, »was, Motek, brauchst du etwas, fehlt dir was.« Aber sie murmelte nur: »Tut mir leid, ich wollte nicht krank werden.«

»Selbstmitleid ist auch eine Krankheit, Nudnik. Was hast du?«

Sie deutete auf ihren Hals. »Es tut weh.«

»Kannst du dich mal hinsetzen, darf ich mal reinschauen?«

»Ich will schlafen.«

»Nur kurz.«

Sie setzte sich auf. Es roch nach Teenagerschweiß, doch sie beschwerte sich erneut, dass ihr kalt war. Er drehte die Klimaanlage ab. Ihre Mundhöhle sah aus, als wäre sie mit Penatencreme beschmiert, die Zunge, die Mandeln, sogar das Innere der Lippe.

»Scheiße«, sagte er. Sowas hatte er noch nie gesehen, obwohl er eigentlich alles gesehen hatte, Aphten, Hand-Fuß-Mund oder wie die eklige Kinderkrankheit hieß, Scharlach, Streptokokken. »Motek, wir müssen zum Arzt.«

»Nicht jetzt«, sagte sie, »lass mich jetzt.«

Er holte ihr Wasser, Schmerztabletten, eine weitere Decke. Zurück auf seiner unbequemen Couch googelte er, bis er zu müde wurde. Irgendetwas musste entzündet sein. Er fragte sich, ob er sich anstecken konnte, die ewige Sorge um seine Stimmbänder, bei jeder Erkältung, die Margarita aus der Schule mitbrachte. Wäre er in Berlin, würde er gerade wie ein Irrer putzen und einkaufen, ein Festmahl für Rosch haSchana vorbereiten und die Stimme trainieren, die Aufnahmen all seiner Lieblingskantoren anhören, von Nachama bis Sirota. Ja, vielleicht sollte er doch bald eine CD produzieren lassen, ein bisschen Ewigkeit konnte ja nicht schaden, aber erst mal musste er sich um Margarita kümmern. Schon immer hatte sie mit Krankheit auf Ängste und Verstörungen reagiert. Umso schlimmer jetzt, da es um die Großmutter ging, die sie, das wusste er, so liebte. Die man lieben musste, wenn man sie kannte, die laute Selma, die selber liebte wie keine Zweite.

*

Mandelentzündung und Zungenpilz, sagte die Ärztin, sie hatten Margarita einfach mit ins Krankenhaus geschleppt, nachdem es am nächsten Tag schlimmer und schlimmer geworden war und sie die zweite Nacht in Folge hohes Fieber gehabt hatte, und jemanden überredet, eine Ärztin zu holen, die sich ihren Hals anschaute und ihr ein Antibiotikum verschrieb.

Super. Sie hatte also Scheidenpilz im Mund, ihre Oma war halb tot, weil ihr eine Ofenform auf den Kopf gefallen war, und sie war schuld, und ihre Mutter war völlig außer sich, weil sie am Abend vorher mit Margaritas Löffel die Reste ihrer Brühe gelöffelt hatte und jetzt Angst hatte, dass sie auch Mund-Scheidenpilz bekam, und Margaritas Mundgeruch unter der Maske war unerträglich, und jedes Mal, wenn sie schlucken musste, wollte sie aufschreien vor Schmerz.

Aber immerhin war die Operation gut gelaufen, sagte der Arzt, sie würden die Großmutter in den nächsten Tagen wecken, bis jetzt sei sie weiter im künstlichen Koma. Margarita hoffte, sie würden sie schnell wach machen, dann könnte sie endlich fragen, ob sie ihrem Vater die Geschichte mit der Adoption erzählen sollte, und nach Hause fahren, bevor sie noch mehr Unterricht verpasste.

Dr. Johnston erklärte ihnen, was passiert war: Eine Gehirnerschütterung war eigentlich nicht lebensbedrohlich, doch die Großmutter hatte Diabetes, Margarita wusste das, deswegen ging sie immer mit ihrem eigenen Knäckebrot in der Handtasche ins Restaurant, deswegen waren die Pancakes immer aus Vollkornmehl, und Diabetes war *gefäßschädigend.* Beim ersten MRT habe man noch nichts feststellen können, erst beim zweiten MRT habe man das Hämatom entdeckt. Bis jetzt konnten sie nicht sagen, ob es ein akutes Hämatom war oder ein chronisches. Das chronische wäre die glücklichere Variante, denn ein akutes sei meistens tödlich. Das chronische könne man gut behandeln, es sickere nur langsam Blut durch, und da die Ofenform-Sache nun eine Woche zurücklag, stünden die Chancen dafür hoch.

Avi erklärte Margarita auf Hebräisch, dass chronisch nicht automatisch *für immer* hieß. Dabei hatte er es offensichtlich gerade erst gelernt.

Doctor Johnston sagte: »The dura mater, the most outward meninges«, Margarita wusste, was die Meninges war, sie hatte eine 1+ bekommen, als sie das Gehirn in der letzten Bio-Klassenarbeit beschriften musste, die Hirnhaut, »and the arachnoidea«, das war die mittlere Hirnhaut, die aussah wie Spinnennetze, die Spinnenhaut quasi, nicht zu verwechseln mit *Arachnophobia*, der Spinnenphobie, die Margarita seit dem Biss im Garten hatte, »die beiden Schichten der Hirnhaut sind voller Gefäße. Und wenn in einer dieser Schichten etwas reißt, oder in beiden, zum Beispiel, weil etwas auf den Kopf fällt, kann Blut ins Gehirn sickern. Aber die Operation ist gut verlaufen, wir haben den Bluterguss entfernt, allerdings besteht wegen der Diabetes die Gefahr, dass nochmal Blut durchsickert. Wir wissen erst, wie groß der Schaden ist, wenn sie aufwacht.«

Dan rief: »Können wir noch eine zweite Meinung einholen? Gibt es hier noch kompetentere Leute? This is my wife, I am a professor at this university!« Er warf die Arme in die Luft. Marsha streichelte seine Schulter. Es war wie im Film, nur dass in Filmen meistens niemand Mund-Scheidenpilz hatte.

Dr. Johnston sagte: »Wie Sie ja wissen, Miss Markovitz,

könnte ihr Sprachzentrum davon beschädigt worden sein. Ihr Bewegungsapparat und ihr Gedächtnis natürlich auch.«

»Could she die?«, fragte Marsha.

»Potentially«, sagte Dr. Johnston, schickte sie nach Hause, und nachmittags rief Margarita Anna an, sie schien weiter entfernt als sonst. Das Heimweh, das sie den ganzen Sommer befallen hatte, fühlte sich nun an wie eine göttliche Strafe, der Pilz in ihrem Mund, als wäre er aus dem traurigen Gefühl in der Magengrube hochgewuchert. Oder vielleicht schimmelte ihr das Herz bis in den Mund?

Sie legte sich zurück ins Bett und schlief. Sie merkte ihr Fieber, träumte, dass sie fiel, immer tiefer, aber vor dem Aufprall schreckte sie auf, dann träumte sie, dass sie zählte, zählen musste, bis hunderttausend, kam nie weit, fuhr immer wieder hoch.

Als sie aufwachte, saß Marsha auf der anderen Seite des Bettes, saß einfach da, Margarita wusste nicht, wie lange schon. Sie flüsterte: »Creepy.«

Marsha lächelte ihr kühles Lächeln. »Hi.«

»Es tut mir leid. Ich wollte nicht krank werden.«

»Bist du dir da sicher?«

Margarita wurde wieder schwer, schwer und müde. Sie schloss die Augen.

»War ein Witz, Rita.«

»Ich hab's verdient.«

»Was? Den Witz?«

»Nein, das Krankwerden.«

»Nein, Rita, hast du nicht.«

»Was ist, wenn Grandma stirbt?«

»Sie ist nicht gestorben. Sie hat es anscheinend gut überstanden.«

»Das wissen wir noch nicht.«

»Aber wir können es hoffen.«

Margarita fühlte, wie der Schlaf an ihr zog. Wie er sie lockte.

»Möchtest du Eis? Suppe?«

»Warum bist du hier?«

»Um nach dir zu schauen.«

»Wo ist Aba?« Margarita machte die Augen auf.

»Er ist hier. Wieso?«

Sie wusste nicht, was sie sagen sollte. Weil er sich kümmern sollte. Weil nur er es konnte. Weil sie es nicht verdient hatte, dass Marsha sich kümmerte und Aba Besseres zu tun hatte. »Das ist bestimmt meine Strafe«, sagte Margarita.

»Dass ich mich kümmere?«

»Die Mandelentzündung.«

»Margarita, hör auf mit dem Quatsch.«

Margarita floss eine Träne über das Gesicht, das Schlucken tat so weh, ihr Mund war so roh.

»There is no such thing as poetic justice«, sagte Marsha, »and, my darling, that is the cruelest and the kindest thing about our lives.« Dann ging sie.

Margarita träumte weiter, sie träumte von Fliegenpilzen, die sich in ihr vermehrten, sie träumte von Honig, der ihr in die Kehle floss, der Honig schmeckte schal, schal wie das Sperma von Nico. Jemand in ihrem Traum sprach Kaddisch, plötzlich war das Kaddisch aus schwarzer Milch, *Schwarze Milch der Frühe wir trinken dich nachts*, sie griff sich ins blonde Haar, sie war Margarete, doch das Haar wurde dunkel, sie war Sulamith, und es wurde wieder Nacht, Margarita träumte von Eiscreme, kühles, kurzes Glück, dann abgeschnittene Beine, Arme, die Stahlkappe eines Stiefels, dann ein Knochen, beim Begutachten des Körpers der eigene, Margarita war ein Skelett, und in ihren skelettenen Händen hielt sie ihre Rippe, aus der sie eine Mutter formen sollte. Etwas qualmte, waren das die Schornsteine, jemand machte sich einen Bagel, es roch nach verbranntem Sesam, Margarita setzte sich auf, keuchend, ihr war heiß, sie band das Haar zu einem Zopf, wimmerte nach ihrem Aba, bis er kam, er brachte Wasser, brachte Aspirin, brachte ein frisches Laken, brachte sich, Margarita schloss die Augen, fragte sich, ob er die Rippe war, die Nacht schluckte sie nicht mehr, sie empfing sie sanft, ein Licht war noch an, es blieb an, machte ihre Träume heller.

*

Als sie die Rasseln auspackten, konnte er sich das Lachen endgültig nicht mehr verkneifen. Der Gebetsraum erinnerte ihn an eine Garage, der Rabbiner wirkte, als würde er einen Rabbiner parodieren, und es gab keinen Chasan, der Rabbi selbst betete vor, unterstützt von einem Chor, in dem Gitarre gespielt und nun auch gerasselt wurde, die restlichen Anwesenden unterhielten sich in Zimmerlautstärke. Der gesamte Gottesdienst wurde auf YouTube übertragen, und der Rabbiner betete mehr in die Kamera als zu den Menschen, die ihm gegenübersaßen.

Avi beobachtete das Spiel zunehmend fassungslos. Ja, er hatte immer gedacht, es sei in den USA mindestens so normal, Jude zu sein, wie in Israel, aber anscheinend war es noch viel normaler, es war so normal, dass es banal wurde und assimiliert. Und eines konnte man den Israelis nicht vorwerfen: dass sie assimiliert waren. Denn es gab nichts, an das man sich assimilieren musste.

Er öffnete den Mund nur, um Amen zu sagen. Regte sich auf, dass der Vorbeter die Passagen übersprang, die man sprechen sollte, wenn Rosch haSchana auf Schabbat fiel, las sie zusätzlich, hektisch. Und dennoch: Als würde sich das Jahr 5783 noch einmal aufbäumen, an diesem vorletzten Tag des Elul, als würde es ihm die Wirbelsäule geraderücken und eine neue Kammer in der Lunge aufmachen, atmete er tief ein, tiefer und tiefer, und stieße er die Luft aus, würden schallende Klänge aus ihm fliehen.

Er war lange nicht mehr Gast gewesen an einem hohen Feiertag, es war schwierig, nicht mitzusingen, um nicht den armen Chicagoer Rebbe zu übertönen, der eher jodelnd durch das Morgengebet stolperte. Er wusste, würde er singen, würden sich alle zu ihm umdrehen, und deshalb verbarg er sich unter dem Tallit, trug ihn als Kapuze über dem Kopf und betete, so gut es ging, versuchte, kein Heimweh zu haben.

Er blieb nicht mal für Äpfel und Honig, lief den Hyde Park Boulevard hinunter in die Blackstone Avenue, nahm die Kippa aus Gewohnheit ab, dabei hatte er sie eigentlich die ganze Zeit getragen, bevor er in die Synagoge gegangen war.

Nichts fühlte sich heilig an heute, nichts rein oder klar, und obwohl er das auch in Berlin immer dachte, gab es dort helle Neujahrsmomente, hier kam ihm alles unzeremoniell und künstlich vor. Vielleicht war es, weil er so müde war. Während um ihn herum die Autos hupten, Menschen ihre Einkäufe erledigten, dachte er an die Müdigkeit seines ersten Jom Kippur ohne Marsha in Hannover, das erste Jom Kippur in einem Danach, von dem er damals noch nicht gewusst hatte, dass es ein Danach war. Er war kopflos gewesen damals, strapaziert, dachte nur daran, wie er möglichst schnell alles heile machen konnte, die Bruchstücke ihres Lebens wie aus Sicherheitsglas, beinahe unmöglich, sich an ihnen zu schneiden. Und auch er war stumpf. Benebelt.

Diese Müdigkeit aus Margaritas früher Kindheit war wie ein permanenter Kater gewesen, nur auszuhalten, weil er und Marsha im Wechsel auf dem Sofa geschlafen hatten, damit jeder mal eine Nacht Pause bekam, aber dann gab es seit drei Wochen keine Pausen mehr, Marsha war weg, es gab nur glückliche Zufallsnächte, in denen Margarita durchschlief, zwischen Fiebernächten, Zahnnächten, Durstnächten, Angstnächten, Kotz- und Durchfallnächten, Schreinächten. Es war nur eine Frage der Zeit, sagte er sich, bis Marsha wiederkam, sie würde es nicht aushalten, an Margaritas Geburtstag nicht bei ihr zu sein, aber ihr Geburtstag kam, und Marsha war nicht aufgetaucht.

Margarita hatte Deutsch mit ihm gesprochen, damals, etwas Englisch, nie Hebräisch, außer *Aba* und den Namen für die Tiere, die in ihrem Lieblingsbuch standen, *kof*, Affe, *hipopotam*, Nilpferd, Tiere, die sie noch nie in echt gesehen hatte, denn in Hannover gingen sie nicht in den Zoo. In Hannover wusste er noch nicht, dass es leichtere Tage geben würde, in Hannover war das schwerste Kol Nidre von allen, seine Stimme die einzige im Raum, in Israel schlug man auf die Bänke und sich selbst auf die Brust, den wirklichen Ernst sparte man sich für das Gedenken an die Toten, für Jiskor und Jom haSchoa.

In Deutschland war es bitterernst, jedes Kol Nidre eines nach dem Holocaust, die ganze Gemeinde trug Weiß, nicht nur er, nein, überall weiße Hemden, weiße Kippot, weiße Turnschuhe, es war, als bräuchte man kein Licht, als reichten sie, die Engel. Er bat Gott, ihm zu verzeihen, ihn nicht zu verlassen, weil er bereits verlassen worden war, er bat Gott, Marsha zu ihm zurückzuschicken, und während er betete, bekam er eine E-Mail, in der E-Mail stand *kommt, what are you waiting for*, und er brachte Margarita in die Kita und sich selbst in Sicherheit, sich selbst in ein neues Gebet, das ihn seitdem immer begleitete, das Gebet, er möge funktionieren.

An Stelle seiner Stimme saß tiefe Traurigkeit in seiner Brust, eine Verheerung, die ihn nie wirklich verlassen würde, und er hatte das schon damals gewusst, als er Viddui sagte, mit der Teschuwa begann, er wusste, alles davon war wahr: *Aschamnu*, wir haben gesündigt, ein Schlag auf die Brust, *bagadnu*, er hatte die Treue gebrochen, denn Marsha hatte ihm vertraut, ein Leben für sie beide einzurichten, das auch ihres war, und er hatte versagt, er spürte das schwarze Loch in sich, *gasalnu*, Unrecht getan, *dibarnu dofi*, böse geredet, *heevinu*, den Weg des Rechts verlassen, *v'hirschanu*, zur Sünde verleitet, er dachte an den Sex mit Marsha, das Dunkle darin, und das Loch wurde größer, er fühlte sich, als würde er ins Leere schlagen, *zadnu*, in Übermut gehandelt, dachte an die Bewerbung in Berlin, die er heimlich abgeschickt hatte, weil er hoffte, es wäre eine schöne Überraschung, *chamsnu*, Gewalt geübt, *tafalnu scheker*, sich durch Lüge entwürdigt, *jaatznu ra*, Böses geplant, *kitzavnu*, falsche Rede geführt, *latznu*, gespottet, *maradnu*, gemurrt, er dachte an das viele Murren, wenn sie beide, Langschläfer, für Margarita früh aufstehen mussten, wenn sie bloß zurückkommen würde, würde er nie mehr murren, *niatznu*, gelästert, *sararnu*, das Gute verschmäht, der Rabbiner schaute schief, so stark hieb er sich auf die Brust, dass die Stimme vibrierte, er hatte das Gute verschmäht, das war das Schlimmste, *avinu*, schwer vergangen, *paschanu*, tief verschuldet, *tzararnu*, gehasst, er dachte an Marshas Hass auf die Deutschen und seinen Hass auf diesen Hass, *kischinu oref*, er war verstockt, *raschanu*, hatte gefrevelt, *schichatnu*, hatte zerstört, mehr eine Frage als eine Sünde – was hatte er zerstört? –, das Fasten wäre in diesem Jahr nicht schwierig, denn er hatte ohnehin keinen Hunger mehr, *tiavnu*, Unwürdiges verübt, er musste beinahe lachen, sein weißer Umhang, er sollte schwarz sein, schwarz wie das Loch, wie der heiße Teer, den die Teschuwa hineingoss, *tainu*, geirrt, *titanu*, in die Irre geführt, vorsätzlich, und es war Sünde, und es war Scham, und es war die Hoffnung auf Slicha, die Antwort auf Viddui, zu jedem Geständnis gehörte Verzeihung, göttliche Vergebung.

Als er klingelte, öffnete ihm niemand die Tür, aber die Terrassentür war offen, also ging er durch den Garten ins Haus und fand Margarita schlafend im Bett, während der Fernseher plärrte.

Das Antibiotikum schien nicht zu wirken, außer dass es ihr den Appetit genommen hatte, nur Cola trank sie bereitwillig, sie bat ihn, seine kühle Hand auf ihrer Stirn zu lassen, und er würde Marsha nie nicht verzeihen können, denn sie hatte ihm Margarita gegeben, störrische, kluge Margarita, die ihm auch mit Fieber noch *Schana tova u metuka* wünschte, die fragte, wie es war, und fragte, wie es ihm ging, in ihrem kurzen Wach, und wie immer, wenn sie ihn fragte, antwortete er ehrlich: »Beseder, Motek, jesch li Heimweh.«

*

Nach diesen zähen Tagen flog die Zeit nun, als würde mit dem neuen Jahr die Erde in einem neuen Tempo rotieren, und jedes Mal, wenn Margarita die Augen schloss, war es plötzlich zwei Stunden später. Es kam ihr vor, als wäre alles in ihrem Körper entzündet, wegen der Schmerzmittel krampfte ihr Magen, sie bekam Tabletten dagegen, und vom Antibiotikum wurde der Zungenpilz schlimmer, wegen der Creme dagegen durfte sie aber nicht viel trinken, weshalb es brannte, wenn sie pinkeln musste, weshalb Aba ihr Tabletten gegen den Pilz und ein weiteres Antibiotikum bei *Walgreens* besorgte, und noch dazu blutete sie wieder. Dunkles, klumpiges Blut.

Zwischen den kurzen Stunden gab es Minuten, die wie im Zeitraffer vergingen, in denen ihre Eltern ins Zimmer traten und mit ihr reden wollten, ihr Vater wollte sich über die Synagoge beschweren, ihre Mutter musste *Dinge organisieren*, im Krankenhaus anrufen, an einem Tag räumte sie die Küche um und kaufte einen Hocker, über den Dan beinahe stolperte.

Margarita hatte sie gefragt, ob der Großmutter ein jüdisches Begräbnis zustünde, wenn sie irgendwann starb, sie hatte sogar *irgendwann* gesagt, und Marsha sagte wütend, »I want to take it back«, Margarita wusste, sie meinte das Geheimnis, aber sicher auch, dass sie sie überhaupt nach Israel eingeladen hatte, also sagte sie: »Ich auch«, und Marsha zuckte die Schultern, über ihre

Augen legte sich wieder diese Schicht dünnes Eis, und sie zog die Tür hinter sich zu.

Margarita fragte sich, ob das Eis manchmal schmolz, wenn Marsha alleine war, oder ob es dicker wurde und dicker, ob es einen Permafrost in Marsha gab und ob bitte auch sie einen haben könnte, denn alles, wirklich alles, brachte ihr Eis zum Schmelzen. Sie dachte an das schmelzende Eis der Erde und fragte sich, wie ihr der Klimawandel in den letzten Wochen so egal werden konnte.

*

Es waren sieben Tage bis Jom Kippur, das war sein *zwischen den Jahren*, von dem die Deutschen immer so schwärmten, auch hier, in Chicago, stand alles still, fiel kein Schnee, nur feiner Regen aus der Sprinkleranlage auf den Rasen im Vorgarten. Margarita schien es besser zu gehen, und er würde Flüge buchen, er würde nicht wieder allein in das Kasperletheater am Hyde Park Boulevard gehen. Nie hätte er gedacht, dass er sich nach einem deutschen Jom Kippur sehnen würde.

In diesem *zwischen den Jahren*, das eigentlich ein *zwischen den Tagen* war, betete man anders: nicht nur über sich richtend, wie im Rest des Jahres, sondern man büßte. An diesen Tagen der Umkehr büßte Avi für seine Unzufriedenheit, für seine Traurigkeit, er betete sein Nachmittagsgebet, betete: für all dies werde Dein Name gelobt und erhöht, unser König, beständig immer und ewig, und schreibe alle, die Deinem Bund angehören, zu gutem Leben ein. Er betete, Adonai, Haschem, Hamelech möge sie in das Buch des Lebens einschreiben, Margarita, Selma und ihn, zunächst ließ er Marsha aus, dann fügte er sie hinzu und betete, Adonai, Haschem, Hamelech möge ihm vergeben, würde erkennen, dass er alles tat, was er konnte, und noch mehr tun würde, um ins Buch des Lebens eingeschrieben zu werden, obwohl er schlechte Gefühle hegte. Und er betete, Elohai, Ewiger, bewahre meine Zunge vor Bösem und meine Lippen vor trügerischer Rede, er betete für sein verwundetes Ego und für die verwundete Welt.

*

Avi hatte für sie alle gekocht, am letzten Abend von Rosch haSchana, und er hatte Margarita gebeten, sich zu ihnen zu setzen, also schälte sie sich aus dem Bett, hörte dem vertrauten Kiddusch zu, bei dem ihr Großvater mitstotterte, als hinge seine Männlichkeit plötzlich davon ab, dass auch er Kiddusch machen konnte, obwohl Dan im Gegensatz zu Avi sogar Aramäisch verstand.

Marsha wirkte etwas entspannter. Sie dachte sogar daran, Margarita zu fragen, wie es ihrem Mund mittlerweile ging, und als Margarita sagte, sie könne ja mal reinschauen, wenn sie sich traue, rief Avi »tu's nicht, tu's nicht«, und Marsha grinste. Kurz war alles gelöst, Grandpa pupste gedankenverloren, und Margarita und Marsha kringelten sich vor Lachen, während Avi sie ausschimpfte.

Als sie aufwachte, am Morgen danach, tat das Schlucken kaum noch weh, und Fieber hatte sie auch nicht mehr. Sie fand es beinahe ärgerlich, es bedeutete, dass sie aufstehen musste, sich anziehen.

Die Großmutter war immer noch im Koma, und Anna wurde langsam ungeduldig. Gestern am Telefon hatte sie gesagt, es sei alles scheiße ohne Margarita, und Margarita hatte sich den ganzen Tag gefreut.

Marshas Stimme hallte durchs Haus, sie hatte ein Zoom-Meeting nach dem anderen, in dem sie die *aktuelle Situation* erläuterte. Zwischendurch versuchte sie unbeholfen, sich um Dan zu kümmern, aber Avi hatte das Ruder übernommen, er kochte und passte auf. Grandpa saß stundenlang vor dem Fernseher oder las die *New York Times*. Margarita vermutete, dass es ihm egal war, wer überhaupt um ihn herum war. Immer wenn er Margarita sah, sagte er nur, dass er Selma vermisse.

Margarita schminkte sich fürs Mittagessen, und Marsha fragte, ob sie nicht mit nach Downtown kommen wolle, ein bisschen auf andere Gedanken kommen, bevor sie die Großmutter besuchten, ihre Wohnung anschauen, »check out a bookstore«. Avi wurde nicht eingeladen.

Sie fuhren mit dem Auto die große Kurve am See entlang, die Skyline rückte näher, und der Beifahrersitz kam Margarita vertraut vor, auch das Profil ihrer Mutter vor dem Seitenfenster, und sie fragte sich, ob sie Marsha vermissen würde.

Der Buchladen hatte zu, also fuhren sie zu Marshas Wohnung. Im Gebäude gab es ein Parkhaus und einen Portier. Es war vierundvierzig Stockwerke hoch, auf dem Dach ein Pool. Marsha fluchte. Sie hatte vergessen, Margarita zu sagen, dass sie ihren Badeanzug mitnehmen sollte. Margarita sagte ihr dreimal, dass es kein Problem sei, doch noch im Fahrstuhl beschloss ihre Mutter, dass sie sich einen von ihr leihen sollte. Sie öffnete die Tür zur Wohnung im dreißigsten Stock. Es war kalt, auf dem Boden lagen Malerunterlagen. Überall in der Wohnküche standen Kisten. Marsha schob Margarita an den Schultern zum Fenster. »Wenn man gute Augen hat, sieht man das Riesenrad.«

Margarita hatte gute Augen.

»Ich warte noch auf das neue Bett und die Matratze. Im Moment schlafe ich auf der Couch.« Marsha lief in eins der beiden Zimmer, die von der Wohnküche abgingen. Die Wohnung war nicht klein, aber kompakt, die Zimmer beinahe quadratisch, bei weitem nicht so geräumig wie das Haus der Großeltern, sie wirkte irgendwie versiegelt, die Fenster sahen nicht aus, als könne man sie öffnen, und wenn man hinunterschaute, konnte man die Gesichter der Menschen, die auf der Walton Street flanierten, nicht mehr erkennen.

Margarita hörte, wie Marsha schimpfte. Sie stellte sich in den Türrahmen und sah ihrer Mutter dabei zu, wie sie sich durch Kisten mit Anziehsachen wühlte. »It has to be here somewhere«, sagte Marsha, wühlte weiter, Kiste nach Kiste, warf die Klamotten auf den Boden.

»Ist schon okay«, sagte Margarita, »ich sollte wahrscheinlich eh noch nicht schwimmen.«

Marsha schaute sie kurz an und suchte dann weiter. Sie gab ein frustriertes, kehliges Quieken von sich.

»Ist doch nicht schlimm«, sagte Margarita.

»Ich krieg nichts hin. Nichts. Nichts.«

»So ein Quatsch. Ich glaube, ich würde eh nicht in deinen Badeanzug passen.«

»Ich will ihn doch nur finden. Wofür besitzt man drei Badeanzüge, wenn sie alle verschwinden?«

Sie hörte nicht auf zu wühlen, also schaute Margarita in das andere Zimmer. Es war komplett leer, nur zwei Kisten standen in einer Ecke. Aus dem Fenster sah man die ganze Straße hinunter, Autos wie Spielzeug.

Marsha nebenan schien noch mehr auszurasten. Am liebsten hätte Margarita wieder Sprachnachrichten an Anna geschickt, doch sie hatte Angst vor ihrer Mutter, die ungestüm wirkte und unkontrolliert. Und, paradoxerweise, Avi ähnlich wie nie zuvor, denn Avi verlor nur die Beherrschung, wenn er Dinge nicht finden konnte, einmal hatte er so fest gegen die Glasscheibe in der Badezimmertür gehauen, dass sie zerbrochen war. Aber er durfte das. Marsha durfte es nicht, sie ging Margarita auf die Nerven mit ihrem Theater. »Get your shit together«, sagte sie, zuerst zaghaft, dann nochmal, deutlicher, »get your shit together.« Es kostete sie all ihren Mut.

»Ich habe jetzt keine Kraft für Streit«, sagte Marsha, »ich wollte dir nur einen Gefallen tun.«

»Ich will aber gar nicht schwimmen, merkst du das denn nicht? Warum hört mir niemand je zu?« Sie fragte sich, warum sie nicht ein Mal etwas mit Marsha unternehmen konnte, ohne dass etwas eskalierte oder jemand die Stimme hob.

Marsha rieb sich die Augen. »Fuck«, flüsterte sie, »fuck, fuck.« Sie stützte sich auf einem der Kartons ab, der nachgab, und fiel mit dem Ellenbogen voraus in den Karton hinein.

Margarita musste lachen, obwohl die ganze Situation sie überforderte und sie beinahe körperlich die Gesellschaft von Menschen vermisste, die nicht Erwachsene waren.

»Ich wollte, dass es anders läuft«, sagte Marsha, »ich will immer, dass es anders läuft, es klappt nie, und ich wollte dich eigentlich was fragen, aber wahrscheinlich hat sich das jetzt erledigt.«

»Was denn?«, fragte Margarita.

»Die Wohnung ist schön, oder?«

Margarita runzelte die Stirn. »Das wolltest du mich fragen?«

Marsha nickte.

»Ja, die Wohnung ist schön«, sagte Margarita verwirrt.

»Okay«, sagte Marsha.

»Können wir jetzt gehen?«

»Wohin denn?«

»Ins Krankenhaus?«

»Ich dachte, wir nutzen noch ein bisschen die Zeit zu zweit.«

»Was willst du denn machen?«

»Magst du Cupcakes?«

Der Nachmittag wurde immer anstrengender. Margarita wollte einfach nur zurück in ihr Zimmer. »I guess«, sagte sie.

Sie kauften die Törtchen in einem sterilen Laden namens

Sprinkles. Um sie herum waren lauter Frauen in Yoga-Klamotten, die nicht aussahen, als würden sie die Törtchen auch essen. Im Laden gab es keine Sitzmöglichkeit, und draußen war es unerträglich heiß, also fuhren sie mit dem Fahrstuhl zurück in die Wohnung und setzten sich auf den Boden.

Margarita schaute immer wieder nervös auf ihr Handy. Sie war beinahe erleichtert, als Marshas Telefon klingelte, scrollte durch ihren Instagram-Feed und las im Klassenchat nach, welche Aufgaben sie abends würde bearbeiten müssen. Langsam bekam sie wirklich Angst, nicht mehr hinterherzukommen.

»Sorry«, sagte Marsha, »es war die Universität in Jerusalem. Sie sind böse auf mich.«

»Oh.«

»Everything's falling apart.«

Sie wusste nicht, was sie dazu sagen sollte. Sie hatte sich mittlerweile so oft entschuldigt, dass sie keine Lust mehr darauf hatte. Und irgendwo, tief unten, fand sie es unangemessen, wie viel ihre Mutter sich bei ihr beschwerte, auch wenn sie wusste, dass Marsha sie einfach ernst nehmen wollte, ihr erwachsene Dinge zumuten. Im Gegensatz zu Avi.

Margarita schaute aus dem Fenster. Sie fragte sich, wie man hier wohl die Fenster putzte. Fragte laut, um die Stille zu überbrücken.

Marsha sah sie an. »Wanna find out?«, fragte sie.

»Was meinst du?«

Marsha war still. Dann sagte sie: »Whatever.«

»Was soll das?«

»Wir müssen gleich los. Sonst verpassen wir die Besuchszeit.« Marsha blickte an Margarita vorbei in das zweite, leere Zimmer. »Ich kann auch anders sein«, flüsterte sie, und dann, lauter: »Ich mag mein Leben. Ich mag meine Arbeit, und ich bereue nicht, dass ich Deutschland verlassen hab. Aber ich hab dich vermisst, so sehr vermisst, als hätte mir jemand ein Bein ausgerissen. Aber hätte man mir mein Bein zurückgegeben, hätte ich es gegen einen Arm tauschen müssen. Und erst jetzt habe ich das Gefühl, ich kann etwas Ganzes sein.«

»Nein«, sagte Margarita.

»Willst du mich nicht ausreden lassen?«

»Nein«, sagte sie, »das würde ich ihm nie antun.«

»Er würde es verkraften. Du könntest auf die Lab School gehen, es fährt ein Schulbus hier. Oder du könntest selber fahren, du könntest deinen Führerschein machen, wir würden dir ein Auto kaufen. Du könntest ihn besuchen. Sobald ich mein Gehalt bekomme, geht es mir mehr als gut.«

»No«, sagte Margarita wieder, »wir müssen jetzt los.« Sie stand auf.

»Margarita. Bitte.« Marsha schaute zu ihr hoch.

Margarita fühlte sich krank. Nicht im Körper, sondern im Kopf. Krank und kaputt. »Du kannst nach Berlin kommen«, sagte sie, »aber ich ziehe nicht zu dir. Das geht nicht. Musst du nicht zurück nach Jerusalem? Hast du Aba überhaupt gefragt?«

»Nein«, sagte Marsha, »ich wollte es erst mit dir besprechen. Und das Fellowship habe ich wegen Grandma abgesagt.«

»Das wäre Entführung. Du hast kein Sorgerecht.«

»Margarita, ich will dich nicht entführen! Calm down!«

Aber wer kam schon runter, wenn jemand das anordnete. Margarita kam nicht runter. Margarita nahm Marshas unberührten Cupcake und warf ihn, weiche Frosting-Seite zuerst, an die Wand. Sie starrte Marsha in die Augen. Es sah aus, als hätte ihre Mutter Angst vor ihr. Komischerweise machte sie das noch wütender. Sie holte so tief Luft, wie es ging, und brüllte dann in einer Lautstärke, die sie von sich noch nie gehört hatte:

»I-WILL-NOT-CALM-DOWN

I-WILL-NOT-CALM-DOWN

I-WILL-NOT-CALM-DOWN.«

Marsha stand auf. Sie lief geduckt in das leere Zimmer, in Margaritas Zimmer, neben der Tür klebten bunte Streusel. Margarita konnte nicht aufhören. Sie zitterte, aber sie konnte nicht aufhören. »I HATE YOU«, brüllte sie durch die offene Tür, »I HATE YOU.«

Marsha schaute sie an. Sie sah verletzt aus, wie ein Tier. »Du hast recht«, sagte sie, »du hast recht. Ich weiß nicht, was ich mir gedacht habe.«

»Ich auch nicht«, sagte Margarita.

Marsha begann, würgende Geräusche zu machen. Es war erbärmlich. Margarita wollte, dass sie aufhörte. Sagte es so: »Stop it«, doch es wurde nur noch schlimmer.

»I've failed«, Marsha kreischte fast, »I've failed you. I've failed everyone. I've failed my mother, and I've failed at being your mother.«

»Hör auf«, sagte Margarita wieder. Sie konnte nicht mehr. In ihr brannte es, aber Marsha machte immer weiter. »Stop!«, rief Margarita. »Stop saying it!«

»Ich bin so schrecklich«, sagte Marsha, »ich bin schrecklich, und schlecht, und es macht alles keinen Sinn mehr.« Sie begann hektisch, sich an den Unterarmen zu kratzen.

»Hör auf«, sagte Margarita, »du bist nicht schrecklich.« Sie wollte einfach, dass es endete.

»Doch«, grunzte Marsha, »ich hab alles verschissen, mein ganzes Leben. Das ist es alles nicht wert. Ich wünschte, ich könnte einfach verschwinden. Ich wünschte, es gäbe mich nicht.« Dann schlug sie sich selbst auf die Arme, immer abwechselnd, mit der linken Hand auf den rechten Arm, dann andersrum, es klatschte.

»HÖR AUF!«, schrie Margarita, aber es wurde nur noch schlimmer, das Klatschen lauter, die Selbstbeleidigungen heftiger.

Margarita konnte nicht gehen, ihre Füße trugen sie nicht, obwohl sie es sich vorstellte, sich vorstellte, in den Fahrstuhl zu steigen und zu rennen, bis sie weit genug weg war.

Marsha sagte, sie hätte nie schwanger werden sollen.

Wie von selbst holte Margarita aus. Sie hatte noch nie jemanden geschlagen, doch es war überraschend einfach, die Wange überraschend weich, die sie mit ihrer Hand traf. Marsha stolperte einen Schritt zurück und kreuzte schützend die Arme vor dem Kopf.

Margarita keuchte. »I'm sorry«, sagte sie, leise, »I'm so sorry. Ich wollte das nicht. Ich weiß auch nicht, ich hab nicht, nicht –«, ihr war schwindlig.

»Nein, du hast recht«, sagte Marsha, »es stimmt. Ich muss mich zusammenreißen. Ich hätte nicht so die Kontrolle verlieren dürfen. Ich hab es verdient, ich hab es verdient. Ich bin kein guter Mensch, Margarita.«

Oh Gott, dachte Margarita, oh, scheiße. »Das stimmt doch nicht«, sagte sie.

»Doch«, flüsterte Marsha, »doch, ich hab es verdient, wahrscheinlich solltest du mich nochmal hauen, ich hab es verdient.«

Margarita war so furchtbar überfordert, sie wollte einfach, dass alles aufhörte, ihre Mutter tat ihr leid, sie hatte das sicher alles nicht gewollt.

Marsha befühlte ihre Wange. »Ich hab es verdient«, sagte sie erneut, »I failed you. Und ich war naiv. Als würdest du jemals hier wohnen wollen.«

Sie musste schrecklich einsam sein.

»Nein, das wollte ich nicht sagen«, sagte Margarita, »vielleicht können wir es ja probieren, es ist ein schönes Zimmer, vielleicht muss ich mich nur an die Vorstellung gewöhnen«, versuchte, irgendwas zu retten, »ich kann ja mal mit Aba sprechen.«

Marsha schien keine Luft zu bekommen, zu hyperventilieren. »Nein«, sagte sie, »es ist okay, Liebling, es ist okay, es war eine furchtbare Idee, so ein Quatsch, deine Mutter ist ein Quatschkopf.«

Sie sah tapfer aus, wie sie da stand. Margarita war nicht tapfer. Margarita war feige. Es war feige, seine Mutter zu schlagen. Es war tapfer, das zu verzeihen. »Ich würde gerne hier wohnen«, sagte sie, bereute es in der Sekunde, in der es ausgesprochen war, und hoffte, Marsha wusste, dass sie es nur aus schlechtem Gewissen gesagt hatte.

Marsha fragte, ob sie Margarita in den Arm nehmen durfte. Sie schüttelte den Kopf. Feige Margarita. Traute sich, die Mutter zu schlagen, aber nicht, sie zu umarmen.

Marsha verließ den Raum, gebeugt und klein sah sie aus, verschwand im Bad, Margarita hörte Wasserrauschen. Sie legte sich hin, auf den Holzboden, in der Wand neben ihr war ein Kamin. Sie schloss die Augen. Das Parkett an ihrer Wange war kühl. Cold lava, dachte sie, wie in mir. Irgendwann schloss sich die Tür des Zimmers behutsam, sie blieb liegen, starrte aus dem Fenster und überlegte, wie sie aus der Nummer wieder rauskam, wie sie verhindern konnte, dass dieses Zimmer zu ihrem Zimmer wurde, fragte sich, wie sie es schaffen konnte, nicht ihrem Vater, nicht ihrer Mutter das Herz zu brechen, nur sich selbst, denn sie selbst könnte es besser ertragen, da war sie sich sicher.

*

Er war einkaufen gegangen, damit es niemand anders erledigen musste, langsam ging der Inhalt der Tiefkühltruhe zur Neige, und er musste sich ohnehin mal bewegen. Als er wiederkam, stand das Auto nicht mehr in der Einfahrt, wahrscheinlich war Dan ins Krankenhaus gefahren. Diesmal war auch die Terrassentür geschlossen, also stellte er die Einkäufe in den Schatten, damit nichts verdarb, zum Glück hatte er kein Fleisch gekauft, und setzte sich auf die Schaukel. Er erinnerte sich an die Zeit, in der er Margarita ständig auf der Schaukel angeschubst hatte, ihr zufriedenes Gesicht, das ihm entgegenflog, aber je näher es kam, desto verschwommener wurde es.

Er dachte an das erste Jom Kippur in Berlin, die Sonne war viel früher untergegangen als im Vorjahr, er hatte ein koscheres Huhn in den Ofen gesteckt, Margarita dabei zugeschaut, wie sie gedankenverloren am Knochen lutschte, sie in den Buggy gesetzt und bei Mareike, die Schülerin in seinem Hebräischunterricht war, abgegeben, sie kamen eine Viertelstunde zu spät, weil drei Busse nacheinander brechend voll waren und sie mit dem Kinderwagen nicht mehr hineinpassten. Nachdem er sie verabschiedet hatte, musste er zur Synagoge rennen und hatte nur Minuten nach Fastenbeginn schrecklichen Durst.

Aber trotzdem, als es begann, die Kerzen gezündet waren, er die Hand des Rabbis geschüttelt und sich gesammelt hatte, wurde dieses Kol Nidre zu einem Neuanfang nach dem Trauerjahr, noch heute dachte er daran als das vielleicht wichtigste seines Lebens, Jom Kippur an einem Schabbat war selten, man ließ vieles weg und ergänzte anderes, kein Avinu Malkenu, denn man sollte Gott an Schabbat nicht um Materielles bitten, doch man sprach den 92. Psalm, ein Dickicht aus Bildern, ein Gedicht an Gott: »Die Gerechten sollen blühen wie Palmen, sie sollen bestehen wie Zedern im Libanon.« Er wurde sich selbst gerechter, weil er dort stand.

Als er Margarita danach wieder abholte, schrie sie, als würde ihr etwas wehtun, gekrümmt lag sie auf dem Boden, eigentlich sollte am nächsten Tag auch Mareike auf sie aufpassen, doch er bat die von Margarita kühl akzeptierte professionelle Nanny, zu ihnen zu kommen, nahm in der Mittagspause ein Taxi, musste gegen alle Regeln Geld ausgeben und sein Handy benutzen. Sie mitzunehmen, war keine Option. War nie eine Option. Er vergaß, die Kippa abzunehmen, und der Taxifahrer nannte ihn einen *Drecksjuden*, nachdem er bezahlt hatte.

Um siebzehn Uhr schmiss er alles über den Haufen, trank Wasser aus dem Hahn und aß ein Snickers, bevor er zurück in die Synagoge fuhr.

Als er das Gatter zum Vorgarten öffnete, flog ein verirrter Schwan so nah über seinem Kopf, dass er den Wind seiner Flügel spürte, flog höher, hoch über das Dach der Synagoge, die nur noch dort stand, weil sie an Wohnhäuser grenzte, die man in der Pogromnacht nicht hatte opfern wollen.

Einige Wochen später hatte er Sex auf der Couch mit Mareike, während Margarita in ihrem Bettchen in seinem Schlafzimmer schlief. Es widerte ihn an, dass sie beim Sex Deutsch mit ihm sprach, dass sie *ja* sagte und *tiefer*. Er brach den Kontakt ab, obwohl er sie mochte, sie war Medizinstudentin, klug und etwas zu jung für ihn, nicht unbedingt vom Alter her, aber etwas an ihr war noch gespannter, weniger fahl. Sie dachte, er wäre ein Held, weil er alleinerziehend war, und das war er nicht, er war einfach ein Opfer des Matriarchats und kannte die Schuhgröße seiner Tochter, kannte die Lieblingstiere, jeden Sonntag fuhr er mit Margarita im Kindersitz auf dem Fahrrad in den Zoo, und sie drückte die klebrigen Finger an die Scheibe, starrte die Tiere an, er hatte stets Angst, die Scheibe könnte brechen und sie beide im Maul des Nilpferds landen, in das Bärengehege fallen. Der erste Albtraum, von dem sie erzählte, war, dass die Eisbären im Zoo ausgebrochen waren und sie jagten. Der Zoo gruselte sie also beide, und doch kamen sie immer wieder.

An Sukkot las er eine lange E-Mail von Marsha, auf die er nie antwortete. Sie schrieb davon, dass sie zu Besuch kommen wolle, und bat ihn um Fotos. Als hätte er Margarita verwahrt, in einer Kiste, zusammen mit den Schwangerschaftsklamotten. Er stellte es so ein, dass ihre E-Mails im Spam landeten, und löschte die

Bilder von Marsha von seinem Handy. An Chanukka strahlte seine Tochter. Vielleicht hatte sie vergessen, dass es Mütter gab. Marsha schickte nie Geschenke, nur ihre Eltern, apologetische Unmengen von Spielzeug und feinen Kleidchen. Wenn er Marshas Namen googelte, spuckte der Computer ihm Erfolge entgegen, und er freute sich fast für sie.

2014 war der Rabbiner krank geworden, und er übernahm das gesamte Gebet, selten war er so stolz gewesen, er hatte gerade seinen ersten Jahrgang aus dem Kolleg verabschiedet, zwei Kantoren ordiniert, und seine Schüler und Schülerinnen kamen in die Synagoge und unterstützten ihn. Er dachte nicht mehr jede Stunde an Marsha, manchmal erst abends im Bett wieder, erschöpft von einem Tag mit Margarita. Das Avinu Malkenu an jenem Morgen brachte ihn an die Grenzen dessen, was er jemals in einem Gebet empfunden hatte, zunächst der stille Teil, beinahe melodielos, und er bat Gott, seinen König, um Mitleid und um Freundlichkeit, er bat ihn um hellere Tage, hell wie die Augen der Gabbai, hell wie Margaritas Lachen, wenn er sie morgens wachkitzelte, so tat, als sei er ein Monster mit tausend Armen.

Und irgendwann wurde Margarita alt genug, um die hohen Feiertage in der Oranienburger Straße zu verbringen oder zuhause, besonders zuhause, wenn er sie ließ und sie versprach, den Herd nicht anzumachen.

2018 war sie das erste Mal allein geblieben, und er hatte Jiskor geleitet, die, die noch beide Eltern hatten, verließen den Raum, und sie, die Waisen und Halbwaisen, blieben zurück, die Witwer und Witwen auch, vielleicht waren manche beides, vielleicht blieb jemand sitzen, der seinen besten Freund verloren hatte, vielleicht vermisste jemand seinen Sohn, er wusste es nicht, wusste nur, sie waren hier vereint darin, dass jemand verlorengegangen war, und im Garten warteten die Glücklichen, die nicht wussten, wie glücklich sie waren, doch sie alle würden eines Tages sitzen bleiben, auch wenn die Toralesung ewig ging, auch wenn sie sich auf einen Spaziergang durch das Laub freuten, und zwischen ihnen Margarita.

Zuhause fand er sie auf dem Sofa, die Wohnung duster, sie hatte kein Licht angemacht, und er schüttelte seine Gedanken von vorher ab. Dieses Kind würde niemals Jiskor sagen. Er würde der erste unsterbliche Vater der Welt sein.

Kurz fragte er sich, ob die Schaukel sich überschlagen konnte. Nein, das würde nicht passieren.

Dann war 2019. Wenn er 2019 dachte, dachte er daran, dass plötzlich alle Deutschen wussten, was Jom Kippur war. *Am höchsten jüdischen Feiertag*, sagten sie in den Nachrichten und lernten, dass Chanukka gar nicht mal so wichtig war.

Er dachte daran, dass die Überlebenden hungrig blieben, weil sie nicht an ihr koscheres Essen kamen.

Er dachte an Jana und Kevin und an den Kiez-Döner.

Noch immer war er trostlos, der blaue Himmel, in den er hinter dem Backsteinhaus schaukelte, eine Unverschämtheit.

2020 war alles anders. Die Plätze waren begrenzt, das übliche Laufpublikum kam nicht, auch nicht die Alten, und niemand durfte mitsingen. Die Pandemie hatte ihn bis dahin nicht schlimm getroffen, sie hatten es sich gemütlich gemacht, waren gesund geblieben, Anna war jeden Tag bei ihnen, seine Isolationsgemeinschaft war die Familie Lang, es machte ihm nichts aus, solange Margarita nicht darunter litt, und er betete in der leeren Synagoge vor der Kamera im Livestream, das kostete ihn Überwindung, aber am Ende war es schön, und lebensrettend, dass er seinen Beruf weiter ausüben konnte.

Aber es war auch das Jom Kippur *danach*, und er traute der Polizei nicht, deswegen war Margarita bei den Langs statt in der Oranienburger Straße, bei den Langs fastete niemand, aber nichts hätte ihm egaler sein können, so blieb das Kind in Sicherheit.

Zum Schofarblasen gingen sie in den Garten, damit der Baal Tekia nicht seine Spucke durch das Horn in den Innenraum der Synagoge schleuderte. Den Garten, der nur durch einen Zaun von der Straße getrennt war, wo das Polizeihäuschen stand. Man hatte den Betern, die keinen der Sitzplätze mehr ergattert hatten, gesagt, sie sollten zum Schofarblasen kommen, und nun war alles voll, überall Kinder. Überall Kinder. Er trug seinen Tallit über dem weißen Gewand, den Machsor für Jom Kippur in der rechten Hand. Morgens hatte er sich nicht rasiert, es war Chag, und er ärgerte sich, dass jemand sein Handy zückte und ein Video machte vom Gebet, an Jom Kippur, mit dem Handy, und nicht im Notfall, und ohnehin hasste er wenig mehr, als auf Fotos oder in Filmen aufzutauchen, er sah immer so unglaublich müde aus, dicke Tränensäcke unter den kleinen Augen.

Als der erste Klang, das Tekia, ertönte, da dachte er es zum ersten Mal, vielleicht sollte ich zurückauswandern, vielleicht sollte ich Rück-Alija machen, das Schewarim, drei abgehackte Töne, Rufe nach Vergebung, dann das Trua, neun kurze, er zählte mit.

Vor dem Zaun hoben Eltern, die er noch nie gesehen hatte, Kinder auf die Schultern. Jemand zeigte auf ihn. Es dauerte einen Moment, bis ihm klarwurde: Das vor dem Zaun, das waren Menschen, die nicht wussten, was passierte, das waren Spaziergänger, Passanten, und sie hoben ihre Kinder hoch, damit sie bessere Sicht auf die Juden hatten.

Die Polizisten sahen die Menschen, die sie beschützen sollten, mit süffisanten Blicken an. Als sollten die Juden ihnen dankbar sein, dass sie sie beschützten. Wenn das nächste Mal einer von ihnen ohne Kopfbedeckung in die Synagoge marschierte, um aufs Klo zu gehen, würde er sich beschweren, das schwor er sich.

An diesem Jom Kippur bat er nicht mehr um Verzeihung. Er wünschte sich nur, dass jemand ihn um Verzeihung bat, endlich mal, denn er würde nein sagen, würde sagen, ich verzeihe euch nicht, aber es fragte niemand, nie entschuldigte sich jemand, es war vor allem Anklage in den Blicken der Deutschen, die er so gut kannte.

2022 wurde mehr gezankt als je zuvor, darüber, wer Jude war und wer nicht, was man mit den Konvertiten machen sollte, alle steigerten sich rein, es spulte sich hoch, am Ende schrieb eine Frau ihm eine wütende E-Mail, er solle bitte die Uhr mit dem Lederarmband zuhause lassen, das würde sie jedes Jahr aufregen, er wusste nicht mal, wer sie war, und er brauchte die Uhr, damit er sich vergewissern konnte, ob er zu langsam war oder zu schnell, nicht dass das Fastenbrechen wertvolle Minuten nach hinten verschoben wurde, nur wegen Christine, überhaupt, warum hieß eine Jüdin Christine, und er antwortete höflich mit Margaritas Hilfe, das Armband sei aus Kunstleder.

Die Synagoge war voll wie nie an Neila, jetzt, wo es wieder möglich war, ohne Anmeldung, ohne Abstand, strömten die Leute nur so herein, er sah sich um, nicht ohne Angst, ein Mann trug keine Kippa, einen Rucksack vor der Brust, Kopfhörer, er sah aus, als hätte er sich verlaufen, und Avis Herz überschlug sich, als die Gabbai den Mann bat, eine Kippa aufzusetzen. Er sagte hörbar, »too many rules here«, und ging.

Die meiste Zeit versuchte er sich rauszuhalten aus allem, bildete sich ein, er wäre unpolitisch, aber das Entsetzen nach dem 24. Februar, das war ja nicht politisch, das Entsetzen über den Angriffskrieg auf die Ukraine, über Israels Rolle darin, das plötzlich selbst *unpolitisch* sein wollte, während im eigenen Land die Demokratie vor die Hunde ging. Nein, es gab das Unpolitische nicht.

*

Als sie das Zimmer verließ, putzte Marsha gerade den Türrahmen. »Schade um den Cupcake«, sagte Margarita.

»It's okay. I licked some off the wall.«

Margarita musste lachen.

Marsha zeigte auf etwas, das auf der Couch lag, ein Badeanzug. »Wenigstens einmal reinspringen?«, fragte sie.

Da war sie wieder, die starke, unnahbare Mutter. Zum Glück.

Von der Dachterrasse konnte man schwindelerregend weit schauen, zum Lake Michigan, aber auch auf die andere Seite der Stadt, die sich schier endlos ins flache Illinois streckte.

»I still can't believe I actually live here«, sagte Marsha.

Margarita stellte sich in das flache Ende des Pools. Das Wasser ging ihr bis knapp über die Knie. Sie hatte keinen zweiten Tampon dabei und wollte nicht mit einem Tampon voll Chlorwasser in sich herumlaufen. Nach zwei Minuten stieg sie wieder aus dem Pool. Marsha sah enttäuscht aus, doch sie rang sich ein Lächeln ab, das Margarita erwiderte.

Schweigend fuhren sie zum Krankenhaus.

Alltägliche Sachen erzählen, hatte Dr. Johnston gesagt, aber als Marsha und Margarita neben Selmas Bett standen, fiel ihnen nichts ein. Sie standen nur da, sich gegenseitig unterlegen, gegeneinander verloren.

Marsha sah noch immer verletzt aus, roh. Sie deckte Grandma zu und erzählte vorsichtig, dass sie schwimmen gewesen waren und dass Avi abends kochen würde. »You know he's a great cook, Mom.« Mehr fiel ihr scheinbar nicht ein. Margarita konnte es ihr nicht verübeln, Selma redete am liebsten über Essen, und Marsha hatte es versucht.

»I threw a cupcake against the wall today«, sagte Margarita.

»What about that, Mom. She has my temper. Who knew.«

Dr. Johnston kam herein. Langsam hatte Margarita das Gefühl, er wohnte im Krankenhaus.

»Seems like you live here, Mr Johnston«, sagte Marsha.

Dr. Johnston erklärte ihnen, dass es sich tatsächlich um ein chronisches Subduralhämatom handelte, ein winzig kleines.

Marsha atmete theatralisch auf. »This one here wants to become a doctor«, sagte sie, und Margarita spürte, wie sie sofort rot wurde. Woher wusste Marsha das? Sie hatte es sicher nie erwähnt.

Dr. Johnston lächelte. »There's a great pre-med program at U Chicago.«

Marsha nickte begeistert.

»Wann wird sie denn dann geweckt?«, fragte Margarita.

»Das ist ein langer Prozess«, antwortete Dr. Johnston ihr, »sie ist ja in einer tiefen Narkose. Wir müssen die Medikamente also langsam niedriger dosieren. Frühestens in einer Woche, würde ich sagen, ist sie wach.«

»Oh«, sagte Margarita.

»Bye bye«, sagte Dr. Johnston.

Sie fuhren in die Blackstone Avenue. Dan saß schlafend auf der Couch. Als Marsha ihm die Neuigkeiten berichtete, nickte er, als würde er nichts verstehen. Sie erklärte es ihm noch dreimal, dann verließ sie das Wohnzimmer. Margarita setzte sich neben ihn. Er schaute sie an.

»You're going to do incredible things one day, you sweet girl«, sagte er und tätschelte ihr Knie. Dann schaltete er den Fernseher wieder an.

Marsha kehrte, ein Glas Rotwein in der Hand, zu ihnen zurück. Dabei war es gerade mal fünf. Margarita lief die Treppe hoch, um ihrem Vater hallo zu sagen. Er war nicht im Büro. Margarita war verwirrt. Sie schaute in ihrem Zimmer nach. Auch dort nicht. Sie hörte ein Quietschen. Er saß auf der rostigen Schaukel, die Grandpa für sie in den Garten gebaut hatte. Immer wieder lehnte er sich zurück, für mehr Schwung, streckte die Beine in die Luft. Flog.

Zum ersten Mal, seit er ihr die Tür zur Wohnung in Jerusalem geöffnet hatte, fragte sie sich, was wohl in ihm vorging. Immer höher schwang er, immer schneller. Immer länger wurde sein Körper, immer gedehnter. Eine Weile stand sie nur da und beobachtete ihn. Er schaute erst auf, als sie die Tür zum Balkon schloss.

*

Er hatte die Augen geschlossen. Spürte den Wind im Gesicht. Als er sie wieder öffnete, stand Margarita auf dem französischen Balkon im ersten Stock und schaute in den Garten, sie sah groß aus und störrisch, und sobald ihre Blicke sich trafen, schloss sie die Tür.

Abraham war alt, voller Tage, dachte er, den ersten Satz der Parascha in Genesis, die sie in einigen Wochen lesen würden, wenn er zurück in Berlin wäre. Dann stand er auf, die Erde unter seinen Füßen schwankte, und kurz war er blind vor Schwindel. Er war voller Tage. Nicht alt, aber nicht mehr jung, das merkte er manchmal, in den Knien, im Rücken. Vielleicht passten keine Tage mehr in ihn.

Während ihm ein paar Schweißperlen die Schläfe hinunterrannen, entschied er: Er musste zurück zu seiner Gemeinde, er konnte Jom Kippur nicht in Chicago feiern. Die Terrassentür glitt mühelos auf, als er es erneut versuchte, offenbar hatte Margarita sie entsperrt. Noch bevor er die Lebensmittel in den Kühlschrank sortierte, schrieb er Frau Wagner eine E-Mail, die Umstände hätten sich geklärt, er würde an Jom Kippur vorbeten, sie könne die Vertretung wieder abbestellen. Sie wäre froh darüber, das wusste er, sie würde mit ihm schimpfen, weil sie nun mehr organisieren musste, seinen Namen in die Tabelle eintragen, den fremden Namen streichen, und er würde seine Gemeinde in ein neues Jahr begleiten, das Septemberlicht bräche durch das bunte Glas und durch die Sicherheitsscheiben davor, und im nächsten Jahr würde alles anders werden.

*

Margarita konnte nicht mehr einschlafen. Sie versuchte es stundenlang. Als die roten Ziffern des Weckers sechs Uhr anzeigten, gab sie auf und suchte das Lied von Nina Chuba, das sie so viel mit Anna gehört hatte: *Ich hab Schüttelfrost, versuch, mich abzulenken, aber schaff es nur bis zum Matratzenende*, hörte: *Kann sein, dass ich Fieber hab, oh, was hast du mit mir gemacht? Unter Strom, tausend Kilowatt, und auf einmal sind's Minusgrad*, und fröstelte, dachte an das fiebrige Begehren, das sie manchmal packte, dachte an Lior, an Nico. An das eklige Gefühl, nachdem sie vor seine Haustür gekotzt hatte in einer Nacht im Winter, drei Kaugummis in den Mund gestopft hatte und die Treppe hochgelaufen war, wegen einer kleinen Nachricht: *hab sturm, willst du kommen*, und sie antwortete, *gerne, wann*, er hatte nicht mehr reagiert, bis um zwei Uhr morgens, und bis dahin hatte sie mit Anna vor dem Späti am Rosenthaler Platz Wodka-Multi getrunken. Viel zu viel davon.

In dieser Nacht hatte Nico ein Kondom übergezogen und sich kurz in ihr bewegt, es fühlte sich gut an, vage, dumpf und überhaupt nicht schmerzhaft, vorher hatte sie seinen Schwanz in den Mund genommen, das erste Mal, aber auch nach diesem Sich-in-ihr-Bewegen hatte er sie nicht angefasst, und sie dachte, dass es stimmte, was sie immer auf Instagram las, für Sex brauchte man keine Penetration, also war der Sex nie passiert.

Vielleicht war das berühmte erste Mal das mit Lior gewesen, das würde ihr mehr einleuchten, aber Lior würde sie nie wiedersehen. Sie biss sich auf die Lippe. Alles, was sie wollte, war, dass jemand sie schön fand. Ob sie hier, in Chicago, jemand Neues sein könnte? Jemand, den andere schön fanden?

Sie schüttelte den Gedanken ab. Schlich in die Küche, um sich etwas zu essen zu holen, das sie heimlich im Bett verzehren konnte. Sie fand eine Ziplock-Tüte voll mit Haferkeksen. Ob es ihrer Großmutter auffallen würde, wenn sie nach ihrer Rückkehr fehlten? Dr. Johnston hatte vor Gedächtnislücken gewarnt.

Würde sie ihr eigenes Geheimnis erinnern?

Würde sie wissen, wie sie vor der Adoption geheißen hatte?

Wie alt war sie überhaupt gewesen?

Plötzlich gab es so viel, was sie ihre Großmutter fragen wollte, und nur noch so wenig Zeit.

Würde Grandma wissen, wie sie ihren Dan kennengelernt hatte, auf einer Rundfahrt auf dem Chicago River?

Wusste Margarita mehr als das? Was wusste sie eigentlich über ihren Vater? Über ihre Mutter? Die Vergangenheit ihrer Eltern, ihrer Großeltern kam ihr vor wie ein Dickicht, undurchdringlich und düster.

Sie aß die Kekse, während sie weiter Musik hörte.

Sie machte Deals.

Wenn Grandma stirbt, bleibe ich.

Wenn sie überlebt, fahre ich.

Wenn sie am Leben bleibt, aber verwirrt ist, bleibe ich.

Wenn sie bis Jom Kippur nicht wach ist, fahre ich.

Wenn ich bleibe, erzähle ich Aba Grandmas Geheimnis.

War Marsha nicht doch deswegen gegangen? Wäre das nicht ein guter Grund gewesen, ein menschlicher? Und jetzt einer, den sie nicht zugeben wollte? Es konnte schließlich nicht wirklich so furchtbar gewesen sein zwischen ihnen. Es konnte nicht sein, dass ihr Vater ohne guten Grund nicht mit in die USA gegangen war. Dafür war er zu fremd in Deutschland. Und wer war schon gern ein Fremder? Kurz flatterte ihr Herz, als sie sich ihn vorstellte, ohne sie in Berlin, wie er allein im Restaurant saß, wie er sich ständig Sorgen machte. Aber war es nicht auch selbstverliebt, zu denken, er könne ohne sie nicht existieren? Im Moment schien er reichlich genervt von ihr zu sein. Aber ein ganzes Jahr ohne sie, oder wie lange wollte Marsha sie behalten, die ganze Oberstufe hindurch? Das würde er nicht zulassen. Erleichtert fiel ihr ein, dass er das alleinige Sorgerecht hatte. Vielleicht würde er es ja verbieten. Vielleicht wäre das der Ausweg. Sie sah kaum einen anderen. Einen riesigen Aufstand zu machen war keine Option, oder dass die Schule intervenierte.

Aber sie schuldete es Marsha. Jedes Mal, wenn sie an die Ohrfeige dachte, kringelte sich in ihr alles. Sie fragte sich, was sie tun könnte, um es wiedergutzumachen, und ihr fiel nichts ein. Sie war selbst schuld an ihrem Dilemma.

Sie dachte an die sauberen Flure der Laboratory Schools, an die Geschichten, die ihr die anderen im Schreibkurs erzählt hatten, von Sportvereinen und Literaturunterricht, und dass sie ein wenig neidisch gewesen war.

Vielleicht wollte sie gar keinen Ausweg.

Avi klopfte an. Er fragte, ob sie frühstücken gehen wollten. Dan hatte einen Arzttermin, zu dem er allein fuhr.

Sie hatte es am Tag zuvor nicht übers Herz gebracht, ihm irgendetwas zu sagen, nicht das mit der Woche, die es mindestens noch dauern würde, bis sie abreisen konnten, nicht das mit dem Zimmer, das ihres war, in dieser hohen, fremden Wohnung. Beim Frühstück dann. »Was ist mit Marsha?«, fragte sie.

»Sie braucht mal einen Tag Pause, Motek. Sie hat gesagt, sie trifft sich mit einer Freundin. Aber ich bin ja da.«

»Ja«, sagte sie und lächelte ihn an. Er war ja da.

*

Die Holzbänke in der Medici sahen aus wie immer, übersät mit eingravierten Initialen, die zu den Initialen gehörenden Studis bissen müde in ihre Sandwiches. Er mochte die Atmosphäre hier, und er freute sich, einen Vormittag mit Margarita alleine zu haben. Sie schlug jedoch sofort das Buch auf, das er ihr am Vortag gekauft hatte. Erst als er sich beschwerte, machte sie es widerwillig zu. Jetzt hatte er schon wieder für schlechte Laune gesorgt.

»Grandma wird frühestens in einer Woche aufwachen«, sagte Margarita. Der Satzbau in ihrem Hebräisch war durcheinander. Avi korrigierte sie, so, wie er es immer tat. Sie rollte mit den Augen.

»Beseder«, sagte er, steckte sich ein Stück Omelette in den Mund, »dann kannst du sie in den Herbstferien besuchen.«

»Okay«, sagte Margarita.

»Yofi.«

»Und was, wenn wir noch bis dahin bleiben? Ich komme bestimmt wieder rein, es ist ja eigentlich noch die Probephase, ich könnte immer noch Leistungskurse wechseln. Aba, was, wenn sie stirbt?«

»Margarita, ich will jetzt nicht streiten.«

»Ich will aber hierbleiben.«

»Was? Warum? Ich dachte, du willst zurück nach Berlin. Wir sind hergekommen, um deiner Mutter und Grandpa beizustehen, die Operation ist gut gelaufen, es wird sicher alles in Ordnung sein. Du hast so gebettelt, dass du nach Hause willst, und jetzt können wir nach Hause fahren. Komm schon.«

»Ich muss wissen, was mir ihr passiert.«

»Du wirst es erfahren, es gibt Handys, es gibt E-Mails, du kannst mit Marsha Videochats machen. Aber zuhause warten Verpflichtungen auf uns.«

»Ich dachte, du hast die Arbeit abgesagt.«

»Du musst in die Schule, Motek! Die Direktorin hat gesagt, zwei Wochen höchstens.«

»Die steht doch eh auf dich. Du müsstest sie nur einmal anrufen.«

Er war überrascht. Diesen gehässigen Ton schlug sie sonst nur an, wenn sie etwas wirklich wollte.

»Nicht in diesem Ton. Nicht nach dem, was ich diesen Sommer deinetwegen durchgemacht habe.«

»Was denkst du, was ich diesen Sommer durchgemacht habe? Ich musste mich ständig um irgendwelche Leute kümmern. Man soll sich nicht um seine Eltern kümmern. Die Eltern sollen sich kümmern.«

»Motek.«

»Nenn mich nicht so!«

»Gut. Margarita, wir müssen zurück nach Berlin. Der Sommer ist vorbei. Ich fühle mich unwohl, bei Marshas Eltern zu wohnen, und du kannst dir doch vorstellen, dass es nicht einfach für mich ist, so viel Zeit mit deiner Mutter zu verbringen, nachdem ich sie fast dreizehn Jahre nicht mehr gesehen habe.«

»Soweit ich das verstanden habe, war das nicht nur ihre Schuld.«

Er hatte keine Lust auf diesen Streit, keine Nerven dafür. »Hey. Das ist verletzend, Motek, sorry, Margarita, das weißt du.«

»Ich hätte sie gebraucht.«

Es tat ihm weh, was sie sagte. »Ich hab dir immer alles gegeben. Oder nicht?« Er fragte es sich wirklich. Hatte er ihr irgendetwas nicht gegeben?

»Doch«, flüsterte Margarita, »und wenn du schon mal ohne mich fliegst? Ich kann ja nachkommen.«

Er schüttelte den Kopf. Sie hatte interessante Ideen von Autonomie, diese Fünfzehnjährige. Er hätte sie nie allein nach Israel schicken dürfen. »Nein, Margarita, das geht nicht.«

»Warum?«

»Weil du in die Schule musst. Weil du sechzehn wirst. Zuhause. Wir werden deinen Geburtstag nicht hier feiern.«

»Du verstehst dich doch so gut mit ihr!«

»Wie bitte?«

»Ihr seid doch ein Herz und eine Seele, du und Marsha.«

Jetzt musste er lachen. »Margarita, wir reißen uns zusammen. Wir haben uns sehr, sehr lange nicht gesehen. Wir haben unsere eigenen Leben, aber wir teilen etwas Tolles, extrem Anstrengendes, nämlich dich, und ich würde mich freuen, wenn du es schaffst, eine Beziehung zu ihr aufzubauen. Aber du musst nach Hause.«

»Du weißt es, oder? Sie hat es dir gesagt?«

»Was, Motek?«

»Nichts.«

»Was meinst du?«

»Ist nicht so wichtig.«

»Habt ihr mir etwas verschwiegen?«

»Nein, Aba. Es ist egal.«

Er fühlte sich belogen und hinters Licht geführt. Musste sich zwingen, nicht auf den Tisch zu schlagen.

»Sie hat ein zweites Zimmer«, sagte Margarita.

Er verstand nicht, wovon sie sprach.

»Ima. Sie hat ein zweites Zimmer. In ihrer Wohnung.«

»Und?«

»Es ist für mich.«

Wenn das das große Geheimnis war, war es wohl nicht so schlimm. »Das ist doch schön. Dann kannst du in den Herbstferien bei ihr schlafen, wenn du möchtest. Ich freue mich.«

»Aba«, sagte sie, »sie will, dass ich hierbleibe.«

Er lachte. »Haischa hasu metorefet«, *diese Frau spinnt*. Margarita würde nicht in Chicago bleiben, das war völlig klar.

»Sie meint es gut«, sagte Margarita.

»Nein«, sagte Avi, »nein. Es kommt nicht in Frage. Keine Chance.« Er holte zwei Scheine aus der Hosentasche und legte sie auf den Tisch. Margarita stand auf und lief aus dem Restaurant.

»Gern geschehen«, sagte er zu ihr, als er hinaustrat. »In Berlin können wir nicht mehr essen gehen, bis ich mein dreizehntes Gehalt bekommen habe.«

Sie verdrehte die Augen.

»Reiß dich zusammen, Margarita.« Kurz überlegte er, sie zu packen, aber sie würde sicher eine so schlimme Szene machen, dass die Polizei käme. Doch als sie an der Ecke Blackstone Avenue angekommen waren, konnte er sich nicht mehr halten und fing an zu schreien. Sie lief im Stechschritt vor ihm weg, während er schimpfte, sie habe stehen zu bleiben, schrie von Dankbarkeit, von der sie scheinbar noch nie etwas gehört hatte, davon, wie verwöhnt sie war, dass sie sich benehmen sollte, dass die Leute denken mussten, er wäre ein Verbrecher. Margarita blieb stehen und hielt sich die Ohren zu. Das machte ihn noch wütender. Vorbeikommende starrten sie an, aber in den Gesichtern der meisten sah er Verständnis, als wüssten sie, welche Hölle es war, Teenager in der Öffentlichkeit anzuschreien. Margarita rannte los. Rannte bis zur Haustür, er hinter ihr her, während er weiterschrie. Kein Taschengeld, schrie er, kein Rausgehen, keine Widerrede.

Armer, verwirrter Dan, der öffnete. Margarita stürmte die Treppe hoch und schloss sich im Bad ein. Avi trommelte gegen die Tür. »Margarita«, sagte er, »komm da raus. Komm da raus. Wir müssen reden.«

Sie kam nicht raus. Er setzte sich auf den Boden.

»Geh weg«, rief Margarita, »verpiss dich.«

»Slicha«, flüsterte er, »slicha«, und dann musste er schluchzen. Wie ein Verrückter. Wie ein Einsamer. Aber ging nicht weg.

*

»Es ist nicht deine Schuld«, hatte ihr Vater gesagt und sie in den Arm genommen, als sie das Bad verlassen und sich betreten entschuldigt hatte.

Sie wusste nicht, was *es* war. Sie wusste auch nicht, wofür sie sich entschuldigte. Sie wusste nur, dass dieser Sommer enden sollte. Wie gut, dass die Zeit ihn verlässlich verbannen würde.

»Du überlegst es nicht ernsthaft, oder?«, fragte er.

Margarita zuckte mit den Schultern.

»Dann muss ich es dir verbieten, Margarita. Ich habe das Sorgerecht.«

Sie wusste, dass er Verbote hasste, alles sollte fair sein, ein Deal, ein Kompromiss, er nahm sie ernst, er untersagte nicht, er bat eher: Bitte sei dann zuhause, bitte mach deine Hausaufgaben, bitte fang nicht an zu rauchen. Bitte lass den Scheiß, Margarita, Mann, bitte. Aber jetzt bat er nicht. Jetzt entschied er.

Wieder schloss sich eine Tür. Sie fühlte sich eingesperrt in diesem riesigen Haus. Wie es wohl wäre, es abends wieder verlassen zu können? Wie es wäre, Marsha von der Schule zu erzählen, Zeit mit ihr und Grandma gemeinsam zu verbringen? War Anna jetzt nicht ohnehin mit Zoé beschäftigt?

Sie hatte ihre Sachen gar nicht hier. Was, wenn sie erst nach Berlin flog und dort überlegte?

Margarita fühlte sich alleingelassen. Anna ging nicht ans Handy. Ihr Vater hantierte in der Küche herum. Sie zwängte sich in den Einbauschrank in der Ecke des Zimmers, ihr Buch bei sich, und las im Schein des Handylichts.

Avi rief zum Essen. Als er ihnen auftat, kam Marsha zur Tür herein. Er sagte ihr nicht mal hallo.

»Krieg ich auch was ab?«, fragte sie.

Er antwortete nicht.

Marsha runzelte die Stirn. »Was?«, fragte sie.

Er zuckte die Schultern und holte einen weiteren Teller.

Das ganze Abendessen lang sprach nur Marsha, sprach über die Universität, über ihre Wohnung, darüber, dass all ihre Bücher noch im Lagerraum waren. Dan sagte alle paar Minuten »whaddayasay«.

Margarita räumte ihren Teller in die Spülmaschine und setzte sich ins Wohnzimmer. Sie hoffte, ihr Vater würde später Klavier spielen, das würde sicher alle etwas beruhigen. Und ihr Zeit kaufen.

Dan setzte sich zu ihr. »Do I know you from somewhere?«, sein Lieblingswitz.

Sie lachte müde. »I'm your granddaughter, Grandpa!«, rief sie. Immer wieder spielten sie dieses Spiel.

Er schaute sie über seine Brille hinweg an, die krausen Augenbrauen verdeckten beinahe die gesamte Augenpartie. »Whaddayasay!«, rief er und wandte sich seinem *New Yorker* zu. Er schien nicht zu hören, was am anderen Ende des langen Flurs geschah. Margarita aber hörte jedes Wort.

Hörte: »Are you serious, Marsha?«

Hörte: »I was, yes. I don't want to steal her. I thought it might be a good idea. She seems to be taking to it.«

Hörte: »Sie hat ein Leben. Du kannst es dir nicht vorstellen. Aber du kannst sie besuchen, in ihrem Leben. Nicht sie dich. So funktioniert es nicht. Veto.«

»Es gibt kein Veto.«

»Doch. Es gibt Regeln. Ich habe sie aufgestellt, weil es niemand anders getan hat, und ihr haltet euch daran. Sie hat Schule.«

»Sie könnte hier in die Schule gehen. Sie kennen sie schon, dank meines Vaters würden wir Rabatt auf die Schulgebühren kriegen. Er und Selma würden es zahlen, Dan hat schon zugesagt.«

Margaritas Herz klopfte so stark, wie wenn Nico ihr geschrieben hatte, in den Sekunden, bevor sie ihr Handy per Face-ID entsperrte.

»Hör auf mit dem Scheiß. Du spinnst. Nein. Berlin ist ihr Zuhause, Ende der Diskussion.«

»Weil du das entschieden hast.«

»Du lügst, Marsha. Du lügst sie an. Du lügst mich an. Du hast uns verlassen, jetzt musst du mit den Konsequenzen leben. Ich habe keine Lust mehr auf dein Theater.«

»Ich hab dich gebeten, nachzukommen!«

»Ich konnte nicht. Ich hatte gerade die Stelle in Berlin angenommen, das weißt du.«

»Ohne mir davon zu erzählen!«

»Ich dachte, du freust dich.«

»Oh, toll«, sagte Marsha, »noch eine deprimierende, graue Stadt ohne Karriereoptionen für mich!«

»Wir mussten uns ernähren.«

Grandpa war immer noch vertieft in seine Zeitschrift. Vielleicht tat er auch nur so, als würde er nichts mitkriegen.

»Du hast mir wehgetan, Avi. Es ist nicht so einfach. Ich bin nicht einfach abgehauen.«

»Du bist zum Rabbiner gerannt statt zu mir, erinnerst du dich? Hast dich ihm anvertraut und bist dann abgehauen. Und dann hast du erwartet, dass wir dir hinterherlaufen?«

Etwas zerbrach, ein Teller vielleicht, ein Glas.

»Fuck«, sagte Marsha, »fuck!«

»Lass mich das machen. Nicht schneiden.«

»Ich kann das selber.«

»Und wie stellst du dir das vor?«, fragte Avi. »Willst du plötzlich zur Supermama werden? Es sieht nicht so aus, aber du musst sie morgens wecken, dreimal, viermal, du musst fragen, ob sie ihre Hausaufgaben gemacht hat, du musst aufpassen, dass sie nicht so anorektisch wird wie der Rest der Klasse. Hast du sie überhaupt gefragt, ob sie will?«

»Sie will.«

»Hast du sie unter Druck gesetzt?«

»Natürlich nicht, sag mal, geht's noch.«

»Du machst das. Du manipulierst die Leute. Du kennst sie nicht! Sie ist nicht deine Freundin. Sie ist keine Puppe.«

»Geh beten, Avi, das kannst du doch am besten!«

»Marsha, du weißt es selbst. Du benimmst dich wie ein Arschloch. Du kannst sie mir nicht wegnehmen.«

»Sie hat gesagt, sie will hierbleiben!«

»Du hast sie dazu gezwungen. Sie hat keine Ahnung, was ein Umzug bedeuten würde.«

»Sie ist nicht so dumm, wie du denkst.«

»Ja, aber du bist so dumm, wie ich denke.«

Margarita sprang auf und lief in die Küche. Ihre Eltern standen nicht so nah beieinander, wie sie gedacht hatte, Avi an einem Ende, Marsha am anderen. Beide drehten den Kopf zu ihr.

Margarita schaute sie an. Ihre Eltern sagten nichts, hielten bloß die Hände in der Luft, als hätte jemand den Pauseknopf gedrückt.

»Schämt euch«, sagte sie.

Niemand folgte ihr, als sie die Treppe hochlief.

*

Er öffnete die Tür zu Margaritas Zimmer, ohne zu klopfen. Das machte er nie, aber er wusste, dass sie sonst nein sagen würde.

»Lass mich«, sagte sie.

»Haha«, sagte Avi, »keine Chance. Ich treffe hier die Entscheidungen, Margarita. Das ist diesen Sommer völlig aus dem Ruder gelaufen. Du hast jetzt oft genug mein Vertrauen missbraucht.«

»Warum sprichst du so mit mir?«, fragte sie trotzig.

»Weil ich dein Vater bin, verdammte Scheiße.«

»Marsha spricht nicht so mit mir.«

Es war still. Er nickte langsam. Sie wusste wirklich, was sie sagen musste, um ihn zu verletzen.

»Tut mir leid«, sagte Margarita.

»Zu spät. Aber ich kann mir nicht vorstellen, dass du das wirklich willst, hierbleiben.«

»Ich weiß nicht, was ich will«, sagte sie leise, »du könntest mich halt wenigstens einbeziehen!«

»Nein. Diesmal nicht.«

»Warum nicht?«

»Weil deine Mutter nicht in der Lage ist, dir ein sicheres Zuhause zu bieten. Weil ein Umzug komplizierter ist, als du denkst. Weil wir kein Geld dafür haben. Weil du nach Berlin gehörst. Weil das Schuljahr lange begonnen hat.«

»Das sind alles keine Argumente.«

Er schlug den Kopf gegen den Türrahmen, gerade so, dass es ein bisschen wehtat. »Ich brauche auch keine Argumente«, sagte er dann, »weil es ein Fakt ist. Wir fliegen morgen, ich kaufe gleich die Tickets.«

»Wir können nicht morgen schon fliegen!«

»Doch. Heute ist Donnerstag, morgen ist Freitag, dann ist Schabbat, und Sonntag beginnt Jom Kippur. Es geht nicht anders.«

»Du bist doch auch an Schabbat Auto gefahren.«

»Das war was anderes, das weißt du.«

»Ich kann morgen noch nicht weg. Ich muss Grandma nochmal sehen. Ich bin nicht dein Besitz.«

»Margarita, wenn du morgen nicht mitkommst –«

»Was dann?«

Ihm fiel nichts ein. Doch, ihm fiel etwas ein. Er sagte es, bevor er es sich anders überlegen konnte. »Dann bist du nicht mehr meine Tochter.«

Sie jaulte vor Schmerz. Als hätte er sie geschlagen. Es machte ihn schrecklich zufrieden. Er konnte sich wehren.

»Aba«, schrie sie. Heulte so laut, dass es kein echtes Weinen sein konnte. Sie wusste, dass sie immer seine Tochter sein würde, natürlich wusste sie das. Sie wusste, was rhetorische Mittel waren.

»Margarita, reiß dich zusammen. Wir fliegen morgen. Ende der Diskussion.«

»Ich kann morgen noch nicht fahren«, sagte sie, »und überhaupt, ich bin keine Jüdin, ich kann auch an Schabbat fliegen, falls ich es mir bis dahin anders überlegt habe.«

»Slicha?«

»Ich bin keine Jüdin.«

Sie hatte sich irgendwas in den Kopf gesetzt, völligen Quatsch. »Wovon redest du?«

»Grandma ist adoptiert. Ihre leiblichen Eltern waren keine Juden.«

Er sah Selmas Gesicht vor sich, das lichte, graue Haar, beinahe hörte er ihr Lachen aus der Küche hochschallen.

Er musste noch seinen Koffer packen. Nicht wieder den Rasierer vergessen. Gucken, wo der Wohnungsschlüssel war, damit er nicht lange würde suchen müssen, wenn er vor der Tür stand. Er atmete tief ein. Seufzte. »Und du dachtest, ich weiß das nicht«, sagte er und schloss die Tür.

*

Gut, dachte Margarita, gut; wie eine Stimme, die sie nicht abstellen konnte, gut, gut, gut, sie nickte, flüsterte, »gut, yofi, gut«. Dann sind wir jetzt alle einmal abgehauen.

Dann erst packte sie die Angst. Sein Zimmer war leer, ordentlich, warum war sie nicht wachgeworden, ihre Zimmer lagen doch gleich nebeneinander, sie war doch nachts noch mindestens achtmal auf die Toilette gerannt, hatte winzige Tropfen Urin aus sich herausgequetscht, weil sie dachte, danach könne sie schlafen, nur noch einmal. Und dann hatte sie bis dreizehn Uhr durchgeschlafen, aus Versehen, und niemand hatte sie geweckt.

מרגריטה stand auf dem Briefumschlag, der auf dem Schreibtisch ihres Großvaters lag. Sie öffnete ihn. Ein ausgedrucktes Flugticket fiel ihr entgegen, für den nächsten Tag, Samstag, 15:50 Uhr, Lufthansa, durch die Nacht nach Zürich, von da Sonntag früh weiter nach Berlin. Das Ticket war auf ihren Namen, *Margarita Rachel Fuchs, unaccompanied minor*. Sie würde durch den Schabbes reisen und nur eine Stunde, bevor Jom Kippur begann, in Berlin ankommen. Wenn sie dann auf dem Weg nach Hause wäre, stünde ihr Vater schon vor der Bima.

Sie lief mit dem Ticket in ihr Zimmer und schloss die Tür.

Sie zählte auf, was es bedeuten konnte, zählte dabei wie ein Kind mit den Fingern mit.

Erstens konnte es bedeuten, dass ihr Vater ihr zustimmte. Dass sie keine Jüdin war. Wenn er sie an Schabbat fliegen ließ.

Zweitens konnte es bedeuten, dass sie keine Wahl hatte.

Drittens konnte es bedeuten, dass sie die Wahl hatte.

Sie dachte an die Großmutter. An diese so jüdische Frau. Was war schon ein Geheimnis, dessen einziger Sinn es war, geheim zu sein, wenn es nie geheim gewesen war? Hatte er es tatsächlich gewusst und ihr nie gesagt?

Kam daher die Wut auf Marsha? Hatte er es nicht gewusst, und sie hatte wirklich alles kaputt gemacht?

War sie nun nicht mehr seine Tochter?

Es war, als hätte sie sich am Leben verschluckt.

Als hätte das Leben sie verschluckt.

Es war, als hörte sie das Piepen der Geräte am Bett ihrer Großmutter bis in ihr Zimmer, als piepten sie so durcheinander, dass man sie nicht mehr verstehen konnte. Als könnte sie begreifen, wenn sie nur genau hinhörte. Als würden sie piepen, was Grandma ihr sagen würde.

Sie hörte es, wenn sie sich wirklich konzentrierte. Sie kreischten: »I'm old, Rita«, schrien: »It's okay«, trösteten: »I forgive you, dear heart, my dear, dear heart, no crying, Margarita«, mahnten: »Just a minute now, just a minute.« Sie hörten nicht auf. Piepten, hallten, riefen.

*

Da waren die, die man seit einem Jahr nicht gesehen hatte oder seit einigen Monaten, da waren neue Babys, da waren neue Partnerinnen, da waren neue Kleider, neue Frisuren, neues Lachen, neuer Schmerz.

Da waren die beiden Jungen, die in der Eile, während sie für den Kindersegen in den Gebetsraum getrieben wurden wie Schäfchen, die Kippot vergessen hatten. Der eine haute sich auf den Kopf und verdrehte die Augen, der andere holte rasch zwei der Kippot, die immer in einem Körbchen am Eingang lagen, für Vergessliche oder Goyim.

Da waren die Sekunden, in denen sie die Augen schlossen und eine Gänsehaut den Rücken hochkriechen spürten, weil sich alles so richtig anfühlte: wie das Blau vor den Sicherheitsfenstern immer dunkler wurde und das Gelb des Kronleuchters immer wärmer, da waren die klaren Töne, die sie alle zusammen erzeugten in guten Momenten, die Lakonie des Büßens, die Euphorie des neuen Jahres, eine Gründlichkeit im Gebet und in den Gedanken, zu der man nur im Hunger fand und im Durst.

Da waren die Minuten, in denen der Kantor sich hinsetzen konnte, während der Rabbiner seine Predigt hielt, er sah müde aus. Da waren die Gebete bei geöffnetem Tora-Schrank, die dicken Rollen, auf null gewickelt, auf ihren Festtagsmänteln ein mit goldenem Garn gestickter Schofar.

Da war die kalte Luft aus dem gekippten Fenster, da waren die zwei Sicherheitsdienste und die Polizei, da waren die beinah beängstigend schönen Melodien, so zärtlich, zerbrechlich, dass man sie das ganze Jahr vergessen musste, denn sonst wäre man ruiniert für alle anderen Gesänge, sonst wäre immer alles besonders und deshalb nichts mehr besonders.

Da war Avinu Malkenu, das ehrlichste dieser zehn Bußtage vielleicht: »Unser Vater, unser König, gedenke, denn Staub sind wir«, da war Staub, aber auch Licht, viele kleine Lichter in den Gedenktafeln neben dem Eingang, Licht für die Toten, Licht für den Staub, »Avinu Malkenu, Unser Vater, unser König, tue es um deinetwillen und nicht um unsertwillen, Avinu Malkenu«, immer klagender, immer bittender, »Unser Vater, unser König, aus Gnade erhöre uns, denn wir haben keine verdienstvollen Handlungen, erweise uns Milde und Huld und hilf uns«, und vielleicht war dieses Gebet das Gebet des Judentums, die Symbiose der Töne und der Bitte, und es stimmte, man wollte, dass Gott half zu verzeihen, zu gönnen, die Menschheit selbst war es, die verzeihen musste und um Verzeihung bitten, einander und sich selbst, sie brauchten bloß ein wenig Hilfe dabei, »Avinu Malkenu«, sangen sie, »Avinu Malkenu, Avinu Malkenu«, sie wollten besser werden, weniger streiten, weniger fluchen, mehr geben, weicher werden, dieses Jahr wirklich.

Der Kantor war wahrscheinlich ein bisschen spät dran, denn er betete plötzlich schneller, las mehr, als dass er es sang, nur mit einem leichten Auf und Ab, er hielt sich an der Bima fest, zog sich heran und wieder zurück, also machten sie es nach, hielten sich an den Bänken fest und bewegten ihre Körper, einzeln kaum merklich, als Welle sichtbar gemeinsam.

Es wurde dunkler in der Synagoge, langsam wurde den ersten

langweilig, und manche bekamen Durst, andere Hunger und einen leichten Kopf, ihre Stimmbänder schlackerten, so fühlte es sich zumindest an, doch der Kantor betete weiter vor und sie nach, sie hatten ihn schon länger nicht gesehen, seine Stimme füllte den ganzen Raum, ob es jedes Jahr schöner wurde, dieses Schlussgebet, und in den Gesang knarzte eine Tür, quietschte ein Schuh, jemand Fremdes, ein Mädchen mit langen, dunklen Haaren, und der Kantor drehte sich um, sein Gesicht plötzlich nicht mehr ernst, nicht mehr ganz so konzentriert, war da ein Lächeln, also lächelten sie mit ihm, ein bisschen verloren, lächelten in das ewige Licht und in ihr neues Jahr.

Glossar

Baal Tekia: Schofarbläser
Bima: Pult im Synagogenraum, auf das die Tora gelegt wird, wenn aus ihr gelesen wird, und von dem aus die Gebete geleitet werden
Birkat haMason: Tischgebet nach dem Ende einer Mahlzeit
Bracha, -ot: Segensspruch, -sprüche
Cheschbon haNefesch: Prüfung der Seele
Elul: der letzte Monat im jüdischen (Mond-)Kalender
Erew: Abend, im religiösen Kontext der Beginn eines Feiertags
Gabbaim: Laienvorsteher*innen einer Synagoge: nichtgeistliche Person, deren Aufgabe es ist, bei der Unterstützung des synagogalen Betriebes auszuhelfen
Gibush: Auswahlseminar im israelischen Militär
Goyim: Nichtjuden, -jüdinnen
Haftara: Lesung aus den Prophetenbüchern an Schabbat im Anschluss an die Toralesung
Halacha: Gesamtheit der jüdischen Gesetze und ihrer Auslegungen
Hawdala: Zeremonie am Ende eines Feiertags
Jeschiwa, -ot: Talmudschule zur Ausbildung von Rabbiner*innen und Gelehrten
Kaschrut: Speisegesetze, nach deren Regeln zubereitetes Essen koscher ist
Kotel: Klagemauer in Jerusalem
Maariv: Abendgebet
Machsor: Gebetbuch für Festtage
Matkot: in Israel beliebtes Strand-Ballspiel, das mit Holzschlägern gespielt wird
Mincha: Nachmittagsgebet
Mizwa: gute Tat; auch allgemeiner: Gebot im Talmud
Modim: Dankesgebet
Neila: Abschlussgebet von Yom Kippur
Nigunim: tradierte Melodien von religiösen Liedern

Nusach: genauer Text eines Gottesdienstes; der musikalische Stil einer Gemeinde im rezitativen Gebet wird ebenso als Nusach bezeichnet

Parascha: Tora-Abschnitt, der an Schabbat und Feiertagen in der Synagoge gelesen wird

Pejes: Schläfenlocken

Schacharit: Morgengebet

Schiwa: Trauerwoche nach dem Tod eines Angehörigen

Schofar: Widderhorn

Schtreimel: traditionelle Kopfbedeckung aus Fell, die meist chassidische Juden tragen

Seder: traditionelle Mahlzeit an den ersten beiden Abenden von Pessach

Siddur: Gebetbuch

Tallit: Gebetsschal

Tefillin: Gebetsriemen

Teschuwa: Buße (wörtlich »Umkehr«), wichtigster religiöser Aspekt von Rosch haSchana und Jom Kippur

Trejf: nicht koscher

Tzaddik: »Gerechter«, Ehrentitel im Judentum für einen guten Menschen

Viddui: Gebet der Geständnisse, Teil der Teschuwa

Zizit: Fäden am Tallit (auch Schaufäden genannt)

Zitatnachweis

S. 151: First Aid Kit: *To Live a Life*
Musik & Text: Johanna Söderberg, Klara Söderberg
© Kobalt Music

S. 188: Roland Barthes: *Fragmente einer Sprache der Liebe*. Suhrkamp Verlag, Frankfurt am Main 1984, S. 126.

S. 228: Ebd., S. 259.

S. 317: Paul Celan: *Todesfuge*, in: Ders.: *Gedichte*. Ausgewählt und mit einem Nachwort von Aris Fioretos. Mit Radierungen von Gisèle Celan-Lestrange, Suhrkamp Verlag, Berlin 2011, S. 222-223, hier S. 222.

S. 342: Nina Chuba: *Fieber*
Musik & Text: Wanja Bierbaum, Michael Burek, Dokii, Nina Katrin Kaiser, Justin Sidney Amadeus Froehlich, Yannick Johannknecht
© Universal Music Publishing GmbH, Kookie Diamond GmbH, Ed. Enikaro, Paradyse Berlin Ed., BMG Rights Management GmbH, Ragucci & Boldt Holding GmbH

S. 363: Wir sind Helden: *Außer Dir*
Text: Judith Holofernes
© Verlag: Wintrup Musik

Ich danke:
Meiner Lektorin Martina Wunderer für ihre erste Mail und jede weitere, die Weinschorlen und für ein Vertrauen in diesen Text, das mich immer wieder erstaunt. Meinen Agentinnen Elisabeth Ruge und Mimi Wulz. Mara Delius für die Einladung zum Bachmann-Wettbewerb 2021. Dem Berliner Senat für das Arbeitsstipendium Literatur 2023.

Joel Golb und Annette Vowinckel. Jochen, Brigitte und Jack Vowinckel. Ruth, Norman und Raphael Golb.

Für Zuneigung und Zuversicht: meinen Freund*innen, insbesondere: Emma Bruhn (für ihre Hilfe beim Erstellen des Glossars und jeden guten Rat), Laura Schnitzler, Max Weckemann, Gesche Grefe, Sarah Winter und Roja Hoff.
Fürs Lesen: Leonie Wallisch, Clara von Bismarck-Osten und Valentin Wölflmaier (auch für Nina Chuba!), Titus Blome.
Den Regenassen, insbesondere Anna.
Ane Süßenguth für die Liebe zur Literatur. Eric Bogosian für den ersten Job meines Lebens.

Thorsten Dönges, Julia Franck und den Teilnehmer*innen der Prosawerkstatt 2021 des LCB für ihre wertvollen Anmerkungen.

Ohne Julia Francks Rückhalt, ihre Margarita und Avi so zugeneigten Beobachtungen und ihr Verstehen wäre der Roman ein anderer.
Ohad Parnes für das Beantworten meiner Fragen, Yoko Hamann für ihre hilfreichen Kommentare, Katharina Hacker und Olga Grjasnowa fürs frühe Lesen.

Eigentlich habe ich dieses Buch nur geschrieben, damit Ruben Regenass mich cool findet. Mit seinem Humor, seiner Klugheit und seiner Geduld macht er jeden Tag besser. Ihm gilt mein größter Dank.

Ich bin außer dir
gar nicht hier.

Dana Vowinckel wurde 1996 in Berlin geboren und studierte Linguistik und Literaturwissenschaft in Berlin, Toulouse und Cambridge. Beim Ingeborg-Bachmann-Wettbewerb 2021 wurde sie für einen Auszug aus *Gewässer im Ziplock* mit dem Deutschlandfunk-Preis ausgezeichnet. Für ihre Erzählung *In my Jewish Bag* erhielt sie beim Wettbewerb »L'Chaim: Schreib zum jüdischen Leben in Deutschland!« den ersten Preis. 2023 wurde ihr ein Arbeitsstipendium des Berliner Senats zugesprochen. Dana Vowinckel lebt in Berlin.